LIN Yutang

UN MOMENT À PÉKIN

I. ENFANCES CHINOISES

Roman traduit de l'anglais
par François Fosca

Éditions
Philippe Picquier

Titre original : *Moment in Peking*

Mas de Vert
B.P. 150
13631 Arles cedex

En couverture : Zhu Yi Yong, *Bright Afternoon*

Conception graphique : Picquier & Protière

Mise en page : Atelier EquiPage – Marseille

ISBN : 2-87730-727-1

L'occasion nous est donnée, à travers ce vaste roman familial, de redécouvrir Lin Yutang, qui fut également essayiste, philosophe, linguiste. Une personnalité singulière, dotée d'une double culture, une particularité qui résonne avec un écho profondément actuel dans nos sociétés contemporaines. Fils d'un pasteur presbytérien, Lin Yutang naquit en 1895 à Amoy, dans le Fujian, mais il a passé la plus grande partie de sa vie aux Etats-Unis, avec quelques séjours en Europe aussi. Il avait fait ses études en Chine dans des écoles anglaises puis dans une université privée de Shanghai, avant de devenir diplômé de Harvard et de Leipzig. Mais ce sont les aléas de l'histoire – les menaces que faisait peser le Japon sur la Chine – qui l'ont obligé à s'expatrier, en 1936, à New York. Cet écrivain qui disait « penser en chinois avec un pinceau et en anglais avec une machine à écrire » était aussi un lettré dans la tradition classique chinoise, qui a toujours eu à cœur de faire connaître aux Occidentaux ses compagnons spirituels, *Tchouang-tseu, Confucius, les poètes Su Dongpo, Tao Yuanming, et tant d'autres.*

L'humour est au centre de la philosophie de Lin Yutang. Une philosophie d'honnête homme, qui ne se pique pas d'orthodoxie ni de vérités éternelles, issue de son expérience de la vie et de la littérature. « Par bonheur, dit-il, l'homme est doué du sens de l'humour dont la fonction, telle que je la conçois, est d'exercer la critique sur ses rêves et de le mettre en contact avec la réalité. Il est important que l'homme fasse des rêves, mais il est tout aussi important qu'il puisse en rire. » A l'époque où il est encore en Chine, enseignant l'anglais à l'Université de Pékin dans les années vingt, il fonde plusieurs revues à la veine satirique et humoristique. Lao She, avec son ironie caustique, participera à sa revue Lunyu *(« Entretiens »). L'essentiel de sa vision de la vie, Lin Yutang l'a dévoilée dans son essai* L'importance de vivre *: « Quel peut être le but de la vie, si ce n'en est la jouissance ? » Or « seul le sens de la liberté et de l'oisiveté permet d'atteindre la joie de vivre intensément ». Ce désengagement du monde est difficile à tenir. L'écrivain a en son temps activement soutenu le Kuomintang de Tchang Kai-shek, et la fin de sa vie se déroulera entre Taiwan et Hong Kong, où il rédige un dictionnaire moderne anglais-chinois. C'est là qu'il mourra en 1976. Quant à l'oisiveté, l'abondance de ses essais et romans en donne une tonalité très studieuse. Celui que nous publions ici,* Un moment à Pékin, *a été écrit directement en anglais, comme nombre de ses ouvrages. C'est une ample fresque familiale située en 1900, à la fin de l'empire mandchou des Qing. Pourquoi avoir choisi la famille comme point focal d'une histoire ? C'est que les liens familiaux, comme le rappelle l'écrivain dans* L'importance de vivre, *sont à la base de la vie et de l'organisation sociale chinoises ; c'est le miroir où se réfléchit ce qui se trame dans la société tout entière. Les personnages d'*Un moment à Pékin, *malgré la tourmente de l'histoire et les conflits des idées nouvelles avec la tradition, semblent jouir d'un heureux accord avec leur destin. Lin Yutang a une approche résolument bienveillante de la vie et des capacités humaines ; lui qui vécut en tenant liés les fils de l'origine et de l'exil témoigne par son œuvre de la richesse des confrontations des cultures et* *de la nécessité de transformer l'accommodement au monde en une philosophie* sage et joyeuse. *Nous avons repris la traduction de François Fosca, qui date de 1944, presque contemporaine de la parution originale du roman. La proximité n'est évidemment pas une garantie d'authenticité, mais cette traduction, outre son délié et sa vivacité, possède un charme quelque peu suranné qui se retrouve dans la transcription ancienne des noms chinois de lieux et de personnes, qui a été conservée.*

L'éditeur

LES PERSONNAGES

Pour la commodité du lecteur, il a été dressé un tableau des principales familles qui figurent dans ce roman : les noms des servantes attachées à chaque personne sont en italique. Le signe ~ désigne un mariage.

Il faut savoir que, dans les noms chinois, le nom précède toujours le prénom. Les noms propres de personnes ou de lieux, bien souvent écrits en deux mots, ont été, pour en faciliter la lecture, réunis en un seul.

FAMILLE YAO

	Hsieh Corail, fille n° 1 (adoptive)
	Yao Tijen, fils n° 1 } Poya
YAO Sseu-ane	~ *Ecran d'Argent* } (fils)
	Laima
~ Mme YAO, née Feng	Yao Moulane, fille n° 2
Brume bleue	*Brocart*
Lotoung	Yao Mocho, fille n° 3
Lota	*Encens*
	Yao Moulien, fille †
	Yao Afei, fils n° 2

FAMILLE FENG

FENG Tsé-ane frère de Mme Yao	Feng Jade rouge, fille
~ Mme FENG	

FAMILLE SOUN

SOUN, neveu de Grand'mère Tseng	Soun Mannia, fille
	Petite Joie
~ Mme SOUN	Soun, fils †

FAMILLE TSENG

GRAND'MÈRE TSENG, née Soun *Damas*	
TSENG Wempo	Tseng Pingya, fils n° 1 } Asouane ~ Soun Mannia } (fils adoptif)
~Mme TSENG, 1re femme †	*Fleur de Neige* *Petite Joie*
~Mme TSENG, 2e femme née Liou Youli *Phénix*	Tseng Chinya, fils n° 2 ~ Niou Souyoun Tseng Sunya, fils n° 3 ~Yao Moulane *Brocart*
~CHIEN Cassie, concubine *Rose musquée*	Tseng Ailien, 1re fille Tseng Lilien, 2e fille

FAMILLE KOUNG

VEUVE KOUNG	Koung Lifou, fils Koung Houane-erh, fille

FAMILLE NIOU

NIOU Sseutao, dit « le Dieu des Richesses »	Niou Houaiyou, fils n° 1 ~ Chen Yachine
~Mme NIOU, née Ma, dite « Grand'mère Cheval » *Liang*	Niou Toungyou, fils n° 2 Niou Souyoun, fille

Aux yeux du Tao, le zénith n'est pas en haut, ni le nadir en bas ; nul point dans le temps ne fut il y a longtemps, ni avec l'écoulement des âges n'est devenu vieux.

CHOUANG-TSEU

CHAPITRE I

C'était le matin du 20 juillet 1900. Une file de carrioles attelées de mules s'échelonnaient à l'entrée ouest de Matajen Houtoung, une rue de la Ville orientale de Pékin[1] *. Une partie des mules et des carrioles allaient jusqu'à la ruelle qui s'étend au nord et au sud, le long des murs rosés du Grand Temple du Bouddha. Les cochers avaient été matinaux et étaient arrivés dès l'aube. Un grand vacarme troublait ces premières heures du jour. Il en est toujours ainsi, avec ces cochers braillards et bruyants.

Lota, un vieil homme dans la cinquantaine, le majordome de la famille qui avait retenu ces carrioles pour un long voyage, fumait sa pipe et surveillait les cochers ; eux, tout en plaisantant et en se disputant, fourrageaient leurs bêtes. Quand ils ne se moquaient pas de leurs mules et des ancêtres de leurs mules, ils se moquaient les uns des autres.

— Au temps où nous vivons, dit l'un, comment savoir si l'on reviendra mort ou vivant de ce voyage ?

— On vous paie bien, n'est-ce pas ? dit Lota. Avec deux taëls[2] d'argent, on peut acheter une ferme.

— A quoi bon de l'argent, si on crève ? répliqua le cocher. Les balles des fusils étrangers ne font point de

(*) Les notes du traducteur sont regroupées en fin de livre.

distinction entre les gens. *Peng-teng !* elles vous transpercent le crâne, et vous voilà un cadavre avec la tresse toute de travers. Regardez-moi le ventre de cette mule ? A-t-on jamais vu de la viande arrêter les balles ? Mais quoi ? il faut bien gagner sa chienne de vie !

— Il est difficile de tout prévoir, dit un autre. Pékin occupé par les soldats étrangers ne sera guère agréable à habiter. Pour moi, je suis bien content de partir.

Le soleil parut à l'orient, et ses rayons, frappant l'entrée de la maison, firent étinceler la rosée sur les feuilles du grand arbre à kola. L'entrée de la demeure des Yao n'était pas imposante : une petite porte noire, avec un disque rouge au centre. Un grand arbre à kola ombrageait l'entrée, et l'un des cochers s'était assis sur une tablette de pierre enfoncée dans le sol. La matinée était délicieuse, mais la journée promettait d'être chaude, et le ciel sans nuages. Une jarre de terre, ni grande ni petite, avait été posée sous un arbre. Pendant les fortes chaleurs de l'été, on la remplissait de thé pour désaltérer les passants assoiffés. Elle était encore vide, et en l'apercevant, un cocher remarqua :

— Votre maître est charitable.

— Il n'y a pas de meilleur homme au monde, répondit Lota.

Il désigna une bande de papier rouge collée près de la porte ; mais le cocher ne savait pas lire. Lota lui expliqua que ce papier annonçait que des remèdes contre le choléra, la colique et la dysenterie seraient distribués gratuitement.

— Voilà qui est important, dit le cocher. Vous devriez nous donner de ces remèdes pour le voyage.

— Pourquoi vous encombrer de médicaments, puisque vous voyagerez avec notre maître ? N'est-ce pas la même chose, s'il les emporte ou si vous les emportez ?

Les cochers s'efforcèrent de tirer de Lota des renseignements sur la famille. Il se contenta de leur répondre que son maître possédait des magasins où l'on vendait des drogues.

Bientôt, le maître apparut en personne, pour voir si tout était en ordre. C'était un homme dans la quarantaine, courtaud, trapu, avec des sourcils en broussaille et des poches sous les yeux. Son visage était imberbe et son teint frais, ses cheveux encore complètement noirs ; son pas alerte et décidé, lent mais ferme. Son allure révélait un athlète, entraîné selon les méthodes chinoises à conserver un équilibre parfait, et prêt à parer toute attaque par surprise, qu'elle vînt de face, de derrière ou de côté. Il se tenait un pied solidement planté sur le sol, tandis que l'autre jambe se trouvait en avant, légèrement fléchie, dans une attitude défensive qui empêchait qu'on ne l'ébranlât. Il souhaita le bonjour aux cochers ; et, ayant avisé la jarre, il recommanda à Lota de veiller à ce que, pendant son absence, elle fût remplie chaque jour comme d'habitude.

— Vous êtes un homme de bien ! s'exclamèrent en chœur les cochers.

A peine le maître était-il rentré dans la maison qu'une femme jeune et belle apparut. Elle avait des pieds minuscules, et sa chevelure bien soignée, d'un noir de jais, était négligemment nouée. Elle portait une ancienne jaquette rose aux manches amples, dont le col et les poignets étaient agrémentés d'une bande large de trois doigts, de satin d'un vert très pâle. Elle parla familièrement aux cochers, sans cette timidité coutumière aux jeunes Chinoises de la bonne société, demanda si les mules avaient mangé et s'en alla.

— Votre maître a bien de la chance ! s'écria un jeune cocher. D'ailleurs la chance récompense toujours l'homme de bien. Quelle jeune et jolie concubine !

— Peste soit de ta langue ! dit Lota. Notre maître n'a pas de concubines. Cette jeune femme, qui est veuve, est sa fille adoptive.

Par plaisanterie, le jeune cocher s'appliqua un soufflet, et les autres s'esclaffèrent. Bientôt un autre domestique et un groupe de jolies servantes, de douze à dix-huit ans, arrivèrent chargés de literie, de bagages et de petites marmites. Assez éblouis, les cochers n'osèrent pourtant pas continuer leurs commentaires. Un garçon de treize ans vint ensuite, que Lota leur dit être le jeune maître.

Après une demi-heure d'allées et venues, la famille parut. La belle jeune femme accompagnait cette fois deux fillettes vêtues fort simplement de jaquettes de coton blanc ; l'une portait des pantalons verts, l'autre des pantalons violets. Il est toujours facile de distinguer les filles de bonne famille de leurs servantes, à leur allure nonchalante et à leurs gestes tranquilles. Comme la jeune femme tenait les fillettes par la main, les cochers devinèrent que celles-ci étaient les jeunes maîtresses.

— *Hsiaochieh,* montez dans ma carriole, dit le jeune cocher. La mule de mon camarade est méchante.

Moulane, la fille aînée, comparait et réfléchissait. La mule de l'autre carriole était plus petite, mais son conducteur avait la mine plus joviale. En revanche, le jeune cocher avait de vilaines plaies à la tête. Moulane se décida plus à cause du cocher qu'à cause de la mule.

Les petites choses ont tant d'importance dans notre vie, ces petites choses si insignifiantes en elles-mêmes ; et lorsque nous examinons plus tard leur enchaînement, nous réalisons que souvent elles sont lourdes de conséquences graves. Si le jeune cocher n'avait pas eu de plaies à la tête et si Moulane n'était pas montée dans la carriole que traînait la petite mule chétive, les choses se seraient passées autrement durant ce voyage, et tout le cours de la vie de Moulane aurait été changé.

Au milieu de toute cette agitation, Moulane entendit sa mère qui grondait Ecran d'Argent, une servante de seize ans, d'être trop élégante et trop fardée. Ecran d'Argent dut subir d'être humiliée devant tous ; et l'aînée des servantes, Brume bleue, qui était âgée de dix-neuf ans, sourit silencieusement tout en aidant la mère de famille à monter dans sa carriole. Elle se félicitait secrètement d'avoir écouté les recommandations de sa maîtresse et de n'avoir pas fait toilette pour ce voyage.

Au premier coup d'œil, on se rendait compte que la mère régentait toute la famille. C'était une femme dans la trentaine, aux épaules larges, à la face carrée, et qui avait une tendance à l'obésité ; elle parlait d'une voix claire et impérieuse.

Lorsque chacun fut installé et prêt à partir, une petite servante de onze ans, nommée Encens, qui était debout près de la porte, éclata en sanglots. Elle était au désespoir de rester seule à la maison avec Lota et les autres domestiques.

— Laissez-la donc venir avec nous, dit le père de Moulane à sa femme. Elle pourra au moins aider à bourrer votre pipe à eau.

Aussi, au dernier moment, Encens sauta dans la carriole des servantes. Tout le monde semblait casé. Mme Yao cria aux servantes de baisser le store de bambou devant leur voiture et de ne pas trop se montrer au-dehors.

Il y avait cinq carrioles couvertes, que tiraient des mules et un poney. L'oncle maternel, Feng, venait en tête du convoi avec le fils aîné ; ensuite la mère avec la plus âgée des servantes, Brume bleue, qui tenait dans ses bras un bébé de deux ans. Dans la troisième carriole avaient pris place Moulane, sa sœur Mocho et la fille adoptive, nommée Corail. Les trois autres servantes, Ecran d'Argent, Brocart, qui était âgée de quatorze ans, et la petite Encens suivaient dans la quatrième carriole. M. Yao était tout seul et formait l'arrière-garde. Son fils Tijen avait évité sa compagnie et préféré celle de son oncle. Un domestique, Lotoung, le frère de Lota, s'était perché en dehors de la carriole de M. Yao, l'une de ses jambes passée par-dessus le timon et l'autre pendante.

D'une voix forte, Mme Yao annonça à la foule rassemblée pour assister à leur départ qu'ils s'absentaient pour quelques jours seulement, et allaient rendre visite à des parents dans les Montagnes de l'Ouest[3]. En réalité, leur but était le Sud. Mais quelle que fût leur destination, il était manifeste pour les passants que la famille fuyait les troupes européennes, qui marchaient sur Pékin à cause de la révolte des Boxers.

Alors, avec des « Hue ! », des « Dia ! » et des claquements de fouet, la caravane s'ébranla. Les enfants étaient très excités, car c'était leur première visite à cette maison de Hangtchéou[4] dont leurs parents leur avaient si souvent parlé.

*

Moulane admirait beaucoup son père. Jusqu'au soir du 18, il avait refusé de quitter Pékin ; depuis qu'ils étaient décidés à chercher un refuge dans leur maison de Hangtchéou, il s'était préparé au départ avec infiniment de sang-froid et de calme. M. Yao était un taoïste convaincu et ne laissait rien troubler son équanimité.

« L'agitation est pernicieuse pour l'âme », déclarait-il souvent. Une autre de ses maximes était : « Celui qui se conduit bien, rien de ce qui lui arrive ne peut être mal. » Plus tard, Moulane eut bien souvent l'occasion de méditer ces paroles de son père, et elles lui constituèrent une sorte de philosophie, d'où elle tira une bonne part de sa bonne humeur et de son courage. Un monde où rien de ce qui vous arrive ne peut jamais être mal est un monde excellent et joyeux ; un monde où l'on a la force de vivre et d'endurer.

Depuis le mois de mai, la guerre était dans l'air. Les troupes étrangères des Alliés s'étaient emparées du fort de la côte ; mais la voie ferrée qui le reliait à Pékin avait été détruite par les Boxers, dont la puissance et la popularité s'étaient accrues, et qui s'étaient répandus sur toute la contrée. L'impératrice douairière avait hésité entre deux partis : devait-elle éviter une guerre avec les puissances étrangères, ou se servir des Boxers, puissance étrange, inconnue et redoutable, dont l'unique but était d'anéantir les étrangers qui se trouvaient en Chine et se vantait de posséder des pouvoirs magiques qui mettaient ses partisans à l'abri des balles ennemies ? La Cour ordonna un jour l'arrestation des chefs boxers et, le lendemain, nomma ministre des Affaires étrangères le prince Tuan, qui leur était favorable. Des intrigues de palais jouèrent un rôle important dans ce changement de politique à leur égard. L'impératrice douairière avait déjà privé son neveu du pouvoir et projetait de le déposer. Elle souhaitait placer sur le trône le fils unique du prince Tuan, un coquin sans envergure. Persuadé qu'une guerre avec l'étranger accroîtrait sa puissance et placerait la couronne sur la tête de son fils, le prince Tuan encourageait l'impératrice à croire que les sortilèges des Boxers les mettaient réellement à l'abri des balles étrangères. En outre, ceux-ci avaient menacé de s'emparer « d'un Dragon et de deux Tigres », qu'ils sacrifieraient au Ciel pour avoir trahi leur peuple ; le « Dragon » était l'empereur réformiste, dont les « cent jours de réformes », deux ans auparavant, avaient scandalisé les mandarins conservateurs, et les « Tigres », le vieux prince Choung et Li Hungchang, qui avaient été responsables de la politique étrangère. Le prince Tuan rédigea donc un faux, une prétendue note collective du corps diplomatique de Pékin, qui demandait à l'impératrice douairière de rendre le pouvoir à l'empereur. Ce document devait convaincre la vieille femme que les puissances étrangères entendaient empêcher la déposition du souverain. Elle décida donc de prendre le parti des Boxers, dont l'influence était due à leur cri de guerre : « Chassons les étrangers venus de l'Océan ! » Quelques membres éclairés du cabinet s'étaient montrés hostiles aux Boxers parce qu'ils se proposaient de brûler les légations européennes, ce qui était contraire aux usages occidentaux ; mais le prince Tuan avait réduit à néant cette opposition, et le recteur de l'Université avait fait hara-kiri en s'ouvrant le ventre.

Les Boxers avaient enfin pénétré dans la capitale. Un lieutenant-colonel, chargé de les combattre, avait été capturé dans une embuscade et avait vu ses troupes se rallier aux rebelles. Extrêmement populaires, les Boxers avaient triomphalement occupé Pékin, massacrant les étrangers ainsi que les Chinois chrétiens et incendiant leurs églises. Le corps diplomatique protesta, mais Kang Yi, chargé d'« enquêter » sur eux, déclara qu'ils étaient « envoyés par le Ciel afin de chasser les peuples venus de l'Océan et de laver la honte de la Chine ». Il avait même secrètement introduit des milliers de Boxers dans la capitale.

Une fois dans la ville, ceux-ci, sous la protection inavouée de l'impératrice et du prince Tuan, déchaînèrent la terreur. Ils parcouraient les rues, pourchassant et égorgeant les « Premiers Poilus » – les étrangers – de même que les « Deuxièmes et Troisièmes Poilus », c'est-à-dire les chrétiens, les employés des firmes étrangères et tout Chinois coupable de parler anglais. Ils mettaient le feu aux églises et aux maisons des étrangers, brisaient les miroirs, les parapluies, les pendules et les peintures qui provenaient de l'étranger. En fait, ils tuaient plus de Chinois que d'étrangers. Convaincre un Chinois d'être un « Deuxième Poilu » était fort simple. On faisait agenouiller le suspect devant un autel boxer dressé dans la rue et on brûlait un papier contenant un message à la divinité protectrice. Le suspect était coupable ou non, suivant que les cendres volaient vers le ciel ou vers le sol. Ces autels étaient érigés dans les rues au coucher du soleil, et ceux qui s'étaient ralliés aux Boxers y brûlaient de l'encens tandis qu'ils exécutaient leur danse des singes ; parmi les dieux qui les protégeaient, l'Esprit du Singe était un des plus populaires. Le parfum de l'encens remplissait les rues et on se serait cru de nouveau dans le pays enchanté de *Hsiyouchi*[5]. Même de hauts fonctionnaires avaient élevé des autels et invité chez eux les chefs boxers ; des domestiques, heureux de pouvoir tyranniser leurs maîtres, s'étaient joints aux rebelles. M. Yao, qui était un homme éclairé et dont les sympathies allaient à l'empereur réformiste, estimait qu'un tel état de choses était une ineptie stupide et dangereuse ; toutefois, il gardait ses convictions pour lui. Il avait de bonnes raisons pour être en un certain sens xénophobe ; il détestait le christianisme, cette religion étrangère que protégeaient des puissances étrangères. Mais il était trop intelligent pour approuver le mouvement boxer, et se félicitait que Lota et son frère Lotoung n'eussent point fait cause commune avec la racaille.

En ville, on se battait. Le ministre d'Allemagne avait été attaqué et assassiné par des soldats mandchous. Le quartier des Légations était assiégé, et les troupes qui les défendaient tenaient depuis deux mois dans l'attente des renforts qui viendraient de Tientsin[6]. Young Lou, qui était un des hommes auxquels l'impératrice douairière se fiait le plus, fut placé à la tête de la Garde impériale et chargé de donner l'assaut aux légations ; mais n'étant pas partisan de cette attaque, il émit secrètement des ordres pour qu'elles fussent protégées. Néanmoins, des pâtés entiers de maisons près du quartier des Légations avaient été rasés et des rues entières de la Cité du Sud incendiées. La ville était en fait bien plutôt entre les mains des Boxers qu'entre celles du gouvernement. Les porteurs d'eau et les vidangeurs eux-mêmes n'étaient autorisés à faire leur besogne que s'ils portaient des turbans rouges et jaunes.

Durant toute cette période, M. Yao s'était refusé à penser au départ. Sa seule concession fut de détruire quelques grands miroirs d'origine étrangère et un télescope démontable qu'il avait acheté à titre de curiosité. Sa maison était un peu en dehors de la zone où se commettaient le plus de destructions. Lorsque sa femme le suppliait de quitter les tueries, le pillage et les troubles, il ne répondait pas ; il refusait d'en tenir compte. La campagne environnante grouillait de troupes, et M. Yao jugeait qu'il valait mieux se tenir coi plutôt que de se déplacer. Il pensait que l'homme propose et que les dieux disposent ; et il était prêt à prendre les choses comme elles viennent.

Son calme et sa nonchalance exaspéraient sa femme. Elle l'accusait de vouloir vivre et mourir parmi ses curiosités et ses fleurs. Mais quand les troupes alliées furent proches, le sac de la ville apparut imminent.

— Si vous n'attachez aucun prix à l'existence, lui dit sa femme, songez du moins à celle de ces petits enfants.

L'argument porta, bien que M. Yao eût rétorqué :

— Comment savez-vous si nous serons plus en sûreté sur les routes ?

Ainsi, dans l'après-midi du 18 juillet, le départ avait été décidé. M. Yao pensait que si lui et sa famille pouvaient obtenir des carrioles et aller tout droit vers le Sud, à Tehtchéou, la première ville du Chantoung, ce qui représentait un voyage de huit à neuf jours, ils seraient hors de danger. Le nouveau gouverneur du Chantoung avait chassé les Boxers hors de sa province par les armes et il y avait maintenu l'ordre et la paix. Pourtant le mouvement rebelle avait pris naissance dans le Chantoung, où plusieurs « incidents religieux » s'étaient déroulés, entre autres celui qui avait amené la cession à bail de Tsingtao aux Allemands et le renvoi du précédent gouverneur, You-Hsien, qui avait encouragé les Boxers.

Un jour, le nouveau gouverneur, Yuan-Chihkai, avait mandé auprès de lui un chef boxer afin qu'il lui démontrât leurs pouvoirs magiques. Dix Boxers furent placés sur un rang, en face d'un peloton d'exécution armé de fusils modernes. A un signal donné, les soldats tirèrent ; et, ô merveille ! les dix Boxers demeurèrent sains et saufs : les fusils n'avaient pas été chargés. Triomphant, le chef boxer s'écria :

— Vous voyez que…

Le gouverneur l'interrompit en sortant un revolver et en abattant un par un les Boxers. Du coup, les rebelles avaient été complètement discrédités dans le Chantoung ; et après une courte campagne, ils avaient émigré dans le Chihli.

Fuir vers Tientsin était hors de question ; si le désordre régnait à Pékin, Tientsin était un véritable enfer et la route pour s'y rendre traversait en plein la zone des combats. Ceux qui avaient quitté Tientsin pour se réfugier dans la capitale racontaient que le trafic sur le Grand Canal[7] était bloqué pendant des kilomètres et que certains bateaux ne parvenaient à avancer que de cinq cents mètres par jour. Force était donc de gagner par route Tehtchéou, sur la frontière du Chantoung, avant de s'embarquer sur le Grand Canal ; et, parce qu'il se trouvait des *hounhoun,* c'est-à-dire des bandits, au-delà de la Porte de Youngtingmen, il fallait franchir le Pont de Marco Polo[8] et suivre la route de Chotchéou avant de se diriger vers le sud-est.

Le voyage depuis Tehtchéou, en descendant le Grand Canal pour gagner Changhaï et Hangtchéou, ne présenterait pas non plus de dangers, parce que les gouverneurs du Sud-Est de la Chine avaient convenu avec les consuls étrangers de maintenir la paix et de protéger les étrangers et leurs biens. De la sorte, le conflit boxer avait été entièrement localisé dans le Nord.

— Quand partons-nous ? demanda Mme Yao.

— Après-demain, répliqua son mari. Il faut nous occuper des carrioles. Nous aurons ensuite à faire nos paquets.

Maintenant qu'elle avait obtenu gain de cause, Mme Yao était troublée par la pensée des bagages.

— Comment emballerai-je tout en un jour ? s'écria-t-elle. Il y a toutes les malles, et les tapis, et les fourrures, et les bijoux… et vos collections.

— Ne vous occupez pas de mes collections, dit M. Yao d'un ton bref. Laissez la maison exactement dans l'état où elle est. Il n'y a rien à emballer, excepté des vêtements d'été et un peu d'argenterie pour le trajet. Nous ne partons pas en voyage d'agrément ; nous fuyons devant la guerre. Je laisserai Lota et quelques domestiques pour garder la maison. Peut-être sera-t-elle pillée par les Boxers. Ou par les soldats. Ou par les troupes étrangères. Et enfin, que vous ayez ou non roulé vos tapis et fait vos malles, la maison risque d'être entièrement détruite par le feu. Si nous devons échapper à tout cela, nous y échapperons, et s'il faut tout perdre, tout sera perdu.

— Mais toutes nos fourrures et nos objets précieux ? dit sa femme.

— Combien de carrioles pensez-vous que nous allons prendre ? Les hommes et les femmes, à eux seuls, en occuperont déjà cinq, et je ne suis pas sûr de pouvoir m'en procurer autant.

Un peu plus tard, il fit appeler Lota dans le vestibule. Il y avait des années que Lota servait dans la famille. Originaire du même village que Mme Yao, il lui était vaguement apparenté. Le maître savait qu'il pouvait lui confier toute sa fortune.

— Lota, lui dit-il, demain j'emballerai quelques objets avec vous, les porcelaines, les jades et les plus belles peintures, et nous les mettrons à l'abri. Mais nous laisserons toutes les vitrines et les socles où ils sont. Si des pillards se présentent, ne leur résistez pas et dites-leur de se servir. Inutile de risquer votre vie pour des choses sans valeur ! Elles ne méritent pas tant.

Il pria Feng, le frère de sa femme, qui s'occupait des affaires de la famille et gérait leurs magasins de droguerie et leur commerce de thés, de lui apporter le lendemain, en lingots et en pièces brisées, l'or et l'argent nécessaires au voyage. Feng devait aussi rendre visite au médecin de la Cour impériale et tâcher d'obtenir de lui quelque protection officielle pour le voyage.

*

Au milieu de la nuit, M. Yao, qui couchait seul dans sa chambre du corps de logis du sud-ouest, se leva et éveilla Lota. Il lui ordonna d'allumer une lampe et, muni d'une bêche et d'une pelle, de le suivre sans le moindre bruit dans l'arrière-jardin. Le vieux maître et le vieux serviteur sortirent, chargés de six bronzes Chou et Hou et de plusieurs douzaines de jades et de cachets de pierre[9], que M. Yao avait lui-même soigneusement emballés dans des caisses en bois de santal, et ils enterrèrent le tout au pied du dattier du jardin. Pendant plus d'une heure, ils travaillèrent à la lueur de la lampe et des étoiles de cette nuit d'été.

Tout joyeux et très animé, M. Yao rentra dans la maison avant que personne ne fût levé. La rosée était abondante et Lota, qui toussait un peu, proposa d'aller préparer du thé chaud.

M. Yao couchait souvent seul et n'avait pas de concubines. Chef d'une famille opulente, il ne s'intéressait guère qu'à ses livres, à ses curiosités et à ses enfants. Il n'avait pas de concubines pour deux raisons. D'abord, parce que sa femme ne l'aurait pas toléré. Ensuite, parce qu'il s'était produit un brusque changement dans sa vie, quand à trente ans il avait épousé la mère de Moulane. Jusque-là mauvais sujet, coureur de femmes et coureur d'aventures, il était devenu un dévot taoïste. Sa famille avait toujours complètement ignoré ce qu'avait été sa vie de garçon. Il avait bu et joué, fait du cheval, de l'escrime et de la boxe, eu des liaisons et entretenu une chanteuse, beaucoup voyagé et fréquenté la meilleure société. Et tout d'un coup, il s'était transformé. Son père était mort un an après son mariage et lui avait laissé une énorme fortune, sous la forme d'un commerce de droguerie et de thés à Hangtchéou, Soutchéou, Yangtchéou et Pékin, avec des arrivages réguliers de simples et de thés du Foukien et d'Anhwei ; en outre, quelques maisons de prêts sur gages. Le développement spirituel de cet homme durant toute cette période demeurait si enveloppé de mystère que sa femme elle-même ne savait pas s'il s'était converti après l'avoir épousée ou avant. Non seulement il cessa de jouer, de boire avec excès (ce qu'il supportait fort bien) et d'avoir des intrigues, bref de ruiner sa magnifique santé, mais il cessa aussi de s'occuper de ses affaires et en abandonna la direction à Feng, le frère de sa femme, qui était un administrateur des plus capables.

A cette époque, entre 1898 et 1900, la « pensée nouvelle[10] » commençait à se répandre. Elle était propagée par ceux qui, durant un bref laps de temps, inspirèrent les réformes qui se terminèrent par le désastreux coup d'Etat et l'emprisonnement de l'empereur dans son palais. Par ses lectures des livres et des revues qui les exposaient, M. Yao se tenait au courant des idées nouvelles, et en faisait son profit.

Pendant que Lota était parti lui préparer du thé, le vieux Yao, au lieu de se diriger vers le corps de logis où sa femme dormait avec les enfants, gagna son propre appartement dans le corps de logis de l'ouest, sur le devant de la maison. Il s'allongea sur le *kang*[11] garni et réfléchit à tout ce qu'il avait à faire ce jour-là. Chaque fois qu'il commençait un régime pour soigner sa santé physique, il couchait toujours dans son appartement. Il se levait à minuit juste, et ayant croisé les jambes, il se mettait en position ; puis il exécutait le nombre déterminé de massages du front, des tempes, des joues et du menton, des paumes et des pieds. Il contrôlait ensuite son souffle et pratiquait de profondes respirations abdominales, réglait le flux de sa salive. Alors, ayant stimulé sa circulation et contrôlé son souffle, il pouvait, dans le grand silence de la nuit, entendre son fluide intestinal qui circulait, et nourrissait l'abdomen inférieur, siège et centre de toute la force spirituelle. Il s'appliquait à cela pendant environ dix minutes, quelquefois quinze ou vingt, afin d'alimenter son *ch'i,* qui est l'énergie nerveuse simple. A intervalles réguliers, il reprenait les massages des paumes et des pieds. Mais il se gardait d'arriver jusqu'à la fatigue et s'arrêtait au moment où il avait atteint un parfait bien-être, et où son corps rayonnant grâce au sang qui s'écoulait dans ses jambes, il éprouvait une exquise et douce sensation. Alors, se relâchant, il s'étendait et dormait d'un profond sommeil.

Lota souleva la portière et entra, une théière à la main. Il versa le liquide bouillant dans une tasse et l'apporta jusqu'au lit. Le vieux Yao se gargarisa avec le thé et le rejeta dans un crachoir.

— *Laoyeh,* le voyage sera fatigant, dit Lota, et aujourd'hui vous devriez vous reposer. Je ne sais pas si nous pourrons trouver des cochers et des carrioles. L'homme doit venir m'avertir ce matin.

Il versa une seconde tasse à son maître.

— J'ai réfléchi à tout cela, poursuivit-il. Il vaut mieux que Feng, notre Second Maître, reste ici. La responsabilité est trop lourde pour moi. Mais emmenez Brume bleue, Brocart, Ecran d'Argent et Encens. Par le temps qui court, ces jeunes filles ne nous causeraient que des ennuis.

— C'est juste, dit Yao. Demandez à Ting et à Chang de venir vous aider à garder la maison.

Ting et Chang étaient de vieux employés de la droguerie de Morrison Street, qui était située à une assez grande distance au sud de la maison. Le magasin de M. Yao, où l'on ne vendait que des remèdes chinois et du thé, n'avait évidemment aucun lien avec les étrangers et, jusqu'ici, les pillards l'avaient épargné.

— Fort bien. Mais personne d'autre, répliqua Lota. Moins il y aura de monde dans la maison, moins nous aurons de difficultés. Et le magasin ?

— Les frères Chen s'en occuperont. Il n'y a rien à voler, excepté quelques racines d'herbes, du poivre et des simples. Qu'en feraient-ils ? Nous n'avons pas de miroirs étrangers qu'ils pourraient briser, et de toute façon le magasin sera fermé tant que la situation ne se sera pas améliorée. Il y a quelques jours, on a saccagé le magasin étranger Pouri. Les montres, les pendules et les miroirs furent réduits en miettes. Un individu prit un flacon de parfum étranger pour une bouteille de vin et en avala le contenu. L'homme pâlit et tomba par terre en criant qu'il avait été empoisonné par une mixture étrangère. Un jeune employé de la maison a raconté qu'ils avaient fracassé « la machine à parler électrique » (le téléphone) et coupé le câble, parce qu'ils croyaient que c'était une mine destinée à les faire sauter. Quelqu'un arracha la robe d'un mannequin étranger et le transporta tout dévêtu dans la rue. La foule poussa des acclamations et se divertit fort de cette étrangère nue. Les enfants se ruèrent sur sa perruque blonde et se la disputèrent…

Lota et le vieux Yao se mirent à rire.

Il faisait maintenant grand jour et l'on entendait du bruit dans les cours. Lota descendit le store de papier de la fenêtre et observa que la journée serait chaude. A Pékin, les nuits d'été sont toujours fraîches et, pendant la chaleur du jour, les habitants déroulent du papier-crêpe devant les fenêtres, afin de conserver aux chambres, qui se trouvent toutes au rez-de-chaussée, une fraîcheur de cave. Cette année-là, Yao n'avait pas fait élever un appentis de nattes à une dizaine de mètres au-dessus du toit, comme il l'avait fait les autres années, ce qui ombrageait toute la maison comme l'eût fait un grand arbre, tout en permettant à l'air de circuler. Il s'était produit trop d'incendies dans la ville durant les troubles du mois de mai, et un tel appentis, construit en perches de bois et en nattes de bambou, aurait trop aisément permis au feu de gagner la maison.

Lota souleva le rideau de la porte et s'en alla. Après être demeuré un moment immobile afin de se recueillir, Yao entendit Moulane, sa fille préférée, qui l'appelait.

— Père, êtes-vous déjà levé ?

Moulane était alors une mince fillette de dix ans, plutôt petite pour son âge. Elle avait des yeux étincelants et ses cheveux noirs retombaient en une natte sur son épaule ; sa légère robe d'été la faisait paraître plus frêle que d'habitude. Elle était accoutumée à venir dans l'appartement de son père, car il aimait à causer avec elle. Tous les matins où son père n'avait pas passé la nuit avec sa mère dans l'appartement intérieur, elle arrivait, à peine lavée et sa toilette faite, lui souhaiter un bonjour matinal dans le corps de logis du devant.

— Ta mère est-elle déjà debout ? lui demanda son père dès qu'elle entra.

— Tout le monde est levé, sauf Tijen et ma sœur, dit Moulane. Pourquoi avez-vous dit hier soir que vos collections n'étaient que du rebut ?

— Si on pense qu'elles ne sont que du rebut, elles ne sont que du rebut, dit-il.

La réponse était trop profonde pour que Moulane la comprît.

— Mais allez-vous vraiment laisser derrière vous

tous ces objets ? Vous devriez au moins cacher les petits animaux de jade et d'ambre pour moi. J'y tiens tant !

— C'est chose faite, ma chère enfant.

Il lui confia alors, en grand secret, ce qu'il avait exécuté. Il lui énuméra tous les objets qu'il avait enterrés, et Moulane les reconnaissait à mesure.

— Et si quelqu'un allait les découvrir et les déterrer ? demanda-t-elle.

— Ecoute, mon enfant, lui dit son père. Toute chose a son propriétaire, que le destin a fixé. Combien de centaines de possesseurs crois-tu qu'ont eus ces bronzes Chou, durant les trois derniers millénaires ? Dans ce monde rien n'appartient à personne de façon permanente. Pour le moment, ces objets sont à moi. Qui dans cent ans d'ici les possédera ?

Moulane demeura tout attristée, jusqu'à ce que son père lui eût dit :

— Si quelqu'un, qui n'en serait pas le propriétaire prédestiné, déterre nos trésors, il ne trouvera que des jarres d'eau.

— Et les animaux de jade, dans la caisse ?

— Ils se transformeront en oiseaux et s'envoleront.

— Mais si *nous* les déterrons à notre retour ?

— Le jade demeurera jade et le bronze demeurera bronze.

Moulane se sentit réconfortée ; mais ce fut aussi pour elle une leçon. La chance, que l'on appelle *fochi,* n'était donc pas quelque chose qui vous vient du dehors, mais est en vous. Pour bénéficier de n'importe quelle sorte de chance ou de bonheur terrestre, un homme doit être capable d'en jouir et de la conserver. Pour qui mérite sa chance, des jarres d'eau se changeront en argent, et pour qui ne la mérite pas, des jarres d'argent se changeront en eau.

Brume bleue, l'aînée des servantes, vint alors demander, de la part de sa maîtresse, si M. Yao était levé. Si oui, elle le priait de venir auprès d'elle pour discuter de la situation.

— Le Second Maître est-il déjà debout ?

— Il est là.

M. Yao franchit avec sa fille une « porte de lune[12] » et arriva dans le corps de logis intérieur, où il trouva Corail occupée à déplacer des malles de cuir qui jonchaient le sol du vestibule central. Corail, sa fille adoptive, avait un peu plus de vingt ans. Fille de Hsieh, le meilleur ami de Yao, elle avait, depuis la mort de ses parents, été élevée par lui comme sa propre fille ; et, à dix-neuf ans, il lui avait fait faire un excellent mariage. Mais son mari était mort au bout d'un an sans lui laisser d'enfant ; elle avait préféré revenir auprès des Yao avec qui elle vivait depuis quatre ans. Elle secondait beaucoup Mme Yao dans sa tâche de maîtresse de maison et elle était comme une sœur aînée pour Moulane et Mocho. Le chagrin n'avait pas laissé de trace sur son visage ; elle n'avait jamais songé à se remarier et se trouvait parfaitement heureuse. Apparemment, les désirs de la chair ne la tourmentaient pas et elle ne se montrait pas timide en présence des hommes. Comme Moulane, elle appelait M. et Mme Yao « père » et « mère ». Moulane l'appelait *Tachieh* (sœur aînée) ; de sorte que Moulane elle-même, bien qu'elle fût la fille aînée, était appelée par les domestiques *Erh Hsiaochieh* (fille numéro deux), et Mocho *San Hsiaochieh* (fille numéro trois).

Corail se rendait si utile que Mme Yao se reposait beaucoup sur elle, et elle exerçait une grande influence sur les décisions du conseil de famille.

— Vous êtes matinal, Père, dit Corail en se hâtant de reculer les malles pour qu'il pût passer.

— Vous n'avez pas encore peigné vos cheveux. Pensez à le faire après le déjeuner, lui dit-il.

Elle se releva en souriant. Elle avait tressé ses cheveux pour la nuit et, vêtue de son pyjama, paraissait presque une adolescente.

— Il fera trop chaud après le déjeuner ; je préfère le faire tout de suite.

M. Yao traversa la chambre de l'ouest et pénétra dans la chambre intérieure, où Corail le suivit. Mme Yao était assise sur le lit, tandis que son frère occupait une chaise auprès d'elle. Tous deux discutaient des préparatifs du voyage. Feng Tsé-ane, un jeune homme de trente ans, était vêtu d'une vieille robe de gaze blanche, longue et somptueuse. Brocart nattait les cheveux de Mocho.

Tous, sauf Mme Yao, se levèrent pour saluer le père, qui alla s'installer en face de sa femme. Moulane s'était glissée sans bruit auprès de sa mère et s'assit, prête à écouter ce qui se dirait. Il arrive un âge dans la vie des enfants chinois où, subitement, ils se conduisent comme des grandes personnes, tout en conservant leur puérilité d'esprit. Les filles atteignent ce point vers neuf ou dix ans, et les garçons, s'ils ne sont pas gâtés, vers douze ou treize. Ils aspirent à ressembler à leurs aînés, à connaître leur façon de vivre et à les imiter. Savoir comment se tenir, être informé des usages et des lois de la politesse, les remplissent de fierté ; car les ignorer leur ferait perdre la face. Ceux qui sont au courant des bonnes manières sont traités comme des adultes, et assez sévèrement. Moulane, elle, n'avait pas encore appris à craindre sa mère, qui pourtant avait tendance à la sévérité, car depuis qu'elle avait perdu un enfant infirme, elle était devenue plus douce envers les deux filles qui lui restaient, Moulane et Mocho.

On relèvera ici que M. Yao avait une façon à lui de nommer ses enfants. Il avait évité tous ces termes littéraires et banals, dont se composent d'habitude les noms des jeunes filles chinoises : automne, lune, nuage, musc, verdure, clarté, intelligence, délicatesse, lustre, orchidée, pivoine, rose et toutes sortes de noms de plantes. Il avait pris à la place des noms classiques de l'histoire de la Chine, ce qui se faisait très rarement. Moulane, qui signifie « magnolia », a été le nom d'une Jeanne d'Arc chinoise que célèbre un poème bien connu. Durant une campagne qui dura douze ans, elle remplaça son père à la tête de ses armées, sans que jamais on la reconnût ; et elle avait ensuite repris son existence ancienne, fardée, poudrée, de nouveau vêtue de ses habits de femme. Mocho, qui veut dire « sans souci », était le nom de l'heureuse fille d'une famille riche ; ce nom a été donné, à cause d'elle, à un lac en dehors des murailles de Nankin, qui a subsisté jusqu'à nos jours. Moulien, la troisième fille, avait été dès ses premières années une enfant maladive. On la nomma d'après une sainte bouddhiste d'un drame religieux, qui tenta de sauver des souffrances de l'enfer une mère incroyante ; drame qui décrit avec beaucoup de force les tortures des damnés, et qui est très populaire parce qu'il associe le thème de la religion à celui de la piété filiale. Mais bien que ce nom lui eût été décerné par une moniale d'un temple des Montagnes de l'Ouest qui l'avait adoptée comme filleule, la malheureuse Moulien n'avait pas vécu.

M. Yao se tourna vers Feng et lui dit :

— Vous ferez bien de sortir de bonne heure, pour être reçu par le médecin de la Cour impériale.

— Qui donc est malade ? demanda Moulane.

Sa mère l'interrompit :

— Les enfants doivent avoir des oreilles, mais pas de bouche.

S'adressant à son frère, elle ajouta :

— Pourquoi allez-vous le voir ?

— Pour tâcher, par son entremise, d'obtenir quelque recommandation officielle qui facilitera notre voyage.

— Pourquoi ne pas nous assurer la protection des Boxers, puisque ce sont les Boxers qui sont actuellement au pouvoir ? demanda Moulane qui avait déjà oublié qu'elle devait se taire.

En présence de cette nouvelle proposition, tous se turent. Feng regarda Yao, qui regarda Feng, tandis que Mme Yao les regardait tous les deux.

M. Yao considéra sa fille et, rayonnant de fierté, déclara :

— Elle a une idée. Le mieux serait d'obtenir du prince Tuan un sauf-conduit. Le médecin de la Cour le connaît.

— Regardez-moi cette petite, dit Corail. Elle n'a que dix ans ; mais ne vous y trompez pas ! J'aurai peur d'elle, quand elle sera grande. Il faudra lui trouver un mari muet, et, sa vie durant, elle parlera pour deux.

Moulane était à la fois ravie de son triomphe inattendu et embarrassée par l'approbation des grandes personnes.

— La petite n'a fait que dire ce qui lui a passé par la tête. Qu'est-ce qu'elle peut comprendre à tout cela ? dit la mère, en s'efforçant, selon la coutume, de rabattre la fierté de sa fille.

Brume bleue vint annoncer que le déjeuner était servi.

— Où est Tijen ? demanda la mère, inquiète de son fils.

— Il assiste au repas de son faucon, qu'Ecran d'Argent est en train de nourrir dans le jardin de l'est. Je l'ai prévenu.

La famille se rendit dans la salle à manger, qui était à l'est de la cour. Ils n'avaient pas fini de déjeuner que Lota annonça que le cocher était là. Feng fourra un morceau de pain dans sa bouche et sortit pour lui parler.

Le cocher expliqua qu'il y avait beaucoup de soldats et de bandits en dehors des portes, qu'il était difficile de trouver des mules et des chevaux, que peu de cochers étaient disposés à entreprendre un pareil voyage et, qu'en conséquence, il fallait le payer cher pour que l'affaire en valût la peine. Il énonça un prix qui était exorbitant : cinq cents taëls pour cinq carrioles. Une somme modique, selon lui, pour un voyage d'environ dix jours qui comportait de grands risques. Malgré un long marchandage, le cocher ne céda pas d'un pouce, alléguant avec obstination qu'il avait grande chance de perdre ses mules, ses carrioles et tout. Feng lui expliqua qu'ils auraient la protection officielle ; mais il ne put obtenir que l'autre réduisît son prix. Comme le cocher paraissait honnête, Feng finit par accepter, quoique sans aucun doute ce dût être le voyage le plus coûteux qu'ils eussent jamais fait.

Quand Feng revint et les mit au courant de l'arrangement pris, Mme Yao déclara que le prix était incroyable, mais qu'on ne pouvait faire autrement. Les enfants furent très excités d'apprendre qu'ils voyageraient dans cinq carrioles et se mirent à discuter comment ils se répartiraient. Tijen voulait être avec la servante Ecran d'Argent, tandis que Moulane et Mocho réclamaient Corail. Ce voyage n'apparaissait aux enfants que comme une partie de plaisir ; pour

Moulane et Mocho, ce serait la première fois qu'elles voyageraient en carriole et en bateau. Elles étaient impatientes de voir Hangtchéou, dont leur mère et Corail leur avaient si souvent parlé.

Feng rendit visite au médecin de la Cour, qui était très lié avec la famille Yao ; il promit de procurer le sauf-conduit et ce qu'il pourrait obtenir comme escorte. Un ordre du prince Tuan leur assurerait une protection à la fois contre les soldats et les Boxers qu'ils pourraient rencontrer.

Faire les bagages était devenu bien plus simple, depuis que M. Yao avait décidé qu'ils n'emporteraient que leurs vêtements d'été. Il restait pourtant assez à faire pour que toute la maisonnée fût occupée pendant la journée entière. Seul, Tijen continua à jouer dans le jardin de l'est avec son faucon, empêchant ainsi Ecran d'Argent de vaquer à ses autres tâches.

Ce soir-là, il y eut un coucher de soleil éclatant, qui promettait pour le lendemain une journée torride. Après le dîner, la famille tint conseil et décida comment l'on se répartirait dans les carrioles. Mme Yao expliqua clairement à chacun qu'ils allaient à Tehtchéou où ils s'embarqueraient, et leur donna l'adresse de leur maison de Hangtchéou, pour le cas où l'un d'entre eux viendrait à s'égarer. Puis elle leur enjoignit de se coucher de bonne heure, du moment qu'ils devaient se lever à l'aube.

CHAPITRE II

Assise les jambes croisées, avec sa sœur et Corail, sur le dur coussin de coton bleu, Moulane apprenait à connaître à quel point on peut être cahoté dans une carriole à mules pékinoise. Elle était très excitée, et nettement convaincue qu'elle s'aventurait dans le vaste monde.

Mocho, Corail et elle lièrent bientôt conversation avec le cocher. C'était un joyeux luron, qui leur raconta ce que faisaient les Boxers et ce qu'ils ne faisaient pas, ses entretiens avec eux ; il leur parla de la guerre à Tientsin, de l'empereur, de l'impératrice douairière, de Ta Ako l'héritier présomptif, enfin des perspectives qu'offrait leur voyage.

Après avoir traversé la Cité du Sud, ils aperçurent les ruines de nombreuses maisons incendiées ; et, longeant les remparts et ce quartier désert, ils prirent la direction de l'ouest. Là, dans un terrain vague, une foule entourait un autel boxer ; il était recouvert d'un tapis rouge et orné de chandeliers d'étain où brûlaient des cierges rouges. Plusieurs Chinois, soupçonnés d'être des « Deuxièmes Poilus », étaient agenouillés, attendant leur verdict.

Le cocher leur désigna des femmes et des filles boxers, vêtues de jaquettes et de pantalons rouges. Leurs minuscules pieds bandés pointaient sous les amples pantalons et leurs cheveux étaient noués en grosses nattes au sommet de leur tête. Comme les Boxers mâles, qui portaient des chemises ou des pantalons rouges, elles étaient sanglées de larges ceintures qui leur donnaient une allure martiale. Le cocher leur apprit que ces femmes étaient nommées les « Abat-jour Rouges » et les « Abat-jour Noirs ». Elles devaient être munies, durant le jour, d'éventails dont même la monture était rouge et, durant la nuit, de lanternes rouges. Les « Abat-jour Rouges » étaient des jeunes filles, tandis que les « Abat-jour Noirs » étaient des veuves. Celles dont les pieds n'étaient pas bandés se recrutaient parmi les batelières. Leur chef, qu'elles appelaient « Sainte Mère », était elle-même une batelière du Grand Canal et, assura le cocher, elle avait été amenée dans une chaise à porteurs jaune au *yamen*[13] du gouverneur et reçue par le gouverneur en personne. Quelques-unes des jeunes filles savaient « boxer », c'est-à-dire user de pouvoirs magiques, mais non la majorité d'entre elles. Il leur fallait apprendre des incantations et, après s'être un peu exercées, elles parvenaient à s'envoler dans le ciel, si elles le désiraient, rien qu'en agitant leurs éventails rouges. En tout cas, elles étaient certainement capables de grimper le long des murs, car le cocher en avait vu sur les toits.

Avait-il vu les Boxers au travail ? Oui, souvent, très souvent. Ils dressaient un autel, allumaient des cierges, et se mettaient à marmonner. Bientôt, ils étaient saisis de frénésie et discouraient dans leur langage magique. Cela voulait dire qu'ils étaient possédés par un esprit. Les yeux fixes et dilatés, ils brandissaient leurs larges coutelas et se portaient de grands coups sur le ventre ; seulement, les coutelas ne coupaient pas. L'esprit qui entrait dans leurs corps et les possédait était l'Esprit du

Singe, Soun Woukong, que glorifie l'épopée religieuse *Hsiyouchi.*

Tout ce qui jusqu'ici n'avait été pour Moulane que récits romanesques devenait pour elle une réalité. Bien avant la fin de l'histoire, ils avaient franchi depuis longtemps la Porte de Hsipienmen et se trouvaient hors de la ville, en rase campagne.

*

Les trois premiers jours du voyage se passèrent sans trop d'ennuis ou d'incidents, à part la chaleur et les secousses des carrioles. Tous se plaignaient des jambes. Il est vrai qu'ils partaient de très bonne heure, et couvraient dix ou vingt *lis*[14] avant le déjeuner ; la plus grosse partie du trajet se faisait tôt le matin et tard dans l'après-midi, avec un long repos à midi pour les hommes et pour les bêtes. Tijen et Feng descendaient souvent de voiture et marchaient pendant une heure pour se dégourdir les jambes ; mais au bout du quatrième jour, l'organisme semblait s'être fait aux cahots.

Tijen, qui était un garçon très agité, changeait à chaque instant de carriole, demandant tantôt à être avec sa mère, tantôt avec les servantes ; et sa mère, qui le gâtait, le laissait faire. Il se plaisait toujours en compagnie d'Ecran d'Argent, de trois ans son aînée. Il aimait aussi à bavarder avec Brocart, et à la faire enrager, jusqu'à ce que celle-ci, ne le supportant plus, se réfugiât dans la carriole de la mère et, pour la reposer, prît le bébé dans ses bras.

Le quatrième jour, deux jours après qu'ils eurent dépassé Chotchéou, sur la grande route de Paoting, et pris la direction du sud-ouest, les choses se gâtèrent. Le bruit courait que les troupes alliées étaient entrées à

Pékin, que des soldats débandés et des Boxers se repliaient vers le Sud. D'après un autre bruit, le gouverneur You Lou et le général Li Pingheng s'étaient tous deux suicidés, et les troupes mandchoues battaient en retraite dans cette direction.

De temps en temps, des engagements avaient lieu entre les soldats et les Boxers, où ceux-ci, qui n'étaient armés que de coutelas et de fourches, avaient le dessous. Dès que la fusillade éclatait, ils fuyaient en désordre dans toutes les directions. Le peuple, de même que les soldats, ne savait que penser des Boxers. Dans une même compagnie, la moitié des hommes était pour qu'on les combattît, et l'autre de l'avis contraire. Les Boxers étaient populaires parmi le peuple, car ils incendiaient les églises et exterminaient les étrangers abhorrés. Au printemps, un édit impérial avait mis sur pied leurs bandes ; et maintenant, les soldats avaient reçu l'ordre de les arrêter et de les massacrer. Dernièrement encore, la Cour impériale avait paru les favoriser et adopter leurs tendances xénophobes.

A mesure que s'accroissait le nombre des soldats et des Boxers qui battaient en retraite dans la contrée, les pillages se multipliaient. La route débordait de réfugiés à pied, en carrioles à mules, en charrettes, à cheval sur des ânes ou sur des poneys. Des paysans portaient sur leurs épaules une perche ; l'un des paniers contenait des porcelets, et l'autre un nouveau-né. Mais les Yao avaient de l'avance sur la troupe en déroute, et la région qu'ils traversaient était relativement tranquille. Les femmes commençaient pourtant à s'inquiéter, et Tijen n'était plus aussi agité. M. Yao ordonna qu'on pressât l'allure autant que possible et que l'on raccourcît les haltes, dans l'espoir d'atteindre Tehtchéou avant que les soldats les eussent rejoints. Il avait déjà détruit la recommandation officielle accordée par le *yamen* du prince Tuan ; elle était désormais sans valeur, et même compromettante, aussi bien aux yeux des Boxers qu'à ceux des soldats.

Ils atteignirent Jenchin dans l'après-midi, avant le coucher du soleil, n'ayant fait qu'un bref arrêt à midi. Lorsqu'ils s'arrêtèrent à l'auberge, M. Yao demanda au patron si les soldats occupaient la ville ; il fut très soulagé d'apprendre que le commandant du 6e régiment de la Bannière de Brocart y tenait garnison et veillait au maintien de l'ordre. L'église catholique avait été incendiée un mois auparavant mais, lorsque le commandant Hsou, étant entré dans la ville, eut arrêté et décapité les « frères aînés » par douzaines, le reste s'était dispersé dans la campagne.

Un réfugié, qui arriva plus tard à l'auberge avec sa famille, composée de deux femmes et de trois enfants, raconta une histoire troublante. Il avait quitté Paoting dans la matinée et gagné tout droit Jenchin, car il avait su que le commandant Hsou était à même d'y faire régner l'ordre. D'après lui, la famille d'un haut fonctionnaire faisait route vers Paoting, et parmi elle se trouvait une femme qui avait un bracelet d'or au bras. Une bande de soldats errants approcha et, ayant aperçu le bracelet d'or, le réclama. La femme ayant tardé à le retirer, un des soldats lui trancha le poignet et s'enfuit avec le bijou. D'autres soldats survinrent et, ayant appris ce qui s'était passé, poursuivirent les premiers et tirèrent sur eux. Ceux-ci, qui s'étaient cachés dans les hautes céréales bordant la route, ripostèrent et abattirent les soldats qui avaient tenté de les dépouiller. Ainsi ce seul bracelet avait coûté environ quatre-vingts vies humaines.

Les voyageurs avaient raconté leur histoire à voix basse et M. Yao ne la répéta pas aux siens. Il leur enjoignit de se coucher sitôt après le souper et interdit aux servantes et aux enfants de quitter leur chambre. La famille Yao, ayant refusé de se disperser dans plusieurs auberges, n'avait pu obtenir qu'une seule pièce pour douze personnes, et l'arrivée de l'autre famille empira la situation. La chambre n'avait qu'un seul *kang*, large de cinq mètres, et les servantes durent coucher à même le sol. M. Yao n'était pas un homme à ne songer qu'à ses propres droits lorsque d'autres étaient dans l'embarras ; aussi accepta-t-il que les deux femmes de la famille étrangère couchassent dans la chambre. Lui, avec Feng, Lotoung et le reste des voyageurs, occupa la pièce d'entrée, qui était à la fois cuisine, salle à manger et salle de réception.

Pendant que les enfants dormaient paisiblement dans la chambre à coucher et que Lotoung ronflait à grand bruit, M. Yao constata qu'il n'avait pas sommeil et n'éprouvait pas l'envie de dormir. Il songea que, s'ils partaient le lendemain de bonne heure, ils pourraient atteindre Hochienfou avant le coucher du soleil.

Pendant un moment tout fut calme. Une petite lampe à huile brûlait tranquillement sur le poêle. M. Yao sortit sa pipe de sa poche et se mit à méditer. Ce serait, pour bien longtemps, la dernière nuit où il pourrait, le cœur en paix, s'abîmer dans la contemplation. Plus tard, lorsqu'il se rappela cette nuit, elle lui apparut comme un paradis : le sentiment que tous ceux qu'il aimait dormaient auprès de lui en sûreté dans la pièce voisine, tandis qu'il fumait sa pipe et que la lampe à huile brûlait sur le poêle de la cuisine.

Vers minuit, il crut entendre sa femme pousser un cri dans son sommeil et que l'on s'agitait dans la chambre. Il s'approcha du poêle, prit la lampe et entr'ouvrit la porte. Mme Yao, ayant auprès d'elle le bébé, était assise dans le lit ; elle caressait la joue de Moulane et lissait ses cheveux.

— Pourquoi venez-vous à cette heure ? demanda la mère. Vous n'êtes pas encore couché ?

— J'ai cru vous entendre crier dans votre sommeil, dit le père.

— L'ai-je fait ? J'ai eu une telle peur ! Dans mon cauchemar, j'ai cru voir Moulane qui, de tout au fond d'une vallée, m'appelait. Je tremblais tellement que je me suis réveillée. Je suis si contente que ce ne soit qu'un rêve.

Elle contempla Moulane et embrassa d'un coup d'œil ses autres enfants.

— Ce n'était qu'un rêve, dit le père. Rendormez-vous.

Il se retira. Une averse survint. Engourdi par le crépitement régulier de la pluie, il s'endormit sans s'en apercevoir.

*

Le matin du 25 juillet, M. Yao fut réveillé par des bruits dans la pièce : presque toute la famille était déjà levée et débarbouillée. Les cochers étaient à la porte et annonçaient qu'après la pluie nocturne, la journée serait fraîche et délicieuse. Le ciel était nuageux et promettait de demeurer ainsi. Il n'y avait que soixante *lis* jusqu'à Hochienfou et il serait possible d'accomplir le trajet sans se bousculer. Des mules qui ne sont pas lourdement chargées font facilement cent *lis* en un jour ; pour un long voyage, avec tout ce que contient une carriole, elles peuvent atteindre soixante *lis,* soixante-dix au plus. Par-dessus le marché, une des mules avait mis le pied dans un fossé, et était presque tombée sur ses genoux. Elle avait culbuté la carriole et une de ses pattes de devant semblait foulée. En conséquence, il faudrait aller plus lentement.

On partit à huit heures. Mme Yao avait demandé à Brume bleue de venir dans sa carriole et de s'occuper du bébé ; la mule de la carriole où était Moulane boitait. Au bout de quinze *lis,* la bête montra les signes d'une mauvaise humeur croissante ; de temps à autre, elle s'arrêtait net et haletait. La mule est un animal qui a le corps d'un cheval et l'intelligence d'un âne ; elle est aussi forte que l'un et aussi têtue que l'autre. Le cocher déclara que sa bête avait du mal et qu'elle mourrait si l'on n'allait pas plus lentement.

— Les animaux sont tout pareils aux hommes : quand ils sont malades, ils perdent l'appétit et refusent de manger. Celle-ci n'a fait que flairer son foin ce matin et n'en a brouté qu'un petit peu. On ne peut pas entreprendre un long voyage avec le ventre vide ; les animaux sont comme nous.

Il leur fallut trois heures et demie pour couvrir les vingt *lis* suivants avant d'atteindre Hsinchoungyi. Il était environ une heure et demie lorsque, mourant de faim, ils descendirent des carrioles. Hsinchoungyi était une ancienne station de relais où jadis des chevaux de rechange étaient toujours à la disposition des courriers impériaux. Grâce à ce système de relais, des messages officiels urgents pouvaient en douze heures parvenir de Hochienfou à la capitale : un trajet de cent cinquante kilomètres. Non loin de l'auberge était une écurie et, dans un petit bois, trois ou quatre chevaux étaient attachés aux arbres.

Comme il avait été prévu que l'on changerait quelques-unes des mules pour le restant du voyage, le cocher de la mule malade décida de s'assurer, si c'était possible, et au moins pour la journée, un de ces chevaux. Il connaissait le maître de poste et l'arrangement fut conclu. Après le déjeuner, les Yao se reposèrent dans le pavillon, tandis que Moulane, Mocho et Tijen gagnaient le bois pour regarder les chevaux. Tijen s'étant trop approché d'un cheval blanc, la bête se mit à ruer et, du coup, Moulane, entraînant sa sœur, s'enfuit en hurlant. Ces chevaux de poste étaient de fortes bêtes ; aussi M. Yao, de l'autre bout du champ, cria vivement à Tijen de revenir. M. Yao était d'une humeur exécrable. Sa femme venait de lui raconter son cauchemar de la nuit. Elle se promenait dans une vallée au fond de laquelle courait une large rivière dont une rive était boisée. Elle tenait Mocho par la main, lorsqu'elle crut entendre Moulane qui l'appelait ; brusquement, elle comprit que Moulane n'était pas avec elle et il lui sembla qu'il y avait des jours qu'elle ne l'avait pas vue. Tout d'abord, la voix lui parut venir du sommet des arbres ; comme elle pénétrait dans l'épaisse forêt dont tous les chemins étaient barrés et qu'elle ne savait que faire, elle entendit de nouveau Moulane qui, de l'autre côté de la vallée, par-dessus la rivière, l'appelait. Sa voix était faible mais distincte.

— Je suis ici, je suis ici ! disait-elle.

La mère se retourna et aperçut dans la prairie, sur l'autre rive, l'enfant qui cueillait des fleurs. Ne voyant ni pont ni bac, elle ne comprit pas comment sa fille avait traversé. Elle laissa donc Mocho sur la rive ; et elle avait commencé à patauger dans le flot rapide et peu profond, quand un énorme amas d'eau l'emporta... Alors elle se réveilla, couchée sur le *kang* de l'auberge.

Bien que personne n'eût ajouté un mot après que Mme Yao eut fini ce récit, tout le monde en conserva un malaise. La mule éclopée fut laissée au relais, où le cocher la reprendrait au retour. Vers trois heures, on repartit ; le nouveau cheval avait été attelé à la carriole de Corail et des deux sœurs. Le cheval voulait tout le temps prendre les devants, et le cocher, qui ne connaissait ni son humeur ni ses habitudes, avait grand'peine à le retenir. Vers cinq heures, lorsqu'ils se trouvèrent à douze ou treize *lis* de la ville, ils aperçurent au loin, sur la gauche, des bandes de soldats qui avançaient à travers champs. M. Yao déclara qu'il allait passer en tête, mais la route était d'un mètre environ plus basse que le terrain avoisinant : jusqu'à ce qu'elle fût de niveau, il n'y avait pas moyen de doubler les autres carrioles. En avant et en arrière, à une centaine de mètres, se trouvaient d'autres groupes de réfugiés en marche.

Soudain, un coup de feu retentit. Les champs voisins étaient couverts de *kaoliang*[15] haut de plus de quatre mètres et les voyageurs se trouvaient en contrebas ; aussi, bien qu'ils entendissent des voix qui se rapprochaient, il leur était impossible de dire où se trouvaient les soldats. De nouveaux coups de feu éclatèrent. Ils ne pouvaient pas faire demi-tour, ni ne savaient dans quel sens se diriger, car les coups de feu et les voix venaient aussi bien de l'avant que de l'arrière. Lorsque la route fut enfin au niveau des champs, sept ou huit soldats en fuite les dépassèrent en courant à la croisée des chemins, et, à une cinquantaine de mètres au loin vers la gauche, ils aperçurent des bandes de soldats. Toutes les voitures s'arrêtèrent net et Mme Yao cria à Corail d'amener ses deux filles dans sa carriole. Pour Corail, qui avait les pieds bandés, descendre d'une carriole n'était pas chose facile ; elle y parvint pourtant, et dès qu'elle fut sur la route, elle saisit Mocho dans ses bras et la porta à sa mère. Son intention était de revenir ensuite prendre Moulane. L'arrêt avait complètement interrompu le trafic à la croisée des chemins. Les réfugiés derrière eux ne pouvaient plus avancer ; leurs cochers blasphémaient et hurlaient à qui mieux mieux.

A ce moment, on entendit de nouveaux coups de feu et quelques soldats montés les dépassèrent à fond de train. Le cheval de la poste prit peur et se mit à galoper, entraînant la voiture qui contenait Moulane dans le flot de soldats et de chevaux.

Dans ce tumulte, personne ne se rendit compte de ce qui s'était passé. Les soldats semblaient plus enclins à fuir qu'à piller. D'abord empêchés par de nouveaux pelotons de cavaliers, les Yao furent littéralement poussés en avant sur la route par les carrioles qui survenaient de l'arrière, et toutes les bêtes prirent le galop. Le désordre et les nuages de poussière ne permettaient pas de discerner quoi que ce fût. Corail, qui avait vite grimpé dans la carriole de la mère quand les soldats montés la dépassèrent, fut une demi-seconde avant de comprendre que Moulane était restée seule dans l'autre.

— Moulane ! cria-t-elle.

Mme Yao, d'instinct, voulut sauter en bas ; mais en un clin d'œil toutes les carrioles avaient fait demi-tour. Elle ne distinguait devant elle qu'une mêlée confuse d'hommes, de carrioles, de sabots de chevaux. Puis sa charrette fut emportée en avant avec le reste. Tenter de guider ces bêtes par des cris, une fois qu'elles avaient démarré, eût été prêcher une locomotive. Des douzaines de carrioles se trouvaient devant elle ; et tout ce qu'elle pouvait espérer, c'était que l'une d'entre elles contînt son enfant. M. Yao ne savait pas que Moulane était seule. Il se dit que le pire était passé, puisque les soldats ne s'étaient pas arrêtés pour les dévaliser.

Pendant que toutes les carrioles partaient bon train, M. Yao pensa instinctivement qu'il fallait fuir les soldats aussi vite et aussi loin que possible, avant de s'arrêter pour se rendre compte de ce qui était arrivé ; à condition toutefois que tout le monde prît la même direction. Mme Yao était partagée entre deux désirs : partir en avant et retrouver, soit la carriole et Moulane, soit le cocher, parmi le flot qui les précédait ; ou bien ralentir, et ramasser tous ceux qui auraient pu être restés en arrière. En fait, elle ne fit ni l'un ni l'autre. La largeur de la route ne permettait qu'un trafic à sens unique. Plusieurs fois, elle aurait sauté de la voiture, si Corail ne l'avait pas retenue.

Après sept ou huit minutes d'affolement, les animaux prirent un pas plus lent. Les soldats avaient disparu et la croisée des chemins était au moins à trois kilomètres en arrière. Une carriole culbuta dans le fossé et la femme qui en jaillit faillit être écrasée par les carrioles suivantes. Une autre carriole survint ; il en bondit un voyageur qui connaissait la femme et qui arrêta la voiture au milieu de la route. Les carrioles des Yao se trouvèrent donc forcées de s'arrêter aussi. Feng accourut aux nouvelles ; Mme Yao avait une crise de nerfs, Corail et Brume bleue sanglotaient. Montrant du doigt les carrioles qui disparaissaient au loin, Mme Yao cria que Moulane devait être dans l'une d'elles. Il leur fallait poursuivre leur route et ne pas s'arrêter.

— Moulane est seule ! hurlait la mère.

M. Yao comprit alors l'affreuse réalité. Ce n'était pas le moment de demander pourquoi Moulane avait été laissée seule. Il bondit vers le poney, le détela, l'enfourcha, et galopa jusqu'en tête de la file de réfugiés. Mais ses recherches demeurèrent vaines. Les servantes étaient également descendues de voiture ; elles étaient pâles de terreur et l'atroce nouvelle les avait rendues muettes. Corail s'était laissée glisser de la carriole ; personne ne put expliquer comment, pendant un quart d'heure, cette voiture avait pu contenir trois femmes et deux enfants. La mère tenait Mocho serrée dans son giron, tandis que Brume bleue portait le bébé. Mocho, que la terreur avait au début rendue muette, se mit à pleurer. Des réfugiés s'approchaient et passaient. Quelques-uns s'arrêtèrent pour regarder la femme qui était tombée. Sa mule avait apparemment reçu une balle dans la jambe, et il était difficile de dégager l'animal de son harnachement. D'autres, en entendant dire qu'une petite fille de dix ans était disparue, s'apitoyaient ; mais le reste défilait avec indifférence.

Tijen déclara qu'il avait vu le cheval de poste attelé à la carriole de Moulane filer sur la droite avec les soldats ; mais il n'en était pas sûr. Si c'était le cas, Moulane avait quitté la route et avait été entraînée par la foule de soldats et de chevaux. Mais le cocher était avec elle et la conduirait à Hochienfou. Peut-être même parviendrait-il à les rattraper et à les rejoindre sur la route.

Pendant qu'ils étaient là, ne sachant pas exactement ce qu'ils devaient penser et faire, ils aperçurent, qui arrivait en courant de l'arrière, le cocher de Moulane. Son fouet à la main, il les hélait. En le voyant sans sa carriole, tous perdirent contenance.

— L'enfant est-elle saine et sauve ?

— Qui sait ? Nous avons été balayés ; le cheval de poste a pris peur, et je n'ai pas pu le maîtriser…

— Où est-elle ?

— De quel côté est-elle partie ?

— Comment avez-vous perdu la carriole ?

Le cocher était aussi incohérent que ceux qui le questionnaient. Il avait viré sur la droite avec les soldats et les chevaux, puis avait pris une route encore sur la droite pour s'éloigner des soldats ; ensuite, voyant qu'il avait perdu le contact, il était descendu de son siège pour tenir le cheval. Le cheval, trop fort pour lui, lui avait arraché les rênes des mains et était parti en avant.

Une chose était certaine : Moulane était toujours dans la carriole. De plus, lorsque le cocher l'avait vue pour la dernière fois tourner et disparaître dans les champs de *kaoliang*, la voiture s'éloignait de Hochien-fou et remontait vers le Nord. Le cocher était certain que le cheval de poste retrouverait le chemin de Hsinchoungyi. Dans la simplicité de son cœur, l'homme avait jugé que le mieux était de courir prévenir les parents.

Après ce qui sembla de longues heures de désespoir, M. Yao revint sur son poney. Il avait regardé dans toutes les carrioles, fait des détours et même était arrivé en vue de la ville avant d'abandonner la partie. L'hypothèse du cocher lui parut juste ; le cheval retrouverait le chemin de Hsinchoungyi.

Le soleil était près de se coucher. M. Yao décida de se rendre en carriole avec le cocher à Hsinchoungyi ; le cocher pour retrouver sa voiture, et le père sa fille. Le reste de la famille devait gagner la ville, dont les portes seraient bientôt fermées. Les cochers leur indiquèrent une auberge où ils pourraient passer la nuit et attendre des nouvelles.

*

Incapable de fermer l'œil, la mère de Moulane passa la nuit à pleurer silencieusement. Dès l'aube, elle demanda à Lotoung et à son frère de se lever et de partir à la recherche de sa fille du côté de la Porte du Nord. Le lendemain matin, vers neuf heures, le père arriva à l'auberge. Le cheval et la carriole étaient revenus, mais sans l'enfant. M. Yao était retourné en arrière, avait exploré la contrée tout autour de la croisée des chemins et n'avait rien trouvé. En entendant son récit, tous furent comme frappés de la foudre. Ainsi, Moulane était définitivement perdue… La mère se mit à se lamenter tout haut.

— Moulane, mon enfant, tu ne devais pas m'abandonner ainsi, pour suivre ta sœur Moulien. Si tu me quittes, comment pourrai-je vivre !

— Mère, dit Corail, toutes choses sont réglées d'en haut ; personne ne peut décider si elles tourneront bien ou mal. Mieux vaut pour vous ne pas vous abandonner à la douleur au point d'en tomber malade. Nous avons encore loin à aller et toutes nos existences dépendent de vous. Si vous vous maintenez en bonne santé, notre fardeau à tous en sera allégé. Nous ne savons pas encore avec certitude si Moulane est perdue et nous allons la chercher. Tout cela est arrivé par ma faute ; je n'aurais pas dû la laisser seule !...

Mme Yao, ayant maîtrisé sa douleur, répondit :

— Non, tu n'es pas fautive, Corail ; mais bien ma mauvaise chance. Je n'aurais pas dû te demander de m'amener tes sœurs. Mais qui aurait pu prévoir que tout se passerait ainsi ? S'il doit arriver malheur à Moulane, si elle est enlevée ou vendue…

Sa voix se brisa. Debout auprès d'elle, M. Yao ne disait pas un mot. Moulane était sa fille préférée, et sa disparition lui avait déchiré le cœur. Quand sa femme parla d'enlèvement, il s'écarta, pareil à une bête blessée. Brocart, qui depuis un moment se tenait appuyée au mur sans prononcer une parole, s'effondra tout d'un coup. Agée de quatorze ans, elle avait été élevée presque en même temps que Moulane. Elle lui avait appris tous les jeux et toutes les chansons de l'enfance ; les deux petites s'étaient amusées de compagnie dès leurs premières années et Moulane avait toujours traité sa servante comme sa propre sœur. En entendant parler d'enlèvement, Brocart se rappela son propre sort et ses parents disparus. Se jetant sur le lit, elle éclata en sanglots. A son exemple, Tijen et Mocho se mirent à pleurer, et la chambre fut remplie de bruit. S'approchant de Brocart, Brume bleue la secoua en disant :

— *Taitai* vient de se ressaisir ; et toi, avec tes lamentations, tu fais pleurer nos jeunes maîtres, Tijen et Mocho.

Honteuse, Brocart se redressa, mais continua à frotter ses yeux rougis. Ecran d'Argent, qui ne portait pas Brocart dans son cœur, remarqua d'un ton sarcastique :

— Depuis ce matin, Mademoiselle se tient à l'écart. Mlle Mocho n'était ni débarbouillée ni peignée jusqu'au moment où je suis venue l'aider à s'habiller. Brocart adore Mlle Moulane et il est naturel qu'elle ait beaucoup de peine.

Brocart sortit de la pièce, en lançant d'un ton offensé :

— Ce sont mes larmes à moi que je verse. Est-ce que cela vous regarde, si j'ai envie de pleurer et si j'aime Mlle Moulane ?

— Nous sommes toutes au service de *Taitai,* de notre jeune maître et de nos jeunes maîtresses, répliqua Ecran d'Argent avec chaleur, et personne ne se mêle de personne !

— Mais c'est une révolte ! s'écria Mme Yao.

Corail se précipita dans la pièce voisine :

— Est-ce le moment de nous donner encore du souci ? s'écria-t-elle. N'en avons-nous pas déjà suffisamment ?

— Je tâchais de ne pas pleurer, geignit Brocart entre deux sanglots, mais j'ai pensé à Mlle Moulane et, quand *Taitai* a parlé d'enlèvement, j'ai pensé à moi-même. Ah ! mes chers parents, si vous étiez encore de ce monde, je ne serais pas traitée ainsi !

— Nous avons tous de la peine, bien sûr, dit Corail en s'efforçant de la calmer, et vous avez bien le droit de pleurer, puisque vous ne pouvez pas vous en empêcher.

— Elle ne pleurerait pas, n'est-ce pas, si M. Tijen était perdu ? dit Brocart méchamment.

Ecran d'Argent, qui écoutait à la porte, bondit dans la pièce. Mais Corail la poussa dehors et interdit aux deux servantes de prononcer un mot de plus.

Les images atroces, suscitées dans l'imagination de M. et Mme Yao par la pensée de ce que pouvait être le sort d'une enfant de l'âge et de la beauté de Moulane, étaient pires que la mort même. L'incertitude, les craintes obsédantes, l'ignorance de ses actions, l'espoir tenace qu'elle pourrait pourtant être retrouvée, à Hochienfou ou ailleurs, tout cela paralysait leurs esprits.

De toute la matinée, Mme Yao n'ouvrit pas la bouche, sauf pour dire :

— Morte ou vive, j'irai à sa recherche.

Elle était devenue comme un automate ; en proie à une seule idée, elle ne voyait ni n'entendait rien. A midi, quand le repas fut servi, elle s'attabla machinalement et mangea sans s'en apercevoir. De son côté, pendant qu'elle avalait tranquillement son riz, Brocart lâcha soudain son bol et quitta la table en sanglotant.

Terrifiée par le calme de Mme Yao, Corail déclara :

— Mère, il faut vous reposer. Vous n'avez pas dormi la nuit dernière. Retrouver Moulane prendra vraisemblablement plusieurs jours. Nous avons le devoir de nous maintenir en bonne santé.

Mme Yao se laissa conduire à son lit sans prononcer une parole.

*

Hochienfou est une préfecture de cinquante mille habitants au milieu d'une plaine basse, entourée de cours d'eau qui se dirigent au nord-ouest vers Tientsin. A cinquante kilomètres à l'est se trouve Tsangtchéou, sur le Grand Canal. A soixante kilomètres au sud, Tehtchéou forme le sommet d'un triangle équilatéral, dont les deux autres angles sont au nord Hochienfou, sur la grande route, et Tsangtchéou sur le Grand Canal.

La recherche de Moulane se fit d'abord en affichant des placards dans les auberges, aux portes et à toutes les approches de la ville. Ils indiquaient où se trouvait la famille Yao et offraient une récompense de cent taëls à toute personne qui apporterait une aide quelconque. Les femmes ne durent quitter l'auberge sous aucun prétexte, tandis que le père, Feng, Lotoung le domestique et les cochers (sur la promesse d'une récompense) devaient, eux, fouiller la ville entière et la contrée environnante. Quant à la mère de Moulane, métamorphosée en une force silencieuse et terrible, elle rôdait nuit et jour par les rues et par les ruelles et inspectait les cours d'eau, à la recherche de son enfant.

Mais Hochienfou était plein de réfugiés et d'enfants égarés ; le cas de Moulane n'était pas unique. A plusieurs reprises, de faux renseignements parvinrent. Mme Yao dut même aller, en dehors de la Porte de l'Ouest, examiner le cadavre d'une fillette que l'on avait tiré sur la berge d'une rivière.

M. Yao, lui, fouillait à cheval la campagne ; d'autres allèrent à l'est jusqu'au Pont de Chaho et à l'ouest jusqu'à Chouning. Nulle part on ne put découvrir trace de la disparue.

Moulane risquait d'être tombée entre les mains d'une bande qui faisait le commerce d'esclaves enfants. C'était fort probable. Quoique personne n'osât le dire, tous savaient que pour ces gens, elle représenterait cent taëls. Feng rentra un soir pour raconter que ces marchands d'esclaves opéraient sur le Grand Canal, de connivence avec les batelières. Brocart, qui avait elle-même été enlevée, confirma l'histoire, et dit que les batelières l'avaient fort bien traitée. A l'époque, le Grand Canal constituait la principale voie de communication entre la capitale et la Chine méridionale. La Bande Verte, qui était parfaitement organisée, opérait sur le Canal. Ce n'est qu'après que le chemin de fer de Tsinpou eut été construit que le trafic sur le Canal se ralentit et que les Verts se joignirent aux Rouges du Yangtseu pour former la Bande Verte et Rouge. Aujourd'hui encore, dans la concession française de Changhaï, elle contrôle les voleurs, les trafiquants d'opium et les bordels. Fameuse par ses enlèvements et ses vols, elle l'est aussi par sa philanthropie. Ses chefs conseillent les autorités municipales, et sont à la tête de toutes les organisations qui viennent en aide aux victimes des famines et des inondations. Lors de leurs anniversaires, ils reçoivent les félicitations des plus hauts fonctionnaires de l'Etat. Les bandes étaient, en somme, des sociétés secrètes à forme coopérative, qui assuraient aussi bien à la pègre qu'aux chômeurs de quoi vivre, et des bénéfices équitablement partagés. D'une extrême largesse entre elles, elles appliquaient un code très rigoureux en matière d'honneur ; et elles faisaient remonter leurs origines à des sociétés secrètes d'il y a un millier d'années. Les dieux auxquels elles rendaient un culte étaient des héros légendaires, des généraux fidèles, des bandits intègres qui dépouillaient les riches pour donner leurs biens aux pauvres et étaient des personnages très populaires.

Les Boxers, qui étaient connus sous le nom de *Yiho-tuan,* ou « Union pour la paix et la justice », formaient aussi une société secrète. Ils étaient une branche de la Société du Lotus blanc qui, au XVIIIe siècle, complota de renverser les Mandchous. Les circonstances historiques avaient transformé cette puissance en une association xénophobe, qui s'attaquait à l'Occident et soutenait les Mandchous ; d'où son importance internationale.

Dans l'idée que Moulane avait dû être enlevée, on décida, après plusieurs jours de recherches vaines, de se diriger vers le Grand Canal. Feng proposa d'aller tout droit vers l'est, à Tsangtchéou, qui n'était qu'à un jour de voyage, et de descendre le Canal. Il s'arrêterait dans les villes et aux passages de bacs afin de recueillir tout ce qu'il pourrait en fait d'indices ; le reste de la famille poursuivrait directement sa route en carriole et l'attendrait à Tehtchéou. Deux seuls espoirs leur restaient. Le troisième jour, Mme Yao fit venir un astrologue aveugle et l'interrogea sur le sort de l'enfant qu'elle avait perdu. Elle lui donna les « huit caractères [16] », soit l'heure, le jour, le mois et l'année de la naissance de Moulane, chacune de ces dates étant représentée par deux caractères des cycles céleste et terrestre. L'astrologue déclara que Moulane avait un groupe de « huit caractères bénéfiques » et que des étoiles jumelles brillaient dans sa destinée ; on devait s'attendre à ce qu'un accident marquât sa dixième année, mais sa chance la ferait s'en tirer sans dommage, « le mauvais sort se transformerait en un sort heureux ». En outre, sa destinée romanesque commencerait tôt ; et, bien qu'elle ne pût pas devenir *kouei* (la femme d'un haut fonctionnaire), elle n'aurait, sa vie durant, pas à s'inquiéter de ce qu'elle mangerait et boirait.

Pressé de dire si l'on retrouverait l'enfant, il annonça mystérieusement que « des forces inconnues la protégeaient ». En fin de compte, la combinaison des « huit caractères » lui paraissait si excellente, qu'il fixa exceptionnellement sa consultation à un dollar ; et Mme Yao lui en donna deux. Elle était si heureuse qu'elle alla brûler de l'encens au temple du dieu tutélaire de la ville. Chose étrange, par trois fois les blocs de bois[17] furent jetés devant la divinité et, par trois fois, leur réponse fut favorable.

Cette nuit-là, la mère eut un rêve semblable à celui qu'elle avait eu auparavant. Elle entendit distinctement Moulane qui lui criait : « Je suis ici, je suis ici ! » De nouveau elle vit l'enfant qui cueillait des fleurs dans la prairie, de l'autre côté de la rivière ; la petite était en compagnie d'une autre fillette que Mme Yao croyait bien n'avoir jamais rencontrée. La mère demanda à Moulane de la rejoindre et lui cria : « Viens auprès de moi. De ce côté-ci tu seras avec moi. Tu es en ce moment du mauvais côté. » Puis elle essaya de trouver un pont ou un bac, mais en vain ; ensuite il lui sembla qu'elle marchait sans peine sur les eaux et, qu'ayant déjà oublié l'enfant, elle descendait la rivière à une vitesse vertigineuse. Elle dépassait des villes, des hameaux, des tours, des temples qui couronnaient des collines, et elle approchait d'un pont quand, apercevant un vieillard qui cheminait sur le pont, elle reconnut son mari. Une jeune femme l'aidait, et cette jeune femme était Moulane. Mme Yao les héla, mais ils ne parurent pas l'entendre et continuèrent leur route. Elle était si absorbée, qu'elle se heurta à un pilier du pont ; du coup elle perdit le pouvoir de flotter sur l'eau, coula à pic et se réveilla.

Le lendemain matin, elle raconta à son mari le rêve qu'elle avait eu, et ils partirent réconfortés.

CHAPITRE III

Voici ce qui était arrivé à Moulane, pour autant que ses parents purent le reconstituer d'après ce qu'elle leur raconta.

Quand elle s'aperçut qu'elle était seule, elle eut très peur mais ne pleura pas. Elle pensa qu'il lui fallait, du mieux qu'elle le pourrait, sortir de la carriole ; et elle y réussit, lorsque le cheval arriva à l'entrée d'un pont et s'arrêta comme s'il méditait sur la route qu'il allait prendre. Il n'y avait personne en vue, mais elle distingua, très loin, quelques soldats et elle comprit que c'était là la direction d'où elle était venue. Elle courut de ce côté-là, jusqu'à ce qu'elle parvînt à la croisée des chemins ; mais elle n'y trouva plus personne. Alors, accablée et comme hébétée par la frayeur, elle s'assit au bord de la route et fondit en larmes. Un groupe de soldats vint à passer ; l'un d'eux, un gros homme jovial, s'arrêta pour lui demander ce qu'elle avait.

— O mes bons oncles, supplia-t-elle, ramenez-moi à mes parents !

— Où sont tes parents ?

— Je ne sais pas. Nous sommes venus de Pékin. Mes bons oncles, aidez-moi à les retrouver. Ils ont de l'argent et ils vous récompenseront.

Une femme survint, ainsi que d'autres soldats. A sa ceinture rouge, Moulane la reconnut pour un « Abat-jour

Rouge », comme elle en avait vu à Pékin. C'était une grande gaillarde à la face tannée et ses pieds n'étaient pas bandés. Il apparut que ces gens étaient des Boxers et que la femme était leur chef.

— Ma bonne tante, ramenez-moi à mes parents, gémit Moulane.

— Où vas-tu ? demanda la femme avec bonté.

Moulane, ne pouvant se rappeler le nom de la prochaine halte, Hochienfou, répondit :

— Nous allions à Tehtchéou.

— Tiens, c'est justement là que j'habite. Tu vas venir avec moi.

Moulane avait peur de la femme boxer ; mais après tout, c'était une femme et il n'y avait pas d'autre secours en vue.

— Si vous me conduisez à Tehtchéou, dit-elle, mes parents vous récompenseront.

La femme se tourna vers le gros soldat et lui dit de porter l'enfant. Il était si jovial que Moulane se sentit complètement rassurée ; et pourtant elle n'appréciait guère ses mains sales et calleuses qui l'enserraient et lui faisaient mal, ni son haleine qui empestait l'ail. Bientôt, on aperçut un cheval égaré ; la femme ordonna aux soldats de le capturer, et au gros homme de le monter en prenant Moulane devant lui. Celle-ci en fut assez troublée, car elle n'était jamais montée à cheval. Le gros Boxer lui posa mille questions ; au début méfiante, elle surmonta bientôt sa frayeur. Il lui dit qu'il s'appelait Laopa ; elle répondit qu'elle avait pour prénom Moulane et pour nom de famille Yao. Le gros soldat lui déclara en riant que, puisqu'il en était ainsi, elle devait avoir été sous les drapeaux depuis douze ans au moins ; et il lui demanda si la vie militaire lui plaisait[18].

Au bout d'une heure, ils n'avaient toujours pas aperçu de ville. Moulane demanda à Laopa pourquoi, car elle savait qu'ils devaient bientôt en atteindre une.

— Vous pensez sans doute à Hochienfou, lui répondit-il.

Moulane, qui reconnut le nom, lui dit qu'en effet c'était de Hochienfou qu'il s'agissait. Mais Laopa lui expliqua qu'ils ne pouvaient y pénétrer, parce que les soldats de la garnison les attaqueraient.

En entendant cela, Moulane fut saisie de terreur. Le soleil se couchait ; c'était l'heure où, instinctivement, tout enfant désire le repos et la sécurité. Ses parents étaient très loin, et elle était seule parmi des étrangers. Les larmes la gagnèrent et elle s'endormit. Puis la peur la réveilla ; elle se remit à pleurer, et enfin s'endormit de nouveau.

Lorsqu'elle se réveilla, les soldats dressaient le camp pour la nuit dans le temple d'un village. La femme lui offrit un bol de *congee*[19] et des navets salés ; mais elle, qui n'avait pas faim, les refusa. La femme la fit coucher auprès d'elle sur le sol ; et l'enfant, épuisée, sombra dans le sommeil.

Au matin, à peine réveillée, Moulane recommença à pleurer mais, durement, la femme le lui interdit.

— Ma bonne tante, conduisez-moi à Hochienfou, auprès de mes parents, gémit Moulane.

— Tu as dit que tu allais à Tehtchéou, et je te conduirai à Tehtchéou. Si tu pleures encore, je te fesserai, répliqua la femme.

Laopa proposa de la conduire à Hochienfou, mais la femme le reprit vivement :

— Si tu y vas, on te tirera dessus !

Après le déjeuner, on se remit en route ; ils étaient maintenant au nombre de trente à quarante. Moulane apprit que tous ces gens étaient des Boxers qui avaient combattu à l'est de Pékin et qui s'étaient repliés à travers la campagne en entendant dire que les diables étrangers marchaient sur la capitale. Plusieurs jours plus tard, ils apprirent que l'impératrice douairière et l'empereur avaient fui, que Pékin était saccagé et, qu'en outre, les soldats blancs se dirigeaient vers le Sud.

— Pourquoi sommes-nous vaincus et pourquoi les balles des étrangers peuvent-elles nous tuer ? demanda Moulane.

— Parce que les étrangers pratiquent aussi la magie et que la leur est meilleure que la nôtre. Voilà l'explication, répondit Laopa. L'Esprit du Singe n'avait encore jamais vu de pareils monstres aux cheveux rouges et aux yeux bleus et il est impuissant à nous protéger parce que les étrangers emploient une autre sorte de magie. Ils ont une chose diabolique qu'ils mettent à leurs yeux et qui leur permet de voir à mille kilomètres.

Maintenant que la capitale était prise et que l'empereur était en fuite, les Boxers ne pensaient qu'à rentrer chez eux. La plupart des paysans, s'ils ne leur étaient pas favorables, du moins ne leur étaient pas hostiles, car ils étaient originaires de la région et en parlaient le dialecte. Quelques-uns avaient jeté leurs turbans de Boxers. Ils se plaignaient du gouvernement, qui n'aurait pas dû les organiser pour ensuite les combattre, et de nouveau les lancer contre les étrangers. Beaucoup regrettaient de s'être enrôlés parmi les rebelles, au lieu de rester chez eux à cultiver leurs champs. Chaque jour, le détachement diminuait en nombre, à mesure que l'un après l'autre désertait pour rejoindre son village natal. Il se révélait maintenant que la femme qui les commandait était la maîtresse de Laopa mais qu'ils allaient bientôt se séparer. Lui retournait dans son village et n'irait pas jusqu'à Tehtchéou. Epouvantée à l'idée de rester seule avec la femme, Moulane aurait voulu que Laopa ne l'abandonnât pas.

Si étrange que cela paraisse, Moulane reçut sa première leçon d'anglais de Laopa, ce Boxer. Il lui raconta beaucoup de choses sur les étrangers qu'il avait vus et lui apprit une chanson sur les mots anglais qu'il avait retenus :

Lai dit « come »
Chou dit « go »
Niensze « twentyfo »
Chanyao « potato »
« Yes ! Yes ! No. »
Malapatse ! Choualai fanghouo !

Le dernier vers signifiait : « Le diable les emporte ! Nous les attraperons et nous leur mettrons le feu ! » Les mots les plus drôles étaient « Oui ! Oui ! » Laopa assurait que cela se prononçait comme « mortellement chaud » en chinois. Chaque fois qu'il en arrivait à ces mots, il les proférait avec force et riait aux éclats.

Moulane commençait à se sentir un vrai Boxer, elle aussi, et à penser qu'elle détestait les étrangers. Ils n'avaient pas à venir dans son pays et à y prêcher un dieu étranger. Les Chinois chrétiens, les « Deuxièmes Poilus », comptaient sur leurs amis étrangers pour tourmenter leurs compatriotes. Elle l'avait entendu dire à son père ; il racontait aussi que dans le cas de litiges entre des chrétiens et des Chinois qui ne l'étaient pas, le juge était contraint de donner gain de cause aux chrétiens s'il ne voulait pas perdre sa place.

Certes, il était exact que la tactique des missionnaires consistait à se placer, eux et leurs convertis, sous la protection d'une puissance étrangère ; ce qui faisait de ces derniers une race à part, plus apparentée aux étrangers qu'à leurs propres compatriotes. Il s'était produit toute une série d'« incidents religieux » ; des missionnaires furent massacrés, et les magistrats destitués. Après le meurtre de deux étrangers, la Chine avait dû céder Tsingtao aux Allemands et le gouverneur du Chantoung avait été destitué. Aussi était-il très monté contre les étrangers et avait-il été un des plus ardents à harceler l'impératrice douairière pour qu'elle favorisât les Boxers. Aux yeux des magistrats, les missionnaires étaient un perpétuel tourment ; aussi redoutaient-ils plus que le feu du ciel les incidents auxquels ces étrangers se trouvaient mêlés. Cela aboutissait presque toujours pour eux, quoi qu'ils fissent, à la révocation.

En outre, Moulane tenait de son père que ces « Peuples de l'Océan » faisaient tout à l'envers. Ils écrivaient de gauche à droite, au lieu de droite à gauche, et horizontalement, comme un crabe marche, non de haut en bas. Ils énonçaient leurs prénoms avant leurs noms de famille ; et, pour comble, lorsqu'ils rédigeaient une adresse, ils mettaient en premier le numéro de la maison, puis le nom de la rue, ensuite celui de la ville et enfin celui de la province, comme par un parti pris de contradiction. Si bien que lorsqu'ils voulaient savoir à quelle ville devait être envoyée une lettre, il leur fallait commencer par le bas. Leurs femmes avaient d'énormes pieds, longs d'une trentaine de centimètres, parlaient fort, avaient les cheveux bouclés et les yeux bleus, et donnaient le bras aux hommes lorsqu'elles se promenaient avec eux. En somme, ces étrangers étaient les gens les plus bizarres qu'on pût imaginer.

*

Ils voyageaient déjà depuis plusieurs jours et n'avaient pas encore aperçu Tehtchéou. Ils évitaient les grandes villes, qu'occupaient d'autres troupes. Un jour, il y eut une brève rencontre avec des soldats ; quatre ou cinq des leurs furent tués, à la grande terreur de Moulane. La bande comptait encore une vingtaine d'hommes.

A un endroit où ils s'arrêtèrent pendant plusieurs jours, Laopa et sa maîtresse se prirent de querelle. Il voulait qu'elle l'accompagnât jusqu'à son village, et elle voulait qu'il vînt à Tehtchéou. Lui refusait ; et Moulane les entendit échanger des jurons. Il n'était plus question de leurs titres boxers, « Frère Aîné », « Honorable Mère » ; ils étaient redevenus des gens comme tout le monde, qui avaient repris leurs usages. Moulane était partagée entre son désir d'atteindre Tehtchéou et sa peur de la femme. Laopa s'était pris d'affection pour l'enfant et aurait voulu l'emmener avec lui, mais la femme était plus opiniâtre que lui et il ne put la persuader de renoncer à Moulane. Dans le feu de la discussion, Laopa se mit à traiter la femme de tous les noms possibles : femme de voleur, putain du Chantoung, sorcière aux grands pieds, brigande, voleuse d'enfants.

— Je sais que tu vas vendre cette petite, espèce de voleuse d'enfants ! lui lança-t-il à la tête. Je vois bien ce que tu manigances !

Se tournant vers Moulane, il ajouta :

— Je ne peux pas te garder avec moi ; il n'y a rien à faire, mais méfie-toi de cette femme !

Là-dessus, il partit. Moulane fixait la femme de ses yeux dilatés mais n'osait souffler mot. Elle avait entendu parler de voleurs d'enfants par son père et par Brocart, et elle était terrorisée. Elle résolut de tenter de s'échapper dès qu'elle serait à Tehtchéou mais n'en dit rien.

Il était affreux pour elle de poursuivre son chemin avec cette femme, de la suivre à pied, cette fois, et à son pas. La mégère lui avait enjoint de n'adresser la parole à personne et d'agir comme si elle était sa fille.

Heureusement, Tehtchéou n'était plus très loin et, à la tombée de la nuit, elles y parvinrent. Lorsque la ville fut en vue, Moulane tenta bien de se sauver mais la femme la rattrapa, la frappa à la tête et au visage, et la menaça de la marquer au fer rouge si elle recommençait. A partir de ce moment, la femme ne la lâcha plus. Elles pénétrèrent dans la ville et, après avoir enfilé plusieurs rues, elles sortirent par une autre porte, pour gagner un village abandonné et enfin une maison entourée d'arbres, auprès d'une petite rivière d'à peine trois mètres de large. Dans la maison se trouvait un grand gaillard d'une quarantaine d'années. Moulane était tellement à bout de forces qu'elle ne s'inquiétait plus de ce qui allait lui arriver. Elle fut enfermée à clef dans une petite pièce obscure et, pendant que l'homme et la femme discutaient dans la chambre voisine, elle s'endormit.

Au matin, elle se réveilla pour se trouver dans cette petite cellule, dont l'unique fenêtre était hors de sa portée. La femme entra, un tisonnier rougi au feu dans sa main, et dit :

— Tu veux tâter de ça ? Si tu essaies de te sauver, je te crève les yeux.

Morte de peur, Moulane promit d'obéir et de ne pas s'enfuir.

Trois jours plus tard, une petite fille d'environ six ans fut aussi jetée dans la pièce. Il ne leur restait rien d'autre qu'à attendre dans l'angoisse.

*

Pendant deux jours, Moulane n'entendit pas la voix de la femme ; mais de temps à autre, des voix d'hommes lui parvenaient. Enfin, un jour, la femme arriva dans la maison ; on l'entendait qui riait d'aise.

— C'est fait ! cria-t-elle.

Moulane entendit la clef tourner dans la serrure.

— *Hsiaochieh !* dit la femme, qui était tout sourires.

C'était la première fois depuis longtemps que l'on appelait Moulane *Hsiaochieh.*

— Tu en as de la chance ! J'ai trouvé ta famille et tu la rejoindras aujourd'hui. Est-ce que je ne t'ai pas dit que je te ramènerais à tes parents ? Est-ce que je ne t'ai pas bien traitée ?

Excitée au possible, Moulane versait des larmes de bonheur. La femme l'entraîna dans l'arrière-pièce où, sur un autel, se trouvaient des chandeliers, ainsi qu'un petit reposoir de bois où trônait une idole aux couleurs délavées, à la face rougeâtre et imberbe : c'était une statue de Tsitian le saint Maître, le moine-magicien fou.

— Où sont mes parents ? demanda Moulane.

— Tiens-toi tranquille, dit la femme. Nous allons t'emmener à la ville.

— Je vous en remercie, s'écria l'enfant, et que Bouddha vous bénisse ! Quand partons-nous ?

— Dès que tu seras habillée.

— Et Senteur vague ? demanda Moulane.

Senteur vague était l'autre petite fille qui, pendant tous ces jours, avait partagé sa cellule.

— Personne n'est encore venu la réclamer. C'est l'affaire de ses parents.

— Puis-je l'emmener avec moi ? demanda Moulane.

— Si tes parents veulent payer pour elle..., dit la femme.

Moulane se précipita vers la porte.

— Senteur vague, s'écria-t-elle, je dirai à mes parents de venir te chercher !

Mais la femme la tira en arrière brutalement.

— Qui t'a permis de te mêler de ses affaires ? gronda-t-elle rudement.

Ensuite, la femme insista pour la peigner et lui natter ses cheveux ; elle les noua au bout avec un ruban rose tout neuf, en même temps qu'elle lui arrosait la tête d'« huile de thé » au violent parfum. Elle voulait aussi lui barbouiller le visage d'une couche de poudre et de rouge mais Moulane refusa, disant qu'elle n'en avait jamais usé, et la femme le prit assez mal. Un homme apporta plusieurs bols de *congee* aux dattes, sucré avec de la cassonade, et en offrit un à Moulane. Ces bandits étaient superstitieux, et ils ne se séparaient pas sans cérémonies de leurs otages. L'enfant devait être habillée aussi élégamment que possible avant d'être restituée, et tout devait disposer l'avenir sous un jour favorable.

Pressée de partir, Moulane déclara qu'elle n'avait pas faim ; elle dut pourtant avaler quelques bouchées de *congee.*

— Je vais rejoindre mes parents et je n'ai pas envie de manger, dit-elle. Puis-je donner ce bol à Senteur vague ?

La femme regarda la petite, puis le bol de *congee,* et enfin se décida à l'apporter elle-même à Senteur vague.

— Tu en as de la chance ! cria-t-elle.

Il fallut ensuite accomplir un rite. Un homme alluma trois bâtonnets d'encens et s'inclina trois fois devant le reposoir. Il gagna ensuite le jardin derrière la maison ; là, des bâtonnets d'encens à la main, il fit face au sud-est et, se courbant trois fois, salua le ciel et la terre.

— Dis que tu nous porteras bonheur ! demandèrent-ils à Moulane lorsque la cérémonie fut terminée et qu'on fut prêt à partir.

— Je vous porterai bonheur, le Vieux Père le Ciel vous bénira et vous vivrez cent ans ! dit l'enfant,

— C'est ça ! dit la femme, ravie.

Ils descendirent vers la rivière et s'embarquèrent dans un petit bateau. Moulane entendait Senteur vague qui gémissait dans la maison et elle en avait une peine extrême. Ils passèrent de la rivière dans le Grand Canal et ils s'approchèrent d'une grande barque dont la cabine arborait un drapeau rouge. Moulane, qui savait lire, vit que la barque appartenait à quelque fonctionnaire pékinois ; un grand caractère signifiait *Tseng,* le nom de famille.

A l'avant du bateau était assise une femme qui dévorait des yeux le bateau qui portait Moulane ; auprès d'elle se tenaient plusieurs garçons dont les yeux brillaient à la fois de curiosité et d'inquiétude. Moulane, ne sachant si elle devait saluer la femme ou lui adresser la parole, la fixa. Elle était profondément déçue qu'on ne la menât pas à ses parents. Cette femme seraitelle une de leurs amies ? En tout cas, Moulane était sûre de ne l'avoir jamais vue.

Tremblante et rougissante, excitée autant qu'inquiète, Moulane fut conduite à bord de la barque. La femme lui tendit la main ; son visage, qui était celui d'une personne bien élevée, avait quelque chose de bienveillant et de maternel. Instinctivement, Moulane la prit en affection.

— Ma chère enfant, vous avez dû passer par des moments terribles, dit Mme Tseng en l'attirant vers elle.

Moulane fondit en larmes. Le cœur contre lequel elle se serrait était, elle le sentait, celui d'une femme bonne et généreuse, comme l'était sa mère.

Ensuite, il se passa quelque chose d'étrange. Un homme d'âge mûr, au visage austère, s'avança. Son front était haut ; il portait des lunettes, et sa barbe était clairsemée. Vêtu d'un pyjama blanc, que recouvrait un gilet de satin bleu pâle, il tenait à la main une pipe à eau. Il n'avait aux pieds que des chaussettes, car sur ces barques d'eau douce, si les femmes gardent leurs chaussures, les hommes retirent les leurs, afin de ne pas salir les planches vernies et bien récurées qui forment le parquet de la cabine. Avec un sourire réconfortant, il s'avança vers Moulane.

— Voici Tseng *Laoyeh,* dit Mme Tseng. Il se demande si vous le reconnaissez.

Tout étourdie, Moulane ne put répondre ni oui ni non mais exécuta les révérences habituelles en murmurant d'une voix tremblante :

— Tseng *Laoyeh* ! Dix mille fortunes ! Je vous salue !

— Vous appartenez à la famille Yao, n'est-ce pas ? demanda M. Tseng.

— Oui, monsieur.

Moulane avait bien le sentiment qu'elle avait entendu cette voix quelque part.

— Où habitiez-vous à Pékin ? demanda-t-il.

— Matajen Houtoung, à Pailou Est-Quatre.

— Est-ce vous qui vous appelez Moulane, ou est-ce votre sœur ?

— Mon nom est bien Moulane. Ma sœur s'appelle Mocho, répliqua l'enfant.

M. Tseng tira lentement de sa manche un petit paquet enveloppé dans un mouchoir et le déplia avec un sourire bizarre. Dans la paume de sa main, et posés sur le mouchoir, étaient deux petits fragments d'ossements à l'aspect moisi, de deux centimètres de large sur quinze à vingt centimètres de long. On eût dit de vieux os d'animaux, parfaitement quelconques, comme n'importe qui pourrait en ramasser dans un vieux jardin ou parmi des ruines.

— Qu'est-ce que c'est que cela ? demanda M. Tseng.

— Ce sont des os qui portent d'anciennes inscriptions, n'est-ce pas ? demanda Moulane dont les yeux brillaient.

— Ah ! vous êtes bien Yao Moulane, la seule fille au monde qui soit capable de reconnaître ces vieux ossements ! s'exclama M. Tseng, d'une voix si forte que Moulane, et aussi sa femme et ses fils, sursautèrent.

Confuse et embarrassée, Moulane soudain se rappela qui était son interlocuteur : l'homme qu'elle et son père avaient rencontré jadis à la fête du temple de Loungfouszé[20], et qui était à la recherche d'os couverts d'inscriptions.

— Vous êtes Tseng *Laoyeh* ! s'écria-t-elle, et vous êtes venu chez nous !

— Tu m'as toujours pris pour un collectionneur de trésors rares, dit Tseng à sa femme. Cette fois, j'ai découvert un véritable trésor, et il est pour toi.

Désignant Moulane, il ajouta :

— Le voici.

A part elle, Mme Tseng se disait qu'elle n'avait jamais vu son époux manifester autant d'enthousiasme et d'abandon, et si peu de dignité.

Il est exact qu'en 1900, Moulane était peut-être la seule jeune fille de Chine qui eût entendu parler de ces os gravés qui remontent au XVIIIe siècle avant l'ère chrétienne[21]. Ces objets, où l'on trouve les plus anciens vestiges de l'écriture chinoise, sont aujourd'hui bien connus et très estimés. A ce moment-là, on venait seulement d'en découvrir sur la berge rongée par les eaux d'une rivière du Honan, à l'emplacement de l'ancienne capitale des Chang ; et quelques rares collectionneurs s'y intéressaient. Le père de Moulane était l'un d'eux ; un jour où sa fille l'accompagnait, ils avaient rencontré Tseng et les deux hommes s'étaient mis à causer. Fier de son enfant, le père de Moulane avait expliqué que sa fille aimait ces objets parce qu'ils étaient si anciens. Après qu'ils se furent de nouveau rencontrés à la fête, M. Yao demanda à M. Tseng de venir chez lui pour voir ses spécimens ; et de nouveau, Moulane fut priée par son père de prendre part à leur entretien. En sauvant Moulane des voleurs d'enfants, M. Tseng avait rendu un service à son ami Yao, autant parce qu'il avait été séduit par la vivacité et l'intelligence de la petite que parce qu'il savait à quel point son père l'estimait. Aussi était-il très fier de ce qu'il venait de faire.

La voleuse d'enfants et son compagnon avaient été témoins de cette scène, pour eux énigmatique. M. Tseng pénétra dans la cabine à l'arrière du bateau, et revint avec des pièces d'argent et une balance. Après avoir pesé cent onces de taëls, il les enveloppa et se tourna vers l'homme :

— Voici votre dû. Vous pouvez partir.

L'homme et la femme prirent l'argent, descendirent dans leur bateau, et s'éloignèrent à force de rames. Moulane aurait voulu parler de l'autre petite fille, Senteur vague, mais n'osa pas. Plus tard, elle le fit, mais M. Tseng jugea que cette affaire ne le regardait pas.

Les garçons se tenaient à l'écart et regardaient Moulane avec curiosité ; visiblement ils l'admiraient mais ils n'osaient lui adresser la parole. La mère se tourna vers eux et, tenant Moulane par la main, elle lui présenta ses fils l'un après l'autre.

— Voici Pingya, mon aîné, et puis Chinya, mon second, et voici Sunya, mon troisième. Quel âge avez-vous, Moulane ?

Elle répondit qu'elle avait dix ans. Pingya en avait seize, Chinya treize, et Sunya onze.

Pingya se montra poli, et Chinya ne se compromit pas. Sunya, un gros garçon, eut un large sourire et ses yeux brillèrent, ce qui intimida Moulane. Elle devait bientôt s'apercevoir qu'elle aurait beaucoup à endurer de ce gros gamin, endiablé et franc.

Le premier moment de surprise était maintenant passé et Moulane se savait au milieu d'amis. Elle reprit haleine et demanda :

— Où sont mes parents ?

— Ils ne sont pas ici et ont dû partir en avant. Nous allons prendre contact avec eux. En attendant, vous resterez avec nous.

— Est-ce que vous voyagez aussi ? Où allez-vous ?

— Nous allons à Taian, où nous habitons.

— Avez-vous vu mes parents ?

— Non, nous ne savions même pas que vous étiez partis dans le Sud.

— Mais comment avez-vous appris que j'étais perdue et comment êtes-vous arrivés à me trouver ?

— Venez dans la cabine ; vous mangerez un morceau, et je vous le raconterai.

Mme Tseng était une femme dans la trentaine, aux traits réguliers et au corps frêle ; en quoi elle contrastait fort avec son mari qui, de dix ans plus âgé qu'elle, était très grand. Elle sortait d'une famille de fonctionnaires du Chantoung qui depuis des générations était fixée à Pékin et, comme les filles de bonnes familles de la classe des lettrés et des mandarins, elle savait lire et écrire. Elle était la seconde femme de M. Tseng, et avait élevé comme l'un de ses propres enfants Pingya, dont la mère, la première femme de M. Tseng, était morte en lui donnant le jour. La tâche lui avait été facile car, ayant été très bien éduquée, elle n'ignorait rien de tout ce qu'une bonne épouse doit faire. Bien que réservée et modeste, elle était calme et digne. Elevée dans une maison de haute extraction, elle possédait au suprême degré les vertus de la femme chinoise : la décence, le sens de l'ordre, la générosité envers les inférieurs, l'art de vivre en famille, savait quand il fallait tenir bon et, chose plus nécessaire encore, quand il fallait céder, fermer les yeux et ignorer. Qu'il s'agisse d'une maison ou d'un époux, savoir fermer les yeux est aussi important que savoir les ouvrir. Pour le reste, Mme Tseng, petite et délicate, vivait sur ses nerfs ; ce qui, étant donné son tempérament peu robuste, la rendait sujette à des maladies de toute espèce. A ce moment-là, son teint était particulièrement frais ; aussi apparaissait-elle comme une jeune femme fort jolie.

Pour l'instant, elle ne songeait qu'à Moulane.

— Vous allez d'abord vous laver, et je vous donnerai tout à l'heure de quoi vous changer, dit-elle.

Une servante apporta une cuvette d'eau et une serviette. Quand Moulane eut été lavée, Mme Tseng lui fit servir un bol de nouilles au porc. Poliment, Moulane déclara qu'elle n'avait pas d'appétit, mais en fait, elle était affamée. Mme Tseng insista, disant qu'il était encore tôt, et qu'ils ne déjeuneraient pas avant quelque temps. C'était la première fois depuis bien des jours que Moulane mangeait une nourriture pareille, saine et bien préparée, et il lui parut qu'elle n'avait de sa vie goûté quelque chose d'aussi bon. Comme quoi les choses ordinaires dont doit s'occuper une femme ont une grande importance.

Mais Moulane n'était pas une étourdie. Bien qu'elle eût très faim et que la nourriture fût exquise, elle mangeait lentement, par crainte qu'on se moquât d'elle. Mme Tseng s'était assise à la table près d'elle et les garçons se tenaient un peu plus loin.

— Etait-ce bon ? demanda Mme Tseng quand elle eut fini.

— Très bon, je vous remercie. Maintenant parlez-moi de mes parents. Quand pourrai-je les voir ?

— En réalité, je n'en sais rien, dit Mme Tseng. Nous ne les avons pas vus.

— Mais alors, comment m'avez-vous découverte ?

— Car je vous ai découverte, hein ? dit M. Tseng triomphant.

Les garçons étaient ravis de voir leur père de si bonne humeur.

— La petite t'interroge ; réponds-lui comme il faut, dit Mme Tseng. Mon enfant, poursuivit-elle en s'adressant à Moulane, nous avons passé ces quatre ou cinq derniers jours à vous chercher.

*

M. Tseng avait de bonnes raisons d'être fier. Ç'avait été très simple de trouver Moulane mais cela avait tout de même été fait très habilement. M. Tseng éprouvait le sentiment qu'éprouve toujours un homme qui a mené à bien une affaire, et il était tout attendri d'avoir retrouvé cette petite fille qui, à l'âge de dix ans, savait déjà apprécier les antiquités.

Les Tseng étaient en route pour se rendre chez eux, non loin du pied du Mont Taichan[22], dans le Chantoung.

Ils avaient quitté Pékin cinq semaines auparavant et avaient été retenus pendant près de trois semaines à Tientsin. Lorsqu'ils parvinrent à un village sur le Grand Canal, en dessous de Tsangtchéou, M. Tseng alla à terre. Dans une boutique de thés, il vit au mur un placard écrit à la main sur du papier jaune, et il fut attiré par le nom et l'adresse du signataire. M. Feng, l'oncle de Moulane, s'était décidé à gagner Tehtchéou à pied, par la rive du Canal. Ainsi il pourrait s'arrêter tout à sa guise pour recueillir des indices ; et, dans les boutiques de thés des bacs et des hameaux, il avait affiché des placards ainsi rédigés :

RÉCOMPENSE POUR UNE FILLETTE PERDUE

Il a été perdu une fillette, Yao Moulane, âgée de dix ans. Elle est vêtue d'une jaquette blanche et de pantalons rouges. Ses yeux sont clairs et ses sourcils fins, ses cheveux d'un noir de jais et nattés, ses pieds non bandés. Elle a le visage petit et la peau blanche, et sa taille est de quatre-vingt-dix centimètres. Elle parle avec un excellent accent de Pékin. Elle a été perdue sur la route entre Hsinchoungyi et Hochienfou. Toute personne qui fournira des renseignements susceptibles d'amener la découverte de l'enfant recevra une récompense de cinquante taëls d'argent, et toute personne qui ramènera l'enfant elle-même recevra une récompense de cent taëls.

Le Ciel bleu en est témoin et je ne reviendrai pas sur ma parole. Pékin, Matajen Houtoung, Yao Sseu-ane, Hangtchéou, Puits des Trois Yeux, Compagnie des Thés du Double Dragon. Adresse provisoire : Tehtchéou, Hôtel Changfa.

En lisant cela, M. Tseng s'était écrié :

— Il s'agit de mon vieil ami Yao Hueitsai et de sa petite fille !

L'adresse était bien celle qu'il connaissait et il savait que M. Yao avait des drogueries et un commerce de thés à Hangtchéou. En outre, le prénom de l'enfant était trop inusité pour qu'on pût se tromper. M. Tseng revint à sa barque et parla de la chose à sa femme, en lui expliquant combien cette enfant était intelligente. Mme Tseng fit la remarque qu'ils avaient eu une chance inouïe, quand on se rappelait ces journées pleines d'inquiétude près de Tientsin, que tous les membres de la famille fussent encore sains et saufs.

M. Tseng, étant natif du Chantoung, la province où se trouvait Tehtchéou, pouvait facilement se mettre à la recherche de l'enfant. De plus, il avait l'avantage d'être un fonctionnaire de Pékin et pouvait, si c'était nécessaire, user de son influence sur les autorités locales. Il savait que les Bandes Vertes du Canal avaient mis sur pied une véritable entreprise d'enlèvements et de vols. Si une montre était volée et que l'on s'adressât immédiatement à l'endroit voulu, en cinq minutes elle était restituée. Les bandits du Chantoung étaient aussi bien organisés que les banquiers du Chansi. A cette époque-là, les banquiers pouvaient en toute sécurité envoyer des charrettes pleines d'argent à travers les montagnes infestées de bandits, à condition qu'elles fussent accompagnées d'un sauf-conduit portant le sceau et la signature du bureau que la bande avait à Pékin. Les voleurs de grand chemin ne manquaient pas de faire honneur à leur signature. Au contraire du gouvernement, ils avaient pour principe de ne jamais prélever deux fois des taxes sur les mêmes chargements ; ils n'avaient qu'une parole.

Donc, si l'enfant avait été enlevée par les bandes, elle serait sûrement expédiée sur le trajet du Canal et probablement embarquée dans la direction du Sud, où le trafic des petites filles était actif. Tehtchéou était le centre principal des opérations de ces bandes.

Dès son arrivée à Tehtchéou, M. Tseng alla droit à l'hôtel Changfa, où il espérait trouver son ami M. Yao. Le propriétaire lui dit que M. Yao avait passé là six ou sept jours auparavant, avec sa famille, mais qu'il avait déposé vingt taëls en espèces et une lettre de crédit sur une banque de l'endroit, qui serait payée dès que sa fille serait trouvée et identifiée. Il avait aussi remis à la banque une photographie de toute sa famille.

M. Tseng se rendit ensuite chez un marchand de vins, montra sans ostentation sa carte au patron, et lui expliqua ce qu'il désirait. Peu de temps après, le marchand lui amena un membre de la bande. En ajoutant un fort pourboire aux menaces, M. Tseng parvint à se faire conduire chez un chef de rang inférieur, à qui il donna le nom, l'adresse et la description de l'enfant.

— Si dans quelques jours vous ne me l'avez pas amenée, dit M. Tseng, je vous dénoncerai au juge comme Boxer et vous ferai emprisonner.

L'homme allégua qu'il avait bien vu les placards mais ignorait complètement où se trouvait l'enfant et même si elle était aux mains de la bande. Il promit de se livrer à une enquête, et de faire rapport à Son Honneur dès qu'il aurait quelque renseignement. M. Tseng lui promit de son côté qu'il serait bien payé pour sa peine.

En quarante-huit heures, M. Tseng se rendit deux fois chez le marchand de vins ; et chaque fois en vain. Il ne voulait pourtant pas abandonner l'affaire. Le troisième jour, il apprit avec certitude que Moulane était aux environs de Tehtchéou. Le reste était très simple. M. Tseng donna cinq taëls à l'homme, et lui en promit cent quand l'enfant lui serait amenée. L'homme hésitait ; mais il réfléchit qu'il serait heureux de s'en tirer sans ennui pour lui, et que, même si cela ne dépassait pas la récompense promise, cent taëls n'étaient pas à dédaigner.

Moulane, en écoutant cette histoire, croyait entendre un conte de fées dont elle eût été l'héroïne en péril. Pendant que Mme Tseng poursuivait son récit, que son mari rectifiait de temps en temps, une jeune femme, grande, bien faite et bien en chair, monta à bord ; elle tenait par la main un enfant d'environ six ans. Ses pieds, soigneusement bandés, étaient tout petits mais elle se tenait très droite. Elle portait une robe violette, aux larges garnitures vertes, pas de jupe mais des pantalons dont les grandes bandes horizontales étaient décorées d'un dessin continu de svastikas noirs. En bas de ses pantalons pointaient des souliers à bouffettes rouges de dix centimètres de long et merveilleusement brodés ; au-dessus, on découvrait les bandes d'étoffe blanche qui serraient ses chevilles.

En ce temps-là, des pieds mignons, bien bandés et de belle forme, étaient un spectacle ravissant ; trop souvent, les pieds étaient mal bandés par rapport à leurs proportions et à l'angle qu'ils formaient. La suprême harmonie de la ligne mise à part, l'essentiel était leur aplomb, afin qu'ils offrissent au corps une base impeccable. Les pieds de cette jeune femme atteignaient presque la perfection car ils étaient petits, droits, nets, ronds, doux et s'achevaient en pointe effilée, au lieu de s'aplatir comme c'est trop souvent le cas. Quand, dans l'embrasure d'une porte à l'arrière du bateau, Moulane aperçut cette paire de souliers rouges, son cœur bondit d'envie car elle avait toujours passionnément admiré de pareils petits pieds. Sa mère aurait voulu lui bander les pieds ; mais son père, qui avait lu l'*Essai sur les pieds libres* de Liang Chichao et qui avait subi l'influence des nouvelles idées progressistes qui se répandaient alors à Pékin et dans toute la Chine, s'y opposa formellement. C'était là un de ces problèmes de l'époque, qu'avait provoqués le contact avec l'esprit occidental et qui mettaient en question l'existence de l'individu. Moulane se plia à la décision de son père, mais à son corps défendant.

Cette jeune femme, Cassie, offrait un exemple si beau de conformité à la tradition qu'il était presque un défi. Non pas seulement à cause de ses pieds bandés mais à cause du dessin de son corps tout entier qui mettait en valeur leur beauté, comme lorsqu'une statue admirable est posée sur un piédestal harmonieux. Ses pieds « d'aplomb » supportaient son corps avec grâce, et en même temps, pourtant, avec stabilité, de sorte qu'à chaque instant elle présentait une ligne impeccable. Grâce à ses souliers à bouffettes, elle se déplaçait avant tout sur ses hauts talons, tout comme il en arrive avec les souliers à talons Louis XV, qui modifient la démarche en rejetant les hanches en arrière et en obligeant la femme à se tenir droite, sans rien du laisser-aller qu'autorisent les souliers à talons bas. Cassie était plutôt grande ; sa tête et son cou étaient beaux. La silhouette de son corps s'évasait peu à peu jusqu'à ce qu'en dessous de la taille elle se resserrât en arrivant aux pantalons cylindriques et élégamment coupés, et elle se terminait par les pointes minuscules des souliers légèrement relevés. On eût dit quelque vase si admirablement proportionné que l'on peut le contempler pendant des journées entières et sentir sa perfection sans être capable de dire pourquoi il est parfait. Une paire de grands pieds non bandés eût totalement détruit l'harmonie de ces lignes.

Telle fut la passagère impression de beauté que ressentit Moulane quand elle vit Cassie pour la première fois. Instinctivement, l'enfant retint son souffle. Plus tard, elle s'aperçut que, lorsque Cassie parlait ou souriait, sa bouche apparaissait un peu trop grande, ce qui était un défaut. De même, sa voix était par nature nasale et trop forte.

Cassie était la concubine de M. Tseng. Avant que de servante elle devînt concubine, on l'appelait *Koueichieh,* c'est-à-dire « sœur Cassie ». Maintenant, bien que son rang présent lui donnât le droit d'être traitée de *Yima,* « tante », par les enfants, quelques-uns des enfants persistaient à l'appeler « sœur Cassie » sans qu'elle s'en offusquât. Néanmoins, les domestiques étaient tenus de la nommer *Yima* ou *Chien Yima, Chien* étant son nom de famille. Elle avait été la servante de Mme Tseng quand celle-ci était jeune fille, l'avait accompagnée lors de son mariage, et avait désormais fait partie de la maison des Tseng. Mme Tseng ayant donné naissance à deux garçons et étant souvent souffrante, et Cassie étant la complaisance même, son élévation au rang de concubine avait paru parfaitement naturelle. Rien n'avait été changé aux relations entre les deux femmes, puisque Cassie était demeurée la servante de sa maîtresse. Un jour, alors que Cassie était dans sa vingt et unième année, M. Tseng tomba malade. Sa femme souffrant alors de pertes de sang et de douleurs d'estomac, il avait fallu que Cassie soignât le maître durant sa maladie, l'aidât à se lever et à se recoucher, le baignât et le changeât de linge. Des soins aussi intimes n'étaient guère du goût de l'adolescente car, aux yeux d'une jeune fille chinoise, ils sont réservés à l'homme qu'elle servira sa vie durant. Les principes sont sur ce point très stricts ; et seul un accord très précis au sujet de l'homme à qui une jeune fille appartiendra peut les faire fléchir. Aussi Mme Tseng proposa qu'une fois son mari guéri, Cassie devînt sa concubine, ce qui facilitait les choses pour la jeune fille. Cassie soigna donc son maître pendant qu'il était malade, ce dont il fut enchanté. Après qu'il se fut rétabli, il y eut un festin, auquel fut invitée toute la parenté. On brûla des cierges rouges sur l'autel de la grande salle, et Mme Tseng se sentit fort heureuse.

Maintenant, Cassie était la compagne et le bras droit de Mme Tseng, en même temps que la femme du mari. Ainsi, dans des rôles bien différents, une femme peut rendre des services multiples.

Une épouse est comme une fleur qui, selon le vase qui la contient, verra sa beauté et sa noblesse mises en valeur ou complètement gâtées. Mme Tseng se sentait honorée et en parfaite sécurité grâce à cet arrangement, parce qu'elle était une femme bien élevée, et qui connaissait ses droits. Elle savait lire et écrire, alors que Cassie était illettrée ; et la distinction entre l'épouse et la concubine demeurait marquée par la différence de leur condition et de leurs personnalités. L'épouse avait le droit de porter des jupes ; la concubine ne pouvait porter que des pantalons. De son côté, Cassie était trop intelligente pour battre en brèche la position de Mme Tseng et lui refuser le respect qu'elle lui devait comme maîtresse. Jadis esclave, elle était maintenant bien trop heureuse pour souhaiter un changement.

La situation était décente et normale parce qu'elle était franche. Les difficultés que suscite l'inconduite d'un mari ne sont pas d'ordre individuel mais d'ordre social ; ce n'est pas ce qu'en pense le mari qui compte, c'est ce qu'en pense l'épouse, ce que la maîtresse pense d'elle-même et, ce qui est le plus important, ce que la société pense d'eux tous. Il y a une dignité qui consiste à se rendre utile aux gens avec qui l'on mange son riz quotidien, et Cassie se savait utile de bien des façons.

Elle était mère de deux filles, Ailien, qui avait six ans, et un bébé de six mois. Comme toute autre bonne mère de famille, elle avait à s'occuper du ménage et des enfants. Mais il y avait une différence : elle devait rester debout pendant les repas, servir sa maîtresse et la famille, y compris ses propres enfants. Ce qui n'était pas contraire aux usages car, en d'autres temps, dans les grandes familles de fonctionnaires, les brus, même n'étant pas des concubines et sortant elles-mêmes de familles de fonctionnaires, devaient maintenir le simulacre de servir à table pendant que leurs beaux-parents mangeaient, afin de mettre en valeur l'obligation du service personnel. Avec Cassie, la règle n'était pas strictement appliquée. D'habitude, elle se mettait à table et mangeait lorsque les autres avaient fini. Mais il arrivait que d'autres domestiques fussent présents et que ses services ne fussent pas nécessaires ; dans ce cas, Mme Tseng lui ordonnait de s'asseoir. Cassie avançait alors un tabouret et s'y installait obliquement, derrière Ailien ; occupée à faire manger les enfants, elle-même ne mangeait pas. Elle agissait ainsi, d'abord pour montrer qu'elle connaissait les usages, ensuite pour rendre service, enfin pour qu'on vît qu'elle n'était pas goulue. Mme Tseng disait : « Mangez, mangez, car après le repas vous aurez d'autres choses à faire. » Cassie commençait à pignocher dans son bol et cessait presque tout de suite pour aider les enfants à avaler leur soupe et veiller à ce qu'ils fussent bien nourris. Lorsque les autres membres de la famille avaient presque terminé, alors elle se mettait à l'ouvrage et finissait ce qui restait dans les plats. Sans doute agissait-elle ainsi sous l'empire des habitudes qu'elle avait prises comme servante ; mais les femmes savent toujours se restreindre sur la nourriture, soit par bonne éducation, soit pour rester minces, et il n'est pas de mère qui songe à manger tant que ses enfants mangent. Comme le dit le proverbe : « Une mère se nourrit en regardant manger son enfant. »

*

A mesure que Cassie avançait dans l'étroit corridor, à peine large d'un demi-mètre, qui allait de l'avant au centre de la cabine principale, Moulane la contemplait avec admiration. Ces barques étaient construites de telle sorte qu'il s'y trouvait un ou deux petits compartiments, d'environ trois mètres sur un mètre cinquante, qui étaient séparés de la partie centrale et s'ouvraient de côté sur un couloir resserré. Tout en s'approchant, Cassie s'écria de sa voix pénétrante ;

— Mlle Yao est-elle déjà là ?

— Venez la voir, répondit Mme Tseng. Il y a une demi-heure qu'elle est ici.

Moulane remarqua que pour circuler dans le couloir, Cassie était obligée de se courber légèrement. Elle apparut bientôt dans la grande cabine, le visage animé par une vive curiosité.

— Est-ce là Mlle Yao ? Quelle jolie enfant ! Je ne m'étonne pas que *Laoyeh,* follement impatient de vous retrouver, n'ait pu fermer l'œil pendant trois jours et trois nuits.

Elle s'approcha, mit ses mains blanches et potelées sur les épaules de Moulane et dit :

— Vous êtes ici, maintenant, chez nous. Quand vous aurez besoin de quelque chose, il faudra me le dire.

— L'enfant ne sait pas encore qui vous êtes, dit Mme Tseng. Moulane, voici Chien *Yima.*

— Appelez-moi Sœur Cassie, *Hsiaochieh.*

— Elle peut le faire mais il n'est pas nécessaire que vous l'appeliez Mlle Yao. Appelez-la simplement Moulane.

— Moulane, vous allez avoir une petite sœur. Son nom est Ailien, dit Cassie.

Elle se retourna et chercha Ailien, qui de la porte de la cabine épiait la nouvelle venue. Très timide, la petite n'osait pas avancer, et sa mère dut la tirer de force pour qu'elle s'approchât de Moulane.

— Voici Moulane *Chiehchieh,* dit-elle à Ailien.

La petite fille sourit et cacha son visage dans les vêtements de sa mère. Cassie, tout en examinant Moulane attentivement, défit un paquet enveloppé dans du papier.

— Avez-vous trouvé quelque chose de convenable ? demanda Mme Tseng.

Comme la famille ne comptait pas de fillette de l'âge de Moulane, elle avait envoyé Cassie voir si elle trouverait quelque chose dans les magasins de confections de la ville.

— J'ai cherché dans plusieurs magasins, dit Cassie en ouvrant le paquet, mais les vêtements étaient tous en très mauvais tissu et j'ai eu de la peine à obtenir quelque chose à sa taille. Voici ce que j'ai découvert de mieux.

C'était une robe de paysanne en coton vert œuf-de-canard, et deux fois trop large, qui rendait Moulane ridicule.

— Pourquoi ne pas lui essayer une des vieilles robes de Sunya ? dit Cassie. Ils sont à peu près de la même taille et, à cet âge, il n'y a vraiment pas grande différence entre un vêtement de garçon et un vêtement de fille.

Cassie alla donc chercher une vieille robe de Sunya, taillée dans une somptueuse soie *fangchou* qui, à force d'être lavée, était devenue plus épaisse et plus molle, et qui avait passé du blanc verdâtre au crème. Intimidée par les regards des garçons, Moulane se laissa enfin persuader de la mettre. La longueur convenait, mais le vêtement était beaucoup trop ample pour son corps frêle et trop large au col d'au moins deux centimètres. L'effet était si comique que les garçons pouffèrent et que Moulane crut mourir de honte.

Puis, la table ayant été dressée, ils déjeunèrent, Moulane étant placée à côté de Mme Tseng. L'après-midi, M. Tseng emmena Moulane à la banque et avertit qu'elle avait été retrouvée. Le banquier était disposé à rembourser les cent taëls à M. Tseng, mais celui-ci déclara qu'il n'était pas pressé et qu'il attendrait d'avoir revu les parents de la petite. Pendant qu'il était à la banque, il écrivit une lettre à M. et Mme Yao, et pria Moulane d'y ajouter quelques mots de sa main. La lettre informait les parents que Moulane resterait chez les Tseng à Taian jusqu'à ce qu'ils fussent venus la chercher et qu'ils ne devaient pas se faire du souci. La lettre devait être envoyée à la succursale de la banque à Hangtchéou par le moyen des courriers d'hôtel qui allaient de ville en ville, et elle serait transmise à la maison de thés que M. Yao avait là.

Le lendemain, les Tseng partirent pour Taian. Moulane était vraiment contente ; les garçons et la petite Ailien étaient pour elle des camarades de jeu, tandis que Cassie et Mme Tseng lui témoignaient beaucoup de compréhension, de gentillesse et d'affection. Malgré ses nombreuses occupations, les soins qu'elle donnait à son bébé et la grosse chaleur d'août, Cassie trouva le temps d'acheter une pièce de chantoung et d'y tailler, en moins de quarante-huit heures, une robe neuve pour Moulane. On lui faisait raconter en détail ses aventures parmi les Boxers, et Sunya, qui l'écoutait les yeux ronds, trouvait que, pour une fille, Moulane était très courageuse.

Après la première animation que lui avait causée le retour de l'enfant, M. Tseng s'était de nouveau drapé dans sa dignité. Moulane avait peur de lui comme elle n'avait jamais eu peur de son père.

CHAPITRE IV

Les Tseng quittèrent le Canal à Toungo et continuèrent leur voyage en palanquin, se dirigeant vers l'est pour atteindre Taian. Moulane passa une nuit enchanteresse, la nuit de la mi-automne, à contempler la lune au-dessus du lac de Toungpin. Le jour suivant, vers trois heures, ils arrivèrent à la demeure des Tseng, dans la ville de Taian. Deux serviteurs de M. Tseng les avaient précédés à pied pour aviser de leur arrivée, et le magistrat du comté ainsi que le préfet vinrent en personne les recevoir à la Porte de l'Ouest. Des gamins des rues, nus ou à peu près, s'étant communiqué la nouvelle sensationnelle de l'arrivée d'« un fonctionnaire de Pékin », grouillaient autour d'eux à la Porte et les dévisageaient. Moulane avait sa part de ces honneurs. Ce ne fut qu'à l'arrivée des Tseng dans leur ville qu'elle comprit l'importance de la famille et l'avantage que conférait le fait d'appartenir à la caste des fonctionnaires. Car son père et son grand-père n'en avaient jamais fait partie, quoiqu'ils fussent riches et bien apparentés.

La résidence des Tseng était près de la Porte de l'Est et touchait aux murailles de la ville. Bien qu'on ne pût la comparer par son luxe à quelques-unes de celles des fonctionnaires pékinois, elle offrait un bel aspect et avait été construite avec soin. La porte d'entrée, flanquée de longs murs blancs, était gardée par les deux lions de pierre habituels et, le seuil franchi, un paravent de bois à quatre pans, peint en vert, empêchait qu'on ne regardât à l'intérieur. Un ravissant petit jardin, traversé à son centre par un chemin pavé, conduisait à la première salle, dont les poutres massives étaient peintes en rouge et en vert. Quand elle eut pénétré derrière le paravent, Moulane respira un parfum délicieux, et aperçut deux magnifiques cassiers en fleur. Elle éprouva alors, tant cette maison lui parut accueillante et sympathique, le sentiment bizarre qu'elle était chez elle.

Au milieu de la salle se trouvait une vieille femme de petite taille et fort bien habillée. Elle s'appuyait sur une canne de laque rouge ; sa tête était ceinte d'un bandeau noir, qui descendait sur les côtés, et qu'ornait pardevant une plaque de jade vert. C'était la grand'mère. M. Tseng monta les marches rapidement et la salua selon le rite, en se courbant très bas.

— *Hai-ah !* Je me suis tourmentée à votre sujet. Depuis que j'ai su le 8 juillet que vous alliez arriver, je vous ai attendus chaque jour, et cela fait un mois et neuf jours, dit-elle avec cette mémoire des dates qui caractérise les femmes de la campagne.

Chacune des femmes vint à son tour rendre ses devoirs à la grand'mère. En premier lieu, on lui présenta son nouveau petit-enfant pour qu'elle l'examinât. En l'entendant déclarer que le bébé était fort joli, quoique ce fût une fille, Cassie se rengorgea.

La grand'mère était très agitée. Sa couvée était revenue, et elle se sentait revivre. Elle remarqua que les garçons avaient grandi, surtout Pingya, et elle serra le gros Sunya contre sa poitrine. Elle déclara qu'elle n'aurait jamais deviné que la beauté de Cassie s'épanouirait ainsi avec la maternité, et elle lui rappela qu'il n'y avait pas si longtemps, elle n'était qu'une enfant chétive et pâle.

La grand'mère était la seule à parler et tous l'écoutaient avec une vive attention ; d'abord parce qu'elle était le chef de la famille, ensuite parce qu'elle était une femme, et que les affaires qui se traitent dans le cercle de famille sont le monopole des femmes et que les hommes n'ont que peu à y dire. Très correctement, M. Tseng demeurait à l'écart. Il tint pourtant à présenter Moulane à sa mère et expliqua brièvement qu'elle était la fille d'un de ses amis qui avait été perdue en voyage. On conduisit Moulane à la grand'mère, qui dit après l'avoir examinée :

— Une aussi ravissante enfant, avec des yeux et des sourcils si finement dessinés, fera une excellente belle-fille pour la famille Tseng.

— Si vous voulez bien arranger le mariage, Vieille Ancêtre, dit Cassie.

Tout le monde se mit à rire ; et Moulane, très gênée, n'osait lever les yeux.

— J'enverrai chercher Mannia demain, ajouta la grand'mère. Elle fera une gentille camarade pour Moulane. Elle a beaucoup grandi, elle aussi. Elle était encore là il y a une quinzaine de jours… Vous verrez, dans quelques années, je serai arrière-grand'mère.

Tous regardèrent Pingya en souriant, et ce fut son tour d'être embarrassé. Mannia était une cousine des enfants Tseng, la fille d'un des neveux de la grand'mère, et elle portait le même nom de famille, Soun, que celle-ci. Son père était un lettré et sa famille était pauvre mais la grand'mère, qui aimait sa beauté et ses manières, avait déjà décidé de la marier à Pingya, l'aîné de ses petits-enfants. Bien qu'elle ne fût pas strictement une « belle-fille enfant », elle faisait de fréquents séjours chez les Tseng, chaque fois qu'ils la réclamaient et que ses parents y consentaient. La famille Tseng était la famille la plus distinguée de la ville, leur maison et leurs jardins splendides et spacieux ; aussi Mannia aimait à leur rendre souvent visite et s'était beaucoup liée avec ses cousins.

Sunya pinça Moulane et la conduisit dans la seconde salle, de l'autre côté d'une grande cour dont les pavés, qui provenaient de la montagne voisine, étaient devenus lisses avec l'âge. Moulane vit que cette seconde salle était encore plus majestueuse que la première mais qu'en contraste avec le luxe de celle-ci, elle était simplement construite de bois massif.

Se dirigeant vers l'ouest, ils enfilèrent un passage couvert, en bordure de la cour intérieure, dont les chambres orientées au nord intriguèrent et éblouirent Moulane. Au bout du corridor, une porte s'ouvrait vers l'ouest et conduisait dans un jardin planté de nombreux poiriers et de quelques très vieux cyprès. Au loin, par-dessus les toits et les murailles de la ville, ils aperçurent la montagne sacrée.

— C'est Taichan ! dit Sunya.

— Vraiment ? Si petite ? demanda Moulane.

— Pourquoi dites-vous « si petite » ? C'est le Taichan de Confucius !

Moulane comprit que Sunya était froissé, et elle se reprit vite :

— Je veux dire seulement qu'elle semble petite, à cette distance, comme les Montagnes de l'Ouest à Pékin. Bien sûr elle apparaît plus grande, je pense, quand on se rapproche.

— Oui, vous verrez. Notre montagne est bien plus grande que les Montagnes de l'Ouest. On voit l'Océan, du sommet. On ne peut pas voir l'Océan, des Montagnes de l'Ouest.

— Mais vous ne connaissez pas nos Montagnes de l'Ouest !

Le père de Moulane y avait une maison de campagne et elle se sentait appelée à les défendre.

— Croyez-vous qu'un jour nous pourrons aller voir votre montagne ? ajouta-t-elle.

— Je demanderai à mon père, dit Sunya, apaisé, et vous verrez par vous-même.

Ainsi, ce qui avait menacé d'être leur première querelle se termina pacifiquement. Sunya grimpa sur son poirier favori, et d'en bas, Moulane le regardait et l'admirait. Le jardin lui paraissait merveilleux. Les deux enfants y demeurèrent jusqu'à ce qu'un domestique vînt les appeler.

*

Mannia arriva le jour suivant. Elle n'était qu'une petite provinciale, élevée par un père disciple de Confucius et dont l'éducation avait été conforme au type classique. Ce qui ne signifie pas qu'elle fût lettrée, car les livres ne jouaient dans cette éducation qu'un rôle minime. On lui avait inculqué les bonnes manières et les bonnes mœurs, selon la formule qui résume les quatre phases traditionnelles de la formation d'une femme : « son caractère, son langage, son apparence, ses talents ». Tout cela constituait la tradition solide et indiscutée de la femme bien élevée et instruite, dont l'adolescence représentait une importante préparation ; tradition à laquelle se soumettaient les jeunes filles d'autrefois, et à laquelle elles aspiraient à se conformer, surtout celles qui étaient lettrées. On possédait là un idéal bien défini, vivant, établi, illustré par les exemples fameux de mères et de filles, et un code très précis des manières et de la conduite. Vraisemblablement, les manières en constituaient la partie principale car il était impossible pour une femme vertueuse d'avoir de mauvaises manières, et quasiment impossible pour une femme ayant de bonnes manières de se mal conduire. Le « caractère » de la femme consistait à être industrieuse, économe, douce, obéissante, conciliante, prête à vivre en bonne entente avec toute sa parenté. Son « apparence », à être soignée et correcte dans sa mise. Son « langage » devait être doux et retenu, éviter les ragots et les cancans, les plaintes au mari sur ses frères et ses sœurs. Enfin, les « talents » comprenaient en premier lieu la cuisine, la couture et la broderie ; et si la femme sortait d'une famille lettrée et qu'on lui eût appris à lire, il fallait y ajouter la lecture et l'écriture, en tout cas un peu de poésie, mais pas au point que son esprit et ses sens en fussent troublés, un peu d'histoire et, si possible, un peu de peinture. De toute façon, aucune de ces connaissances intellectuelles ne devait prendre le pas sur les connaissances pratiques ; on ne devait voir en elles que les moyens d'acquérir une compréhension plus profonde des principes qui règlent la vie, et elles ne devaient pas être prises trop au sérieux. La littérature, en soi, n'était qu'un passe-temps de luxe, un agrément ajouté au caractère féminin. On insistait particulièrement sur ce qu'une femme ne devait pas être jalouse, si bien que l'on jugeait qu'une femme tolérante était une femme vertueuse. Les maris qui avaient des épouses « vertueuses » de ce genre en faisaient d'habitude grand cas, et lorsqu'ils se comparaient à leurs amis, ils s'estimaient heureux. Il était admis que la jeune fille ne pouvait être que chaste, quoique en revanche elle ne dût nullement s'attendre à l'impossible de la part de l'homme. En général, neuf sur dix au moins des jeunes filles de bonne famille se conformaient strictement à cet idéal de chasteté mais, parmi les servantes de maisons riches, il n'y en avait guère que quatre sur dix qui la pratiquaient. C'est que la virginité recevait un véritable culte ; on apprenait aux jeunes filles à voir en elle une possession sacrée, à être persuadées qu'aucun homme ne devait porter la main sur leur corps ; selon l'expression en usage, elles devaient « garder leur corps comme s'il avait été du jade ». L'idéalisme sexuel, qui joue un si grand rôle dans la dévotion des jeunes filles au moment de la puberté, en jouait un, nettement, dans ce désir de se conformer à un idéal féminin. Littéralement, la jeune fille rayonnait de sexualité dans son ardeur à se préparer pour le mâle.

Mannia représentait si bien ce type de la femme classique que plus tard, durant les premières années de la République, elle apparut comme une rareté surannée, une image surgie des pages d'un livre ancien, et, apparemment, ce genre de femme n'a pas survécu de nos jours ou n'a pas pu survivre. Ce que Mannia avait de beau, c'étaient ses sourcils, son sourire, ses dents régulières, la douceur de son aspect. Lorsque Moulane la vit pour la première fois, elle était âgée de quatorze ans et avait les pieds bandés. Bien qu'elle-même fût vive, Moulane goûtait fort la réserve et l'aménité de Mannia. Elles partageaient une chambre qui donnait sur la cour intérieure et, en quelques jours, Mannia devint pour elle une sœur aînée. C'était la première amie véritable que Moulane eût eue et, plus elle la connaissait, plus elle l'adorait. Moulane était capable de grande tendresse. Elle n'avait encore jamais aimé personne autant, sauf sa sœur Mocho et ses parents.

Se plaignant que la révolte des Boxers eût interrompu les études de ses enfants, M. Tseng demanda à un vieux lettré de venir leur donner des leçons, le matin et l'après-midi. M. Fang était âgé de soixante ans, marié et sans enfants. On l'installa dans une chambre du corps de logis extérieur de l'est, à côté de la salle d'études. Il avait une petite natte et portait des lunettes ; il était sévère et ne semblait guère aimer les enfants, quoique sa voix s'adoucît lorsqu'il s'adressait aux filles. Les leçons commençaient après le déjeuner ; les filles n'en avaient que jusque vers onze heures, tandis que les garçons continuaient jusqu'à midi. Filles et garçons étudiaient le *Livre des Odes*[23] et les *Cinq Sortes d'enseignement héréditaire,* qui sont un recueil d'essais sur l'art de vivre, la discipline scolaire, les devoirs des enfants envers leurs parents, et les méthodes d'études. Bien entendu, les filles se montraient supérieures aux garçons, excepté Pingya, qui récitait toujours sans faute. Invariablement, le professeur faisait réciter les filles en premier, et il était d'assez bonne humeur en commençant ; mais à mesure que la journée s'avançait, elle allait en empirant.

Tous les enfants s'étaient concertés et, dès que l'un d'eux hésitait, les autres « soufflaient ». Lorsque c'était le tour d'un élève de réciter, il allait vers le pupitre du maître et lui remettait son livre ; puis il devait, ayant tourné le dos au maître, répéter sa leçon de mémoire, sans ânonner, tandis qu'il balançait tout le corps à droite et à gauche en en déplaçant le poids alternativement sur chaque pied. La vue du maître se trouvant ainsi plus ou moins bouchée, l'élève avait toutes les facilités d'être aidé par ses camarades, qui, ou bien lui chuchotaient sa leçon, ou bien lui présentaient le livre afin qu'il pût lire. Mannia s'embrouillait souvent et sautait des lignes ; d'une nature timide, elle n'était pas, comme Moulane, douée d'une excellente mémoire. De plus, il lui fallait réciter en présence de son fiancé ; et malgré cela, s'il essayait de lui venir en aide, elle n'en était que plus embarrassée. En réalité, faire bonne figure aux yeux de Pingya la préoccupait plus que de satisfaire le maître.

Moulane n'avait guère de peine à apprendre ; aussi la nuit, quand les deux fillettes étaient couchées dans leur lit commun, et que Moulane interrogeait son amie sur ses pieds bandés, Mannia lui demandait tout d'un coup ce qui venait après tel ou tel vers. Les deux petites se lançaient alors dans des discussions passionnées au sujet de certains passages du *Livre des Odes* que le professeur s'était refusé à expliquer : passages qui parlaient de jeunes gens enlevant des jeunes filles, d'un amoureux « se retournant sur sa couche », enfin d'une veuve qui, pourvue de sept fils, tenait pourtant à se remarier. Le professeur avait glissé sans insister sur ce qu'il estimait un texte sacré et s'était borné à exiger qu'on sût les mots par cœur. Mais Chinya, pour embarrasser les filles, avait exprès demandé au maître pourquoi la mère de sept fils ne « se contentait pas de son foyer » ; et le maître l'avait réprimandé en expliquant brièvement qu'il y avait là une satire des ministres déloyaux.

Pendant les heures de classe, Mannia était visiblement agitée et mal à l'aise. Quand le maître les quittait et se retirait dans sa chambre, et que les enfants étaient censés, ou bien apprendre leurs prochaines leçons, ou bien s'exercer à la calligraphie, les garçons se mettaient à dire des choses qui la faisaient rougir. Elle était toujours soulagée lorsque, vers onze heures, elle pouvait partir avec Moulane. La grand'mère avait insisté pour que les heures de classe des filles fussent plus courtes. Selon elle, les filles qui travaillaient trop devenaient trop savantes et perdaient leur simplicité ; en outre, les deux petites avaient beaucoup de couture à faire. Aussi Mannia et Moulane se rendaient dans le corps de logis intérieur et s'installaient pour coudre, soit dans la chambre de Mme Tseng, soit dans celle de la grand'mère. Là, pendant qu'elles travaillaient, elles apprenaient tout ce qui se passait dans la maison.

Mannia était heureuse parce qu'il lui semblait que c'était là exactement l'occupation qui convenait à une jeune fille. Mais Moulane aimait à broder parce qu'elle aimait la couleur et qu'elle était fascinée par les nuances infinies, subtiles et brillantes, des fils de soie. Tout ce qui était coloré l'enchantait : arcs-en-ciel, couchers de soleil, fleurs après la pluie, blés mûrissants. Elle aimait les teintes transparentes de l'ambre et, souvent, elle se servait d'un prisme que son père lui avait donné. Les irisations du prisme recelaient pour elle d'insondables mystères.

*

Un jour, Sunya se glissa hors de la classe et rejoignit les filles dans la chambre de sa mère. Lorsque sa mère lui demanda pourquoi, il répondit qu'il avait mal à l'estomac.

— Il est si petit, dit Cassie, il ne devrait pas travailler toute la journée. Je ne comprends pas pourquoi un enfant de onze ans serait tenu de lire jusqu'à la dernière page tous les livres qui sont au monde.

— Chère sœur, dit Sunya, tu ne veux pas en parler à Père ? D'habitude, à cette heure-ci, j'ai terminé mes leçons ; et c'est si ennuyeux de rester assis en classe ! Je n'étudie pas le *Touhsoueh Chiounglin* et Mencius[24] comme Frère Aîné ou Second Frère.

— Au fond, ce que tu veux, dit Cassie en souriant, c'est jouer avec Moulane.

Sunya en effet aimait beaucoup Moulane, encore qu'elle ne fût pas très attirée par lui, parce qu'il était très diable. En voyant que Moulane travaillait à une petite blague à tabac, il s'approcha et dit qu'il voulait aussi broder. Moulane se refusa à lui donner la blague mais il s'en empara et le fil de soie s'échappa de l'aiguille.

— Là ! s'écria Moulane, puisque tu as laissé sortir le fil, tu le renfileras toi-même.

Sunya essaya plusieurs fois sans succès, aussi sa mère et les filles se mirent à rire.

— Chère belle-sœur, dit Sunya à Mannia, faites-le pour moi et je ne vous tourmenterai plus.

Chinya et Sunya taquinaient souvent Mannia en l'appelant « belle-sœur », puisqu'elle était la fiancée de Pingya.

— Je n'ai jamais vu des garçons comme vous autres, dit Mannia en se mordant les lèvres.

Dans le fond, ce terme d'affection, qui définissait sa position dans la famille Tseng, la ravissait.

— Chère belle-sœur, fais-le pour lui, dit Moulane.

En parlant ainsi, elle commettait une erreur, puisqu'elle n'avait aucun lien de parenté avec les Tseng.

— Toi aussi ! dit Mannia à Moulane. C'est vrai qu'un jour je serai peut-être ta belle-sœur.

— Peut-être qu'en effet tu le seras, dit Cassie. N'est-elle pas destinée à entrer dans notre famille ?

Moulane devint toute rouge. La plaisanterie tournait à ses dépens, et Mannia triomphait. Elle prit le fil et l'aiguille des mains de Sunya, passa l'un dans l'autre, et les rendit à Moulane. Mais Sunya, nullement découragé, saisit la blague à tabac et voulut à toute force broder. Moulane lui jeta le tout à la tête avec une moue.

— Cette blague est pour la grand'mère, et tu vas l'abîmer.

Au bout d'un moment Sunya renonça.

— Ce n'est pas un ouvrage de garçon, dit Cassie. S'il veut s'occuper à quelque chose, qu'il apprenne à faire des nœuds et des glands.

Ce fut ainsi que Moulane et Sunya commencèrent à collaborer. Les glands étaient ravissants et offraient autant de couleurs que les broderies. Il y avait des glands pour les éventails, pour les blagues à tabac et les pipes à eau, pour les crochets de rideaux de lits, pour les étuis à lunettes brodés que portent les vieilles dames et qu'elles suspendent par un cordon à un bouton de jaquette, près de l'épaule droite. Il y avait des fils de toutes nuances, verts, roses, bleus, rouges, jaunes, orangés, blancs, violets, noirs, qu'il fallait assortir et trier, de même que des fils spéciaux d'or et d'argent. Pour combiner les broderies, on employait le plus souvent des fils fins tandis que, pour les glands, on se servait de fils plus forts et plus épais, que les enfants avaient moins de peine à manier. Moulane et Sunya apprirent à faire les différentes espèces de nœuds, qui consistent à nouer de la soie pour la broderie autour de fils de laiton spéciaux. Ces nœuds étaient de diverses sortes : le nœud du papillon, de la fleur de prunier, de l'« union heureuse » – deux caractères signifiant « bonheur » que l'on entrelace – le nœud des « huit trésors », qui sont la roue de la Loi, le coquillage, le parasol, le dais, le lotus, la jarre, le poisson, et le nœud mystique qui n'a ni commencement ni fin. Moulane et Sunya aimaient par-dessus tout le gland dit « de l'ancienne monnaie » parce qu'il était aussi simple que joli. Il s'exécutait en enroulant des soies diversement colorées autour d'une monnaie de bronze de façon à obtenir un dessin particulier, et à fournir l'occasion d'assortir les couleurs. Le nœud était ensuite attaché à une touffe de glands. Ils en faisaient chacun un en rivalisant de soin et d'art dans le choix de tons et les présentaient à Mme Tseng.

Celle-ci gâtait Sunya, qui était le cadet de tous ses fils. Tandis qu'elle regardait les jeux innocents des deux enfants, comme ils travaillaient à leurs nœuds et à leurs glands, elle se dit que, décidément, Moulane était plus intelligente que son garçon, et une idée germa dans sa tête. A partir de ce moment, elle devint de plus en plus maternelle et pleine d'attentions à l'égard de la petite fille.

*

Après le repas de midi, Mannia allait se remettre à sa broderie, lorsque Mme Tseng lui dit :

— Mannia, il ne faut pas travailler tout de suite après le repas ; à tant rester assise, tu tomberas malade. D'ailleurs, c'est aujourd'hui le jour de la Rosée froide. Va dans le jardin avec ta petite sœur et ton petit frère ; vous irez voir les cigognes et vous ramasserez les plumes qui sont par terre. Il y a trop longtemps que Moulane et toi n'avez été dans ce jardin.

Bien que le jardin fût entouré de hauts murs, Mannia avait appris que le savoir-vivre lui interdisait d'y aller seule. Et comme elle avait entendu dire à son père qu'à peu près tous les drames et les romans chinois associent le déshonneur des jeunes filles ou le début d'une aventure romanesque avec « le fond du jardin », elle ne tenait pas du tout à s'y trouver quand les garçons y joueraient ; surtout si Pingya y était seul.

— Veux-tu y aller ? dit-elle à Moulane. J'irai si tu viens.

— Va, Moulane, dit Mme Tseng, et demandez aux garçons de vous accompagner. Mais qu'aucun de vous ne se mêle d'attraper des grillons ; ou si vous le faites, ne les amenez pas dans la maison.

La veille, il s'était passé quelque chose qui avait fort irrité M. Tseng. Lorsqu'il était revenu chez lui quelques semaines auparavant, il avait tout de suite mis sa robe et sa coiffure officielles pour prendre part à la fête annuelle en l'honneur du dieu du Sol[25]. Ce jour tombait quelquefois avant l'équinoxe d'automne, qui a lieu dans la huitième lune, et quelquefois après. D'après le proverbe, si l'équinoxe d'automne précède la fête du dieu, les moissons seront bonnes ; mais si l'équinoxe suit la fête, on doit s'attendre à ce qu'elles soient mauvaises. Cette année-là, la fête du dieu survint très tard et il y eut une grande joie parmi le peuple.

Après la cérémonie, M. Tseng rentra chez lui et remit en place son chapeau et sa robe de mandarin. Or, s'il y avait quelque chose de sacré dans la famille Tseng c'était bien ce costume. Il était interdit aux enfants d'y toucher. Mme Tseng en prenait soin elle-même et ne permettait à personne de le faire parce que ces vêtements étaient des symboles de l'autorité et du rang de la famille ; de plus, ils représentaient un don de l'empereur. Ils étaient toujours rangés, en même temps que les bottes d'apparat officielles et quelques beaux éventails, dans une armoire réservée à cet usage ; elle contenait également des souvenirs semblables du grand-père, qui avait été aussi chef de cabinet du ministre de l'Intérieur. Les enfants considéraient ces objets avec vénération et piété, et n'auraient jamais songé à y porter la main.

Lorsqu'un inspecteur impérial passa par la ville, M. Tseng sortit de nouveau de l'armoire son chapeau et sa robe. A son grand chagrin, il s'aperçut que la plume de paon de son chapeau avait manifestement été mangée par des insectes. Elle était effrangée sur les bords, complètement ébouriffée, et la côte centrale était courbée. M. Tseng voulut savoir ce qui s'était passé ; sa femme, extrêmement ennuyée, ne put le renseigner, parce que pareille chose ne s'était jamais produite auparavant. Alors M. Tseng entendit un petit cri, et attrapa un grillon juste à côté de l'armoire. On découvrit un trou dans la tablette du bas de l'armoire, qui avait permis à l'insecte d'y pénétrer par en dessous.

— Comment se fait-il que ce grillon soit là ?

— Il est à moi. Je ne sais pas comment il a pu s'échapper, répondit Sunya, terrifié.

Au lieu de s'enfuir, Sunya demeura ; et il put voir son père jeter le grillon par terre et l'écraser sous sa botte de mandarin. La bête était un fameux combattant et avait vaincu en duel le grillon de Chinya. Bien que son cœur fût près de se briser, Sunya était trop atterré pour se mettre à pleurer. Il n'arrivait pas à comprendre comment le grillon était sorti de sa cage, placée sous la tablette inférieure.

— N'as-tu pas un autre endroit pour garder tes grillons, au lieu de les amener dans cette chambre ? lui dit son père.

S'il s'était agi d'un des aînés, le coupable ne s'en serait pas tiré avec une simple gronderie. Mais Sunya était petit et son père le traitait avec assez d'indulgence.

L'affaire en resta là mais le lendemain M. Tseng était encore fâché. Au dîner officiel, il s'était senti mal à l'aise et ridicule parce que ses collègues l'avaient vu avec une plume de paon ébouriffée. Et pourtant, bien entendu, personne n'avait paru y prendre garde.

Mannia et Moulane se rendirent donc dans le jardin avec Sunya et Ailien. Ayant traversé le pont, ils allèrent dans le fond du jardin, où se trouvaient deux cigognes. Après les avoir regardées, ils se promenèrent dans l'herbe haute. Mannia cherchait des « ne-me-touchez-pas » dont on emploie la sève pour teindre les ongles en rouge. Indifférent aux plumes de cigogne et aux fleurs, Sunya ne pensait qu'à attraper un autre grillon. Il partit seul sur l'autre rive, écoutant si, près du mur ou sous les rochers, il entendait chanter un insecte.

Tout d'un coup, un cri d'oiseau frappa les oreilles des fillettes. Elles tournèrent la tête et virent venir Pingya et Chinya. Ce cri d'oiseau avait été poussé par Pingya, et Sunya lui répondit en sifflant. Les garçons accoururent vers elles, en criant qu'ils avaient congé parce que le maître, qui souffrait de la dysenterie, était rentré chez lui. Sunya leur intima de se taire, car il croyait bien être sur le point de trouver un grillon mâle, au chant vigoureux et sonore. On peut distinguer un bon grillon d'un mauvais rien que d'après son chant ; et s'il a la tête et les pattes puissantes, c'est un bon combattant, ce qu'on appelle un « général ».

Les filles continuèrent à chercher des « ne-me-touchez-pas ». Mannia en trouva une et Moulane lui demanda comment elle ferait pour se teindre les ongles.

— Il nous faut cueillir une quantité de ces fleurs. Puis nous les broierons en une pâte à laquelle nous ajouterons un peu d'alun, et nous en frotterons le « doigt sans nom » (le médius) et le petit doigt chaque matin pendant plusieurs jours à l'heure de la rosée. Après quoi, le rouge tiendra.

Moulane admirait Mannia, qui lui semblait n'ignorer aucune de ces choses qui concernent les femmes. Bien qu'elle eût vu Brume bleue se teindre les ongles, on ne lui avait jamais appris comment on préparait la teinture. Corail, qui était une veuve, n'en usait pas ; la mère de Moulane, ayant dépassé l'âge de trente-cinq ans, dédaignait de telles frivolités.

Bientôt, les fillettes entendirent un cri de triomphe, et elles se précipitèrent vers Sunya. Il avait capturé un magnifique grillon, à la tête forte et bien campée, aux pattes puissantes, aux moustaches extraordinairement longues et raides. L'animal était d'une couleur brun rouge ; Pingya déclara que c'était une « cloche-rouge », de l'espèce qui chante aussi vigoureusement qu'elle se bat. Tout de suite, il lança un défi à son frère, et courut vers la maison pour chercher son champion. Sunya aurait voulu que son combattant n'entrât pas en lutte si tôt, mais il ne pouvait refuser le défi ; aussi prit-il son grillon et le fit pendant un moment passer d'une main sur l'autre pour l'exciter. Les moustaches de l'insecte pointaient toutes droites vers le ciel, ses yeux étincelaient ; ses mandibules s'ouvraient et se refermaient en cadence férocement.

On déblaya une partie du sol desséché, et les combattants furent placés l'un en face de l'autre, mais en les retenant et en les laissant se menacer réciproquement pendant quelques minutes avant de les laisser s'affronter. La lutte était manifestement inégale. Dans des tournois professionnels, pareille chose n'aurait pas été admise, car les combattants doivent être pesés et être opposés à des adversaires de poids égal. Mais le « général » de Pingya, quoique plus petit, et noir comme s'il eût été vernissé, était un insecte bien bâti et plein de cran. Après les premières escarmouches, une de ses moustaches se trouva brisée.

Pour Moulane, qui avait le cœur sensible, cette lutte était un horrible carnage. Dans son imagination d'enfant, ces insectes apparaissaient comme de véritables fauves, de taille gigantesque, cuirassés et équipés de mâchoires puissantes pour s'entre-dévorer, les pattes armées d'ergots terribles pour taillader l'adversaire. Il lui semblait assister à un combat de lions. Les corps de ces bêtes étaient si parfaitement façonnés, leurs têtes si lisses, les nuances dégradées de leurs corselets cuirassés si délicates et si belles que leurs pattes semblaient du laque de Foutchéou. Elle ne souhaitait du mal ni à l'un ni à l'autre, et pourtant elle était persuadée que le plus petit serait tué. Aussi, ayant appelé Ailien, elle partit avec elle.

Mannia, c'était autre chose. Elle était si craintive qu'elle ne pouvait toucher un ver de terre ou un papillon, mais elle regardait pourtant parce que le grillon de Pingya allait être vaincu. Elle aurait voulu que le combat fût interrompu et elle supplia Pingya pour qu'il en fût ainsi. Mais son insecte se défendait bien, et son adversaire, bien que plus grand, avait déjà la tête meurtrie et semblait avoir perdu tout son sang-froid. Pingya voulait aller jusqu'au bout, et la lutte continua. Les garçons aiguillonnaient leurs insectes avec des tiges d'herbe dont ils avaient effrangé le bout. Pour finir, le grillon de Pingya, une patte de derrière brisée, roula sur le sol ; et avant qu'il eût pu se remettre en position, son adversaire le mordit férocement. Partagée entre la terreur et la pitié, Mannia étreignit le bras de Pingya.

Le petit grillon se releva mais il était à bout ; après quelques instants, il fut déchiqueté par les mandibules gigantesques de son ennemi qui, triomphant, se dressait au-dessus de lui.

Mannia poussa un cri et, les yeux mouillés, se cramponna à Pingya. Déconfit, Pingya se mit debout et, ayant levé les yeux, vit Mannia qui, partageant son chagrin, le regardait.

— Je t'ai dit d'arrêter le combat et tu n'as pas voulu. La lutte était trop inégale.

Pour la première fois, il comprit à quel point Mannia était belle, avec ses yeux noirs brûlant d'ardeur juvénile et ombragés par ses longs cils humides.

— Ça n'a pas d'importance, lui dit-il. Vas-tu pleurer pour cela ?

— Tu aurais dû m'écouter, dit Mannia.

— La prochaine fois, je le ferai, répondit Pingya.

Il étendit la main et serra celle de la petite fille, chose qui ne lui était pas permise. La douce étreinte de leurs mains éveilla en eux une émotion qui devait durer toute leur vie.

A ce moment, une voix les tira de leur rêve. Ils se retournèrent : c'était Ailien qui criait que Moulane était tombée. Tous se précipitèrent et aperçurent Chinya qui s'enfuyait vers la maison et y disparaissait.

Quand Moulane était partie avec la petite Ailien, l'autre garçon, Chinya, l'avait rejointe ; il ne possédait pas de grillon digne de combattre des « généraux ». Chinya était assez intelligent mais sournois, sans l'aisance et la gentillesse de ses frères. Sa nature indécise et méfiante se révélait dans sa façon de s'exprimer. Il était souvent silencieux, parlait avec hésitation et parfois répétait ce qu'il venait de dire comme s'il avait voulu s'assurer qu'il ne s'était pas trompé. Il craignait fort son père, ce qui ne faisait que le rendre plus renfermé et lui enlevait toute confiance en lui-même. Déjà le monde lui apparaissait comme un problème difficile, qui exigeait de lui de dures décisions. Il raisonnait à peu près ainsi : « Je n'ai pas un beau grillon, n'est-ce pas ? Un beau grillon comme celui de Sunya est difficile à trouver. Je ne crois pas que je puisse en trouver un. J'en trouverais bien un, mais très probablement il ne sera pas fameux. Peut-être pourrais-je y arriver, mais c'est fort peu probable. Inutile donc de l'essayer, puisque si j'en trouve un, il ne sera pas beau. Et pourtant… » Automatiquement, il interrompait son raisonnement, et laissant la question en suspens, tâchait de s'intéresser à autre chose.

Ayant rattrapé Moulane qui était dans le verger, parmi les arbres, Chinya se dit qu'ils pourraient essayer de trouver la dépouille d'une cigale. C'était la saison où la cigale abandonne sa peau ; elle en sort par une fente dans le dos, tout comme une femme se glisse hors de sa robe, et elle dépose sur une branche la coque sèche et vide dont la tête, le corps et les pattes demeurent intacts ; au point que, si cette coque n'était transparente, on croirait voir l'insecte lui-même. Ayant découvert une de ces coques sur un dattier, Chinya grimpa sur l'arbre et l'idée lui vint de jouer un tour à Moulane. La branche la plus basse était à plus de deux mètres du sol mais il parvint à persuader la fillette d'y monter. Moulane, qui n'avait jamais grimpé aux arbres, avait été séduite par le projet. Chinya l'aida et l'amena jusque sur une branche ; et puis, subitement, il se laissa descendre et Moulane, terrifiée, se trouva seule, sans secours. Ses pieds s'étant mis à glisser, elle empoigna une branche au-dessus d'elle, tenta de se remettre d'aplomb et n'y parvint pas. Tandis qu'elle était ainsi suspendue et en grand risque de tomber, Chinya, ravi, battait des mains, parce que d'en bas il pouvait voir sous la courte jaquette un peu de la chair nue de Moulane et qu'il trouvait cela fort drôle. Enfin, la peur lui ayant fait perdre la tête, Moulane se laissa aller et tomba sur le sol, trois mètres plus bas.

Sa tête heurta un caillou pointu, et elle resta sans connaissance, Ailien appela au secours ; quant à Chinya, en voyant que Moulane avait le front ensanglanté, il prit la fuite.

Lorsqu'ils trouvèrent Moulane évanouie, le visage taché de sang qui rougissait la terre, Pingya, Sunya et Mannia furent épouvantés. Ailien sanglotait de terreur et les garçons se ruèrent dans la maison, en hurlant que Moulane était « tombée morte ».

Des serviteurs s'élancèrent dans le jardin, suivis par Mme Tseng et les servantes. M. Tseng, qui faisait sa sieste, se réveilla et apparut à son tour. Cassie, qui se trouvait dans la cour du devant, fut la dernière à apprendre la nouvelle. Elle donnait à manger aux perroquets et, lorsqu'elle entendit crier, elle crut qu'Ailien avait été tuée. Le bol plein d'eau qu'elle tenait s'échappa de ses mains, éclaboussant sa robe et ses pantalons. Elle accourut sur ses pieds mignons, « de trois pas en faisant deux », cherchant un appui aux murs et aux poteaux de la véranda.

On transporta Moulane dans la chambre de Mme Tseng, où la grand'mère attendait anxieusement, et on la coucha sur le *kang*. Muets de terreur, les garçons suivaient ; Mannia sanglotait. Cassie se mit à laver la blessure. La chambre était pleine de monde.

— Si quelque malheur devait arriver à cette enfant, comment pourrions-nous jamais revoir la famille Yao ? dit Mme Tseng.

— Comment cela s'est-il passé ? demanda M. Tseng aux garçons.

— Nous ne l'avons pas vue tomber, Chinya et Ailien étaient avec elle, dit Pingya.

— Où est Chinya ?

— Nous l'avons vu se sauver.

M. Tseng ordonna que Chinya lui fût aussitôt amené.

— Tu as vu la chose ? dit M. Tseng à la petite Ailien.

— Second Frère a demandé à Moulane de grimper sur l'arbre pour prendre une coque de cigale, et puis il est descendu et l'a laissée là toute seule. Moulane a pris peur ; il a battu des mains et s'est moqué d'elle. Alors elle a eu encore plus peur, elle a crié et elle est tombée.

— Quel petit vaurien ! rugit M. Tseng.

Cassie était très préoccupée par ce qu'avait dit sa fille.

— Ne croyez pas aveuglément ce que dit la petite. Cela peut être vrai, et cela peut ne pas l'être.

— Apportez-moi le *chiafa* ! répondit M. Tseng,

Le chiafa, c'est-à-dire « discipline familiale », est une verge de hêtre.

— Tu dois aussi écouter ce que Chinya aura à dire quand il sera là, supplia Mme Tseng.

— Il est coupable. Sinon, pourquoi se cache-t-il ?

Lorsqu'on le traîna dans la pièce, Chinya était déjà en larmes car on l'avait prévenu que son père était fort en colère. Il fut tout d'abord accueilli par une violente paire de gifles. Puis son père le tira par l'oreille jusque dans la cour et le fit s'agenouiller. Le chef des serviteurs voulut intercéder pour lui, mais M. Tseng se refusa à l'écouter. Le *chiafa* fut apporté. La mère entendit le sifflement de trois coups de verge et les gémissements de son enfant accroupi. Elle se précipita dans la cour et couvrit son fils de son corps.

— Avant de le fouetter à mort, fouette-moi ! Il est si petit et tu le fouettes si durement !

La grand'mère accourut également et ordonna à son fils d'arrêter.

— Es-tu fou ? Si l'enfant a fait quelque chose de mal, je suis là et tu peux me le dire. Il n'est pas nécessaire de tuer mon petit-fils à cause d'une enfant qui n'est pas de notre famille.

Le père jeta la verge et se détourna.

— Ma mère, dit-il respectueusement, si un tel enfant n'est pas élevé maintenant, que deviendra-t-il quand il sera grand ?

A ce moment, Cassie s'écria :

— Calmez votre colère, *Laoyeh*. La petite a repris connaissance et il n'y a pas lieu de s'inquiéter.

Les servantes se rassemblèrent pour aider Mme Tseng à se relever et la ramener chez elle, tandis que des serviteurs transportèrent dans la maison le garçon qui gémissait. Cassie, ayant relevé son vêtement, aperçut sur son dos plusieurs raies bleues et rouges. A cette vue, Mme Tseng s'émut, et elle s'écria :

— Mon enfant ! Ah ! cruelle destinée ! Comment a-t-il pu te fouetter pareillement ?

Cassie, se tournant vers sa petite Ailien, lui donna quelques claques sur la tête ; elle le fit pour satisfaire sa maîtresse, puisque Chinya avait été puni à cause de ce qu'Ailien avait dit.

— Tout cela est la faute de ta langue ! dit Cassie.

— Je n'ai pas dit de mensonges, répliqua Ailien en pleurant. Les autres attrapaient des grillons...

— Si tu dis encore un mot, je te pince la bouche ! dit Cassie scandalisée, pour empêcher la petite de poursuivre son récit.

— Ne sois pas trop sévère avec elle, dit la maîtresse.

Moulane entendit vaguement tout ce bruit. Elle se souvint de sa chute, ouvrit les yeux et dit ;

— Pourquoi tapez-vous Ailien ?

Elle voulait se redresser mais on l'obligea à rester étendue. Mannia se pencha sur elle ; elle pleurait de joie en voyant que son amie avait repris ses sens.

M. Tseng, se disant qu'il avait tout de même été un peu trop dur avec son fils, rentra dans la maison. Les deux autres garçons, eux, s'étaient réfugiés dans la cuisine lorsqu'on avait apporté la « discipline familiale ». Lorsqu'ils se rendirent compte que leur père n'était plus là et que tout était terminé, ils revinrent dans la chambre de leur père pour y trouver Moulane et Chinya couchés l'un auprès de l'autre sur le *kang*. Chinya était étendu sur le côté ; et, pour compléter le brouhaha, Ailien pleurait à chaudes larmes. Pingya et Sunya s'approchèrent de leur frère et lui demandèrent comment il allait. Mais Mme Tseng leur cria :

— Qu'avez-vous à fourrer votre nez partout ? Allez travailler !

Aussi s'éloignèrent-ils sur la pointe des pieds, ne sachant pas très bien quel travail ils auraient dû entreprendre mais vaguement persuadés que travailler était pour eux le moyen le plus sûr de ne courir aucun risque pendant le restant de la journée.

La grand'mère fit préparer une tisane qui calmerait les nerfs de Moulane et aussi de Chinya. Mme Tseng déclara que Chinya passerait la nuit auprès d'elle ; elle craignait que son garçon n'eût une de ces peurs graves qui, comme on le sait, laissent après elles des troubles. Moulane avait perdu du sang, mais, en fait, son cas était le moins sérieux et il fut décidé que, comme d'habitude, elle coucherait avec Mannia. Ainsi la maison ne connut point de paix ce jour-là ; et toute la soirée, Cassie ne fit rien d'autre que changer l'emplâtre que Chinya avait sur le dos.

Après un tel événement, il n'y eut pas de leçons pendant trois ou quatre jours. Le maître était toujours malade, Chinya fut gardé au lit et Mannia refusa de travailler tant que Moulane ne serait pas de nouveau avec elle. Lorsqu'enfin Moulane et Chinya purent reprendre leurs leçons, le gel était déjà apparu dans le jardin, le vent d'automne s'était levé, et le feuillage était d'or. La grand'mère déclara que, selon l'antique usage, c'était la saison où, dès la nuit tombée, les filles doivent coudre et où les femmes doivent filer car les grillons se montrent à ce moment de l'année afin de rappeler aux femmes de tisser, leur chant étant semblable au grincement du métier.

Ainsi se termina pour Moulane sa brève vie d'écolière dans le Chantoung. Elle continuait à voir les garçons tous les jours, à table et après les leçons mais Chinya ne cessait pas de la bouder. Il était à cet âge où les garçons détestent les filles, et l'expérience qu'il avait faite lui avait appris que les filles ne sont qu'un tracas. Moulane tenta de se réconcilier avec lui mais il lui fit grise mine ; et cette disposition s'implanta si bien en lui que, par la suite, il ne ressentit jamais d'affection pour elle.

*

Moulane ne retourna pas dans le jardin car Mannia ne voulait plus y aller et le temps s'était mis au froid.

Sauf pour la course à Taichan, le 9 septembre, les filles ne sortaient jamais. Ce jour-là, toute la famille, excepté Mme Tseng et les enfants de Cassie, monta au sommet de la montagne. Mme Tseng voulut que Cassie fût de la partie et s'offrit pour rester à la maison et s'occuper du bébé ; d'autant qu'avec la venue de l'automne, ses jambes lui donnaient du souci. La grand'mère fut aussi du voyage, parce qu'elle était si heureuse de sentir cette année-là la famille autour d'elle, et parce qu'elle était pieuse. Quant aux enfants, ils avaient retrouvé leur gaieté et leur bonne camaraderie. Moulane n'oublia jamais son premier voyage jusqu'à la Porte Sud du Ciel, alors que, pour franchir les dernières marches qui étaient presque perpendiculaires, elle fut transportée dans le même palanquin que Sunya. Il lui semblait être suspendue entre ciel et terre et elle se serrait très fort contre son compagnon. Plus tard elle revit cette montagne avec lui, mais dans de tout autres circonstances.

Après la vertigineuse escalade de la Porte Sud du Ciel, Moulane dut avouer à Sunya que sa montagne à lui était la plus haute. Lui, voulant singer les grandes personnes, se confondit en protestations, et exprima l'espoir que sa « pitoyable montagne » satisferait l'hôte distingué qu'elle était. Cassie, qui avait entendu ce lambeau de conversation, en parla à la grand'mère pendant qu'ils étaient dans le temple dédié à l'Empereur de Jade[26].

— Ils sont si petits, dit-elle, et déjà ils s'appliquent à parler le langage des mandarins ! dit Cassie.

La grand'mère se mit à rire et dit à Sunya :

— Mon Petit Numéro Trois, tu parles le langage des mandarins avant même d'être un mandarin. Si tu en deviens un, je m'arrangerai pour que Moulane devienne, elle, une dame de la noblesse.

C'était une plaisanterie que pouvait se permettre une vieille femme, qui jouissait du privilège de l'âge.

— Et moi, je viendrai présenter mon hommage à la dame de qualité, dit Mannia pour taquiner Moulane.

M. Tseng fut ému en les écoutant et, dans la cour du temple de l'Empereur de Jade, au sommet du Taichan, il se mit à songer à ses ancêtres, à souhaiter de voir ses trois fils devenus fonctionnaires, à combiner dans sa tête comment ce projet pourrait s'accomplir. Déjà, il les contemplait dans leur tenue officielle de mandarin. Il lui paraissait que Pingya, qui était raisonnable et avait le cœur généreux, ferait un lettré plutôt qu'un fonctionnaire. Avec son caractère facile, le cadet, Sunya, n'aurait pas de peine à se tirer d'affaire. Mais Chinya, le second de ses fils, réussirait brillamment dans l'administration, parce qu'il parlait peu, et que ses silences dissimulaient une nature extrêmement rusée. Mais il aurait besoin d'être soumis à une discipline sévère et que ses capacités fussent bien dirigées. M. Tseng se souvint alors que Mannia serait là pour aider Pingya ; il était très satisfait de sa future belle-fille. Vraisemblablement, il ne serait pas très difficile d'arranger un mariage entre Moulane et Sunya ; Moulane lui semblait une fille fort intelligente. Après ce qu'il avait fait pour elle, ses parents seraient les derniers des ingrats s'ils s'opposaient à cette union. Ce qui s'était passé lui semblait indiquer que ce mariage avait été prédestiné par le Ciel. Il voyait Moulane sous l'aspect d'une bru et éprouvait à son égard des sentiments paternels, comme si déjà il la chargeait d'une grande responsabilité et plaçait entre ses mains le bonheur futur de son fils. Tout cela lui présageait une famille prospère pour le moment où, ayant atteint la soixantaine, il prendrait sa retraite. Mais alors, ayant pensé à Chinya, il sut que son rêve n'était pas complet, et il souhaita de savoir qui serait sa seconde belle-fille, comment elle serait.

Aussi se montra-t-il affectueux envers Chinya et, à déjeuner, dans le temple, il fit quelque chose de tout à fait inusité, quelque chose qu'il n'avait jamais fait chez lui. Soulevant un morceau de viande avec ses baguettes, il le tendit à son fils. Chinya fut touché par cette faveur extraordinaire ; la grand'mère et Cassie, qui avaient observé ce geste sans dire un mot, comprirent que, bien que le père n'eût pas prononcé une parole, il avait pardonné à son fils.

M. Tseng avait l'habitude de ne jamais louer ou encourager un de ses fils pendant qu'il se trouvait là. Il les traitait régulièrement d'« œufs pourris » quand ils n'avaient rien fait de mal, et de « graines de péché » quand ils n'avaient pas été sages. Il ne répondait jamais

« oui » à une requête, même quand elle provenait de sa femme ; s'il ne s'y opposait pas ou demeurait silencieux, sa femme savait qu'il avait consenti. Préférant s'adresser à Mannia, car elle n'était pas son fils et il n'aurait pas à employer avec elle le ton de gravité qui convient à un père, il lui dit après le déjeuner :

— Sortez donc avec les garçons et allez jouer. Mais ne vous approchez pas du *Chehchenai.*

C'était un précipice dans lequel quelques personnes s'étaient donné la mort en s'y jetant.

Pour les enfants, cette dernière phrase scella le pardon paternel et ils pensèrent que, cette fois-là, leur père, d'habitude si austère, s'était montré extraordinairement tendre. La journée avait été vraiment un succès. La descente ne leur parut pas durer plus d'une heure. Ils pouvaient voir la ville en bas dans la plaine, sous l'aspect d'un enclos carré, mais c'était déjà le soir quand ils atteignirent les rues et aperçurent les lampes qui s'allumaient dans les maisons.

Pour couronner cette journée, un télégramme du père de Moulane les attendait à la maison. Il était daté de huit jours auparavant, était parti de Hangtchéou et avait été transmis de la capitale de la province par la poste. Les télégrammes étaient alors une telle nouveauté que toute la famille jugea incroyable qu'un message n'ait mis que sept jours pour venir de Hangtchéou, et que tous voulaient voir de quoi cela avait l'air, un télégramme. La dépêche adressait d'innombrables remerciements à M. Tseng pour la grande faveur qu'il avait accordée aux Yao, faveur qui ne serait jamais assez compensée, même si dans une autre vie M. Yao devenait un chien ou un cheval pour le servir. M. Yao affirmait qu'il n'avait aucune inquiétude sur le sort de sa fille, parce qu'il était certain qu'elle était aussi bien parmi les Tseng que si elle eût été chez elle, et déclarait que vers la « Neige légère », c'est-à-dire vers le milieu d'octobre, il viendrait en personne témoigner sa gratitude à M. Tseng et à sa famille. Il ajoutait, pour Moulane, que sa famille était arrivée, le 1er septembre, saine et sauve, à Hangtchéou, que tous étaient en bonne santé, qu'elle devait vénérer M. et Mme Tseng parce qu'ils étaient des « parents d'une seconde vie », leur obéir et les écouter.

*

Cette nuit-là, Moulane était si excitée que dormir lui fut impossible. Elle parlait de son retour auprès de son père à Hangtchéou ou à Pékin, et enflammait l'imagination de Mannia avec ses récits sur la capitale. Comme toute petite provinciale, Mannia rêvait d'y aller.

— Tu verras Pékin, lui dit Moulane, et les gens t'y accueilleront quand tu y arriveras dans un palanquin de noces peint en rouge.

— *Lanmei,* engageons-nous par serment à être l'une pour l'autre des sœurs.

Ce ne fut qu'un simple accord entre deux enfants. Elles ne brûlèrent pas d'encens, ne célébrèrent pas un culte au Ciel dans la cour, ni n'échangèrent les « huit caractères » du jour et de l'heure de leur naissance. Elles se tinrent par la main et jurèrent à la lumière de la lampe à huile qu'elles seraient sœurs pour la vie et s'entr'aideraient dans la misère et dans le malheur. Mannia donna à Moulane une petite pêche de jade, mais Moulane n'avait rien à lui donner en échange.

Ce serment secret permit à Mannia de révéler à Moulane ses pensées les plus intimes. Dès qu'elles eurent juré, Mannia lui dit :

— Si tu épouses Sunya quand tu seras grande, nous serons belles-sœurs et vivrons jusqu'à notre mort dans la même famille.

— Je veux bien être ta belle-sœur, répondit Moulane, mais je ne veux pas épouser Sunya.

— Alors, Chinya ?

— Ah non, certainement pas !

— Comment pourras-tu être ma belle-sœur, si tu n'épouses pas un fils de la famille Tseng ?

— Je veux vivre avec toi pour toujours mais je ne veux épouser aucun des Tseng.

— Tu n'aimes donc pas Sunya ?

Trop jeune pour comprendre ce que c'est que l'amour, Moulane était simplement amusée à l'idée de se marier.

— Je n'aime que Pingya, dit-elle en souriant. Il est si gentil.

— Eh bien, je te laisserai épouser Pingya et je serai sa concubine, déclara Mannia.

— Comment serait-ce possible ? Tu es plus âgée que moi.

Au bout d'un moment, Moulane reprit :

— Et puis, de toute façon, je n'aime pas les garçons. Je voudrais être, moi, un garçon.

— Qu'est-ce que tu dis, *Lanmei* ? demanda Mannia, qui était bien trop femme pour concevoir qu'une fille souhaitât d'être un garçon. Ces choses sont prédestinées par nos incarnations antérieures et ne peuvent être changées.

— Je voudrais être un garçon, répéta Moulane qui suivait sa pensée. Ils ont tous les avantages. Ils peuvent sortir et voir les gens qui viennent en visite. Ils peuvent passer des examens et devenir des fonctionnaires, monter à cheval et être transportés dans des palanquins de velours bleu. Ils peuvent voyager, voir toutes les montagnes célèbres et lire tous les livres du monde. Comme mon frère Tijen ; ma mère lui laisse tout faire et il nous donne des ordres, à ma sœur et à moi. Il est toujours à dire : « Vous autres filles » et ça m'exaspère.

C'était la première fois que Mannia l'entendait parler de son frère.

— Est-ce que Tijen est un garçon sage ?

— Non, il ne vaut rien. Ma mère le gâte, parce que jusqu'à la naissance de mon frère, il y a deux ans, il était le seul fils. Il a des crises de colère, menace de tout casser. Un jour, il a envoyé des coups de pied à Brocart, la servante, et a renversé le plateau qu'elle portait, si bien qu'elle était éclaboussée de la tête aux pieds.

— Et ton père permet cela ?

— Mon père n'en sait rien. Mon frère a peur de mon père, mais ma mère le protège toujours. Elle est très sévère pour nous, les filles. J'ai peur de ma mère mais pas du tout de mon père.

— Tu m'as dit que ton père n'a pas permis qu'on te bande les pieds.

— C'est vrai. Ma mère l'aurait voulu, mais mon père lit beaucoup de livres nouveaux et déclare qu'il veut faire de moi une jeune fille moderne.

— Tout cela est prédestiné, dit Mannia. C'est comme le fait que je t'ai rencontrée. Comment cela aurait-il pu arriver si tu n'avais pas été perdue ? Il y a des forces invisibles qui règlent nos existences. Mais je ne comprends pas ce que c'est que d'être une jeune fille moderne. Comment te marieras-tu si tu n'as pas les pieds bandés ?

Brusquement, un caprice surgit dans le cerveau de Moulane :

— *Chiechieh,* je voudrais essayer. Veux-tu me bander les pieds ?

Mannia ne pouvait résister à une pareille proposition. Les deux fillettes fermèrent la porte pour être sûres qu'on ne les verrait pas, et Moulane, chez qui l'émotion avait provoqué un fou rire, tendit ses pieds. Mannia, lui ayant enlevé ses bas et ses souliers, lia ses pieds avec de longues bandes d'une forte étoffe de coton blanc. Elle replia tous les doigts de pied, sauf le gros orteil, sous la plante, en les serrant autant que possible, si bien que Moulane sentit que ses pieds étaient devenus raides et inutiles.

Le lendemain, elle décida qu'elle ne tenait plus à avoir les pieds bandés, et souhaita d'autant plus que ses pieds fussent ceux d'un garçon.

CHAPITRE V

Monsieur Yao arriva à la mi-octobre. Retourner à Hangtchéou aurait pris tant de temps qu'il préféra ramener Moulane à Pékin.

L'impératrice douairière et l'empereur étaient toujours en fuite, mais le prince Ching et Li Hungchang avaient pleins pouvoirs pour engager des pourparlers de paix avec les puissances étrangères. La guerre avait été localisée dans le Nord par un accord spécial avec les consuls étrangers de Changhaï, tandis que Yuan-Chihkai avait continué à tenir la province du Chantoung hors du conflit. M. Yao put donc aller et venir sans inquiétude.

Pékin avait pu échapper à un massacre et à un pillage complets, et l'ordre avait été rétabli peu à peu. En 1887, Sai Chinhua, alors âgée de quatorze ans, était devenue la concubine de l'ambassadeur de Chine pour la Russie, l'Allemagne, l'Autriche et les Pays-Bas, et elle s'était rendue avec son époux à Berlin. Son époux, qui avait trente-six ans de plus qu'elle, était mort en 1893 ; revenue en Chine, elle était devenue une chanteuse de cabaret très populaire. Au début des troubles des Boxers, elle alla à Pékin. Après l'assassinat du ministre d'Allemagne, des soldats allemands découvrirent dans le quartier des chanteuses cette fille qui comprenait l'allemand et le parlait. Ils parlèrent d'elle au général Waldersee, qui commandait les troupes alliées, et elle lui plut beaucoup. Sai Chinhua persuada les commerçants de Pékin de vendre des provisions de bouche aux soldats étrangers ; et grâce à elle, beaucoup de civils chinois ne furent ni massacrés, ni pillés, ni violés par les troupes étrangères. La population lui en fut si reconnaissante qu'elle devint fameuse sous le nom de Sai Erh-yeh, encore que ce soit là un titre réservé aux hommes.

Le lendemain de son arrivée à Taian, M. Yao prescrivit de nouveau à sa fille de « vénérer » M. et Mme Tseng, parce que « parents d'une seconde vie ». Il disposa lui-même deux chaises au centre de la salle pour M. et Mme Tseng, à qui Moulane devait faire les révérences rituelles, et plaça sur le sol un coussin rouge sur lequel sa fille devait s'agenouiller. M. et Mme Tseng prirent la cérémonie très au sérieux, et pour cette occasion revêtirent des vêtements d'apparat. M. Yao s'inclina devant eux, et les reconnut comme ses amis *toungchia* : genre d'amitié qui autorise les femmes d'une famille à voir les hommes de l'autre famille. Ensuite, il donna un grand dîner. Mais comme les Tseng en avaient déjà donné un le soir précédent pour « laver la poussière des pieds » du voyageur, ils ne rendirent le dîner que trois jours plus tard, lorsque M. Yao fut sur son départ.

La grand'mère fut aussi « vénérée » par Moulane, et à partir de ce moment-là la jeune fille dut l'appeler « grand'mère », et M. et Mme Tseng « père » et « mère », comme le faisaient leurs propres enfants. De sa vie, Moulane ne s'était sentie un personnage aussi important.

Il fut très dur pour Mannia et Moulane de se séparer. Moulane avait demandé qu'on la menât voir la maison de Mannia et, pour commencer, celle-ci avait poliment protesté, en déclarant que sa maison était des plus humbles. Mais, lorsque M. Tseng se rendit à Tsinan pour présenter ses hommages au gouverneur à l'occasion des manœuvres d'automne, Mannia emmena Moulane voir ses parents ; et, bien que leur serment d'être sœurs fût un secret, elle la présenta en manière de plaisanterie comme sa « petite sœur jurée ». Moulane constata que la famille de Mannia était la famille d'un lettré, très simple, digne et pauvre. Elle accepta un déjeuner modeste, au cours duquel la mère de Mannia se confondit en excuses sur les mets qu'elle lui servit.

Au moment du départ, les garçons assistèrent à l'entrée de Moulane dans le palanquin, mais Mannia, qui déjà fondait en larmes, refusa d'aller jusqu'à la porte. Les garçons crièrent à Moulane qu'ils la reverraient à Pékin au printemps.

Mannia savait que, lorsque les Tseng retourneraient à Pékin au printemps, elle ne les accompagnerait pas. Elle n'était pas une « épouse-enfant » mais une cousine, et elle atteignait cet âge où il lui faudrait éviter de voir trop souvent les garçons devenus grands, pour autant que pareille chose fût possible entre cousins qui étaient si liés. Cette journée de la Rosée froide avait amené en elle un changement. Elle était maintenant sexuellement consciente, et plus son amour pour Pingya croissait, plus elle se tenait avec lui sur la réserve. Quand il pouvait l'entretenir sans témoin, ce qui était rare, Pingya lui en faisait des reproches. Un jour, l'ayant rencontrée seule dans un passage couvert, il s'arrêta pour lui parler et lui prit la main ; elle la retira brusquement.

— Que diront les gens s'ils nous voient ainsi ? dit-elle en se sauvant.

Pingya demeura cloué sur place. Il en venait à attacher du prix au moindre de ses regards, au moindre mot qu'elle prononçait, à la plus brève de ses apparitions.

Tout naturellement, Mannia se développait selon le type classique de la *Hsiaochieh* de jadis, la femme née pour attirer et ensuite s'enfuir, qui n'accorde ses faveurs que rarement, avec habileté et parcimonie ; enfin une femme belle, distante, évasive, insaisissable, aussi adroitement cachée qu'adroitement révélée, qui exerçait son instinctive séduction féminine en s'échappant, en se dissimulant dans son boudoir d'où elle guettait le mâle qui la poursuivait, en écoutant de sa chambre où elle était tapie tout ce qui se passait dans la maison, en épiant à travers un écran de treillis, et qui, lorsqu'elle était en compagnie, usait toujours de coups d'œil furtifs mais ne regardait jamais un homme en face.

*

Le père de Moulane l'avait toujours adorée ; et maintenant qu'elle avait échappé à la mort, elle lui était devenue doublement chère. Les mois qu'ils passèrent ensemble à Pékin, seuls, avant que la famille fût de retour, et les longues conversations qu'ils eurent alors accrurent leur affection mutuelle. Leur maison, qui n'avait pas été pillée, était intacte, probablement parce qu'elle se trouvait au milieu de la Ville orientale ; c'étaient la Ville du Sud et la Ville du Sud-Est qui avaient le plus souffert. Le dattier, au pied duquel les bronzes avaient été enterrés, avait péri. Seule, leur maison de campagne des Montagnes de l'Ouest avait été entièrement saccagée. A entendre tout ce que l'on racontait, les souffrances et les horreurs avaient été infinies. Moulane fut bouleversée en voyant les maisons incendiées, les murs écroulés, la tour de Chienmen calcinée et percée de trous par les balles.

En mars, lorsque le reste de la famille revint de Hangtchéou, Moulane fut traitée comme une véritable héroïne. L'attitude de sa mère avait changé. Au lieu de laisser à Brocart le soin de l'aider à s'habiller et de jouer avec elle, Mme Yao se mit à la vêtir elle-même et la fit coucher avec Mocho dans sa propre chambre. Corail, s'excusant de l'avoir, ce fameux jour, laissée seule, était plus que jamais désireuse de lui faire plaisir. Moulane dut indéfiniment raconter ses aventures. Elle parla de la femme boxer et de Laopa, de la chanson en anglais qu'elle avait apprise (ce fut le seul détail qui intéressa Tijen et très vite il la sut par cœur), de sa chute du dattier, des leçons chez les Tseng et de la course à la montagne de Taichan. Et surtout, elle leur parla de Mannia, si bien que toute la maisonnée, de M. et Mme Yao jusqu'à Brume bleue, Lota et les *amahs*[27], sut qu'au Chantoung il y avait une Mannia. Mocho, émue et émerveillée, écoutait Moulane en montrant ses dents de devant qui venaient de pousser, et pensait qu'elle avait une sœur aînée qui était vraiment extraordinaire. Bientôt Moulane fut traitée comme la grande fille de la famille, tandis que la situation de fils aîné qu'avait Tijen devint peu à peu moins importante. Elle se mit à prendre soin de Mocho et du petit Afei. Lorsqu'elle atteignit l'âge de quatorze ans, son esprit était mûri et elle apprit à supporter les injustices et les insultes de son frère aîné ; ce qui est une part essentielle de l'éducation d'une fille. « Céder, céder », telle doit être son attitude ; être contente de peu et ne pas trop attendre de la vie, se rappeler que les hommes ont droit à plus de liberté, ont plus licence de se mal conduire.

Dès le retour des Tseng, qui eut lieu au début d'avril, les deux familles nouèrent d'étroites relations, et les enfants se rendirent fréquemment visite. A chaque fête, des cadeaux s'échangeaient, M. Yao insista pour que les Tseng se fournissent de médicaments, sans bourse délier, dans son magasin – ce que ceux-ci acceptèrent. Chaque année, au commencement de l'hiver, Mme Yao offrait à Mme Tseng la meilleure qualité de ginseng. Comme une droguerie chinoise ne vend pas seulement des médicaments mais aussi des fortifiants et des comestibles de toute espèce, comme les nids d'hirondelle, les ailerons de requin des Mers du Sud, les jambons du Yunnan, le vin de tendons de tigre et de coings de Canton, les crabes au vin de Soutchéou, qui étaient tous expédiés par la même voie que les simples, un flot presque continu de cadeaux allait à la famille Tseng ; et les paniers ne revenaient jamais vides car, en retour, les Tseng envoyaient des présents de la saison. Les deux familles étant à leur aise, il était confortable et facile de consolider les relations amicales par le moyen de cadeaux.

Un jour, Moulane et sa sœur furent invitées à déjeuner chez les Tseng ; elles s'y rendirent accompagnées d'une servante, Chaoma. On les pria de rester pour le thé ; Chaoma, que son mari avait fait chercher, dit qu'elle viendrait les reprendre à cinq heures. Moulane lui déclara que c'était inutile, puisqu'elles connaissaient bien le chemin ; il ne s'agissait que d'un trajet d'un quart d'heure, dans une large avenue bordée de magasins où rien ne pouvait leur arriver.

Pendant qu'elles étaient sur le chemin du retour, les deux jeunes filles aperçurent au milieu d'une foule un charlatan, qui était aussi un boxeur professionnel, et qui opérait sur la large bordure de la rue Hatamen. L'homme avait le torse complètement nu et offrait de couper en deux, du tranchant de la main, un morceau de grès épais de cinq à six centimètres. Y étant parvenu, il se mit à débiter une drogue contre les plaies et contre les bosses. Ensuite, ayant pris une étoffe verte, il la présenta par-devant et par-derrière à la foule, l'étala par terre, et tira de dessous un bol fumant de nouilles aux crevettes.

En principe, des jeunes filles de bonne famille ne sont pas censées circuler sans chaperon dans les rues. Mais Moulane n'avait que quatorze ans et sa sœur douze, et elles ne purent résister au plaisir défendu de se promener, seules et libres. Enchantées de la parade du boxeur-magicien, elles continuèrent à avancer, et aperçurent un marchand de pommes d'api glacées au sucre, dont c'était justement la saison. L'eau leur monta à la bouche, et chacune acheta un bâtonnet de cinq pommes, qu'elles dévorèrent avec un plaisir d'enfants. Plus loin il y avait une baraque, où l'on pouvait voir des vues des Boxers et des canonnières étrangères et, la bouche encore pleine de pommes au sucre, les deux petites s'offrirent ce spectacle.

Au moment où leur plaisir était à son comble, Moulane sentit une main lui étreindre le bras et son bâtonnet de sucreries tomba par terre. Elle se retourna et reconnut Tijen. Avant qu'elle eût pu prononcer un mot, il l'avait giflée.

— Qu'est-ce que vous faites ici ? demanda-t-il.

— Nous rentrions, répondit Moulane, furieuse. Pourquoi me gifles-tu ?

— Bien sûr que je te gifle, répliqua Tijen. Vous autres filles, vous êtes en train de devenir des coureuses de rues. Dès qu'on vous laisse sortir, vous perdez toute retenue.

— Pourquoi t'est-il permis de sortir, et pas à nous ?

— Vous êtes des filles, cela suffit. Et si ça ne vous plaît pas, je le dirai à Mère.

— Eh bien va, et dis-le à Mère, riposta Moulane qui était en colère pour tout de bon. Tu n'as pas le droit de me gifler. Non, tu n'en as pas le droit ! Mes parents sont encore vivants. Et pour se défendre, elle ajouta : Je raconterai à Père, moi aussi, ce que tu fais.

Tijen s'éloigna, et les deux sœurs restèrent seules. Irritées et froissées, elles reprirent le chemin de la maison. Plus elles y pensaient, plus pareille injustice les indignait. Ce qui la rendait insupportable, c'était d'être frappées et grondées par Tijen qui, comme elles le savaient, était si loin d'être impeccable qu'il était la dernière personne qui pût se permettre de les réprimander.

Tijen en parlerait-il à leur mère, ou non ? Ce qu'elles avaient fait n'était pas tout à fait licite mais n'était pas pourtant très inconvenant. Elles ne s'étaient pas beaucoup écartées de leur chemin ; les spectacles de ce genre sont permis aux enfants, et des bonbons pareils, elles en avaient déjà mangé à la maison.

Elles décidèrent donc d'attendre que Tijen prît l'offensive. A dîner, il ne dit rien. Lorsque Moulane l'avait menacé de rapporter à leur père ce qu'il avait fait, cela pouvait s'entendre de la gifle mais cela pouvait aussi signifier davantage ; et il y avait bien des choses qu'il avait faites dont il préférait qu'on ne parlât point. Il ne craignait qu'une personne au monde : son père. Aussi jugea-t-il que le plus prudent était de tenir sa langue.

Les petites persécutions de leur frère unirent les deux sœurs et les firent réfléchir sur la différence qui existe entre les hommes et les femmes. Moulane prit plus de plaisir encore à écouter ce que son père racontait sur la « jeune fille nouvelle », dont les pieds ne sont pas bandés et qui, devenue l'égale de l'homme, a reçu une éducation moderne. Déjà, toutes fantastiques qu'elles parussent, les idées occidentales commençaient en Chine à ébranler les esprits.

*

Tijen n'était pas seulement dorloté et gâté ; en fait, il était en train de perdre dans sa famille la place qui aurait dû lui revenir.

Il était, à vrai dire, un enfant de l'amour, puisqu'il était né cinq mois après le mariage de sa mère. Elle était la fille d'un marchand d'éventails de Hangtchéou, un commerçant fort ordinaire de la classe moyenne. Lorsqu'elle fit la connaissance de M. Yao, il avait déjà trente ans, et elle, vingt-deux. Après que leur liaison eut commencé, le vieux père de M. Yao l'apprit, et exigea que son fils épousât la jeune fille, parce qu'elle était de bonne famille. On raconta bien que la famille de la jeune personne avait stipulé qu'il n'y aurait pas de concubine, mais la chose ne put être vérifiée, car des deux côtés on tenait à étouffer le scandale. Ainsi que nous l'avons déjà rapporté, M. Yao, las de sa vie de désordres, ne s'était pas seulement amendé, mais avait aussi cessé de s'intéresser aux affaires et s'était plongé dans l'étude du taoïsme. Pendant un temps, il gaspilla une petite fortune en écoutant un escroc qui lui avait promis le secret de la transmutation de l'or. Quoiqu'elle fût complètement illettrée, Mme Yao se mit à s'occuper des comptes de l'entreprise et à encaisser les loyers, et bientôt, son frère fut mis à la tête des affaires.

Etant entrée par son mariage dans une famille riche, Mme Yao vivait dans une vaste demeure de la capitale, avec plus de serviteurs et de servantes qu'il ne lui en aurait fallu. Elle n'avait pas été accoutumée à un tel luxe et désirait que son fils pût jouir de toutes les choses qui lui avaient manqué. Mais elle n'avait pas le sens qu'a toute femme bien éduquée, le sens de la façon dont un fils doit être élevé, même dans une famille riche. Dès son enfance, Tijen vécut environné de servantes et, même en présence de sa mère, il eut le droit de les gifler. Il était fort joli garçon, comme le sont souvent les enfants de l'amour, et avait le teint délicat de son père ; quand il le voulait bien, il pouvait être brillant et séduisant. On lui permettait de monter un cheval fringant et de se lancer à bride abattue dans les rues de la ville. En général, il avait fini par se croire un personnage tout à fait extraordinaire. Au lieu d'observer les bonnes manières comme les autres garçons, il quittait la table en plein milieu d'un festin offert par des amis et sortait de la pièce pour aller bavarder avec les servantes. Sa mère l'avait persuadé qu'il était seul héritier de la famille et que sa vie valait plus que celle de dix hommes ordinaires. Lorsqu'il eut atteint l'âge de quinze ans, Mme Yao se rendit compte qu'il était complètement gâté mais qu'il n'y avait rien à y faire.

L'attitude de M. Yao était toute différente. Il comprenait que Tijen était ce qu'il avait lui-même été au temps de sa jeunesse. Il savait que lui aussi il avait été dorloté et que cela lui avait attiré bien des ennuis. Mais plus un père tente d'être sévère avec son fils, moins il le connaît, parce que le fils l'évite d'autant plus ; et M. Yao arriva à ceci, que Tijen avait une sainte horreur d'être en sa présence.

Quelques mois seulement avant leur fuite devant les troubles des Boxers, Tijen avait saisi un couteau et tailladé le visage d'un de ses camarades, dans la région du cou ; et des flots de sang avaient jailli de la blessure. M. Yao attacha son fils à un arbre de la cour et le roua de coups au point de le laisser à demi mort. Un tel châtiment ne fit qu'accroître la crainte que le jeune homme avait de son père, et son ressentiment ; et il dut garder le lit pendant dix jours. Mme Yao déclara à son mari, en présence de Tijen :

— Je sais qu'il faut que mon fils soit éduqué. Mais si quelque malheur lui arrivait, quelle raison aurais-je de vivre, et sur qui ma vieillesse pourrait-elle compter ?

Le père et la mère étaient donc, au sujet de Tijen, en complet désaccord. Le jeune garçon fut peu à peu considéré comme une « graine de péché », un être qu'on laisserait suivre sa voie comme bon lui semblerait, même si la ruine de la famille devait en résulter. Fallait-il lui permettre d'agir à sa guise, ou le corriger par des moyens énergiques qui risqueraient de lui nuire physiquement et moralement ? Les deux méthodes étaient également dangereuses. D'après les théories traditionnelles, la peur est nuisible pour l'organisme ; chez un individu dont l'appareil humoral est bouleversé ou dont la vésicule biliaire, siège du courage, est « brisée », il peut se produire toutes sortes de troubles. A mesure que le temps s'écoulait, Mme Yao en vint à voir en Tijen un *yuanchia,* un « ennemi prédestiné », selon l'expression dont usent les amoureux querelleurs ou volages, ou un fils envoyé par le Destin pour l'obliger à acquitter une dette contractée par elle dans une autre incarnation. Bref, pour employer le langage familier, un fils qui ferait danser les écus paternels.

La mère s'y résignait en raison des circonstances, et le père par philosophie. Moulane était également tiraillée ; à mesure que Tijen obtenait de moins en moins d'importance, elle, à cause de ses mérites, était de plus en plus prise au sérieux. Mme Yao était aussi sévère pour ses filles qu'elle était indulgente pour ses fils. Elle leur donnait l'éducation traditionnelle que toutes les jeunes filles chinoises devaient recevoir ; et là, elle était dans le vrai. Ses filles étaient nées et élevées dans une famille riche mais elles n'y resteraient pas toujours ni ne profiteraient de sa fortune. Elles se marieraient dans différentes familles dont les moyens d'existence seraient différents. Aussi leur était-il nécessaire de posséder les vertus primordiales de la femme : l'économie, l'industrie, la tempérance, les bonnes manières, la facilité de caractère, l'obéissance, l'art de savoir tenir son ménage et les arts domestiques qui comprennent les soins à donner aux enfants, la cuisine et la couture. Mais, dans la famille Yao, la différence de traitement entre les fils et les filles était beaucoup plus grande qu'elle ne l'était dans d'autres familles.

A l'âge de huit ou dix ans, Moulane et Mocho avaient appris à se tenir bien droites, les jambes rassemblées, tandis que Tijen ne pouvait se poser sur une chaise sans la renverser en arrière et sans étaler ses pieds sur la table. Les deux sœurs avaient beau avoir autour d'elles des servantes qui ne faisaient rien, elles lavaient leur linge et le séchaient au soleil, bien entendu aussi loin que possible des regards masculins, elles aidaient à la cuisine, faisaient des gâteaux, des crêpes, fabriquaient leurs chaussures, taillaient et cousaient leurs vêtements. Les seules choses qu'elles ne faisaient pas, c'était broyer le riz et en moudre la farine avec le moulin à main, parce que cela aurait durci la peau de leurs paumes. Il leur fallait apprendre tout ce qui concerne les usages mondains et les coutumes des femmes ; envoyer des cadeaux et donner des pourboires aux domestiques qui en apportent, connaître les noms et les mets particuliers des différentes fêtes, les rites et les cérémonies des mariages, des funérailles, des réceptions d'anniversaires, la nomenclature compliquée des divers degrés de parenté, oncles et tantes paternels, épouses d'oncles paternels, épouses d'oncles maternels, époux de tantes paternelles, époux de tantes maternelles, sœurs et belles-sœurs des tantes à la fois paternelles et maternelles, et toutes les variétés possibles de cousins, de neveux, de nièces et d'époux de nièces. L'intelligence féminine des deux sœurs assimila sans aucune peine cette hiérarchie compliquée. A quatorze ans, Moulane pouvait dire, au premier coup d'œil, combien de fils, de filles, de belles-filles, de gendres et de petits-enfants suivaient le cercueil d'un défunt, rien qu'en remarquant leurs diverses marques de deuil. Elle savait quand une mariée devait retourner chez elle après un mariage, et quand le frère cadet de la mariée devait rendre la visite, quels sont exactement les quatre bols qui doivent être servis quand le frère cadet de la mariée fait sa visite à la maison du marié. Elle n'ignorait pas que le frère de la mariée ne doit que goûter les quatre différents mets, et non les avaler jusqu'à la dernière miette. Tout cela constituait des connaissances vivantes, intéressantes et utiles.

Peu à peu, Mme Yao se mit à discuter bien des problèmes du ménage avec Moulane, et lui fit mettre les choses par écrit, par exemple ce que contenaient les armoires, afin d'aider sa mémoire. De cette façon, l'enfant était d'un grand secours pour sa mère, par exemple en se rappelant quels présents avaient été envoyés à telle famille à l'occasion de la dernière fête du Bateau du Dragon[28], et lesquels on en avait reçus.

Moulane apprit en plus à préparer les simples de la médecine chinoise et, à force d'expérience, acquit une certaine connaissance des principes de cette médecine. Elle sut que la chair du crabe et que les brugnons ne vont pas bien ensemble, que le crabe est « froid » et l'anguille « chaude » pour le corps. Elle distinguait les simples par la vue et par l'odorat, et elle était tout à fait au courant des drogues principales de la médecine domestique et de leur importante relation avec la nourriture.

Pourtant, en dépit de tout cela, Moulane avait plusieurs talents qui n'avaient rien de féminin : siffler, chanter des airs d'opéras pékinois, collectionner et apprécier les curiosités. Le premier talent, elle l'avait appris de Sunya dans le Chantoung et elle l'avait perfectionné à Pékin ; et les deux autres, son père la poussa à les développer.

Mme Yao estimait qu'en général son mari avait une influence corruptrice et dissolvante. Quand elle découvrit, au retour du Chantoung, que sa fille avait pris l'habitude de siffler, elle fut horrifiée : c'était si peu féminin ! Le père se borna à dire : « Quel mal y a-t-il à cela ? » Ce n'était pas bien grave ; elle fit des progrès, l'enseigna à sa sœur dans le jardin de derrière, et leur mère ne s'en tourmenta plus. Brocart l'apprit aussi ; mais, étant une servante, elle ne se risqua jamais à siffler en présence de sa maîtresse.

Mais où l'influence corruptrice du père se révélait manifestement, c'était qu'il faisait chanter à sa fille des sélections d'opéras de Pékin. Etait-il possible de concevoir qu'un père enseignât à sa fille de pareilles choses ! La musique, la danse et le théâtre étaient un domaine réservé aux chanteuses légères, aux acteurs et aux actrices ; tous gens qui appartenaient à une classe sociale considérée comme inférieure, sinon complètement immorale, par les confucianistes qui pourtant raffolaient d'eux. M. Yao n'était pas un confucianiste ; il était un taoïste libre penseur et il n'avait pas de préjugés. Il avait renoncé à jouer et à boire avec excès, non à sa passion pour le théâtre. Aussi n'y avait-il personne dans sa maison, du père jusqu'aux serviteurs, qui n'aimât le théâtre, c'est-à-dire avant tout l'opéra. Mme Yao elle-même allait régulièrement au théâtre avec Corail et les enfants, y occupait une loge de balcon, y passait des après-midi entiers, accompagnée de ses servantes qui servaient le thé, gardaient les vêtements et remplissaient la pipe à eau de leur maîtresse pendant qu'elle et les enfants buvaient leur thé, croquaient des graines de melon et bavardaient.

De nombreux chanteurs amateurs apprenaient par cœur les airs et les passages en vogue, rien qu'en assistant maintes et maintes fois aux représentations. En général, les femmes s'abstenaient de le faire. Mais M. Yao enseigna ces airs à Moulane, comme s'il voulait délibérément défier sa femme et l'opinion publique. Sa largeur d'esprit était telle qu'il fut un des premiers à adopter les idées qui étaient en train de bouleverser la société chinoise. Jusqu'à l'âge de seize ans, Moulane accompagna souvent son père à la foire du temple de Loungfouszé, où ils recherchaient des antiquités.

Ainsi grandissait-elle en sagesse et en connaissances et l'on peut dire, si un tel partage est possible, qu'elle devait sa sagesse à sa mère, et ses connaissances à son père. Mocho suivit sans tarder sa sœur mais ses progrès en sagesse dépassaient ses progrès en connaissances.

CHAPITRE VI

L'adolescence de Mannia était pareille à la floraison du prunier durant les froides journées de janvier. Il étire ses rameaux nus, racornis et tordus, se nourrit de l'air glacé d'entre la fin de l'hiver et le début du printemps, solitaire, sans nul compagnon qui fleurisse avec lui ; et, au moment où les boutons des pêchers, des poiriers et des autres arbres fruitiers commencent à s'épanouir, il lui faut vivre à l'écart, jouir de ses propres parfums et rêver les heures de son existence sous la dure écorce de ses branches.

Les deux mois qu'avait duré la visite de Moulane avaient été pour elle un rêve délicieux. Cela s'était produit alors qu'ayant atteint l'âge de quatorze ans, elle pouvait consacrer à Moulane tous les instincts maternels qui naissaient en elle, et les instincts jusqu'alors inexprimés d'une sœur aînée. Car Mannia n'avait jamais eu de sœurs. Elle n'avait jamais encore couché dans le même lit qu'une autre fille et passé la nuit à bavarder, comme c'est leur coutume. De nature, elle était timide et fort peu à son aise avec les garçons. Jusqu'à l'âge de dix ans, elle avait été élevée en enfant unique ; puis il lui survint un frère, qui mourut à l'âge de cinq ans, un an après que Moulane fut retournée à Pékin. L'oncle de Mannia, qui n'avait pas d'enfants, en avait adopté un. Son grand-père, un frère cadet de la grand'mère Tseng, avait gaspillé sa fortune et était mort pauvre, laissant deux fils, le père et l'oncle de Mannia, se tirer d'affaire du mieux qu'ils le pourraient avec l'aide de leur tante. Les familles ressemblent aux arbres ; il en est qui croissent et fructifient, tandis que d'autres meurent malgré tous les soins qu'on leur donne. Cette famille Soun semblait en voie de s'éteindre par la pauvreté du sang.

Le sort voulut qu'un an après la mort de son frère, Mannia perdît son père, au début du printemps. Cet événement incita la grand'mère à se demander ce qu'il y avait à faire pour perpétuer le nom des Soun. Mannia était la seule descendante du même sang qui pût continuer à offrir l'encens et les cierges dans le temple des ancêtres. La grand'mère, soucieuse, devint tout particulièrement affectueuse pour Mannia et pria la jeune fille et sa mère de venir s'installer chez les Tseng pour lui tenir compagnie. La mère et la fille possédaient quelques fermes et une maison ; en y ajoutant leurs travaux de broderie, elles avaient de quoi vivre aisément. Mais la maison des Tseng était vaste, et la grand'mère n'avait pas d'autre société que Li Yima, une protégée qui se racornissait peu à peu en une vieille fille nerveuse.

La grand'mère avait refusé d'aller à Pékin avec la famille de son fils. En son temps, elle avait connu les splendeurs de la Cour impériale, mais maintenant que son fils avait fait une si belle carrière de fonctionnaire, elle était satisfaite de son sort. Devenue une bouddhiste convaincue, elle s'appliquait à faire de bonnes actions, pour accumuler des mérites en vue de sa vie future et de son « ombre » et pour faire pleuvoir des bénédictions sur sa progéniture. Elle fit présent de quatre piliers pour la façade du temple de Yenlo, qui se trouve sur la colline en dehors de la ville, au pied de la montagne, dans la direction du sud-ouest. Elle était une grande amie du moine qui résidait dans ce temple, et quand il suggéra que le bâtiment fût reconstruit, prétexte habituel de ces demandes de dons, elle offrit de bon cœur ces piliers. Des dragons sculptés en haut-relief les encerclaient, dans le style du temple de Confucius qui s'élève, à quelques kilomètres de là, au lieu où naquît le sage. Le nom du temple de Yenlo exerçait sur elle une sorte de fascination et elle s'évertuait à s'attirer les bonnes grâces du Roi des Enfers[29]. Sous le temple se trouvaient le Pont d'Or, le Pont d'Argent et le Pont de la Douleur, sur lesquels tout homme doit passer lorsqu'il meurt et va en enfer. Il n'était pas inutile, après tout, de se familiariser avec le trajet que l'on aura un jour à faire.

La grand'mère tint donc à rester chez elle avec Li Yima, tandis que la famille de son fils allait s'installer à Pékin. Bien qu'ils l'eussent suppliée de les accompagner et de demeurer avec eux, Mme Tseng était secrètement ravie, comme le serait toute femme, de ne pas vivre avec sa belle-mère et d'être à Pékin la seule à diriger la maison.

Il lui convenait encore davantage de laisser Li Yima derrière elle. En cachette de la grand'mère, toute la famille, domestiques y compris, considérait Li Yima comme une peste. Sa situation était paradoxale, mais elle en faisait une vraie provocation. Elle bénéficiait comme bien d'autres de l'organisation de la famille, mais se refusait à en témoigner de la gratitude. Elle était âgée d'environ cinquante ans, et avait eu une enfance singulière. Elle était toute petite lorsqu'au moment de la révolte des Taïpings, elle avait fui avec ses parents d'Anking au Chantoung ; son père avait été un des gardes du père de la grand'mère et un jour avait risqué sa vie pour préserver celle de son maître. Lorsqu'il mourut, la famille de la grand'mère, par reconnaissance, s'engagea à élever l'enfant. Plus tard, lorsque par son mariage la grand'mère entra dans la famille Tseng, elle s'arrangea pour que Li Yima, qui était veuve, vînt habiter avec elle et s'occupât de l'enfant qui devint ensuite M. Tseng. Li Yima demeura dans la famille comme une sorte d'institution, longtemps après que l'on n'eut plus besoin de ses services ; elle tenait un rang inférieur à celui d'une parente mais supérieur à celui d'une domestique.

Mme Tseng n'avait pas été longue à constater que Li Yima adoptait à l'égard de son mari une attitude protectrice, et qu'il lui fallait supporter que la vieille se mêlât de ses affaires, bien plus que ne le faisait sa belle-mère. Plus tard, lorsque M. Tseng fut devenu un important fonctionnaire, Li Yima se posa en personne qui a droit à être entretenue sa vie durant, puisqu'elle avait « pétri » M. Tseng depuis qu'il était un tout petit bébé. M. Tseng, lui, ne pouvait que la traiter avec indulgence s'il ne voulait pas être accusé d'ingratitude. Il avait d'ailleurs amplement de quoi nourrir une bouche de plus.

A mesure que les années passaient, Li Yima avait de moins en moins à faire et devenait de plus en plus exigeante avec les domestiques. A chaque instant, elle se persuadait qu'on l'insultait et récriminait pour des vétilles contre les serviteurs et les servantes. Mme Tseng ne pouvait que donner tort aux domestiques ; sinon, Li Yima prenait une crise de nerfs et se plaignait que sa présence fût indésirable. La grand'mère la protégeait par habitude et dans le désir d'user de générosité avec quelqu'un qui dépendait d'elle ; ce qui, dans une famille de lettrés aisés, est une manière d'agir considérée comme correcte. En même temps, elle était contente d'avoir sous la main, maintenant qu'elle était vieille, quelqu'un avec qui elle pût causer. Mais Li Yima ressassait tellement ses récits de la révolte des Taïpings et des exploits de son père que les enfants, eux, finissaient par en avoir la nausée, des Taïpings et de leurs braves généraux.

*

La grand'mère décida que les fiançailles de Mannia avec l'aîné de ses petits-fils seraient célébrées à l'occasion de la mort du père de la jeune fille. Pingya fut rappelé dans le Chantoung car, d'après les plans de la grand'mère, les fiançailles devaient se passer avec beaucoup de cérémonie et être associées aux funérailles du père de Mannia, auxquelles Pingya prendrait part.

Les études de Pingya s'étaient trouvées dérangées, ce printemps-là, parce que toute l'organisation de l'instruction publique en Chine avait été modifiée. La défaite des Boxers avait amené la défaite du parti ultraconservateur, et l'arrivée au pouvoir de ministres progressistes. Les mariages entre Mandchous et Chinois furent autorisés, et il fut interdit de bander les pieds des femmes. Les autorités décrétèrent que les examens de fonctionnaires seraient transformés de fond en comble, et que tous les anciens établissements d'instruction devraient être remplacés par des universités modernes, des écoles secondaires et des écoles primaires. Les étudiants qui passeraient les examens recevraient les anciens titres académiques de *koungcheng, choujen* et *chinchih.* L'ordre des études fut changé et, dans le programme des examens d'entrée aux administrations de l'Etat, des compositions sur la politique contemporaine furent substituées à l'essai conventionnel dit « des huit mouvements ». Des écoles déjà s'ouvraient mais sans toutefois que l'on sût ce que l'on enseignerait aux élèves ; et M. Tseng lui-même n'était pas très au clair sur les études que ses fils devraient faire pour devenir fonctionnaires. Aussi laissa-t-il Pingya, accompagné de sa mère, retourner dans le Chantoung.

La grand'mère pensa qu'il serait plus commode pour la famille de Mannia d'observer les rites de deuil, qui durent quarante-neuf jours, dans la maison des Tseng, avant l'enterrement ; et ainsi Mannia et sa mère s'y installèrent lorsque leur deuil commença. La grand'mère ordonna qu'un corps de logis particulier, à l'est, fût réservé à la famille Soun et au cercueil. Devant la salle où le cercueil était exposé en grande pompe, deux énormes lanternes de papier huilé portaient, en noir, un grand caractère *Soun ;* il était en partie recouvert par deux bandes de papier blanc en croix, pour montrer qu'il s'agissait d'un enterrement de la famille Soun, qui était célébré dans une maison des Soun. La grand'mère désigna aussi quelques serviteurs, hommes et femmes, qui devaient s'occuper des préparatifs funèbres, ce qui facilita beaucoup les choses pour la veuve et sa fille. Du point de vue des cérémonies, l'enterrement était ce que l'on appelle l'enterrement d'un « parent extérieur », c'est-à-dire le parent d'une femme qui est entrée dans la famille par le mariage, et tous les fonctionnaires, ainsi que la noblesse de l'endroit, vinrent présenter leurs hommages. La grand'mère fit aussi élever des autels dans la cour et demanda à des moines-prêtres de célébrer tous les rites nécessaires pour que l'âme du défunt fût sauvée des peines de l'enfer.

Mannia fut toute habillée de blanc durant les « sept fois sept » jours ; et la nuit, elle et sa mère durent coucher dans la salle, derrière un rideau, pour veiller le cercueil. Au début, ce rideau noir, ce cercueil et ces cierges dans les ténèbres la faisaient frissonner et elle se serrait contre sa mère. Pendant le jour, les deux femmes devaient s'occuper de nourrir les moines, de distribuer des pourboires aux serviteurs qui apportaient les présents funéraires d'amis, enfin de mille et mille choses ; si bien qu'au soir Mannia était complètement épuisée. Mais elle ressentait un vrai chagrin ; l'observation des rites et l'atmosphère de ces quarante-neuf jours lui firent réaliser avec d'autant plus de netteté la perte de son père.

Mais alors la grand'mère, avec le consentement de la mère de Pingya, prit une résolution extraordinaire. Pingya n'était encore que le fiancé de Mannia et, pour être exact, Mannia n'avait pas encore « franchi le seuil » de la famille Tseng. Dans l'idée de la grand'mère, les funérailles de son neveu devaient être célébrées avec un « gendre ». Le jour du *Kaitiao,* où l'on reçoit les invités qui viennent présenter leurs hommages au défunt, il y aurait ainsi un homme pour les accueillir et, ce qui est encore plus important, pour se tenir à côté du cercueil et se courber jusqu'à terre chaque fois que les invités s'inclinent trois fois devant le mort. Le soir, quand Pingya voyait que la mère et la fille étaient fatiguées, il offrait de les remplacer pour la veille ; pour garder « l'âme », euphémisme par lequel on désigne le cercueil.

Mannia avait plusieurs raisons d'être reconnaissante. Elle l'était parce que, grâce à l'aide apportée par la famille de son cousin, l'enterrement de son père se déroulerait avec beaucoup de pompe, ce qu'apprécierait l'âme du défunt et ce qu'elle-même, au nom de la famille, apprécierait également. Parce que, durant le défilé funéraire, Pingya porterait la tenue de deuil qui est propre à un gendre et parce que déjà il était vêtu de deuil et que durant la nuit, pour les remplacer, sa mère et elle, il veillait le cercueil. Parce qu'elle éprouvait un sentiment de réconfort à l'idée qu'après la disparition de son père, au moment où la veuve et sa fille se trouvaient sans secours, sa famille comptait un homme. Elle était encore reconnaissante parce que, pour obéir au désir de sa grand'mère, Pingya appelait la mère de Mannia « mère », au lieu de « tante maternelle » – façon de faire tout à fait inusitée, et qui ordinairement était embarrassante, même pour un gendre marié. Enfin, elle était reconnaissante parce que Pingya se conduisait si correctement en tout, était si jeune, si beau, si gentil. Aussi, lorsque les deux jeunes gens, le garçon de dix-huit ans et la fille de seize, tous deux vêtus de coton blanc, se rencontraient le matin ou le soir dans la pénombre de la salle éclairée par les cierges, les yeux de Mannia étaient bien souvent humides. Personne, y compris elle-même, n'aurait pu dire si c'étaient des larmes de deuil ou des larmes de gratitude, des larmes de chagrin ou des larmes de joie.

Par-dessus tout, elle était touchée jusqu'au fond du cœur d'entendre Pingya l'appeler *Meimei,* c'est-à-dire « sœur cadette » ; elle, elle l'appelait « Pingko », c'est-à-dire « frère aîné Ping ». Etant une cousine « extérieure », qui avait un nom de famille différent, elle n'aurait pu prendre rang avec les filles de la famille Tseng et être appelée « première », « seconde », ou « troisième cadette », selon l'âge respectif, comme cela aurait pu se faire avec des cousins « intérieurs » selon l'organisation de la famille ; et comme l'appeler « Manmei », « Mannia la sœur cadette », ne sonnait pas bien, la mère de Mannia avait elle-même proposé *Meimei.*

Etant donné les circonstances, il aurait été facile à ces jeunes cousins de se libérer des convenances et de devenir plus intimes. Mais Mme Tseng était une mère très stricte et avait rappelé à son fils les bienséances.

— Ping-erh, dit-elle, tu vois tous les jours ta *Meimei,* et il me plaît qu'elle soit si bien élevée. Mais, si tu as la moindre estime pour ta future femme, tu ne dois pour rien au monde manquer aux règles du savoir-vivre. Entre un époux et une épouse, le respect passe en premier.

Mme Tseng sortait d'une famille lettrée et possédait de pareilles sentences sur le bout du doigt.

Le résultat, ce fut que le garçon et la fille s'appliquèrent à garder leurs distances et, par suite, chacun paraissait à l'autre plus désirable encore.

*

Une fois, pourtant, Pingya fit à Mannia des avances, que d'ailleurs elle repoussa. Ils se trouvèrent un soir seuls devant le cercueil ; la mère de Mannia s'était momentanément absentée et était à la cuisine. Ils parlaient une fois de plus de Moulane et de cette brève période où ils avaient pris des leçons ensemble. Pingya raconta qu'il avait vu Moulane et qu'elle lui avait paru grandie. Il ne pouvait arriver à comprendre pourquoi une femme triste était plus belle qu'une femme gaie, et il se demandait pourquoi Mannia dans sa robe de deuil en coton blanc lui apparaissait d'une beauté spectrale. Elle lui semblait être une Déesse de la Miséricorde, tant elle était lointaine. Sa voix pourtant était familière et humaine parce qu'elle avait tant pleuré qu'elle nasillait en parlant, ce qui en tout cas n'avait rien de surnaturel.

— *Meimei,* dit Pingya, vous aussi vous avez grandi pendant ces deux ans, depuis la dernière fois que je vous ai vue.

Elle détourna son regard.

— Pourquoi êtes-vous si distante et si froide envers moi ? demanda-t-il.

Mannia, par défi, leva les yeux au ciel. Il y avait tant de choses qu'elle voulait dire au jeune homme, mais elle ne savait pas par où commencer.

— Pingko, dit-elle après un moment, ne soyez pas injuste. Ce que vous avez fait pour mon père mort, nous ne pourrons jamais vous le rendre, ma mère et moi.

— Mais vous êtes distante, protesta Pingya. En ce moment, vous ne faites que prononcer les paroles de politesse qu'exige la gratitude ! N'est-il pas évident que tout ce que je fais, je le fais pour vous, que dans mon cœur il n'y a aucune différence entre votre famille et la mienne ? Je suis prêt, pour vous, à porter le deuil pendant trois ans et pas simplement pendant cent jours. Si vous vouliez au moins ne pas être si froide et si distante, nous pourrions être si heureux ensemble !

Mannia sentait qu'en elle-même toute résistance se brisait, mais elle se contenta de répondre en souriant :

— Nous avons la vie entière pour être heureux ensemble.

Pingya se contenta pour le moment de ce ton et de ce sourire. Il lui semblait qu'il avait courtisé une déesse et qu'il l'avait enfin conquise.

Mannia tenta de changer de conversation en revenant à Moulane. Elle confia au jeune homme que Moulane et elle étaient des « sœurs jurées », et rentra dans sa chambre pour chercher le pendentif de jade que Moulane lui avait envoyé en échange de la pêche de jade donnée par elle.

— Fermez les yeux, dit-elle à Pingya en le quittant, et ne bougez pas jusqu'à mon retour.

Lorsqu'elle revint, elle s'approcha tout près de Pingya, lui dit d'ouvrir les yeux et de regarder son trésor. Parfaitement poli et fort bien sculpté, ce jade était un bijou d'une beauté extraordinaire.

— Est-ce que ce n'est pas ravissant ? demanda-t-elle.

— Oui, répondit Pingya. Mais il vous faudrait voir toute la collection de bibelots de jade que possède Moulane : des tigres, des éléphants, des lapins, des canards, des bateaux, des pagodes, des candélabres, des autels, des bodhisattvas. C'est la plus belle que j'aie jamais vue.

Il profita de ce que Mannia lui tendait le jade pour saisir la main de la jeune fille mais elle la retira aussitôt, si bien que le jade faillit tomber.

— Vous n'auriez pas dû faire cela, lui reprocha-t-elle en rougissant.

— Vous m'avez laissé tenir votre main, le jour du combat de grillons, quand mon grillon fut tué, protesta-t-il.

— C'était autrefois, et maintenant est maintenant, dit Mannia.

— Pourquoi est-ce différent ?

— Nous avons grandi et nous ne devons plus nous tenir par la main.

— Est-ce que nous n'appartenons pas l'un à l'autre, maintenant ?

Mannia s'écarta un peu, et lui dit :

— Pingko, il y a une loi pour tout. Il est vrai que mon corps tout entier vous appartient, mais le moment n'est pas venu. Ne soyez pas impatient ; nous avons toute la vie devant nous.

Le discours de Mannia avait bien l'air d'un sermon. Pingya comprit qu'il avait devant lui une jeune fille capable de le rappeler à l'ordre, et il reconnut en lui-même qu'elle avait raison. Mais plus tard, que ce fût le matin, l'après-midi, la nuit, que ce fût au Chantoung ou à Pékin, il entendait toujours cette phrase, pareille à un murmure dans l'air qu'aurait prononcé un esprit invisible voletant autour de lui : « Nous avons toute la vie devant nous. »

C'est ainsi que « la Nature joue des tours aux humains », et, au moyen de paroles chuchotées par une fille ou de la pression légère d'une douce main, suscite des émotions inoubliables dont les conséquences sont capitales. Personne ne pourrait décider si une vie d'amour et de souffrances n'est pas préférable à une vie sans amour ni souffrances. Dans le cas de Mannia, on est enclin à penser que cela en valut la peine.

*

Trois nuits plus tard, il se passa quelque chose qui rapprocha irrévocablement Mannia et Pingya. C'était la veille du trente-cinquième jour du deuil ou le « cinquième septième jour », ainsi qu'on le nomme quand un culte important doit être célébré. Parmi les prêtres qui avaient été invités se trouvait un jeune homme d'environ vingt ans dont Mannia n'aimait guère les regards quêteurs. Tandis qu'il célébrait les rites avec les autres et que ses paupières auraient dû être baissées et ses mains jointes sur sa poitrine, ce jeune novice coulait constamment des regards vers elle. Une jeune fille n'est pas longue à sentir et à constater une pareille manière d'agir, et Mannia avait mis sa mère au courant des « yeux voleurs » du moine.

Ce soir-là, après le souper, Li Yima fut prise d'une crise de nerfs extraordinaire. Mme Tseng avait dirigé seule toute la suite des cérémonies et lorsqu'elle s'était trouvée embarrassée elle avait consulté la grand'mère ;

celle-ci suivait avec passion ces rites funèbres, qui rompaient la monotonie de son existence. Li Yima jugea donc qu'on la laissait entièrement de côté et qu'elle ne prenait dans tout cela aucune part importante. Selon son habitude fréquente, elle observait le jeûne et, au moment où les autres terminaient leur souper, elle s'abattit sur le sol en roulant des yeux puis finit par regarder droit devant elle. Après avoir hurlé et s'être arraché les cheveux, elle se mit à déclamer comme quelqu'un qui est possédé par un esprit. Adoptant la personnalité et la voix de feu M. Soun, elle appela la grand'mère *Takou,* c'est-à-dire « grande tante », et cria :

— *Takou,* au secours ! au secours ! Je roule en bas de la Vallée des Sables brûlants ! Il fait chaud. Je suffoque. Au secours ! au secours !

Puis, s'adressant à la jeune Mme Tseng, elle s'écria :

— Pourquoi mon cousin ne vient-il pas à l'enterrement ?

Là-dessus, la mère de Mannia s'effondra en gémissant :

— Ah ! mon époux, pourquoi nous avoir laissées seules, mon enfant et moi ?

Mme Tseng pensa aussitôt aux moines qui passaient la nuit à la maison et elle les fit chercher afin qu'au moyen d'incantations ils exorcisassent l'esprit. Elle consola la veuve, tandis que la grand'mère, entièrement convaincue qu'elle parlait à l'esprit de son défunt neveu, consolait Li Yima, déclarant que tous faisaient de leur mieux en priant pour son âme. Lorsqu'on lui demanda s'« il » avait vu son jeune fils mort depuis un an, la possédée répondit :

— J'ai déjà demandé à quelques petits démons qui l'entouraient. Ils m'ont répondu que les enfers étaient vastes et qu'il faudrait bien du temps pour le chercher.

Tous ces petits démons voulaient de l'argent, et « il » lui fallait les acheter ; aussi la famille devait-elle pour cela brûler beaucoup de monnaie en papier. La grand'mère demanda alors s'« il » n'avait pas soif et offrit un verre d'eau que la possédée but. Peu à peu ses spasmes cessèrent, ses marmottements s'apaisèrent et elle resta là, sans connaissance.

D'habitude, Mannia et sa mère prenaient leurs repas dans leurs chambres mais, ce soir-là, il y avait eu un dîner extraordinaire dans l'appartement de la grand'mère et, laissant une servante veiller le cercueil, elles étaient venues y assister. Aussitôt après le souper, Mannia était partie pour retourner dans leur appartement, qui était dans l'angle sud-est, et il lui fallait passer par plusieurs corridors obscurs. A mi-chemin, un domestique la rattrapa en courant, expliqua que Li Yima était possédée « par un fantôme », puis se hâta d'aller chercher les moines qui logeaient dans les chambres du sud. Effrayée mais ne sachant pas très bien ce qui s'était passé, Mannia poursuivit son chemin, jusqu'à ce qu'elle atteignît la porte en demi-lune qui conduisait à la partie orientale de la maison. Là, elle aperçut les moines qui venaient vers elle, hésita un moment si elle retournerait avec eux, mais décida qu'il valait mieux se rendre auprès du cercueil ; et elle se rangea de côté pour laisser défiler les religieux.

Ayant pris par le passage couvert après la porte en demi-lune, elle arriva au double tournant qui la séparait de l'entrée de derrière de leur appartement par une allée couverte d'une dizaine de mètres de long. Alors elle entrevit une ombre : c'était le jeune moine qui guettait. Aussitôt elle se recula et se cacha dans un coin, le cœur battant de crainte. Que faisait le moine ? Qu'allait-il faire ? Elle n'osait pas continuer son chemin et n'osait pas non plus revenir sur ses pas, de peur qu'il ne la rejoignît. Le souffle coupé, elle attendit ; elle regarda de nouveau au bout de quelques minutes et, à l'autre bout, le moine était toujours là en embuscade. Elle attendit encore, regarda encore et ne le vit plus. Elle s'assura alors qu'il était parti et qu'il était plus court et plus sûr de franchir rapidement la petite distance qui la séparait de sa chambre. Mais au moment où elle se trouvait à mi-chemin de l'étroit passage couvert, elle aperçut le jeune moine qui débouchait de l'entrée de derrière et se précipitait vers elle. Il parut surpris de la trouver là et s'arrêta net, ses petits yeux rôdeurs maintenant farouches et terrifiants.

Mannia poussa un cri, fit demi-tour et s'enfuit. Il lui sembla que le jeune moine la poursuivait mais elle n'osait pas tourner la tête pour s'en assurer. Elle courait dans les ténèbres et, plus elle accélérait sa course, plus sa crainte croissait.

Soudain, elle entendit une voix qui l'appelait :

— *Meimei,* qu'est-ce qui vous est arrivé ?

Pingya était à trois mètres de là, en face d'elle. Avant qu'elle s'en fût rendu compte, elle était dans ses bras.

— Pingko, j'ai peur ! j'ai peur ! s'écria-t-elle.

— Qu'est-ce que c'est ?

— Le jeune moine ! Est-il derrière moi ?

Pingya jeta un regard derrière elle.

— Il n'y a personne, dit-il. Et de toute façon, n'ayez pas peur, *Meimei* ; je suis avec vous.

Il se pencha tendrement vers elle, sa voix était douce et rassurante.

Maintenant que sa crainte s'était évanouie, elle comprit ce qu'elle avait fait. Comment elle se trouvait dans les bras de Pingya, elle n'en savait rien. Se sentant coupable et honteuse, elle tâcha de s'échapper. Car permettre à un homme de tenir son corps si près du sien, c'est s'engager dans une intimité aussi étroite que si on lui permettait un baiser.

Mais Pingya ne voulait pas la laisser aller :

— Venez, nous irons ensemble. Je craignais que vous n'ayez peur, seule sans votre mère, et lorsque j'ai vu que le jeune moine n'avait pas suivi les autres, je me suis glissé hors de la salle pour vous rejoindre.

Ils se dirigèrent vers son appartement. Pingya lui tenait toujours la main et elle était si troublée qu'elle la lui abandonnait. Il lui semblait qu'après qu'elle s'était jetée dans les bras de Pingya, se tenir par la main n'avait pas grande importance. Cela lui procurait un plaisir clandestin et, si elle rougissait, personne dans les ténèbres ne pourrait s'en apercevoir.

— Oh vous ! sotte petite *Meimei,* il faut si peu pour vous faire peur ! dit Pingya. Je serai toujours auprès de vous, pendant toute ma vie.

Elle se serra contre lui et cela lui parut émouvant et merveilleux.

Quand ils arrivèrent dans l'appartement, tout était normal. Sûrement le jeune moine était rentré dans sa chambre. Il n'y eut que la servante pour leur dire avec satisfaction :

— Vous voilà enfin ! Tous les prêtres sont partis et, à plusieurs reprises, j'ai vu un homme qui épiait à travers le treillage de la fenêtre.

Tôt après, les prêtres revinrent ; ils étaient suivis de plusieurs domestiques qui portaient des lanternes, de Mme Tseng et de Mme Soun. Li Yima, qui avait repris ses sens après quelques incantations, affirma qu'elle ne se souvenait de rien de ce qu'elle avait dit et fut envoyée se coucher. Les prêtres suggérèrent que des prières fussent dites devant le cercueil, tout particulièrement de bonne heure ce soir-là, et d'autres cierges furent allumés, si bien que toute la pièce se trouva brillamment illuminée. On battit le « poisson de bois[30] » et les prêtres commencèrent leurs litanies monotones ; cela faisait un vrai charivari.

Mme Tseng demeura dans la pièce pendant plus d'une heure pour tenir compagnie à Mme Soun.

— C'est un vrai miracle, dit Mme Tseng, que nous ayons passé ces cinq semaines si tranquillement. Je n'ai jamais vu un important événement se passer dans la famille sans qu'il ne donnât lieu à quelque tracas inattendu. Il faut qu'il y ait une raison, un motif de plainte, pour que des esprits pénètrent dans le corps d'une personne vivante. Sans vouloir me vanter, rien n'a manqué aux arrangements faits pour l'enterrement du cousin. Si la grand'mère n'avait pas été si généreuse, tout ne se serait pas passé aussi bien. Tout a été bien fait : l'autel que l'on a élevé, les cérémonies du culte, l'argent en papier que l'on a brûlé, la mise en bière, jusqu'à Ping-erh lui-même qui porte le deuil d'un gendre. J'imagine que l'esprit du cousin doit être plus que satisfait.

Ainsi, elle laissait entendre en partie que la crise de nerfs de Li Yima n'était pas vraiment authentique.

La veuve s'empressa d'exprimer sa profonde reconnaissance pour tout ce qu'ils avaient fait pour elle. Mais, comme elle était une femme prudente, elle ne fit aucune allusion à Li Yima.

Pingya raconta à sa mère comment le jeune moine s'était conduit ; et Mannia, sa mère et l'*amah* complétèrent ses dires.

— Il n'y a là rien qui doive nous embarrasser, dit Mme Tseng. Demain j'avertirai le chef des prêtres de renvoyer ce jeune moine sous quelque prétexte.

Mme Soun jugea que Mme Tseng s'exprimait comme il convient à une femme qui est à la tête d'une famille de fonctionnaires et admira sa dignité et son sang-froid. Vers onze heures, avant de se retirer avec Pingya, Mme Tseng ordonna que deux domestiques de plus vinssent coucher dans la salle, près de la porte.

Cette nuit-là, Mannia ne put dormir ; sa mère n'y attribuait pas d'autre cause que la peur qu'elle avait eue. Mais, tout au fond de son cœur, Mannia entrevoyait un grand désordre de sentiments étranges qu'elle ne parvenait pas à définir. Elle ne réfléchissait pas ; elle ressentait la vie dans le langage confus de ses instincts de femme qui venaient de s'éveiller. La vie lui apparaissait à la fois merveilleuse et terrible, belle et tragique.

Pour une jeune fille élevée dans la stricte tradition classique, avoir permis à un homme de la tenir dans ses bras était se lier à lui pour la vie. Exactement, du point de vue du puritanisme confucien, elle n'était plus immaculée. Son corps était comme une plaque photographique, et maintenant qu'elle l'avait exposé à un homme, elle ne pouvait appartenir à un autre. Il ne pouvait en être de même pour des paysannes ou des serveuses de maisons de thé ; mais Mannia, qu'un père disciple de Confucius avait éduquée, savait ce qu'il en était pour elle. Tout bas, elle se dit à elle-même : « Pingko, je suis à toi ! »

Lorsque Pingya et sa mère s'en retournèrent à Pékin, le printemps tirait déjà sur sa fin. Pingya repartit sans qu'il y eût eu d'autre intimité entre Mannia et lui que celle qui s'était produite par hasard la veille du « cinquième septième jour » ; car la jeune fille était redevenue circonspecte et timide. Lorsque les deux jeunes gens s'abordaient, c'était dans un sentiment troublant et ambigu, où la familiarité se mêlait à la réserve. En lui-même, Pingya revêtait Mannia de la beauté spirituelle propre à ce que l'on ne peut atteindre et il l'aimait avec une ferveur que rien ne pouvait apaiser. Non, à ses yeux, Mannia n'était ni parfaite, ni divine. Elle était humaine, timide, frêle, et pendant quinze jours elle avait un peu toussé. Elle lui plaisait d'autant mieux d'être ainsi. Elle était aussi jalouse : il l'avait remarqué. Lorsqu'il lui arrivait de parler des splendeurs de Pékin, des festins, des fêtes et des visites, si le nom de quelque jeune fille inconnue était par hasard mentionné, Mannia demandait : « Qui est-ce ? » Ses lèvres frémissaient, ses yeux le dévisageaient avec attention et puis se détournaient. Elle se voyait une petite provinciale, une cousine pauvre. Elle était convaincue qu'il l'aimait et qu'elle était assez éduquée pour devenir sa femme ; mais quand elle pensait à toutes les filles élégantes de riches familles pékinoises qu'il avait rencontrées ou qu'il rencontrerait, elle tremblait de peur. Pendant qu'il fréquenterait tout ce beau monde de Pékin, elle demeurerait, elle, une pauvre fille dans son trou de province.

En ce qui concernait l'attitude de Pingya, elle n'avait en tout cas aucun reproche à lui adresser. Il avait pris part au défilé funèbre après que les quarante-neuf jours furent terminés. Il marchait devant le cercueil et avait revêtu la tenue de deuil d'un gendre, le bonnet et la robe de *koueihsing* blanc, avec un nœud rouge fixé à sa ceinture puisque ses propres parents étaient encore vivants. Ce qui plut le mieux à Mannia et renforça son sentiment de sécurité, ce fut que lorsque la tablette ancestrale fut placée dans la chambre des aïeux, à gauche du nom de l'esprit étaient inscrits les mots : « Sa fille Mannia et son gendre Tseng Kang offrent de concert leur vénération » ; « Kang » était le prénom officiel de Pingya. Cela fut fait sur le désir de la grand'mère et cela légalisait sa parenté de gendre, même si la grand'mère mourait avant leur mariage et si la question n'était jamais soulevée.

Mais le grand obstacle qui s'élevait pour eux c'était qu'ils étaient censés ne pas correspondre. Mannia pensait bien que de temps à autre la grand'mère lui demanderait d'écrire à la famille de Pékin mais il n'était pas question pour elle d'écrire directement à Pingya. Les lettres qu'elle rédigerait ne pourraient être que banales et impersonnelles. Pingya et elle en discutèrent, et Mannia dit qu'elle pourrait lui adresser secrètement des lettres par l'entremise de Moulane. Elle dit aussi que Pingya pourrait suggérer à ses parents qu'elle vînt à Pékin pour suivre des cours avec Moulane. Mais le projet ne se réalisa pas ; elle ne bougea pas de sa petite ville et pendant deux ans entiers fut séparée de Pingya. Elle avait espéré que le printemps suivant Pingya reviendrait dans le Chantoung sous le prétexte de « balayer la tombe », à la fête de *Chingming,* au début de la troisième lune ; mais ses parents ne l'autorisèrent point, parce que le voyage prenait trop de temps et interrompait ses études. Durant l'été, seule Cassie vint, avec son bébé de trois ans ; et ce fut d'elle que l'impatiente Mannia put obtenir toutes les nouvelles qu'elle pouvait désirer des garçons Tseng et de leurs amis, et les noms des nouvelles servantes.

CHAPITRE VII

Il a été nécessaire de raconter en détail l'épisode de Mannia et de Pingya dans le Chantoung, car au printemps de l'année qui suivit le retour de Cassie, Pingya tomba gravement malade, si bien que Mannia dut partir pour Pékin afin de l'épouser.

Pingya était un garçon foncièrement sain ; non pas vigoureux mais suffisamment en bonne santé pour un fils de fonctionnaire. S'il n'était pas robuste, il n'était atteint d'aucune maladie ; seulement, il avait vécu trop claquemuré durant son adolescence parce qu'il se passionnait pour ses études. Plus un garçon s'applique au travail, plus, d'habitude, il pâlit et s'anémie. En février de cette année-là, Pingya eut une attaque de fièvre intermittente, ou une sorte de grippe. Quand Mannia l'apprit, elle comprit que tout espoir qu'il rendît visite à la tombe de son père pour le *Chingming* était de nouveau réduit à néant.

Depuis que Pingya était parti, deux ans auparavant, Mannia avait beaucoup changé. Les deux mois remplis par sa présence enchanteresse avaient laissé en elle un sentiment d'étrange solitude et elle était devenue singulièrement silencieuse. Les circonstances de leurs amours secrètes et passionnées avaient en quelque sorte suscité dans son esprit une image où l'amour se mariait au chagrin, si bien qu'elle en vint à associer définitivement l'amour avec les vêtements de deuil. Elle se tailla plusieurs robes de coton blanc, en changeait souvent, les faisait laver, repasser et tenir en bon état ; et elle se mit à les aimer. En même temps, elle se plut à écouter les chants bouddhiques et, lorsque des enterrements passaient devant leur maison, elle les contemplait, fascinée. Maintenant, les funérailles évoquaient à son esprit l'idée de l'amour. Les autres gens pouvaient s'imaginer que la mort de son père l'avait rendue ainsi pensive, mais sa mère ne s'y trompait pas car lorsqu'une lettre de Moulane apportait des nouvelles de Pingya, ou même lorsqu'une lettre quelconque arrivait de Pékin, la jeune fille devenait pendant plusieurs jours tout animée, avant de retomber dans son mutisme et sa mélancolie. Mme Soun voyait bien que lorsque sa fille ouvrait une lettre de Moulane, une rougeur envahissait ses joues, et sa petite bouche avait un frémissement qui lui était particulier. Li Yima suggéra que Mannia devait être éprise mais la grand'mère ne voulut jamais reconnaître qu'elle avait été imprudente en rapprochant ainsi les jeunes gens avant qu'ils fussent mariés. La grand'mère s'était si bien habituée à la société de Mme Soun qu'il n'était pas question, pour la nièce et sa fille, de partir pour Pékin. Aussi ne restait-il plus à Mannia que d'attendre le jour où elle se rendrait à Pékin pour s'y marier, lorsque les trois années de deuil seraient terminées et qu'elle aurait dix-neuf ans. Elle en avait maintenant dix-huit.

Aussi, lors du *Chingming* de cette année-là, les larmes qu'elle répandit sur la tombe de son père furent singulièrement amères. Elle prit froid. Elle était alitée lorsqu'elle apprit que Pingya était guéri, et son rhume fut bientôt terminé.

La fièvre de Pingya avait été rapidement coupée, grâce à une tisane où entraient des plantes fort efficaces contre toute espèce de rhume, notamment le simple que l'on nomme en Chine l'« oreille de lièvre aux feuilles en forme de faucille ». Quand le jeune homme entra en convalescence, on lui administra des pilules composées de divers ingrédients, cardamome, vernis du Sseutch'ouan, herbe à la noix, qui le débarrassèrent pour tout de bon de ses maux. Mais il avait perdu ses forces et sa vitalité ; le jour, il était somnolent et, pendant un mois, il eut de la faiblesse dans les membres. Ce ne fut qu'au bout de six semaines qu'il put retourner à l'école.

Vers la fin d'avril, souffrant de frissons, de maux de tête, d'angine, il s'alita de nouveau. Ses parents pensèrent que c'était la grippe qui l'avait repris et ils lui firent prendre la même tisane à l'« oreille de lièvre ». Un mois s'écoula avant qu'on appelât un docteur. M. et Mme Tseng avaient fait la connaissance du médecin de la Cour impériale par l'entremise des parents de Moulane. Il vint, tâta le pouls de Pingya mais ne se prononça pas et ordonna une tisane d'*ephedra,* d'écorce de cannelle, de poudre de réglisse frite et d'amandes, pour provoquer la transpiration.

Moulane, qui avait déjà quatorze ans, avait lu quelques livres de médecine et avait été encouragée par son original de père à avoir de fréquentes conversations avec leur ami, le médecin de la Cour. Aussi, lorsqu'elle alla voir les Tseng et sut ce que contenait l'ordonnance, elle reconnut le traitement caractéristique des débuts du *changhan* et avertit ses parents en rentrant chez elle.

Le *changhan* est la maladie que les médecins craignent le plus ; la plus discutée, la plus étudiée dans les livres, la plus énigmatique et la moins comprise, la plus compliquée de toute la médecine chinoise. Elle associe toute une variété d'affections, offre des crises alternées de frissons et de fièvre comme le typhus, et est connue sous le nom de *chouanching changhan,* c'est-à-dire un type de fièvre qui passe d'un système à un autre ; le terme moderne est « fièvre intestinale ». On estimait que le *changhan* s'attaque d'abord aux trois systèmes *yang* et peut passer de là à l'un des trois systèmes *yin* ou aux trois à la fois. Les trois systèmes *yang* sont considérés comme les systèmes alimentaires ou nutritifs, c'est-à-dire l'intestin grêle, le gros intestin, les orifices d'entrée de l'estomac et de la vessie et le pylore ; parfois nous parlons des « six systèmes *yang* », en y comprenant la vessie, la vésicule biliaire et l'estomac. Les poumons, le cœur et les membranes qui l'entourent, avec le pancréas, les reins et le foie forment le groupement *yin,* qui contrôle la respiration, la circulation et l'élimination. Les termes *yin* et *yang* sont regardés comme relatifs et complémentaires, et non comme absolus et s'excluant l'un l'autre. Les systèmes nutritifs *(yang)* entretiennent et fournissent la chaleur et la force corporelles, tandis que les autres systèmes d'échange *(yin)* règlent et sécrètent les liquides qui lubrifient le corps. On considère que les reins, le foie et le pancréas en particulier sécrètent des fluides importants pour l'équilibre de l'économie physique.

Tout dépendait des soins et de l'attention accordés à la première phase de la maladie, alors qu'elle était encore limitée aux intestins *yang.* Bientôt Pingya sentit que sa gorge et ses lèvres étaient desséchées sans que pourtant il eût soif, qu'il avait des éblouissements et des bourdonnements d'oreilles, que sa poitrine était prise. Le médecin ne cacha pas à la famille que son état était sérieux ; mais Mme Tseng pensa qu'il était surtout dû à des causes psychologiques et qu'il s'agissait d'un trouble de l'adolescence. Son instinct maternel lui disait que la grand'mère avait été trop loin en rapprochant ainsi Pingya et Mannia. Lorsque quinze jours se furent écoulés et que la fièvre ne fut pas tombée, que le pouls, qui avait toujours été « à la surface », facile à étudier, commença à faiblir, elle eut très peur. Tout de suite, l'idée lui vint de faire venir Mannia, et pour deux raisons. D'abord, parce qu'elle était toujours persuadée que l'origine de cette maladie était l'amour, que c'était un cas de « mal d'amour » qui se guérirait à coup sûr si le malade pouvait voir, toucher, entendre sa bien-aimée, enfin jouir de sa présence. Ensuite, parce qu'elle croyait au *tsounghsi,* c'est-à-dire la méthode par laquelle on oppose à un événement fâcheux un événement heureux ; dans l'espèce, célébrer le mariage pendant que son fils était malade. Elle était disposée à attendre, et à voir s'il serait nécessaire de prendre cette décision mais il serait certainement commode que Mannia fût sur place, pour le cas où l'on en viendrait là. Le médecin, qui dans un cas de *changhan* était plus ou moins désarmé, ou qui tout au moins n'était pas très sûr de lui, approuva fort ce projet, que des médecins modernes nommeraient un traitement psychologique combiné.

Mme Tseng demanda donc à Pingya s'il désirait que Mannia vînt le voir, et il répondit que oui.

M. Tseng envoya un télégramme au Chantoung. En plus de ses anciennes fonctions, il était alors sous-directeur des Télégraphes de l'Etat, sous les ordres de Yuan-Chihkai. Yuan était en ce temps-là un des hommes les plus puissants de la Cour, car il avait été nommé gouverneur de la province métropolitaine, *toupan* des chemins de fer et des mines, *toupan* des télégraphes et, ce qui était plus important encore, chef du centre d'instruction militaire, qui formait une armée « nouvelle », armée de fusils modernes. M. Tseng avait connu Yuan par M. Niou, un de ses collègues du mandarinat et un de ses compatriotes du Chantoung, et Yuan l'avait désigné comme sous-directeur des Télégraphes de l'Etat. Il envoya donc une dépêche assez longue, par laquelle il demandait à sa mère de laisser partir sans retard Mannia et sa mère, et annonçait que Pingya était gravement malade.

Pour Mannia, le télégramme fut comme un subit coup de tonnerre et pas un instant elle ne pensa qu'elle pouvait ne pas partir. La grand'mère et Mme Soun discutèrent de la chose et la grand'mère murmura qu'il s'agissait sûrement d'un mariage hâtif pour cause de maladie, d'un cas de *tsounghsi* ; sinon on ne demanderait pas expressément à la mère de Mannia d'accompagner sa fille. Mais Mme Soun ne souffla pas mot de tout cela à Mannia car elle ne le pouvait pas. Quoique le trajet par bateau eût été plus confortable, Mannia repoussa de pareilles considérations et déclara à sa mère qu'elles devaient voyager en carriole et en palanquin, ce qui les amènerait à la capitale en une semaine environ. La grand'mère avait été aussi très ébranlée par la nouvelle car Pingya, étant l'aîné de ses petits-fils, occupait une place très importante dans l'organisation de la famille. Elle voulait aussi partir mais dit qu'elle le ferait quelques jours plus tard par bateau, avec Li Yima ; et elle envoya la mère et la fille en avant, accompagnées d'un serviteur, d'une *amah* et d'une servante particulière pour Mannia. On l'appelait Petite Joie mais son nom véritable était Quatre Joies.

La famille Tseng reçut en réponse un télégramme annonçant le départ de Mme Soun et de Mannia, et pensa que le voyage prendrait au moins dix jours. Pingya se trouvait déjà dans un état critique. Il était extrêmement maigre, la fièvre était toujours forte et le pouls faible ; il vomissait par moments, ses membres étaient glacés et il se plaignait de « douleurs froides » dans le ventre, qui était sensible et gonflé. Tous ces symptômes prouvaient que les systèmes *yang* « s'étaient affaissés au-dedans », et que le mal « s'était étendu aux systèmes *yin* ». Il semblait que son corps se racornît peu à peu ; sa gorge se desséchait et son regard était éteint. Le médecin ne tenta plus de faire « sortir » la fièvre au moyen de l'éphédrine, de l'écorce de cannelle et de la réglisse mais reconnut qu'une « médication conciliatrice » était nécessaire, pour remonter, « réchauffer » les systèmes *yin* ; car il était maintenant admis qu'il s'agissait d'un refroidissement du *yin* et que les organes de sécrétion ne fonctionnaient pas normalement. Pour y remédier, on usa d'une décoction de racines d'automne, de gingembre desséché, de blanc de petits oignons et de bile de porc. Puis, comme l'état du malade empirait, un remède plus énergique fut employé ; il consistait en rhubarbe, citron épineux, *magnolia officinalis* et même en *manghsiao,* un produit du salpêtre qui se présente en fins cristaux.

Mannia était impatiemment attendue et sa première entrevue avec le malade devait être soigneusement préparée. On comptait beaucoup sur sa présence car elle devait à la fois guérir et sauver le jeune homme. Pingya avait plusieurs fois demandé à sa mère si Mannia allait venir et quand elle viendrait. Par moments, quand la fièvre était forte et qu'il n'était pas tout à fait lucide, il marmottait le nom de la jeune fille. Une fois, Cassie, qui se trouvait seule auprès de lui, l'entendit distinctement dire : « *Meimei,* pourquoi êtes-vous partie ? » et « Nous avons toute la vie devant nous. » Scandalisée, elle en parla secrètement à Mme Tseng, qui n'en fut que plus convaincue que la présence de Mannia influerait considérablement sur la guérison de son fils.

Il y avait pourtant une question qui tourmentait Mme Tseng, Cassie et leur époux commun. Pingya était déjà beaucoup plus mal que lorsqu'on avait décidé de faire venir Mannia. Le premier projet, lutter contre la maladie en mariant le malade, prenait un aspect nouveau. Il y avait Mannia, dont il fallait tenir compte. Si l'état de Pingya avait été moins critique, rien n'aurait été plus simple, mais depuis que la vie même du jeune homme était en jeu, exiger de Mannia une pareille chose était excessif.

— Comment pourrais-je ouvrir la bouche et parler de cela à la cousine, alors que notre fils est si malade ? déclara Mme Tseng.

Elle espérait que l'arrivée de Mannia et sa présence amélioreraient l'état de son fils. Mais c'était là un excès d'espoir si l'on n'avait pas recours au *tsounghsi* ; et le *tsounghsi* était la dernière ressource, puisque le médecin faisait déjà tout ce qu'il pouvait. Bien entendu, Mme Tseng pouvait tout doucement suggérer la chose mais il serait moins embarrassant que l'initiative vînt de la mère de Mannia. Elle a bien dû y songer, se disait Mme Tseng, car dans ces circonstances l'idée s'offrait tout naturellement, et autrement sa présence n'aurait pas été expressément réclamée. Mannia était officiellement fiancée et il eût été inconcevable qu'elle épousât quelqu'un d'autre. Mais consentirait-elle à ce mariage *in extremis,* et sa mère y consentirait-elle ? Car, quoique le *tsounghsi* fût ouvertement pratiqué, on ne pouvait y procéder qu'avec le consentement explicite de l'autre famille. C'était le cas de tous les mariages ; mais, dans le *tsounghsi* particulièrement, la future épouse devait être consultée.

Le mariage d'une jeune fille avec un homme gravement malade, et peut-être à la veille de mourir, est une sorte de sacrifice volontaire et non quelque chose que l'on peut obtenir à prix d'argent. Il peut arriver que l'homme ne guérisse point, bien qu'on suppose sa guérison et qu'on la souhaite. Dans les familles confuciennes, le veuvage est tenu pour si sacré qu'on ne le risque pas à la légère. La famille la plus intransigeante ne pouvait pas contraindre une veuve à demeurer veuve ; et le veuvage qui suit un *tsounghsi,* considéré comme exceptionnel, était doublement estimé. Tandis que l'un était *chieh,* ou veuvage méritoire, l'autre était *tseng,* ou virginité méritoire. Aucun pouvoir sur la terre n'aurait pu contraindre une veuve à devenir *chieh,* ou une jeune fille à devenir *tseng,* si elles n'en avaient pas eu le désir. C'était là, comme les vœux éternels des religieux, une question qui ne regardait que l'individu.

Mannia avait la possibilité de déposer son offrande sur l'autel de l'amour, comme l'ont fait bien des jeunes filles qui ont préféré ne pas se marier et ont refusé toutes les demandes, parce que celui qu'elles aimaient était mort.

Le 22 mai, vers trois heures de l'après-midi, Mannia et sa mère arrivèrent à Pékin au milieu d'une tempête de sable. A dire vrai, la tempête ne s'était pas abattue sur le sol mais le ciel tout entier était recouvert d'une nappe continue de poussière jaune, qui se déplaçait quelque part dans les régions supérieures de l'atmosphère. On discernait à peine le soleil, qui n'était plus qu'un disque bleuâtre ; et cela donnait à la ville un aspect bizarre, silencieux, comme un crépuscule prématuré et prolongé.

Mannia était tout agitée à l'idée qu'elle était dans la ville de ses rêves, la ville où habitait Pingya. Elle ne savait pas encore à quel point il était malade ; elle était l'impatience même. Elle examinait les rues et, surtout, la façon dont s'habillaient les femmes chinoises et mandchoues. Sa mère, sa servante Petite Joie et l'*amah* n'étaient pas moins agités car, le serviteur mis à part, aucune d'entre elles n'était déjà venue à Pékin.

Mannia pensait aussi à Moulane, qui certainement avait dû être avertie de son arrivée. Elle se demanda comment elle lui apparaîtrait, au bout de ces quatre années ; et elle pensa à la situation embarrassante où elle se trouvait. Etant une cousine, elle pouvait facilement demeurer chez les Tseng ; pourtant elle était maintenant une grande jeune fille et les garçons Tseng étaient plus ou moins des jeunes gens ; même le petit Sunya devait avoir quinze ans. Comment devrait-elle les accueillir et leur parler ? De plus, elle était la fiancée de Pingya, et des fiancés étaient censés ne pas se voir ! Pourtant, pourquoi lui avait-on demandé de venir si ce n'était pas pour le voir ? Et comment éviterait-elle qu'ils se moquassent d'elle, tous, les garçons, les grandes personnes, les servantes et les serviteurs ?

Pendant qu'elle rêvait à ces problèmes embarrassants, la carriole s'arrêta devant une grande maison. Les murs blancs s'étendaient sur une trentaine de mètres et à l'entrée était un perron d'environ huit mètres ; de chaque côté, les murs obliquaient vers la porte, qui était d'un rouge brillant avec des bossages dorés. Au sommet de la porte était un panneau verni en noir, où on lisait en caractères dorés d'un pied de haut l'inscription suivante : « L'air de la chance apporte la paix bienheureuse. » Auprès de la porte était suspendu un panneau vertical blanc saupoudré d'or, avec des caractères vertchou qui disaient : « Résidence du sous-directeur Tseng, du bureau des Télégraphes de l'Etat. » Devant le perron étaient deux lions de pierre qui ricanaient méchamment et, à cet endroit, la route s'élargissait, avec des

« murs-paravents » qui faisaient face à la porte et se retiraient dans la direction opposée, ouvrant ainsi un large espace pour le stationnement des voitures. Mannia n'avait jamais rien vu de pareil dans le Chantoung.

La famille Tseng était pleinement préparée à leur arrivée mais ne les attendait pas si tôt. Quand le portier annonça qu'elles étaient là, il se fit dans la maison une grande agitation. Les garçons, Chinya et Sunya, étaient à l'école mais M. et Mme Tseng, les deux filles de Cassie, les serviteurs et les servantes vinrent les accueillir à la seconde porte, ne laissant que Cassie auprès du malade.

Pingya sommeillait, et Cassie n'osait le quitter. Elle entendit le brouhaha de voix de femmes et de serviteurs qui se faisait au-dehors. Bientôt sa fille Ailien accourut pour lui dire combien Mannia était belle, combien elle avait grandi et comment elle était habillée. Cassie posa un doigt sur ses lèvres pour faire taire l'enfant ; mais, en entendant le nom de Mannia, Pingya ouvrit les yeux et dit :

— Est-ce qu'elle est là ?

Cassie se précipita vers lui et dit doucement :

— Ping-erh, Mannia est là. Vous êtes bien content, n'est-ce pas ?

Pingya, dont la fièvre était encore très forte, sourit faiblement et ferma les yeux. Puis, les ayant rouverts, il dit :

— Est-elle vraiment là ? Vous ne me trompez pas ? Pourquoi ne vient-elle pas me voir ?

— Vous êtes bien impatient, dit Cassie. Elles ne font que d'arriver. Mannia est en deuil et ne peut entrer ainsi dans une chambre de malade.

— Combien de temps a duré leur voyage ? Cela m'a paru si long.

— Six ou sept jours seulement. Ne vous cassez pas la tête à ce propos ; elles sont venues très vite. Vous étiez très malade et ne pouviez vous rendre compte de rien.

— Est-ce que je vais guérir, maintenant ?

Ce malade de vingt ans s'exprimait comme un enfant.

— Bien sûr. Calmez-vous, reposez-vous et, quand les lilas fleuriront, j'irai avec Mannia et vous les voir à Chihchahai. Est-ce que cela ne vous fait pas plaisir ?

Elle lui fit boire d'une tisane chaude qui avait été préparée et demanda à un domestique de rester auprès de lui tandis qu'elle irait voir Mannia et sa mère.

La demeure des Tseng était une vaste maison qui comptait quatre corps de logis avec, à l'est des corps de logis principaux, un espace vide, étroit et long, bordé d'ormes élevés, tandis que plusieurs corridors sinueux et en zigzag conduisaient à l'ouest à des cours bien dissimulées. Pingya avait été transporté dans le corps de logis de derrière, le plus central, à l'ouest ; il était séparé par un mur de la chambre de ses parents, qui se trouvait dans le corps de logis central du fond. Sa chambre donnait sur une cour de dix mètres de large, ornée d'une rocaille, d'un bassin peuplé de poissons et de grenadiers dans de grands bacs. Il avait été installé près de cette cour à cause du calme qui y régnait ; et, en cas de malheur, les pièces principales n'en conserveraient pas le souvenir attristant.

Cassie devait, depuis cette cour de derrière, traverser une porte hexagonale et la cour principale du fond avant d'atteindre la troisième salle où les arrivantes étaient encore à causer avec M. et Mme Tseng. Mannia portait une jaquette bleue très simple et des pantalons verts, car elle n'était plus en grand deuil. Sur ses cheveux nattés étaient posées une rosette noire et une fleur noire. Elle n'avait jamais été grande, mais elle semblait avoir beaucoup grandi depuis que Cassie l'avait vue, l'année précédente. On parla du voyage et de la maladie de Pingya mais Mme Tseng n'avait pas encore osé révéler à la mère de Mannia la situation réelle. Lorsque les hôtes aperçurent Cassie et Ailien, ils se levèrent immédiatement de leurs sièges, et Cassie les salua en leur souhaitant « dix mille fortunes ».

— Il me faut implorer votre pardon pour mon arrivée tardive, tante Soun, dit Cassie.

L'usage voulait que les mères s'adressassent à leurs parents comme leurs enfants l'auraient fait ; et c'est pour cela que Cassie traitait Mme Soun de tante.

— Le voyage a dû être fatigant pour vous deux, poursuivit-elle. Je tenais compagnie à Ping-erh ; il dormait, et ne s'est réveillé que lorsque Ailien est venue me dire que vous étiez là. Il vous réclame et demande pourquoi *Meimei* Mannia n'est pas encore venue le voir.

Mannia rougit légèrement et sa mère répliqua :

— Dites-lui de ne pas s'agiter. Nous sommes en deuil et ne pouvons pas nous rendre auprès de lui avant de nous être lavées et d'avoir changé de vêtements.

Cette réponse rappela à Mme Tseng qu'il fallait décider comment Mannia verrait Pingya.

— Vous avez raison, dit-elle. Nous vous avons dérangées, vous et votre fille, parce que nous ne pouvions faire autrement. Nous avons pensé que le mal de Ping-erh venait du cœur, puisqu'il est maintenant un grand jeune homme et qu'il s'est habitué à la compagnie de Mannia. Aussi peut-être, lorsqu'ils se seront revus, son cœur sera-t-il plus content, et sa maladie n'en disparaîtra que plus vite. Pendant le déjeuner, je parlais de votre arrivée avec Cassie, et nous avons jugé que l'heure de cette visite devait être choisie avec soin.

D'après l'almanach, ce soir, entre sept et neuf, serait un moment propice. En attendant, *Saotse,* vous pouvez aller le voir la première, après vous être lavées et reposées ; et Mannia s'y rendra ce soir. Vous devez être fatiguées et je vais vous montrer vos chambres.

Le discours de Mme Tseng impliquait qu'elle attachait plus d'importance à la visite de Mannia qu'à celle de sa mère, mais elle traitait pourtant celle-ci avec beaucoup d'égards, puisque normalement elle aurait dû confier à Cassie la tâche de lui montrer leurs chambres. Mme Soun protesta mais Mme Tseng insista pour y aller elle-même car elle avait beaucoup à dire – quoi, elle n'en savait trop rien – à la mère et à l'enfant. Aussi demanda-t-elle à Cassie de retourner auprès de Pingya tandis que Mannia et sa mère prenaient momentanément congé de M. Tseng et de Cassie.

Le bagage des dames Soun avait déjà été transporté dans leurs chambres au Studio du Cœur tranquille, dans un corps de logis isolé à l'ouest de la salle principale et d'où une porte de côté ouvrait sur la cour de Pingya à l'ouest. Les différents corps de logis de cette maison étaient disposés et construits de façon que chacun formât un ensemble complètement fermé, ce qui permettait à plusieurs personnes de vivre en commun dans la même maison. Ces corps de logis donnaient d'habitude sur une petite cour paisible, retirée, simple et parfaite en elle-même, dont on ne pouvait deviner qu'elle était reliée aux autres corps de logis. A mesure que Mannia circulait dans les corridors treillagés et à travers les petites portes, il lui semblait que jamais elle ne parviendrait à retrouver son chemin pour sortir de ce labyrinthe.

Leur corps de logis, petit et tranquille, se composait de trois pièces donnant au midi, à l'est d'un corridor conduisant aux chambres de domestiques. Devant le mur blanc, au midi, qui formait clôture, était un bouquet, maigre et chétif, de bambous ; il tenait compagnie à une stèle de pierre perforée, bleu pâle, haute et étroite, d'environ deux mètres cinquante de hauteur. Dans ce lieu régnait une atmosphère de simplicité et de noble isolement. La cour avait été pourtant si bien conçue qu'elle offrait une vue parfaitement dégagée sur le ciel, sans que rien n'empêchât de contempler le lever de la lune.

Sur le côté ouest se trouvait la salle ancestrale de la famille. Elle s'élevait dans un espace libre, en partie laissé à l'état sauvage, où étaient quelques arbres fruitiers, un vieux pavillon et des tas de débris. Derrière la salle ancestrale se trouvait le corps de logis qu'occupait maintenant Pingya.

C'était le corps de logis le plus choisi dont pût disposer dans la maison une famille particulière car il était éloigné des salles principales et aurait été tout désigné pour l'appartement d'un lettré, ou celui d'une courtisane ; le genre de lieu où l'on pourrait s'ensevelir, consumé par quelque grande passion, érudite ou sensuelle, et oublier que le monde extérieur existe.

Mme Tseng traita ses hôtes avec la plus extrême courtoisie. Elle examina les chambres, les lits, les armoires, la table de toilette et ses garnitures et conduisit elle-même Petite Joie et l'*amah* à la cuisine. On servit du thé d'œil-de-dragon et du potage aux amandes, et Mme Tseng annonça que des nouilles seraient bientôt prêtes pour leur collation de l'après-midi.

Un serviteur apporta une paire de poufs neufs, un crachoir neuf, une pipe à eau de laiton blanc et un napperon brodé tout neuf pour une table de côté.

— Pourquoi n'avez-vous pas tout préparé au lieu d'attendre la dernière minute ? lui reprocha Mme Tseng.

Elle savait fort bien que ses hôtes étaient arrivés plus tôt qu'on ne s'y attendait, et que, par conséquent, le domestique n'était pas coupable mais elle disait cela pour leur manifester d'autant plus d'égards.

— Si vous manquez de quoi que ce soit, dit-elle, vous n'avez qu'à envoyer Petite Joie qui en avertira Mme Cassie.

— Nous étions si pressées, cette fois, répondit Mme Soun, que nous n'avons pas apporté des présents dignes de vous ; et au contraire, vous nous comblez. De telles chambres seraient assez belles pour des fées ; si seulement nous avions le bonheur d'en être dignes !

— Dignes ! répliqua Mme Tseng, Nous n'avions qu'une peur, c'est que vous n'acceptiez pas notre invitation. Je crois que ce doit être cette année notre cycle de malchance. Depuis le printemps, la maison n'a pas connu un moment de paix ; c'était tantôt une chose, tantôt l'autre, qui allait mal. J'espère que grâce à votre présence à toutes deux, notre sort s'améliorera. Voilà bientôt un mois que mon Ping-erh est malade et son état ne semble pas s'améliorer.

— Comment est-il maintenant ? demanda Mme Soun.

— Comment un jeune corps parvient-il à supporter, pendant si longtemps, ce feu qui toute la journée fait rage dans son ventre ? dit Mme Tseng qui croyait devoir préparer les deux femmes à l'état véritable où se trouvait son fils. Il est constipé, ne peut retenir son urine, se plaint de ressentir une « douleur froide » dans son estomac gonflé. Ses membres sont glacés, sans force, et hier, en changeant son linge, j'ai remarqué que ses omoplates faisaient saillie. Je regrette mille et mille fois que, croyant qu'il ne s'agissait que de la grippe, nous n'ayons pas dès le début fait venir le médecin ! Maintenant, le docteur lui a prescrit la grande décoction fortifiante ; il dit qu'on l'emploie pour lutter contre la fièvre organique, ou fièvre substantielle, qui comme vous le savez n'est pas la fièvre fonctionnelle. On n'a recours au salpêtre que s'il y a vraiment du poison dans le sang. Mais je me demande quelle quantité de salpêtre peut supporter un être jeune comme lui ? Toute maladie provient du dérangement de quelque force vitale et n'est provoquée que par un froid ou un chaud extérieur. Il se passe la même chose qu'avec un arbre : si la racine est vigoureuse, les branches se développent bien, et si la racine est atteinte, les branches se dessèchent. Nous trouvant ainsi à bout de ressources, nous avons pensé, mon mari et moi, que si vous veniez à Pékin, Ping-erh retrouverait la joie et que le flux de la force vitale jaillirait en lui. Voilà pourquoi nous vous avons fait chercher. Mon pauvre petit enfant…

Mme Tseng ne put continuer.

— Ne vous tourmentez pas, dit la mère de Mannia. Un aussi brave garçon ne succombera pas à la fleur de l'âge. Nous devons espérer que les bodhisattvas le protégeront, pendant que nous, êtres humains, nous ferons tout ce que nous pourrons. Il n'y a rien que ma fille et moi ne ferons pour hâter sa guérison.

— Si vous parvenez, vous deux, à sauver la vie de mon enfant, dit Mme Tseng en larmes, vous serez les grandes bienfaitrices de la famille Tseng.

Puis, ne pouvant plus se maîtriser, elle se tourna vers Mannia, et lui dit avec élan :

— Mannia *Hsiaochieh,* je vous supplie de sauver mon fils !

Elle ne parlait plus avec l'autorité d'une tante et d'une future belle-mère mais comme une mère désespérée de voir son enfant malade qui s'adresse à celle qui pourra peut-être le sauver.

En apprenant l'état réel de Pingya, Mannia avait ressenti un pincement à la pointe du cœur et, bien qu'elle n'osât pas se lamenter sans contrainte, les larmes jaillirent de ses yeux et coulèrent sur son visage comme les perles d'un collier rompu. Mais lorsqu'elle entendit Mme Tseng l'adjurer, il lui devint impossible de se contenir. Se détournant, elle passa dans la pièce voisine et se jeta en sanglotant sur son lit.

Lorsqu'elle perçut ces sanglots étouffés, Mme Tseng se sentit réconfortée et elle interpréta dans le sens le plus favorable le brusque départ de la jeune fille, ainsi que le fait qu'elle n'avait rien répondu à son instante prière. Maîtrisant son émotion, elle dit :

— Si notre Père le Ciel a des yeux, il doit prendre sous sa protection ce jeune couple et les unir par le mariage.

Elle ne put pourtant pas poursuivre. Elle se sentait pour Mannia des sentiments de mère. Ayant rejoint la jeune fille, elle s'assit sur le lit et essaya de la consoler. Mannia, honteuse de s'être ainsi laissée aller, se redressa, et Mme Tseng la serra dans ses bras. De nouveau émue, Mannia se jeta en sanglotant sur la poitrine de Mme Tseng.

C'est ainsi que, sans qu'un mot eût été prononcé, les deux femmes conclurent leur accord.

*

Pendant tout ce temps-là, Rose musquée, la servante de Cassie, était demeurée derrière le rideau de la porte sans oser entrer. Quand Mme Tseng leva les yeux et aperçut son ombre sur le rideau de perles, elle s'écria :

— C'est vous, Rose musquée ? Entrez. Que voulez-vous ?

Gênée, Mannia se détourna en penchant la tête.

— On m'envoie demander, dit Rose musquée, si Mme la tante veut les nouilles maintenant ou un peu plus tard. Si on les désire maintenant, elles seront apportées aussitôt.

— Nous n'avons pas faim, dit Mme Soun qui avait suivi Mme Tseng dans la pièce.

Mme Tseng insista mais Mme Soun répondit que, pour l'instant, elle n'était pas en humeur de manger.

— Retournez, dit Mme Tseng à la servante, et dites que l'on n'en a pas besoin maintenant. Dans une heure, quand Mme Soun et sa fille se seront un peu reposées, elles se feront apporter quelque chose.

Se tournant vers Mme Soun, elle lui dit :

— Je n'aurais pas dû, alors que vous venez à peine d'arriver, vous tourmenter avec le récit de mes inquiétudes. Il faut que je vous quitte.

Mme Soun exprima le désir d'aller voir le malade dès qu'elle se serait lavée, aurait changé de vêtements, et retiré la rosette noire qui ornait ses cheveux. Du point de vue de son deuil, c'était correct, puisque deux ans s'étaient écoulés et que, durant la troisième année, le deuil se porte en noir. Dans une demi-heure, une servante viendrait la chercher pour la mener auprès de Pingya.

— Vous devriez persuader Man-erh de se calmer, dit Mme Tseng.

Tout naturellement, sans arrière-pensée de sa part, le diminutif affectueux de « Man-erh » lui était venu aux lèvres.

— Il lui faudrait bien se reposer, poursuivit-elle, et ce soir, quand elle ira rendre visite à Ping-erh, vous devriez lui faire un peu de toilette. Il ne sera que plus content de la voir.

Rose musquée proposa de raccompagner Mme Tseng. Son appartement n'était pas très loin mais il fallait circuler dans des galeries fermées d'un côté par un mur et couvertes de l'autre. Elles avaient été conçues avec autant de détours que possible, montaient et descendaient ; ce qui était parfait pour la promenade d'un flâneur mais fort incommode lorsqu'on était pressé. Les deux femmes se rendirent à la chambre de Cassie. M. Tseng y faisait sa sieste et Cassie sortit de la pièce pour annoncer à Mme Tseng comment allait Pingya.

— Depuis qu'il s'est réveillé, il n'a pas dormi de nouveau. Il ne fait que demander pourquoi Mannia n'est pas encore venue.

— Je n'ai jamais vu un jeune homme et une jeune fille aussi attachés l'un à l'autre. Mannia vient de pleurer comme « une poupée de larmes ».

— Avez-vous parlé du *tsounghsi* ?

— Je ne le pouvais pas, si tôt après leur arrivée. Je ne sais pas si la mère y consentira.

— Mais, de toute façon, leurs vies sont déjà liées, dit Cassie. Comment l'homme pourrait-il défaire le « nœud de liens rouges » qui fut noué là-haut dans le ciel ? J'en parlerai à Mannia ; si elle est consentante, je crois que sa mère ne s'y opposera pas. Je m'entends très bien avec elle, depuis mon retour du Chantoung, l'an dernier, et elle me dira franchement ce qu'elle pense. Naturellement, une jeune fille est toujours gênée, lorsqu'il lui faut parler de son mariage.

— C'est une bonne idée, dit Mme Tseng. Sa mère va venir faire une petite visite à Pingya ; vous pourrez aller la voir et lui parler seule à seule.

Mme Tseng se rendit alors auprès de Pingya, afin d'être là quand la mère de Mannia viendrait. Comme elle sortait, elle rencontra ses fils, Chinya et Sunya, qui rentraient de l'école. Ils étaient très excités et voulaient voir leur belle-sœur mais leur mère leur dit que, pour le moment, elle se reposait et qu'ils ne pourraient pas la voir tant qu'elle ne les aurait pas fait appeler.

Entre-temps, la servante Rose musquée, en pouffant de rire, décrivait à Cassie ce qu'elle avait surpris.

— Je les ai vues, la belle-mère et la belle-fille, qui pleuraient ensemble tant qu'elles pouvaient.

— Mannia pleurait-elle beaucoup, vraiment ? demanda Cassie, très intéressée.

— Comment aurais-je pu la voir ? Elle m'a tourné le dos quand je suis entrée ; je n'ai aperçu que ses épaules toutes secouées et le mouchoir blanc qui couvrait sa figure.

*

Pour la première fois depuis qu'elles étaient arrivées, Mme Soun et Mannia se trouvaient seules. Envahie par une tristesse extrême, Mannia errait de chambre en chambre. Ces lieux lui semblaient si paisibles, si confortables, si familiers. Dans la cour s'élevait une grande urne, de plus d'un mètre de large, qui contenait des poissons rouges. La jeune fille était aussi embarrassée par les vêtements élégants des servantes ; quant au portier, il lui paraissait mieux habillé que son propre père ne l'avait jamais été.

Le grand lit était de bois dur noir et sculpté ; les montants avaient des dessins en noir et en brun, les rideaux étaient de gaze d'un bleu verdâtre et leurs crochets très finement ciselés et dorés. Le sommet du ciel de lit était en trois parties et encadrait trois dessins peints sur soie : au milieu un couple de canards mandarins nageant parmi des feuilles et des fleurs de lotus, à droite quelques hirondelles volant au-dessus de pivoines superbes, à gauche un coucou annonçant le printemps. Mannia, ayant perçu un parfum étrange, découvrit qu'à chaque montant de la tête du lit deux sachets de soie remplis de musc étaient suspendus dans les plis des rideaux. Elle s'assit sur le lit et, ayant reconnu l'endroit du coussin que ses larmes avaient trempé, elle se sentit tout honteuse.

C'était là la chambre de l'ouest, qui s'étendait vers le sud, de sorte que son extrémité méridionale flanquait le corps de logis de l'ouest ; la douce lumière de cette fin de journée la baignait à travers le papier des fenêtres et les rangées de coquillages. Par cet après-midi, on se serait cru dans le crépuscule éternel d'un pays singulier. Devant la fenêtre se trouvait un secrétaire plat d'acajou, sur lequel un morceau de très vieux bambou, à quoi le temps avait donné la couleur du cuir, servait à contenir des pinceaux. Contre le mur du sud était une bibliothèque, et contre celui de l'ouest quelques rouleaux, où l'on discernait les entrelacements sinueux de caractères en écriture courante. Manifestement, cette chambre avait servi à l'étude.

L'ensemble qu'offrait la pièce s'était emparé de son imagination. Assise sur le lit, elle pouvait voir auprès de la bibliothèque, dans le coin sud-ouest, une Déesse de la Miséricorde en porcelaine d'un blanc immaculé, de près d'un demi-mètre de haut. Sur son visage rayonnait un sourire de bonté et de paix que rien ne pouvait troubler. Toute femme connaît la *Kouanyn,* la Déesse de la Miséricorde, ou pour lui donner son titre entier : « Le Grand Esprit de Grande Bonté et de Grande Miséricorde, qui sauve les Affligés et les Malheureux. » Mannia alla vers la statue et, debout devant elle, lui adressa silencieusement une prière d'humble adoration. C'était la prière d'une jeune fille qui se sentait entièrement entre les mains d'un être bon et miséricordieux et demandait une réponse secrète à un mystère caché et à une destinée encore inconnue.

La mère de Mannia, qui était habituée à ces silences de sa fille, la laissa tranquille tandis qu'elle-même se lavait, se changeait et attendait que Petite Joie revînt pour l'aider à déballer. Petite Joie était une grosse paysanne assez stupide, avec une dent cassée en plein milieu de la bouche ; et depuis qu'elle était entrée dans une pareille demeure, elle n'avait pas cessé d'être en émoi. On l'avait envoyée chercher un balai neuf et emprunter un marteau mais vingt minutes s'écoulèrent avant qu'elle fût de retour. Quand elle apparut, Mme Soun lui demanda :

— Où avez-vous été ? Il y a encore tout cela à faire !

— *Taitai,* dit la servante, je n'ai jamais vu une maison comme celle-ci ! J'ai complètement perdu mon chemin et me suis retrouvée, je ne sais comment, devant la grande porte. Le portier m'a demandé ce que je voulais, je lui ai dit que j'allais à l'arrière-cuisine et il a éclaté de rire. Il m'a dit de rentrer tout droit et de tourner à l'est quand j'arriverais dans la troisième cour ; mais en revenant, j'ai de nouveau dû faire tout le tour avant de trouver mon chemin pour venir ici.

— Maintenant que nous sommes à Pékin dans une grande maison avec un grand jardin, dit Mme Soun, il faut que vous fassiez attention à ce que vous dites. Quand on vous interrogera, réfléchissez avant de répondre et ne parlez pas trop. Ne dites que la moitié de ce que vous avez à dire, et avalez le reste. Nous ne sommes pas ici à la campagne, vous savez. Regardez ce que font les autres et tâchez d'apprendre les bonnes manières.

Mme Soun appela Mannia pour qu'elle se lavât, ce qu'elle fit en employant du savon étranger, dont elle n'aurait pas su se servir si elle n'avait pas vécu chez les Tseng dans le Chantoung.

Une servante, dont le nom était Fleur de Neige et qui était affectée à la chambre de Pingya, pénétra par la porte de côté et, au lieu d'entrer tout droit, elle se rendit au logement des domestiques, à l'est, et avisa qu'elle venait chercher Mme Soun pour l'amener dès qu'elle serait prête. Quand Petite Joie vint l'annoncer, Mme Soun lui dit immédiatement :

— Vous voyez, voilà ce que sont les bonnes manières. Quand vous vous rendez aux autres corps de logis, vous ne devez pas entrer tout droit pour voir la maîtresse ou les enfants, mais vous devez vous adresser en premier lieu à leurs servantes.

Mme Soun fit entrer Fleur de Neige qui dit :

— Notre *Taitai* vous salue et dit que lorsque vous serez prête, je vous conduirai.

Mme Soun partit et Mannia fut de nouveau seule. Bientôt un serviteur apporta un bol de potage aux nouilles et au poulet, et l'avertit que sa mère serait servie de son côté. Mannia était encore à demi étourdie, et le voyage lui avait laissé les jambes irritées mais, après avoir avalé le potage brûlant, elle se sentit réchauffée et elle alla s'étendre sur le lit de la chambre de l'ouest.

Une étrange somnolence s'empara alors d'elle et elle avait à peine fermé les yeux qu'elle aperçut, dans un champ couvert de neige, un vieux temple abandonné. Elle marchait dans la neige, qui tombait sans cesse à gros flocons ; elle se demandait pourquoi elle était seule et où étaient passés ses compagnons. Ayant examiné le panneau placé au-dessus de l'entrée du temple, elle apprit que c'était un temple ancestral, mais le panneau était si vieux que le nom de la famille était à peu près illisible. Elle entra et trouva l'endroit complètement désert. Le crépuscule était venu ; elle avait froid et elle avait peur ; elle pensa qu'elle pourrait allumer un feu. Elle ramassa un peu de paille par terre mais ne put pas trouver d'allumettes. Comme elle se demandait ce qu'elle allait faire, elle entendit une voix qui appelait au-dehors. S'étant retournée, elle aperçut une jeune fille en noir qui portait un panier de charbon de bois et qui lui dit en souriant : « Mannia, regarde ce que je t'ai apporté. » La jeune fille ressemblait à Moulane, et Mannia se rappela qu'il y avait des années qu'elle ne l'avait pas vue. La jeune fille en noir pénétra dans le temple et, au moment où Mannia se disait : « Mais où sont les allumettes ? », la jeune fille, comme si elle avait lu dans sa pensée, dit : « Regarde, n'y a-t-il pas une lumière dans la lampe éternelle ? » Mannia leva les yeux et vit la lampe à huile suspendue devant l'autel. Elles recueillirent un peu de paille, l'allumèrent à la lampe et firent un grand feu. Puis elles s'enfoncèrent dans le temple mais Mannia prit peur quand elle découvrit plusieurs cercueils tout au long de l'étroit couloir. Soudain, une femme en blanc apparut à l'autre bout du couloir et son visage était très beau, parce qu'elle ressemblait à la Miséricordieuse. « Mannia, viens vers moi ! » lui cria la femme. Mannia avait peur de traverser le couloir mais elle désirait pourtant s'approcher pour voir ce doux visage. Elle demanda à la jeune fille en noir de l'accompagner mais l'autre lui dit : « Non, je resterai ici, entretiendrai le feu et attendrai votre retour. » Une étrange force s'empara de Mannia et parut l'attirer à travers le couloir où s'alignaient les cercueils. Il faisait sombre et elle hésitait, mais la Miséricordieuse, souriant toujours, lui cria de ne pas avoir peur et qu'elle lui montrerait son palais. Mannia avança donc et, au bout du couloir, elle trouva un fossé profond ; il n'y avait pour le franchir qu'un couvercle de cercueil, et la femme en blanc était maintenant de l'autre côté du fossé. « Je ne puis traverser », dit Mannia à la Miséricordieuse. « Si, tu le peux et tu le dois. » Le couvercle de cercueil avait à peine un demi-mètre de large et était courbé vers le bas ; et Mannia avait les pieds bandés. Elle ne pouvait tenter l'impossible. « Tu le peux et tu le dois », répéta la voix. Bien que la chose parût impossible, Mannia traversa le pont ; et voici qu'elle se trouva dans une île enchantée, aux arbres de jade et aux fleurs de perles, aux poutres peintes, aux toits dorés, aux tours d'écarlate, aux pagodes remplies de trésors, aux couloirs treillagés et sinueux. Derrière elle, le temple abandonné s'était évanoui, et tout autour du palais enchanté il y avait une lisière d'un blanc neigeux. Elle se découvrit vêtue de deuil blanc, et toute cette blancheur lui semblait très belle. Des stalactites de glace pendaient aux arbres argentés ; l'air était léger, étrange. « Regarde ce que je t'ai montré », dit la femme ; et plus elle se rapprochait, plus elle ressemblait à la Déesse de la Miséricorde. Elles traversèrent des terrasses de marbre et entrèrent dans un palais. C'était, Mannia le savait, le Palais de l'Eternelle Lumière. Dans la grande salle étaient des jeunes gens et des jeunes filles qui portaient des paniers de fleurs ;

d'autres brûlaient de l'encens sur l'autel. Tous, garçons et filles, devisaient ensemble et se mêlaient sans la moindre gêne. Parmi eux était une jeune fille en robe verte, qui vint accueillir Mannia et lui dit combien elle était heureuse de la voir de retour. Soudain il parut à Mannia qu'elle s'était déjà trouvée dans cet endroit, que ce palais lui était familier ; elle perdit toute sa timidité, causa librement avec les jeunes gens et se mêla à eux. « Où est le compagnon qui est descendu avec toi ? » demanda la jeune fille en vert. Mannia s'interrogea et ne put pas même se rappeler qui c'était. « C'est ta faute, dit la jeune fille en vert, si vous êtes partis tous les deux et avez quitté ces lieux. » Alors, tout revint à la mémoire de Mannia. Elle avait jadis été une servante-fée dans un verger et avait aimé un jeune jardinier ; comme cela lui était défendu, ils avaient tous deux été bannis de ces lieux, devaient aimer et souffrir. Elle comprit maintenant pourquoi elle avait eu plus à souffrir que son compagnon.

La femme en blanc survint et l'emmena, en lui disant que son amie devait l'attendre. Elles revinrent à l'entrée ; d'un léger coup de son doigt, la Miséricordieuse poussa Mannia dehors. Il lui sembla qu'elle tombait à travers l'espace et elle entendit une voix qui appelait : « Réveille-toi, réveille-toi, Mannia ! » Elle regarda autour d'elle et se trouva de nouveau dans le temple abandonné. La jeune fille en noir était toujours là et veillait sur le feu, tandis que Mannia à moitié endormie était étendue sur le sol.

— Où suis-je ? demanda Mannia.

— Tu as été ici tout le temps, et tu as dû rêver. Tu as dormi pendant une demi-heure. Regarde le feu : il est presque éteint.

Mannia regarda le feu, et tout apparaissait si réel qu'elle se dit qu'en effet elle avait rêvé.

— J'ai rêvé que je me trouvais dans des lieux étranges et beaux, après avoir traversé un couloir où s'alignaient des cercueils et un pont fait d'un seul couvercle de cercueil. Et toi, tu n'as pas voulu venir avec moi.

— Quel couloir ? demanda la jeune fille en noir.

— Là ! répondit Mannia, et elle se leva pour le chercher.

— Tu as rêvé. Il n'y a pas de couloir ; rien qu'une cour.

— C'est incroyable, et c'est toi qui rêves. Je vais aller voir.

La jeune fille en noir la tira en arrière et dit :

— Quelle bêtise ! Tu t'es laissé troubler par un rêve absurde. Nous sommes ici et, dehors, il neige toujours.

La jeune fille la tirant toujours plus fort, Mannia entendit encore : « Mannia, tu rêves ! » et elle se réveilla pour se trouver dans sa chambre chez les Tseng. A ses côtés était Cassie, qui la tirait par la manche en souriant.

— Vous devez être épuisée, dit Cassie.

Toute désorientée, Mannia se redressa.

— Depuis quand êtes-vous là ? Est-ce que je vous ai fait attendre longtemps ? demanda-t-elle.

— Pas très longtemps, répondit Cassie, sans cesser de sourire.

Elle s'assit auprès de Mannia et appuya sur ses bras.

— Ne vous appuyez pas si fort, dit Mannia, ou je me réveillerai de nouveau de mon rêve.

— Qu'est-ce que vous racontez ? demanda Cassie. Etes-vous réveillée, oui ou non ?

— Pincez-moi, dit Mannia.

Cassie la pinça ; Mannia ressentit une légère douleur et se dit : « Cette fois, je crois que je suis vraiment réveillée. »

— A quoi rêviez-vous ? Vous parliez et discutiez avec quelqu'un et disiez que vous ne rêviez pas, mais que c'était l'autre qui rêvait.

— Je rêvais que je faisais un rêve merveilleux... Et puis je me suis réveillée du second rêve dans le premier, et le feu brûlait toujours, et il y avait de la neige par terre... Ah ! je me sens tout étourdie !

Ses yeux se dirigèrent vers la Déesse de la Miséricorde dans le coin de la pièce, et elle reconnut le visage de la femme en blanc qui dans son rêve lui avait parlé. Elle se souvint qu'elle avait regardé ce visage avec attention avant de s'endormir, et la demeure où elle se trouvait maintenant lui parut l'endroit où s'était déroulé son rêve.

*

Cassie était venue seule, sans sa servante, afin qu'elle pût causer avec Mannia en tête-à-tête ; et comme le sujet était très délicat, elle tâtonnait, ne sachant par où commencer.

— Vous ne vous êtes pas recoiffée, dit-elle. Il faut vous habiller un peu pour aller le voir ce soir.

— Voir qui ? demanda Mannia, feignant de ne pas comprendre.

— *Lui,* répondit Cassie avec un sourire malicieux. Qui d'autre êtes-vous venue voir à Pékin, si ce n'est votre Pingko ?

Personne n'avait encore parlé si ouvertement à Mannia de voir son fiancé. Embarrassée, elle fronça les sourcils.

— Comment le pourrais-je ? dit-elle. Vous vous moquez de moi.

— Non, je parle sérieusement. L'unique raison pour laquelle on vous a fait venir est que vous voyiez Pingko.

Sinon nous n'aurions pas envoyé le télégramme. Ce n'est pas la coutume que des fiancés se voient mais il n'y avait rien d'autre à faire.

— Et si je ne le voyais pas ?

Cassie savait que Mannia se dérobait uniquement par timidité.

— Quand votre père est mort, il y a eu quelqu'un qui a consenti à porter le deuil et à ce que son nom soit gravé sur la tablette des ancêtres à titre de gendre. Et maintenant ce quelqu'un est malade et vous ne voulez même pas le voir ?

— Ce n'est pas que je sois une ingrate mais c'est que l'on se moquerait de moi, répondit Mannia. Les fiançailles furent arrangées par nos parents selon les règles. Que diront les gens si maintenant, rejetant toute décence, je vais le voir dans son lit ? Je mourrai de honte.

— Ne vous tourmentez pas de cela. Bien entendu les hommes ne seront pas là ; il n'y aura que sa mère, la vôtre et moi. Par conséquent personne ne se moquera de vous. Levez-vous ; je vais faire votre natte.

Mannia déclara qu'elle ne voulait pas lui donner cette peine mais Cassie insista, la conduisit à la table de toilette et l'y fit asseoir. Cassie ouvrit le petit coffret verni en noir qui se trouvait sur la table, en souleva le couvercle qui à l'intérieur était garni d'un miroir, et l'accota. Debout derrière Mannia, il lui était ainsi plus facile de parler du sujet qui la préoccupait, tout en surveillant dans le miroir le visage de la jeune fille. Elle défit les cheveux de Mannia qui ruisselèrent sur ses épaules et formèrent un encadrement noir à son petit visage blanc et à ses lèvres délicates. Les yeux de la jeune fille étaient légèrement rougis.

— Inutile de vouloir me tromper, dit Cassie. Vous avez pleuré.

Mannia, ennuyée, se tourna et s'empara du peigne :

— *Nainai,* si vous voulez vous moquer de moi, je ne vous laisserai pas me peigner. Donnez-moi ce peigne.

Cassie la força à se tenir tranquille et à se tourner de nouveau vers le miroir.

— Si nous ne nous dépêchons pas, nous n'aurons jamais fini. Chinya et Sunya sont rentrés de l'école et veulent aussi vous voir.

Mannia céda. Quand la natte fut faite, Cassie regarda le visage de la jeune fille dans le miroir et dit :

— Là ! Oh ! je n'ai pas de reproches à faire à Pingya. Moi aussi, je tomberais malade pour l'amour d'un visage pareil, si j'étais un homme. Et je guérirais, moi aussi, si un visage pareil me rendait visite pendant ma maladie.

Cassie vit dans le miroir que Mannia la regardait.

— Pour qui me prenez-vous ? Je ne suis pas une racine d'herboriste, pour être capable de guérir les maladies des gens.

— Vous êtes capable de bien davantage. Vous pouvez être la bonne fée, dit Cassie en lissant la chevelure de Mannia entre deux doigts. Je ne l'ai révélé à personne mais je ne sais combien de fois Pingya vous a demandée. Il y a plusieurs jours, j'étais dans sa chambre, seule, au moment où la fièvre était très forte. Il a prononcé votre nom et a dit : « *Meimei,* pourquoi vous tenez-vous à l'écart de moi ? »

Mannia devint toute rouge et sa petite bouche frémit de nouveau. Elle aurait voulu se précipiter pour voir Pingya sur-le-champ.

— En toute sincérité, je vous le répète, insista Cassie, la famille Tseng tout entière voit en vous la bonne fée qui peut sauver Pingya. Vous seule pouvez le rendre heureux et, s'il vous aperçoit, il souffrira moins.

Mannia laissa tomber son visage dans ses mains.

— Je sais que c'est très dur pour vous, dit Cassie en s'asseyant derrière la jeune fille et en la prenant par les épaules. Mais vous n'êtes pas des étrangers l'un pour l'autre, vous avez été élevés en cousins. Les parents de Pingya ne souhaitent rien davantage. Enfin, Pingya est très malade, et ce n'est pas le moment de se cramponner aux convenances.

Mannia releva la tête ; ses yeux étaient humides.

— Mais nous ne sommes pas mariés... Et quand j'aurai vu Pingya, que ferai-je ? Comment pourrais-je m'occuper de lui et le soigner, même si j'en ai envie ?

Cassie comprit que c'était déjà beaucoup que Mannia parlât non seulement de rendre visite à Pingya mais encore de s'occuper de lui et de le soigner.

— Je crois, répondit-elle, que pour l'instant il n'est pas nécessaire que vous soyez auprès de lui matin et soir. Tout ce qu'il demande, c'est de vous voir et causer avec vous. Si vous contribuez à guérir Pingya, la famille Tseng vous devra beaucoup. Maintenant, évidemment, la chose n'est pas facile ; *Taitai* m'en parlait encore l'autre soir. Si Pingya et vous étiez déjà mariés, vous pourriez être tout le temps avec lui et les gens n'auraient rien à dire. Mais comme il en est actuellement, nous autres devrons être présentes quand vous viendrez le voir et votre visite conservera quelque chose d'officiel...

Mannia écoutait attentivement et Cassie poursuivit :

— Vous savez, Mannia, lorsque nous vous avons convoquée par télégramme, *Taitai* a pensé à un mariage rapide par *tsounghsi,* et c'est pourquoi nous avons demandé à votre mère de venir aussi. Mais maintenant l'état de Pingya s'est aggravé ; nous ne savons ce qu'il va en advenir et *Taitai* n'ose pas vous demander cela. Si les choses tournaient au pire... Vous êtes si jeune !

— Si les choses tournaient au pire, croyez-vous donc que j'épouserais quelqu'un d'autre ? dit Mannia sans un instant d'hésitation. Tout le monde a été si bon pour moi ! Et si je n'étais pas reconnaissante, je ne serais pas une créature humaine…

Son visage avait pris une expression grave, et elle poursuivit :

— *Nainai,* je vais vous dire tout ce que je pense. Vivante, je serai un membre de la famille Tseng ; morte, je serai un fantôme de la famille Tseng.

La phrase était simple, digne et sincère, et Mannia la dit sans manifester la moindre émotion, comme si l'idée ne lui fût jamais venue qu'elle pût penser autrement.

— Bien sûr, dit Cassie, je n'ai jamais douté que vous seriez consentante et nous espérons tous qu'après le *tsounghsi,* Pingya sera si heureux qu'il se remettra très vite. Mais, naturellement, les parents ont à songer à votre avenir, et ils ne peuvent se résoudre à ce projet que si vous-même êtes d'accord. Il ne nous reste guère autre chose à faire ; aussi est-ce pour cela qu'une décision est si difficile à prendre.

— N'importe quoi, pourvu qu'il guérisse ! s'écria Mannia en sanglotant.

Et après un moment elle ajouta :

— S'il lui arrivait malheur, je me raserais la tête et j'entrerais dans un couvent…

— Ne dites pas de bêtises, répondit Cassie. Les choses ne vont pas si mal que ça et, de plus, les parents de Pingya ne le permettraient pas ; sans compter qu'il y a aussi votre mère. Certes, vous faites déjà partie de la famille Tseng et, pour autant que je puis voir, votre destinée et celle de Pingya sont liées. Il n'y a qu'à attendre… Qui sait si l'année prochaine *Laoyeh* et

Taitai ne tiendront pas un petit enfant dans leurs bras, et si nous ne mangerons pas des œufs rouges ?

— Vous voilà encore en train de vous moquer de moi, dit Mannia en soupirant.

Elle se leva et se tourna vers la porte. Rose musquée était sur le seuil, et elle annonça que le Second et le Troisième Jeune Maître voulaient voir Mannia.

— Tout cela est de ma faute, murmura Cassie en essuyant les larmes de la jeune fille. Ne vous montrez pas à eux avec des yeux rougis. Sunya est déjà plein de malice, vous savez, et pourtant encore très enfant.

Mannia alla sécher son visage devant le miroir, tandis que Cassie disait à Rose musquée d'amener les garçons dans la pièce centrale qui était le salon. Cela fit penser à Cassie de dire à Mannia que Moulane avait envoyé des domestiques pour s'enquérir de son arrivée, et elle dit à la jeune fille qu'il lui faudrait le soir même aviser Moulane qu'elle était là. Pendant que Mannia se poudrait le visage, il lui apparut que les événements de cette journée étaient une sorte de rêve. Elle entendit alors la voix de Sunya, qui lui criait du dehors :

— Mannia, nous sommes venus rendre visite à l'esprit céleste, et l'esprit céleste est en train de se poudrer la figure !

Elle leva les yeux vers le miroir et vit Sunya qui se tenait près de la porte.

— Comment un jeune beau-frère se permet-il de jeter un coup d'œil dans la chambre de sa belle-sœur qui est son aînée ? riposta Cassie d'un ton de reproche. Si vous ne retournez pas vous asseoir, je dirai à Mannia de ne pas vous recevoir.

Bien que la timidité de Mannia lui valût des battements de cœur à la moindre agitation, elle eut pourtant grand plaisir d'entendre de nouveau la voix de Sunya ;

cela lui rappelait Moulane et les beaux jours d'autrefois. Quand elle apparut, elle souriait et les deux garçons virent briller ses yeux noirs entre ses cils. Avançant avec grâce, elle s'arrêta juste sur le seuil de la porte, tandis qu'ils échangeaient des saluts. Chinya avait beaucoup grandi et son visage s'était aminci et allongé. Sunya, lui, était toujours petit et grassouillet ; son teint s'était beaucoup coloré et son large sourire tenait presque du ricanement. Les deux garçons portaient de légères robes d'intérieur de crêpe gris bleu. Sunya était certainement le mieux des deux. Ses grands yeux regardaient franchement mais ses lèvres étaient plutôt fortes ; et quand il souriait ainsi, comme pour dire : « Et maintenant, qu'est-ce que vous allez faire ? » une fossette creusait sa joue. Chinya, qui avait dix-sept ans, avait moins de naturel et son sourire offrait quelque chose de contraint.

— Vous êtes tous de grandes personnes, maintenant, dit Cassie, mais les bonnes manières vous sont inconnues et vous vous contentez de vous dévisager sans rien dire. Allons, vite une courbette à votre Sœur aînée !

Les garçons firent un salut à Mannia, qui le leur rendit, mais ils ne savaient comment entamer la conversation. De son coin, Rose musquée, très amusée, les regardait. D'une voix douce, à peine perceptible, Mannia les invita à s'asseoir et prit elle-même un siège près de la porte. Sunya continuait à sourire et examinait Mannia comme si elle eût été une curiosité ou un étranger.

— Chinya, et vous, Sunya, dit Mannia, nous ne nous sommes pas vus depuis quatre ans, et voilà que vous avez tellement grandi !

En s'adressant aux frères de Pingya, sa voix était plus affectueuse qu'elle ne l'avait jamais été.

— Vous venez de rentrer de l'école, n'est-ce pas ? continua-t-elle. Avez-vous un bon professeur, et qu'étudiez-vous en ce moment ?

— Nous étudions l'astronomie, la géographie et les mathématiques, répondit Chinya.

Quoique Mannia eût entendu parler de ces choses, c'étaient là des sujets qu'elle n'aurait jamais, elle le savait, à étudier ; aussi demeuraient-elles pour elle lointaines et vagues. Son père n'avait que mépris pour ces sciences nouvelles et bizarres que l'on vantait tant, l'astronomie, la géographie, et d'autres comme la physique et la chimie ; tout cela, selon lui, était mis en avant par les diables étrangers et cette misérable bande de modernistes qui condamnaient les pieds bandés.

Voulant se rendre compte de ce qu'avaient été les études de Pingya, Mannia demanda :

— Est-ce que vous n'étudiez plus ce qui est chinois ?

— Nous étudions le *Tsotchouan,* dit Sunya, mais nous avons un professeur qui dit que c'est complètement suranné et inutile. Nous n'avons pas continué le *Livre des Odes* depuis que nous avons quitté le Chantoung. Vous souvenez-vous de la mère qui avait sept fils et qui pourtant voulait se remarier ? Comme nous les aimions, ces contes ! Maintenant, nous ne devons même pas lire nos livres à haute voix pendant les classes.

Tout revint à la mémoire de Mannia : leurs leçons en commun, les nuits, si chères à son cœur, qu'elle passait avec Moulane, ce *Livre des Odes* qu'elles psalmodiaient. Les paroles et la musique de ces poèmes résonnaient encore à son oreille.

— Vous êtes toujours le méchant Sunya ! dit Mannia.

Sunya bondit et l'interrompit :

— Oh ! et nous apprenons l'anglais ! *Goote morning, Father. Mather. Brather. Sister. You are may sister. I ime your brather. One, two, tree, four, fav...*

Sunya, qui était du Nord, ne parvenait pas à bien prononcer un *a* bref, disait *ime* pour *am, fav* pour *five.* Chinya gloussa, et Mannia éclata de rire :

— Qu'est-ce que c'est que ça ? Qu'est-ce que c'est que ça ?

— *One, two, tree, four, fav,* répéta Sunya en pliant l'un après l'autre ses doigts tendus. *You-are-may-sister. You-are-may-sister. Pingya-is-may-brather.*

Sunya riait, Chinya gloussait et Mannia n'y entendait goutte. Elle n'avait compris que le mot « Pingya » et était gênée.

— Je vois que vous n'apprenez une langue étrangère que pour vous moquer des gens, dit-elle.

— Je ne me moque pas de vous, déclara Sunya. Je dis que vous êtes ma *sis-ter* !

— Qu'est-ce que *si-si-terre* ? demanda Cassie à Chinya. Je suis sûre qu'il parle de Mannia.

Mais Sunya ne voulut pas répondre et partit d'un fou rire. Mannia, vexée, rougit.

A ce moment, Fleur de Neige introduisit la mère de Mannia dans la pièce. Les garçons, qui avaient déjà rencontré Mme Soun dans l'autre corps de logis, se levèrent quand elle entra. Elle vit qu'ils riaient, que Mannia avait l'air malheureuse et prête à pleurer, et dit à Cassie :

— Qu'est-ce qui se passe ? Se tournant vers les garçons, elle ajouta : Elle vient d'arriver et vous n'avez pas à la tourmenter.

— Je ne sais pas de quoi il s'agit, répondit Cassie. Demandez à Sunya.

— Nous ne voulons pas du tout tourmenter notre

Sœur aînée, répliqua Chinya. Sunya lui expliquait comment nous apprenons l'anglais à l'école.

— Je lui ai entendu dire… commença Mannia.

Au moment de prononcer le nom de Pingya, elle s'arrêta.

— Quoi donc ? demanda Sunya.

— Peu importe. Je sais que lorsque vous parlez en une langue étrangère, vous vous moquez de moi, dit Mannia sans répondre à la question du jeune garçon.

Se tournant vers Chinya, Cassie lui demanda :

— Qu'est-ce que disait Sunya ?

— Eh bien, expliqua Chinya, il disait que Pingya était son frère et Mannia sa belle-sœur.

— Cela n'avait rien de méchant, dit la mère de Mannia.

Néanmoins, la jeune fille fit la moue et tapa du pied. Sunya s'approcha d'elle et lui dit tendrement :

— Ne soyez pas fâchée. Vous voyez bien que je ne me moquais pas de vous.

Mannia ne pouvait ni pleurer ni rire car elle avait de l'amitié pour Sunya, malgré son impertinence et sa malice.

Cassie et les garçons se retirèrent dans leurs appartements. Depuis ce jour-là, quand Sunya était en humeur de plaisanter ou voulait taquiner Mannia, il s'adressait à elle en employant le mot anglais « sister ». Mais, ces quelques mots très simples mis à part, ni Sunya ni les autres ne firent aucun progrès en anglais.

CHAPITRE VIII

Ce soir-là, il y eut un grand dîner en l'honneur de Mannia et de sa mère. Mannia se présenta, si rose et si resplendissante, que l'austère M. Tseng lui-même ne put s'empêcher de loucher plusieurs fois de son côté. Comme d'habitude, Cassie était très occupée à servir les autres et elle entourait de tant d'attentions les invitées que Mme Soun en était confondue. Sunya, sentant qu'il avait à se faire pardonner, causait sans arrêt avec sa « cousine-sœur ». Chinya, lui, était plus calme, parce que plus âgé et parce qu'il avait peur de son père.

Mannia se sentait déjà presque une mariée. En fait, c'était encore mieux que cela puisqu'elle allait connaître ce qui était pour elle la réunion de deux amoureux qui avaient été séparés pendant deux ans. C'est à peine si de temps en temps elle avalait une bouchée, et la splendeur d'une fille éprise rayonnait d'elle et l'auréolait. Ses yeux brillaient d'un éclat inaccoutumé et, au-dessus de ses petites dents blanches, ses joues brûlantes étaient toutes roses mais, par instant, des frémissements parcouraient ses jambes. Ce qu'elle avait souhaité du plus profond de son cœur allait s'accomplir sur les instances des parents Tseng. La table chargée de mets, les conversations, la voix de Sunya, les domestiques qui les servaient, tout ce monde en liesse lui semblait flotter autour d'elle. Une seule pensée occupait son esprit : « Suis-je, ou ne suis-je pas la bonne fée qui obtiendra la guérison de Pingya ? » Chacun des trente-six mille pores de son être émettait une énergie surnaturelle, une énergie prête à se dévouer, et elle éprouvait un désir étrange, enivrant, qui l'ébranlait tout entière, de se lever de table immédiatement et d'aller voir Pingya. Des forces inconscientes s'étaient emparées d'elle ; son sang refluait par vagues à ses joues, son estomac gargouillait et de petites perles de sueur embuaient son front.

Il lui fut impossible, le lendemain, de se rappeler un seul mot de ce qui s'était dit pendant le dîner. Elle n'avait conscience que d'une chose ; que tous les yeux, y compris ceux des servantes, étaient sur elle.

Le repas se termina avec des fruits pour le dessert et, après avoir avalé de nombreux quartiers de poire, elle se sentit mieux.

Le corps de logis où était Pingya se trouvait à l'ouest de la rangée où habitaient M. et Mme Tseng. Mais alors que les pièces du corps de logis principal étaient réunies et précédées par un long porche commun s'élevant à un demi-mètre au-dessus de la cour, l'appartement de Pingya était dans un bâtiment séparé du corps de logis principal par un mur où s'ouvrait une porte hexagonale qu'encadraient deux pêchers. La cour était pavée de grands carreaux anciens et épais, et des allées tortueuses, où de petits cailloux étaient disposés de manière à former des dessins, la parcouraient. Elle contenait une rocaille et un petit bassin, et trois larges marches de pierre conduisaient au porche. Il y avait trois chambres dans le bâtiment principal ; à l'est se trouvait, séparé, le quartier des domestiques.

Cassie se hâta de quitter la salle du repas avant le dessert, afin de préparer Pingya à la bienheureuse visite. Elle fut accueillie par Fleur de Neige qui lui demanda si la « nouvelle jeune maîtresse » allait venir. Quand Fleur de Neige parlait ainsi de la « nouvelle jeune maîtresse » ou de la « mariée belle-fille », ce n'était que pour plaisanter. Cassie se contenta de lui répondre en souriant :

— Ne dites pas de bêtises.

Pingya avait fait un bon somme. Le bol brûlant de champignons argentés dans un potage au poulet lui avait fait du bien et il s'était réveillé de lui-même, la tête baignée de sueur. Sur la table, une lampe à huile de provenance étrangère était déjà allumée et répandait une faible lumière. Il avait demandé l'heure à Fleur de Neige ; elle lui avait répondu que l'on était en train de dîner et que Mlle Soun allait bientôt venir le voir. Il pria alors Fleur de Neige de monter la mèche de la lampe, de façon que la pièce fût bien éclairée pour son arrivée, et réclama une serviette imbibée d'eau très chaude. Fleur de Neige la lui apporta et lui lava le visage. C'était une fille très intelligente et très à son affaire, et c'est pourquoi on l'avait désignée pour s'occuper de Pingya pendant qu'il était malade. Son nom véritable était Fleur de Poirier mais, pour éviter le tabou qui frappait le prénom de Mme Tseng, Poire de Jade, on l'appelait Fleur de Neige.

Quand Cassie arriva, elle trouva la chambre brillamment éclairée, telle qu'elle ne l'avait jamais été depuis huit jours. Elle envoya Fleur de Neige attendre les hôtes près des marches pendant qu'elle causait avec Pingya. Cinq minutes ne s'étaient pas écoulées que déjà Fleur de Neige criait dans la cour : « Les voilà ! » La servante accourut pour aider Mme Tseng, tandis que Mannia et sa mère, assistées par Petite Joie, suivaient derrière. Cassie les attendait à la porte de la chambre pour les recevoir. Les trois femmes bouchaient l'entrée et Mannia se trouvait derrière elles. Impatiente, agitée, elle se tenait sur le seuil.

Soudain, il se fit un vide. Le rideau du lit de Pingya avait été relevé et, à travers l'embrasure de la porte, Mannia vit le visage amaigri, les grands yeux qui la contemplaient. Instinctivement, elle baissa les paupières.

Mme Tseng vint vers elle, la prit par la main et la conduisit auprès du lit.

— Ping-erh, dit-elle à son fils, ta cousine-sœur est là.

Pour une fille de dix-huit ans, c'était une situation extrêmement embarrassante. Mais Mannia, courageusement, dit d'une voix tremblante :

— Pingko, me voici.

— *Meimei,* vous voici, dit Pingya.

Ce fut tout ; mais pour Pingya, ce fut un monde.

Craignant que Pingya ne dît quoi que ce soit d'incorrect ou de gênant, Mme Tseng emmena Mannia et la fit asseoir auprès de la table au pied du lit. La douce lueur de la lampe baignait de rouge son visage et ses pendants d'oreilles de jade vert, mettait en relief le profil de sa chevelure et de son petit nez droit. Mme Tseng conduisit la mère de Mannia vers une chaise et s'assit elle-même au bord du lit, tandis que Cassie restait debout après avoir dit à Fleur de Neige de se tenir dehors avec Petite Joie.

Pingya sortit son bras de dessous la couverture de satin piqué ; Mme Tseng tenta de le lui faire rentrer, en disant qu'il ne fallait pas qu'il prît froid.

— Je me sens infiniment mieux maintenant, dit-il.

Sa mère se pencha pour tâter son front. Il était exact que la fièvre avait diminué. Mme Soun dit qu'en effet il était mieux que lorsqu'elle l'avait vu dans l'après-midi. A son tour, Cassie vint lui tâter le pouls et dit :

— C'est vrai. Je ne me doutais pas que la médecine magique fût si merveilleuse. Votre arrivée et celle de votre fille, Madame Soun, valent mieux que dix médecins de la Cour impériale. Mannia protestait cet après-midi qu'elle n'était pas une racine d'herboriste ; je lui ai dit qu'elle valait mieux que toutes les racines d'herboriste, parce qu'elle est la bonne étoile qui règle la destinée de Ping-erh. Quand la bonne étoile daigne descendre du ciel et briller, le démon de la maladie s'en va de lui-même !

Mannia avait grand'peine à dissimuler un sourire de bonheur mais, lorsque Cassie déclara toutes ces choses à son propos, elle dit à sa mère :

— Elle aime à se moquer de moi.

— Tout est déterminé par le Ciel, dit la mère de Mannia. Une maladie suit son cours naturel et le malade guérit si le Vieux Père Bouddha le protège. Il ne faut pas en rapporter le mérite aux êtres humains et ma fille et moi n'osons accepter cet hommage.

— Le docteur est venu cet après-midi, dit Mme Tseng rayonnante, et il a dit que si Pingko continuait ainsi, il pourrait, dans quelques jours, manger du vieux riz non décortiqué. Les principes des céréales sont nécessaires à l'alimentation du corps humain, et quand Pingya pourra manger du *congee,* ses progrès seront rapides. Toutes ces racines d'herboriste et tous ces simples ne font qu'attaquer la constitution, et on ne peut faire fond sur elles pour recréer de l'énergie.

Pingya demeurait silencieux et écoutait les heureux pronostics que l'on faisait sur son état. Sa main gauche allongée reposait sur la couverture de satin vert et Mannia, la voyant pâle et amaigrie, restait comme fascinée.

Mme Tseng était si contente qu'elle se leva et dit à la mère de Mannia :

— Après ce voyage, vous devez être fatiguées et il faut vous retirer de bonne heure.

Mme Soun se leva également. Pingya parut surpris ; et Mannia, navrée, imita sa mère.

— Mannia ne fait que d'arriver, dit Cassie. Ces cousins ne se sont pas vus depuis deux ans et vous devriez leur permettre de causer ensemble un peu plus longtemps. Vous pouvez vous en aller ; je resterai pour leur tenir compagnie.

— Très bien, dit Mme Tseng.

Il était manifeste que tout cela avait été arrangé d'avance.

Quand Cassie rentra dans la pièce après avoir reconduit les deux femmes, Pingya dit à Mannia :

— Venez et asseyez-vous sur le lit, Mannia.

La jeune fille refusa. Cassie dit alors :

— Si le cousin-frère veut que vous vous asseyiez près de lui, faites-le. Il lui sera plus facile de causer avec vous.

Mannia changea de place timidement et il lui sembla qu'elle faisait quelque chose d'affreusement incorrect et excitant. Elle s'assit de travers au bord du lit, tout au bout, et, sans qu'elle l'eût voulu, ses mains caressaient doucement la couverture de satin piqué. Pingya lui dit de se rapprocher, et elle protesta, disant : « Pingko, qu'est-ce qui vous prend ? » ; ce qui ne l'empêcha pas de se rapprocher. Tendrement, instinctivement, la main de la jeune fille se posa sur la main étendue du jeune homme ; lui, heureux, l'étreignit, et elle le laissa faire.

— Vous avez grandi, *Meimei,* et vous êtes si belle, dit-il. A cause de vous, je guérirai.

Mannia jeta vers Cassie un coup d'œil qui l'implorait et dit :

— Que dois-je faire ?

— *Meimei,* dit Pingya, j'ai attendu si longtemps votre venue, et aujourd'hui je vous ai attendue tout l'après-midi. Je croyais avoir tant de choses à vous dire et maintenant je n'en trouve pas une seule. Peu importe ; vous êtes venue.

Déjà il haletait un peu mais il poursuivit :

— C'est si bon de vous voir et d'entendre votre voix. Je me sens très faible.

— Pingko, dit Mannia, il ne faut pas que vous parliez trop. Je suis venue et vous devez vite guérir.

Le regard attentif de la jeune fille avait constaté qu'il était tout en sueur.

— Il transpire, dit-elle à Cassie. Je crois que nous ferions bien de lui donner une serviette chaude.

Cassie passa dans l'arrière-chambre, où les remèdes étaient préparés et conservés, et où, sur un petit fourneau de terre toujours allumé, une bouillotte était à demeure. Elle trempa une serviette dans l'eau chaude, la tordit et l'apporta à Mannia.

— Que voulez-vous ? demanda Mannia.

— Je veux que vous lui essuyiez la figure, dit Cassie.

— Je vous en prie ! dit Pingya à Mannia.

Mannia, très émue, se pencha pour lui éponger le visage ; et jamais elle ne s'était sentie si heureuse. Elle aurait volontiers passé sa vie à le soigner si c'eût été nécessaire.

Cassie souleva la tête de Pingya et les trois visages se trouvèrent tout près les uns des autres.

— Y a-t-il quelqu'un dehors ? murmura Mannia tout bas. Qu'en penserait-on ?

— Je les ai renvoyées, chuchota Cassie.

Elle défit le col de Pingya. Mannia prit son courage à deux mains et termina la toilette du malade en lui lavant le cou et en l'essuyant avec une serviette propre qu'elle prit sur le séchoir au-dessus du lit.

— Voyez comme il est maigre, dit-elle.

Pingya lui prit la main et dit :

— Je vous remercie, *Meimei.* Vous ne me quitterez plus ?

Mannia, se retirant un peu, lui répondit :

— Ne vous tourmentez pas.

Elle se leva, pour sortir d'une position qui lui apparaissait très compromettante. Elle alla mettre la serviette mouillée dans l'arrière-chambre et jeta un regard autour d'elle pendant un instant, avant de revenir et de regagner sa chaise.

— Asseyez-vous ici, dit Pingya.

De nouveau elle lui céda et vint s'asseoir sur le lit.

— Vous aussi êtes en nage, dit Cassie.

Mannia prit une serviette propre et s'essuya le front. Pingya guettait chacun de ses mouvements et, lorsqu'elle se pencha pour remettre la serviette sur le séchoir, il respira son parfum. La robe de Mannia faillit balayer son visage et devant la lueur de la lampe, il vit se silhouetter le profil enchanteur de sa chevelure, son nez, ses pendants d'oreilles et, pour la première fois, les rondeurs de ses seins, d'habitude si bien dissimulées. En proie à une nouvelle et étrange fascination, il demeurait immobile et silencieux.

Mannia, qui avait entendu marcher dans la cour, retourna s'asseoir près de la table. Pingya voulut protester mais, sans répondre, elle lui désigna du doigt l'extérieur. Fleur de Neige souleva le rideau et, ayant fait un signe à Cassie, elle lui souffla qu'elle accompagnerait Mannia à son appartement lorsque la jeune fille voudrait partir. Mannia pensait que le moment était venu pour elle de se retirer mais elle ne pouvait s'y résoudre, et avait très envie de rester encore pendant quelques minutes. Elle avait grandement désiré de faire meilleure connaissance avec Fleur de Neige, et maintenant elle lui enviait sa tâche.

— Pourquoi ne pas faire entrer Fleur de Neige ? dit-elle.

La servante fut ravie de voir de plus près celle qu'elle considérait comme sa « nouvelle jeune maîtresse » ; elle avait d'ailleurs été frappée par sa beauté et sa douceur.

— Asseyez-vous, dit Mannia.

— Je n'en suis pas digne, répondit Fleur de Neige. Il faut que vous me pardonniez mon impolitesse. Vous êtes venue chez nous et je ne vous ai même pas offert une tasse de thé.

— Nous ne faisons qu'une famille et vous n'êtes pas tenue de vous conformer à tous les usages.

Fleur de Neige passa dans l'arrière-chambre et revint bientôt avec une tasse de thé ; et, pendant que Mannia la buvait, elle alla chercher du charbon de bois pour le fourneau au quartier des domestiques. Elle revint avec un petit panier de bambou rempli de charbon et dit :

— Vous voyez, les domestiques, si vous ne leur demandez rien, ils ne bougent pas.

— Il faut que vous vous reposiez un peu, dit Mannia.

— Oh, ce n'est rien ; je vais aller entretenir le feu. Il faudra bientôt qu'il prenne son potage aux champignons argentés avant de s'endormir.

— Qui lui tient compagnie pendant la nuit ? demanda Mannia pendant l'absence de Fleur de Neige.

— Ce n'est pas régulier, dit Cassie. *Taitai* et moi alternons pendant la nuit jusqu'à ce qu'il s'endorme mais, il y a déjà plusieurs jours, quand il était si mal, nous l'avons veillé pendant la nuit entière ; nous dormions chacune notre tour. Quelquefois Rose musquée vient relever Fleur de Neige et quelquefois c'est Phénix, la servante ; elles couchent alors dans la chambre de l'ouest. Nous nous reposons surtout sur Fleur de

Neige ; et depuis que Pingya est malade, elle n'a pas perdu une heure à paresser.

— Avez-vous entendu cela ? dit Mannia à Fleur de Neige quand elle revint. On faisait l'éloge de votre bon travail.

— Est-ce vraiment quelque chose qui vaille qu'on en parle ? demanda très posément Fleur de Neige. C'est ma tâche et j'y suis habituée. De plus, il faut bien qu'on s'occupe du malade ; et si vous constatiez que quelqu'un d'autre ne s'occupait pas de lui comme il faut, vous ne pourriez pas vous désintéresser de lui. Pourvu que les gens ne racontent pas des choses derrière mon dos en croyant que *Taitai* a confiance en moi et m'écoute souvent, je serai satisfaite.

— Dès que vous aurez besoin d'aide, dit Mannia, venez et demandez à Petite Joie de vous donner un coup de main. C'est une fille de la campagne, pas très intelligente, mais foncièrement honnête et désireuse d'apprendre. J'ai grande envie de la faire venir, pour qu'elle sache comment on doit se comporter, si toutefois vous êtes d'accord pour le lui enseigner.

Fleur de Neige la remercia et comprit que Mannia était douce autant que bonne.

Mannia, ayant remarqué que Pingya était fatigué, déclara qu'il lui fallait partir ; mais Pingya dit :

— Ne partez pas, *Meimei.*

Cassie s'approcha du lit et demanda à Pingya s'il voulait prendre son potage.

— Demandez à *Meimei* de rester, lui répondit-il. Si elle part, je ne prendrai rien.

— Mannia, dit Cassie, vous feriez mieux de rester jusqu'à ce qu'il ait avalé son potage.

Mannia ne pouvait pas refuser. Fleur de Neige retourna dans l'arrière-chambre et Mannia, attirée par le bruit de l'eau qui coulait, des cuillers et des bols, la suivit pour l'aider. Fleur de Neige était trop intelligente pour refuser son offre ou s'en moquer. Mannia laissa Fleur de Neige servir le potage aux champignons et, tandis qu'elle était encore près du fourneau, elle entendit tout à coup Pingya qui l'appelait :

— *Meimei,* où est *Meimei* ? Est-elle partie ?

Elle accourut près de lui.

— Si vous partez, je ne prendrai plus rien, dit-il.

— *Meimei* est toujours là, dit Cassie, mais il faut qu'elle aille dormir. Elle est arrivée cet après-midi après un long voyage ; vous devez lui permettre d'aller se reposer.

— Mais vous ne partez pas, n'est-ce pas ? demanda Pingya.

— Calmez-vous, Pingko, répondit Mannia. Je loge dans cette maison, et je reviendrai vous voir.

Mannia s'en alla bientôt, accompagnée par Fleur de Neige qui avait pris une lanterne pour l'éclairer. En chemin, Mannia remercia Fleur de Neige de tout ce qu'elle faisait pour Pingya. Elle se dit après qu'elle avait été sotte de dire cela mais Fleur de Neige, complètement conquise par les manières douces de Mannia, lui souhaita gaiement le bonsoir.

Lorsque Fleur de Neige fut revenue, Cassie alla aussitôt raconter à Mme Tseng la scène qui venait de se passer et comment Pingya avait déclaré qu'il ne prendrait rien si Mannia partait. Que devaient-elles faire ? Il n'était certes pas possible de laisser Mannia soigner Pingya comme il le désirait ; et d'ailleurs, Mannia ne consentirait pas à enfreindre toutes les lois de la bienséance. La situation était extrêmement embarrassante. Plus elles y réfléchissaient, plus il leur apparaissait qu'un mariage arrangerait tout, et elles décidèrent de consulter dès le lendemain la mère de Mannia sur ce sujet.

Pour Mannia, l'entrevue avait été un plein succès. Elle avait obtenu le privilège de faire davantage, de parler davantage à Pingya, d'apprendre de lui davantage sur les sentiments qu'il éprouvait à son égard, plus qu'elle n'avait jamais osé l'espérer, durant une première visite. Elle demeura pendant des heures à se remémorer tout ce qu'elle avait vu ce soir-là, à se rappeler, l'un après l'autre, chacune de ses paroles et chacun de ses gestes.

*

Le lendemain matin, les événements se succédèrent rapidement. Mannia avait à peine fini de déjeuner et fait un tour dans une partie de la maison, jusqu'à l'espace vide au sud de la salle ancestrale, qu'une servante vint à la porte de côté pour lui annoncer que Moulane était là et voulait la voir. Suivie de Petite Joie, elle se hâta d'aller accueillir son amie.

Moulane était assise dans le petit salon de leur appartement et causait avec Mme Soun. Elle avait tellement changé que Mannia la reconnut à peine ; et elle était habillée avec plus de luxe qu'elle ne l'avait été au Chantoung. Elle semblait si distinguée, si à son aise au milieu de tout ce qui l'entourait, et elle avait l'accent coulant et plaisant et les manières d'une jeune fille qui a été élevée à Pékin. Ce n'était plus la petite réfugiée que Mannia avait connue. Oui, ces yeux étaient sans contredit les yeux de Moulane ; et lorsque Mannia entra dans la pièce et la dévisagea, elle se mordit les lèvres comme si, en examinant son amie, elle refrénait son impatience de se précipiter pour l'embrasser. Elle aussi, Moulane, fut frappée par le changement qui s'était produit en Mannia. Après un moment d'hésitation, Moulane s'écria :

— O mon ennemie prédestinée ! j'ai cru mourir à force de penser à toi et de t'attendre.

Moulane pouvait prendre ce ton de plaisanterie mais non Mannia. Celle-ci se borna à s'écrier passionnément : « Moulane ! » Dans le fond, l'allure et les manières de Moulane lui faisaient presque peur.

Elles se rapprochèrent et Mannia, prenant son amie par la main, la conduisit dans sa chambre à coucher et lui dit :

— Es-tu réellement Moulane ?

— J'ai appris que tu étais arrivée et, la nuit dernière, je n'ai pu fermer l'œil, répondit Moulane. Ce matin, je me suis levée si tôt pour m'habiller que ma mère m'a demandé si je me préparais à me faire enlever par quelqu'un.

Peu à peu, Mannia se remit de la frayeur que lui inspirait son amie et se sentit de nouveau sa sœur aînée. Moulane était toujours plus petite qu'elle et elle était la seule personne au monde à qui elle pût ouvrir son cœur. Dans ce milieu de Pékin, pour elle si nouveau et si étrange, sa présence lui apportait infiniment de force et de réconfort.

— Nous avons attendu bien longtemps avant de nous revoir, dit Mannia, mais je n'aurais jamais songé que nous nous reverrions dans des circonstances semblables.

— Comment va Pingko ? demanda Moulane.

Mannia devint pourpre et hésita avant de répondre :

— Ce matin, ma mère a envoyé Petite Joie aux nouvelles. Fleur de Neige a répondu qu'il avait bien dormi.

— Tu ne sais pas combien nous avons tous eu peur la semaine dernière… Tu l'as vu, n'est-ce pas ? demanda Moulane.

Mannia ne répondit rien, comme si elle n'avait pas entendu.

— Nous irons bientôt lui rendre visite toutes les deux, n'est-ce pas ? continua Moulane.

— Il faudra d'abord que tu le demandes à la *Taitai.* Tu vois dans quelle situation délicate je me trouve. Je ne peux pas aller le voir sans permission. Ce ne serait pas convenable ; et que diraient les gens ?

Cassie accourut dans la chambre en s'écriant :

— Ainsi, Moulane, votre meilleure amie, est enfin là ; et je vois que vous êtes encore plus heureuse que si la lune était tombée du ciel sur vos genoux.

Les mains de Mannia et de Moulane se séparèrent.

— Cassie *Nainai,* dit Moulane, je vais tout à l'heure voir Pingko. Mannia peut-elle m'accompagner ? Elle est venue de si loin ! Vous devriez bien leur permettre de se voir.

Cassie resta d'abord fort surprise ; et puis elle éclata d'un tel rire que les deux jeunes filles furent très embarrassées.

— Je n'ai pas dit que je ne l'avais pas vu, expliqua Mannia.

Moulane dirigea vers elle un regard chargé de soupçon :

— Ainsi, vous vous êtes déjà vus !

En souriant, elle demanda de nouveau à Cassie s'il leur était permis d'aller voir Pingya.

— Ce doit être permis, mais il faut d'abord en avertir *Taitai.* Je dois m'en aller maintenant. *Taitai* vient demander à la mère de Mannia de venir auprès d'elle pour discuter certaines choses.

Moulane suivit des yeux la silhouette de Cassie qui se retirait et, quand elle fut partie, elle demanda :

— Qu'est-ce qu'elles ont donc à discuter ?

Entre-temps, Mannia raconta à son amie ce que Mme Tseng lui avait dit et ce que Cassie lui avait expliqué à propos du *tsounghsi*. Elle raconta aussi la plus grande partie de sa visite à Pingya mais se tut sur ce qui en avait été pour elle les moments les plus émouvants. Elle parla de la malice de Sunya et du dévouement de Fleur de Neige. Moulane le lui confirma mais ajouta que, à ce qu'elle avait entendu dire, les autres domestiques accusaient la servante de vouloir devenir un jour la concubine de Pingya. Enfin Mannia décrivit le rêve étrangement beau qu'elle avait eu et assura que la jeune fille en noir qui lui avait apporté du charbon pendant la tourmente de neige ne pouvait être que Moulane. Celle-ci, très intriguée par ce rêve et par son interprétation, dit :

— Qui peut affirmer que toi et moi nous sommes vraiment éveillées de ce rêve, et ne soyons pas tous des êtres de rêve ?

— En tout cas, dit Mannia, tout ce qui m'est arrivé depuis vingt-quatre heures ne m'apparaît en effet que comme un rêve.

La main dans la main, Mannia et Moulane allèrent se placer devant la Déesse de la Miséricorde et, sans poser de questions, elles contemplèrent la pure beauté de la statue.

— Cette statue m'a fascinée depuis l'instant où hier je l'ai aperçue, dit Mannia. Elle me semble avoir un grand pouvoir ; j'ai grande envie de lui brûler de l'encens et de l'adorer.

— C'est une porcelaine du Foukien qui remonte à la dynastie des Ming, dit Moulane. Il est rare d'en trouver d'aussi grandes. C'est une vraie merveille.

Moulane se dirigea, pensive, vers la chambre à coucher ; soudain, elle fit demi-tour et dit :

— Tu as raison. Il y a un trépied dans ce coin ; nous allons faire comme tu dis.

Elle courut demander à la servante d'apporter quelques bâtonnets d'encens pendant qu'elles transportaient avec soin la déesse de porcelaine de son piédestal de bois de teck sur une petite table adossée au mur ouest du bureau. Puis elle prit un peu de braise et en remplit le trépied de bronze. Lorsque la servante apporta les bâtonnets d'encens enveloppés de papier rouge, elle les lui prit des mains et la renvoya.

— Allons-nous renouveler le vœu que nous avons fait jadis, d'être toujours des sœurs ? demanda Moulane.

Mannia accepta avec joie. Elles allumèrent les bâtonnets, les tinrent dans leurs mains pendant qu'elles se prosternaient trois fois, et les placèrent sur le trépied. Puis joignant les mains, elles s'engagèrent de nouveau devant la Déesse à être des « sœurs jurées », à être fidèles l'une à l'autre durant toute leur vie, à s'entr'aider dans l'adversité et la détresse. Mannia ajouta silencieusement une prière pour la prompte guérison de Pingya et leur bonheur commun.

Bientôt la servante Phénix arriva avec Ailien pour dire que Pingya changeait de vêtements et que, dans un moment, elles pourraient aller le voir.

— Mère parle avec tante de l'« heureux événement » qui attend Mannia, dit Ailien, et elles se demandent s'il faut attendre l'arrivée de la grand'mère pour célébrer le mariage.

— Est-ce qu'il se fera bientôt ? demanda Moulane en se tournant pour féliciter Mannia.

Mais Mannia ne répondit rien.

*

Lorsqu'elles entrèrent chez Pingya, Mannia s'aperçut que les choses avaient changé. La mystérieuse splendeur du soir précédent s'était dissipée.

A la lumière du jour, Pingya lui parut plus pâle et plus maigre qu'elle ne se le rappelait. Il avait l'haleine courte, sa voix était faible et retenue ; ses mains et ses doigts paraissaient bien décharnés. Moulane demanda quels remèdes on lui donnait. Fleur de Neige répondit que c'était toujours la même tisane, sauf qu'elle ne contenait plus ni citron épineux ni magnolia ; elle se composait de salpêtre, de réglisse et de rhubarbe qui avait trempé dans du vin. Elle ajouta que le médecin de la Cour avait modifié son ordonnance la semaine dernière, quand Pingya était très malade et que la fièvre le faisait divaguer.

La visite fut brève et toute de politesse ; et, sans que Mannia s'en doutât, ce devait être la dernière visite qu'elle faisait à Pingya avant de l'épouser. Lorsqu'elles sortirent de la pièce, Fleur de Neige dit à Moulane que le mariage se ferait très bientôt car déjà la nouvelle s'en était répandue parmi les servantes avec une rapidité incroyable. Mannia l'écouta sans changer de visage, comme si elle s'était préparée à cette idée et même l'accueillait avec satisfaction.

— Je vous félicite, Mademoiselle Soun, dit Fleur de Neige. Il y aura une personne de plus pour s'occuper de lui et ma responsabilité en sera allégée. J'ai entendu dire que cela n'aurait lieu que dans un jour ou deux ?

— *Taitai* disait tout à l'heure, répondit Phénix, que Mlle Soun ne reverrait pas Pingya avant le mariage.

Moulane n'alla pas saluer Mme Tseng, parce qu'elle savait que les deux femmes discutaient « des affaires de grandes personnes ». Elle raccompagna Mannia à son appartement, tandis que Phénix partait avec Ailien.

— Dis-moi, demanda Mannia, quelle est ton opinion sur cette maladie ? N'est-ce pas avec le salpêtre que l'on fabrique la poudre à canon ?

— Certainement, répondit Moulane qui avait suivi le cas de Pingya dans ses entretiens avec le médecin de la Cour. On n'emploie le salpêtre que lorsqu'il y a fièvre substantielle du sang, et seulement dans les cas extrêmes, pour remédier à la chaleur sèche du corps et fondre les formations dures. C'est un topique si puissant qu'il amollit les métaux et dissout les pierres. Il sert à purifier le sang quand il existe de la fièvre substantielle. Mais on n'en doit user qu'avec modération, sinon il est mauvais pour la santé.

— Comment cela ? dit Mannia, surprise par l'idée qu'un homme absorbât de la poudre à canon. Je continue à ne pas comprendre.

— Voilà comment cela se passe, dit Moulane. Quand il y a du poison dans le corps, le purgatif agit sur le poison mais, s'il n'y a pas de poison, c'est la constitution de l'individu qui pâtit.

Pendant qu'elles étaient en train de causer, la mère de Mannia revint. Elle semblait troublée et agitée.

— Mannia, mon enfant… commença-t-elle.

Elle s'interrompit. Craignant d'être de trop, Moulane dit :

— Je vais voir ma mère adoptive, et vous deux, vous pourrez causer ensemble.

Mais Mannia ne voulait pas la laisser partir et, se tournant vers sa mère, elle dit :

— Moulane est vraiment comme ma propre sœur. Vous pouvez dire devant elle ce que vous avez à me dire.

Mme Soun, regarda les deux jeunes filles et comprit que sa fille comptait énormément sur le secours de Moulane. Elle-même était troublée, parce que, comme elle était de la famille de la mariée, elle ne pouvait demander aucun conseil aux Tseng. Maintenant, elle semblait s'adresser plutôt à Moulane qu'à sa fille.

— La famille Tseng voudrait que le mariage eût lieu dans quelques jours, afin de détourner le malheur qu'est la maladie de Pingya. De plus il sera ainsi plus facile pour Mannia de s'occuper de lui jusqu'à ce qu'il soit guéri. Les Tseng ont été très bons pour nous et il m'a été impossible de refuser. Mais je leur ai dit que Mannia devait être consultée. La tante Tseng a déclaré qu'elle aurait une grande dette à l'égard de Man-erh si celle-ci acceptait ; et Cassie a dit qu'elle était sûre que Mannia serait consentante et que plus tôt le mariage aurait lieu, mieux cela vaudrait pour Pingya... Il s'agit, Mannia, d'une décision qui engage ta vie entière ; et moi, qui suis ta mère, je ne puis pas t'y contraindre. Ton père est mort, je ne suis qu'une femme, et nous sommes dans une ville étrangère. Comment puis-je endosser cette grave responsabilité ?

A la pensée de son mari défunt, Mme Soun versa quelques larmes et les essuya avec son mouchoir. Mannia avait écouté sa mère en silence, bien qu'elle sût par avance ce qu'elle allait lui dire. Elle ne pleura pas avec sa mère mais dit simplement, sans hésiter :

— Ma mère, c'est vous qui déciderez.

Ce qui équivalait à dire qu'elle consentait.

— Quand ce mariage aura-t-il lieu ? demanda Moulane.

— On parle d'après-demain, dit Mme Soun.

— Mais comment ! On n'aura pas le temps de tout préparer !

— Nous ne pouvons nous conformer aux usages habituels. Tout d'abord on a pensé que l'on attendrait la grand'mère, mais il se pourrait qu'elle ne fût pas là avant une semaine et l'on pense qu'il vaudrait mieux hâter le mariage. Nous n'aviserons pas les amis et les parents et il n'y aura aucune des festivités ni aucun des dîners que prescrit le cérémonial ; et, puisque nous ne sommes pas d'ici et sommes après tout des invitées dans cette maison, *Taitai* a déclaré que les Tseng s'occuperaient de tous les préparatifs. Une si grande famille, avec tant d'argent et tant de domestiques, n'aura pas de peine à s'en tirer. Pour moi, je suis complètement perdue et ne sais que faire.

— Il me vient une idée, dit Moulane. Après tout, un mariage est un mariage et doit comporter une certaine solennité. Mannia ne peut pas entrer dans la famille Tseng en se faisant transporter dans le palanquin rouge d'un corps de logis à un autre. Elle est maintenant une mariée, somme toute, et ne peut pas rester chez les Tseng. Elle est quasiment ma sœur ; j'avais déjà pensé à l'inviter chez nous pour quelques jours, et ma mère, lorsque je lui en ai parlé, s'est déclarée enchantée de l'avoir. J'aimerais tant que toutes les deux vous veniez vous installer à la maison et que vous partiez de chez nous pour la cérémonie du mariage. Mes parents seraient si contents ! Si vous ne jugez pas notre demeure indigne de vous, j'en parlerai à mes parents, et ils vous feront chercher cet après-midi.

Le projet plut à Mannia autant qu'à sa mère, et celle-ci dit :

— Mannia, qu'en penses-tu ? Les gens sont si bons pour nous !

— Je crains seulement de déranger les autres, dit Mannia. *Meimei,* j'ai aussi l'envie de voir votre maison.

Je n'ai vu ton père qu'il y a bien longtemps, et je n'ai jamais rencontré ta famille. Mais comment pourrions-nous vous encombrer de nous ?

— Ne parle pas ainsi, dit Moulane. Ma sœur Mocho a aussi grande envie de te connaître. Elle aurait voulu m'accompagner ce matin mais je lui ai dit que tu ne faisais que d'arriver. Mon père et ma mère tiennent à vous avoir toutes les deux à dîner ce soir. Nous étions si excitées que je ne t'en ai pas parlé.

Elle réitéra son invitation à la mère de Mannia et ajouta :

— Vous ne pouvez pas refuser, tante Soun. Je veux avoir Mannia avec moi pendant quelques nuits avant qu'elle devienne l'épouse de quelqu'un. Vous verrez que la tante Tseng approuvera mon projet. On ne peut trouver mieux, vraiment. Les Tseng et nous, nous ne formons qu'une seule famille ; et comme ce mariage ne doit pas être annoncé aux autres amis, tout se passera tout à fait entre nous. La famille Tseng n'aura pas peur que, clandestinement, nous laissions la mariée s'enfuir.

— Vous voyez, ma mère, comme ma sœur parle bien, dit Mannia.

Moulane alla voir Mme Tseng qui trouva son idée excellente. Moulane revint prendre congé de Mannia et de sa mère, et dit que, dans le courant de l'après-midi, elle viendrait les chercher pour les conduire chez elle.

CHAPITRE IX

Grâce à Moulane, le mariage de Mannia eut plus l'aspect d'un mariage qu'il ne l'aurait eu sans cela. Ni les amis ni les parents ne furent avertis ; seules, la famille de Moulane et une autre famille, les Niou, furent mises au courant. M. et Mme Tseng s'excusèrent auprès de ceux qui plus tard apprirent l'événement, invoquant pour excuse la maladie de l'époux. D'ailleurs, on ne donna pas de dîners à cette occasion. Mais malgré tout, le fait que la mariée logeait au-dehors permit de se conformer à la coutume de la procession nuptiale et de procéder à l'échange des présents avec suffisamment d'apparat.

Moulane arriva en voiture pendant l'après-midi, accompagnée de sa sœur Mocho et de la femme de chambre de leur mère, Brume bleue. Mme Tseng accompagna Mme Soun jusqu'à la porte et Cassie accompagna Mannia. Tous les serviteurs et les servantes sortirent de la maison pour voir Mannia, et elle se rendit compte que déjà on la dévisageait comme on le fait d'une mariée.

A la porte, Mme Tseng remercia Mme Soun, car maintenant elles n'étaient plus seulement parentes parce que cousines, mais se trouvaient être de plus, l'une la mère de l'époux et l'autre la mère de l'épouse. Mme Tseng s'excusa par avance des manquements que la hâte des préparatifs pourrait occasionner ; elle déclara que Mannia méritait mieux qu'un mariage précipité mais qu'elle le lui revaudrait par la suite. Quoi qu'il arrivât, Mannia serait l'aînée des belles-filles.

Au départ, Cassie dit à Moulane et à Mocho :

— Nous vous confions la mariée. Si elle disparaît, je m'emparerai de l'une de vous pour tenir sa place.

— De votre point de vue, ce serait très bien, mais on peut se demander si Pingya serait très satisfait, riposta Moulane.

Elle prit en riant Mannia par la main et la fit monter dans la voiture. Mais Mannia retira brusquement sa main et s'installa sans un mot.

— Je t'aime et je te déteste, dit-elle pendant que la voiture s'éloignait.

La servante Petite Joie était dans la même voiture qu'elles deux. Mocho, Mme Soun et Brume bleue étaient dans l'autre.

— On peut suppléer à bien des choses, dit Moulane, mais rien ne peut remplacer, dans notre destinée, l'Etoile du Salut.

Ne sachant que répliquer, Mannia dit :

— *Meimei,* est-ce que vraiment tu te moques de moi ? Pourquoi ta langue ne pourrit-elle jamais ?

— Pour une mariée, voilà des paroles bien malchanceuses ! dit Moulane.

— Je trouve que ta sœur Mocho est plus simple et plus honnête que toi, dit Mannia.

— C'est vrai, dit Moulane. Elle est meilleure que moi. J'aimerais bien mieux être un garçon ; elle, pas !

Estimant qu'il serait bon qu'elle dît quelque chose, Petite Joie déclara :

— Il me semble que Mme Tseng et Cassie n'ont pas à s'inquiéter. Pourquoi ma maîtresse voudrait-elle se sauver ? Si elle se sauvait, ce serait pour revenir chez les Tseng, pas vrai ?

— La voilà, la simple et honnête fille que tu réclamais ! dit Moulane en éclatant de rire. Moi, je ne suis ni l'un ni l'autre. Si tu te sauvais, je suis sûre que tes petits pieds te ramèneraient, toc, toc, toc, chez les Tseng, même dans tes rêves !

Mannia avait été prête à rire de la naïve réflexion de Petite Joie mais ce que dit Moulane l'irrita et elle se mordit les lèvres.

— Vous n'êtes toutes les deux ni simples ni honnêtes, répliqua-t-elle, et je ne veux pas parler avec vous.

Tirant de son sein la pêche de jade que Mannia lui avait donnée et qu'elle portait sous sa jaquette, Moulane dit :

— Ma chère sœur, pardonne-moi cette fois. Je ne désire qu'une chose : te rendre heureuse. Elle serra la main de Mannia et ajouta : Pourquoi es-tu si belle quand tu es fâchée ?

Moulane avait l'admiration la plus vive pour la beauté de Mannia, sa petite bouche, ses yeux brillants de jeune biche. Mannia lui serra la main en retour et dit :

— Je croyais que tu étais la petite jeune fille en noir qui apportait le charbon dans la neige mais tu ne fais que rajouter du charbon au feu.

— Quel beau quatrain ! Les « tons[31] » en sont parfaitement balancés, s'écria Moulane.

Les deux jeunes filles échangèrent un sourire.

*

Mannia et sa mère furent logées dans le bureau de M. Yao et, pour le moment, le père de Moulane coucha dans la chambre de sa femme.

Si la façade de la maison des Yao était sans prétentions, ce n'était qu'un subterfuge pour mieux en dissimuler le luxe intérieur. Elle ne pouvait se comparer pour le faste à la demeure des Tseng ; pourtant elle était solidement bâtie, bien proportionnée, meublée avec goût, enfin elle n'avait rien de ce qui dénote la distinction à bon marché. Les plafonds, les boiseries, les rideaux, les lits, les cabinets de curiosités, les rouleaux suspendus aux murs, les tables basses en bois de teck, les jardinières garnies de racines noueuses, enfin les innombrables bibelots d'un travail si précieux et d'un si beau dessin, manifestement aussi superflus que ravissants, tout attestait l'aisance et le confort. Bien que Mannia n'eût pas la moindre idée de ce que valait un vase ancien ou un petit sceau de jade, la conscience qu'elle avait de la richesse des Yao interposait entre Moulane et elle une sorte de barrière ; elle aurait voulu, ou bien qu'elle fût née aussi riche que Moulane, ou bien que Moulane fût née aussi pauvre qu'elle.

Le bureau de M. Yao se composait de trois pièces, une pièce constituant à Pékin une unité de dimension dans une maison. La partie orientale se composait d'une chambre à coucher, tandis que les deux autres chambres n'étaient en réalité qu'une vaste pièce séparée en deux par une cloison ajourée. Au fond de la pièce centrale se trouvait un paravent en bois de teck, large de deux mètres environ, qui dissimulait l'entrée de derrière. Il représentait en incrustation un palais de l'époque des Soung[32], avec des tours dont les toits recourbés atteignaient jusqu'aux nuages, des oies sauvages volant devant des montagnes lointaines à l'arrière-plan ; dans les tours, des dames du palais, aux coiffures surélevées et aux robes ouvertes, jouaient de la flûte ou, d'une terrasse couverte, contemplaient les poissons qui, au premier plan, nageaient parmi les fleurs de lotus. L'ensemble de ce paravent était conçu dans une harmonie délicate de blanc, de vert et de rose transparents qui ressortaient sur le fond de laque noir ; les incrustations étaient d'améthyste, de cornaline et de tourmaline rose pour les robes des dames, de jadéite vert mousse pour les feuilles de lotus, touchée de rose pour les fleurs et de nacre pour les poissons qui luisaient dans l'eau. Au côté droit du paravent, une masse de stéatite crème traduisait les hampes des roseaux de la rive qui évoquaient l'automne ; et les roseaux étaient si bien inclinés qu'on croyait presque sentir le vent froid de l'automne. Ce paravent représentait vraiment le bonheur terrestre tel qu'un homme peut le rêver.

En quelque sorte, Mannia trouva dans la maison qu'habitait Moulane une atmosphère autre, où elle pouvait agir et se conduire plus librement que chez les Tseng. La présence de femmes y était davantage marquée. La mère de Moulane semblait tout y régenter, et après elle, Corail, sa sœur adoptive, qui était veuve. Afei, le frère cadet de Moulane, n'avait que six ans ; Tijen, son frère aîné, ne comptait pour rien et n'était jamais là. Il ne restait donc que Corail et Mocho. De plus, nul sentiment de contrainte n'apparaissait entre les parents et les enfants, et Mannia fut fort stupéfaite lorsqu'elle vit M. Yao plaisanter avec ses enfants et bavarder familièrement avec Corail.

Mme Yao avait une nature qui s'imposait davantage que celle de la petite Mme Tseng qui, elle, était cultivée. Mais M. Yao semblait se contenter parfaitement de gouverner en ne gouvernant pas, conformément à sa philosophie taoïste, et de laisser Mme Yao s'occuper de tout dans la maison. Il revendiquait pourtant certains privilèges, parmi lesquels celui de saper l'autorité de sa femme sur les enfants. Ainsi il la laissait se persuader qu'elle était la maîtresse, tandis que Mme Tseng laissait son époux se persuader qu'il était le maître. En fait, M. Yao avait plus d'influence sur ses enfants que n'en avait sa femme, tandis que Mme Tseng en avait plus sur les siens que n'en avait son mari. Au sein d'une famille, les actions réciproques des personnalités font que personne n'est réellement le maître mais il est certain que, dans la vie familiale à l'ancienne mode, qu'elle fût comme chez les Yao ou comme chez les Tseng, les hommes ne jouaient jamais qu'un rôle ridiculement insignifiant.

Mannia était si excitée de vivre dans un milieu nouveau, de faire la connaissance de Corail, de Mocho et de Mme Yao, qu'elle en oublia presque la situation où elle se trouvait, et Pingya lui parut très loin. Lorsqu'elle se trouva enfin seule avec sa mère, dans leur chambre où on les avait laissées se reposer, une servante leur apporta un bol de potage au poulet avec du *tangkouei*[33], que l'on avait préparé tout exprès pour la mariée. Mannia l'avait avalé et avait retiré ses ornements lorsque Lotoung souleva le rideau et annonça que Tsiang, le médecin de la Cour, était là. Lotoung, qui venait de rentrer de courses et ignorait l'arrivée de Mannia et de sa mère, avait introduit le docteur dans le bureau de M. Yao. En entendant prononcer le nom du médecin de la Cour, Mannia sortit de sa chambre ; et lui, la prenant pour une servante, lui demanda où était M. Yao. Mannia lui répondit qu'il était là et le docteur fut surpris qu'elle demeurât dans la pièce. Si elle était une invitée, elle ne se serait pas avancée et, si elle était une servante, elle serait partie annoncer sa venue. Pensant que probablement elle était une invitée et non une servante, il évita d'avoir à lui adresser la parole en allant s'asseoir à l'extrémité ouest de la pièce et en faisant semblant de n'avoir rien vu. Mais au bout d'un instant il se rendit compte que la jeune fille venait vers lui.

— Docteur, dit-elle, puis-je vous poser une question ?

Fort surpris, il examina à travers ses lunettes ce beau visage qu'il n'avait encore jamais vu dans cette maison.

— Certainement, dit-il de son ton le plus professionnel. Y a-t-il quelqu'un de malade ici ?

— Non. Il s'agit du fils des Tseng,

Le vieux docteur fut extrêmement intrigué. Il savait que la future épouse de Pingya était arrivée à Pékin et qu'elle logeait chez les Tseng. Cette jeune fille était-elle donc après tout une servante, ou quelqu'un qui était épris de Pingya ?

— Comment est-il et guérira-t-il ? poursuivit Mannia.

— Il est en bonne voie et il est probable, maintenant, qu'il guérira.

— Vous le croyez ? demanda Mannia d'une voix tremblante.

Se faire tant de souci pour le jeune malade n'était pas précisément correct. Mais le docteur aimait la conversation des jolies femmes et, avec l'idée de mettre celleci à l'épreuve, il dit :

— Un cas comme le sien dépend pour moitié des hommes et pour moitié du Ciel. Il dépend pour moitié du pouvoir de la médecine et pour moitié de la vitalité du patient. Voilà si longtemps qu'il est malade !

Puis, ayant remarqué qu'à cette dernière phrase, le visage de la jeune fille s'était crispé, il eut le sentiment inconfortable que peut-être il s'adressait à la future épouse.

— Etes-vous sa parente ? demanda-t-il avec un sourire.

Lotoung entra alors pour servir le thé et fut très étonné de trouver la jeune fille en train de causer avec le vieux docteur.

— N'êtes-vous pas Mademoiselle Soun ? demanda-t-il. Vous êtes donc arrivée et je ne le savais pas ! Je vous fais toutes mes félicitations.

Le docteur se leva, très agité.

— Alors vous êtes Mademoiselle Soun ! dit-il. Nous vous attendions comme on attend que la lune se lève. Maintenant que vous êtes là, votre « cousin aîné » guérira. Vous valez davantage que n'importe quel médecin. Est-ce que le mariage ne se célèbre pas très bientôt ?

Mannia était très embarrassée et ne savait que faire et que dire.

— Le docteur Tsiang est là ! cria-t-elle à sa mère.

Puis, pareille à un poisson qui plonge dans les profondeurs d'un étang, elle se glissa dans sa chambre.

*

Le lendemain matin, de bonne heure, Corail, Moulane et sa sœur vinrent discuter avec Mannia et sa mère des préparatifs du mariage. Corail vint épiler le visage de Mannia, ainsi que cela se fait pour les mariées, tandis que les autres regardaient et bavardaient gaiement. On ne se servit pas d'un rasoir ; les fins poils du visage furent enlevés, ou plutôt « dévissés » au moyen de gros fil de coton trempé dans l'eau. Après avoir fait une boucle que deux doigts de sa main gauche conservaient ouverte, Corail retint un bout du fil entre ses dents et garda l'autre dans sa main droite. Elle plaça tout près du visage de la mariée l'endroit où les fils se croisaient et, à mesure qu'elle déplaçait sa main droite, le fil se tordait au croisement et « dévissait » les fins poils à leur racine.

Corail était si adroite que Mannia ne ressentit pas la plus petite douleur.

Il était fort peu vraisemblable que les toilettes de la mariée pussent être prêtes à temps, et Mme Soun était en un souci extrême. Comment Mannia serait-elle habillée en mariée, quelle sorte de coiffure, de jaquette et de jupe nuptiales porterait-elle ? Comment obtiendrait-elle, la mère, une douzaine de paires de chaussures neuves pour le trousseau de sa fille ? Et ses bijoux, les ornements pour sa coiffure ? Dans combien de malles ses affaires figureraient-elles au défilé, et comment parviendrait-elle à les remplir toutes ? Combien d'ensembles de literie faudrait-il exhiber ? La famille du marié avait promis de s'occuper de tous les préparatifs, mais, parmi tout ce qu'elle venait de passer en revue, que fourniraient l'époux et sa famille ?

Bientôt la chambre à coucher de Mannia devint une véritable boutique de bijoutier, avec des plateaux et des écrins remplis d'ornements de jade, de perles et d'or, car Moulane et ses sœurs choisissaient des cadeaux de noces pour la mariée. Mannia possédait fort peu de bijoux et jamais, même dans ses rêves, elle n'avait espéré tant ; encore moins s'était-elle attendue à ce que la famille de Moulane se montrât si généreuse. Moulane et Mocho lui donnèrent chacune une paire de boucles d'oreilles et une barrette en or pour les cheveux, incrustée de perles. Une de ces paires de boucles d'oreilles était de vieil argent incrusté de plumes de martin-pêcheur bleu ciel ; l'autre, qui était d'or ancien, offrait un dessin opulent et compliqué d'anneaux d'or massif ingénieusement disposés et entrelacés. En gage d'amitié commençante, Corail lui fit aussi un cadeau : une barrette de cheveux où, sur un fond bleu martin-pêcheur, des perles étaient disposées en forme de nœud mystique. Les femmes de la famille Yao étaient certaines que la famille du marié donnerait les bracelets.

Après cela, tous se mirent à table pour le déjeuner, aussi délicieusement épuisés qu'après une soirée au théâtre et, pour la première fois de sa vie, Mannia se crut une fille de famille riche.

Après le déjeuner, Cassie survint avec ses filles. Elle était accompagnée de sa servante Rose musquée et d'un serviteur, qui apportaient quatre malles de cuir rouge poudré d'or toutes neuves, et dont les serrures de cuivre éblouissaient. Elles contenaient les cadeaux de la famille du marié.

— Notre *Taitai* dit qu'à cause de la hâte tout n'est pas complet, dit Cassie, mais le plus important était le trousseau de la mariée. Le reste pourra venir peu à peu.

Elle tira de sa jaquette un paquet d'argenterie et le présenta à la mère de la mariée en disant que c'était le *menpao,* c'est-à-dire les cadeaux d'argenterie pour les domestiques de la famille de la mariée ; dans le cas présent, les domestiques des Yao. Ensuite, elle remit une enveloppe rouge qui contenait un chèque de six cents taëls et représentait le *pingli* : d'habitude, la famille du marié le donne à la mariée plusieurs mois avant le mariage, afin qu'elle puisse, en plus de la toilette de la noce, acheter son trousseau. Puis Cassie demanda à Rose musquée de dénouer une écharpe rouge qui enveloppait un coffret à tiroirs. Une fois qu'il fut ouvert, Cassie en sortit, en présence de Mme Yao et de Mme Soun, des bijoux et des ornements pour la chevelure. Cassie avait été reçue dans la grande salle intérieure, et Mannia s'était cachée dans son appartement mais Moulane courut la chercher pour qu'elle vînt voir les bijoux. Ils comprenaient une paire de bracelets en or massif, une paire de bracelets en jade vert vif d'un éclat extraordinaire, une bague de diamants, une bague de turquoises de Perse, une bague de saphirs et une bague de béryls, une ravissante paire de boucles d'oreilles de petits rubis brillants en forme de poire, une paire de « fleurs de perles » pour orner les cheveux et une barrette de jade pour la coiffure, avec deux cœurs enlacés finement ciselés ; enfin, une paire de petits anneaux de chevilles en or, garnis de minuscules clochettes qui tintinnabulaient. Il y avait là infiniment plus que ce que la famille du marié donne d'habitude à la mariée mais il avait été entendu que la mère de Mannia, étant une invitée à Pékin, ne pouvait tout procurer à la mariée.

Dans une boîte particulière, de carton rouge, se trouvaient le diadème de la mariée, en semence de perles, et un ornement où des perles mêlées à de petites émeraudes reproduisaient le dessin de la Grande Ourse et d'où pendaient des cordons de pierres de couleur. Il y avait aussi un *juyi*[34] de jade, cadeau de noces rituel et important, bien que purement décoratif. L'usage est de l'exhiber sur une table comme un symbole de bonne chance ; la destination primitive de cet objet de forme bizarre demeure obscure car il est trop encombrant pour servir même à donner des ordres par signes. Les malles contenaient encore la jaquette nuptiale en soie rouge de Chine brodée de fleurs de lotus entrelacées, un empiècement d'épaule orné d'un motif de nuages multicolores, une jupe de satin à « mille-plis » bleu marine foncé, avec une garniture brodée, simple mais large, où des flots, alternativement bleus et vert d'eau, ondulaient. Il y avait aussi, enfin, une toilette neuve pour Petite Joie. En temps habituel, le coffret, le *juyi* et les malles auraient été transportés dans des coffres ouverts, faits tout exprès pour que, pendant le défilé nuptial, tout le monde pût admirer leur contenu ;

mais les présents avaient été amenés ainsi chez les Yao parce que M. et Mme Tseng tenaient beaucoup à ce que, pendant un certain temps, le mariage demeurât secret.

Le bonheur de Mannia ne devait pas durer longtemps. Ayant laissé sa mère s'occuper des présents, elle entraîna Ailien dans sa chambre en annonçant qu'elle voulait lui montrer les cadeaux de Moulane et de Mocho.

— Comment va Pingya ? demanda-t-elle à la petite.

— J'ai entendu dire qu'aujourd'hui il n'allait pas bien. Ce matin, *Taitai* a fait chercher le médecin en hâte.

— Qu'a dit le médecin ?

— Je ne sais pas, répondit Ailien.

Cassie discutait des préparatifs avec la mère de Mannia et Mme Yao. Le mariage devait avoir lieu le lendemain, vers cinq heures de l'après-midi. Corail et Mme Yao décidèrent que, puisque la mariée n'était pas grande, la coiffure qui lui conviendrait le mieux serait celle que l'on nomme « les dragons enlaçants », et qui consiste à entrecroiser d'innombrables tresses sur le sommet de la tête. Petite Joie, aidée de Fleur de Neige, devait accompagner la mariée à titre de servante personnelle. On en vint alors à la question de la mère de la mariée et à son rôle pendant la cérémonie.

— Je pense que, dans le cas présent, on peut mettre de côté toutes les règles habituelles, dit Cassie, et que la mère de la mariée peut parfaitement assister.

— Comment cela ? dit Corail. Mme Soun, étant la mère de la mariée, n'est pas même censée se trouver dans la maison du marié.

— Mais il s'agit de personnes parentes, et on ne fait qu'ajouter une parenté nouvelle à une parenté déjà existante, dit Moulane. Il faut faire ce qui est le mieux pour la mariée.

— Tu ne vas certainement pas prétendre que la propre mère de la mariée la fasse sortir de son palanquin quand il arrivera ? dit Mocho.

— Mocho a raison, dit Mme Soun. Je pense que je dois être là car si je restais ici je ne serais pas tranquille. Mais j'ai une idée : il manque encore au mariage de Mannia l'entremetteuse d'usage et nous ne pourrions trouver mieux que Mme Yao. Elle peut fort bien accompagner Mannia et la conduire à la cérémonie.

— Je serai ravie de le faire, dit la mère de Moulane. Quant à Mme Soun, nous ne savons vraiment pas combien de jours il lui sera possible d'être absente. Cela dépend aussi des progrès que fera le marié.

— Comment est-il, aujourd'hui ? demanda la mère de Mannia.

Tout le monde attendait la réponse avec anxiété.

— Pas très bien, répondit lentement Cassie, qui ne voulait pas les tromper mais ne tenait pas non plus à leur causer une inquiétude exagérée. La nuit dernière, il n'a pu dormir et, ce matin, il se plaignait d'avoir la gorge sèche. Il a le regard terne, et nous avons fait chercher le docteur.

Il y eut un silence, et Cassie ajouta :

— Mieux vaut que Mannia n'en sache rien.

— Je crois que dans des circonstances pareilles nous n'avons pas à nous préoccuper du savoir-vivre, dit la mère de Mannia. Il faut que je sois auprès d'elle. Nous ferons bien de lui demander ce qu'elle en pense.

On fit chercher Mannia par Petite Joie et quand elle apparut, les yeux légèrement rouges, personne ne parla plus de la maladie de Pingya. Mannia fut d'avis que sa mère l'accompagnât, sinon pendant le défilé, du moins en se tenant à part.

— Après tout, vous êtes parentes, dit la mère de Moulane, et ce qui est naturel est toujours correct.

Ainsi fut réglé ce problème.

Pendant tout l'après-midi, Mannia demeura pensive. Au milieu de ce conflit d'émotions, d'événements imprévus et d'anticipations, il lui semblait plus que jamais qu'elle jouait un rôle que lui avait dicté le destin, tout en sachant ne pouvoir agir autrement et accueillant volontiers ce que le lendemain lui réserverait. Elle avait tout à fait oublié ses bijoux. L'image qu'elle se faisait du mariage s'était entièrement transformée et il lui semblait qu'elle allait assumer les devoirs d'une garde-malade plutôt que ceux d'une épouse. Mais si elle ne ressentait pas les émotions que peut ressentir une mariée, elle n'éprouvait aucune crainte.

Cette nuit-là, Moulane réclama que Mannia dormît dans sa chambre et, lorsqu'elles furent couchées, la future mariée lui dit :

— *Meimei,* tu as tant fait pour moi en cette circonstance ! Sans toi et tes parents, ma mère et moi aurions été complètement désemparées. Qui ne souhaiterait un grand mariage ? Mais, cette fois, il faut renoncer aux cérémonies habituelles et les pensées de bonheur doivent attendre. Crois-tu donc que je vais permettre qu'on m'attife comme une poupée pendant trois jours, comme les mariées que les gens dévisagent et dont ils se divertissent ? Dès l'instant où je serai mariée, je quitterai ma toilette de noces pour m'occuper de Pingya, lui servir ses potages et lui donner ses remèdes. Voilà pourquoi je voulais que ma mère fût là ; et j'ai pensé que nous deux, avec Fleur de Neige et Petite Joie, nous pouvons nous arranger pour le veiller à tour de rôle. S'il guérit, il sera temps alors d'être heureux. S'il ne guérit pas, je brûlerai de l'encens et je dirai des prières pour le repos de son âme, je ne me nourrirai plus que de légumes et je broderai des Bouddhas pour le restant de mes jours. D'ailleurs, ses parents ne me laisseront sûrement pas mourir de faim.

Moulane, qui n'avait jamais entendu une mariée prononcer des paroles si stupéfiantes, conçut pour son amie une grande admiration.

*

Le lendemain, qui était le 25 mai, eut lieu le mariage de Mannia. Tandis que sa mère faisait les derniers préparatifs avec l'aide de Corail et de Moulane et qu'elles attendaient que les palanquins arrivent à l'heure dite, la maison des Tseng était en plein bouleversement. Il y avait un millier de choses qu'il fallait préparer pour la mariée, des nœuds de rubans rouges, des festons de satin multicolore et d'immenses lanternes à suspendre, l'appartement du marié qu'il fallait décorer. Tout devait y être neuf : tables, chandeliers, cuvettes, crachoirs, commodes, même les rideaux et la literie du lit de Pingya ; en somme, tout, sauf le lit sur lequel il dormait. Il fallait descendre les touffes de poireaux et de menthe que chaque famille suspend au-dessus de la porte pour la fête du Bateau du Dragon, au début de l'été, et accrocher à leur place, au-dessus de la porte et contre les linteaux, des festons d'étoffe rouge.

Le jour de la fête du Bateau du Dragon, il est d'usage, pour chasser les miasmes, de brûler dans toute la maison des feuilles de menthe, et les enfants portent, suspendus sur leur poitrine, de petits sacs en soie de couleurs vives, remplis d'herbes aromatiques pulvérisées qui garantissent des maladies épidémiques, fréquentes durant l'été. C'est ainsi que la chambre de Pingya avait été désinfectée avant qu'on l'y installât. Les dispositions que l'on prenait maintenant avaient pour but de changer autant que possible l'atmosphère de la chambre du malade et d'expulser le moindre mauvais air qui s'y dissimulerait, en étalant partout du rouge, couleur du bonheur.

Mais pendant ces préparatifs, l'état de Pingya s'était aggravé. Il se plaignait de voir trouble et que ses intestins ne fonctionnent pas. Sa langue était très chargée, ses membres glacés alors qu'à l'intérieur il se sentait brûlant, son pouls faible et paresseux. Le docteur dut appuyer trois doigts sur son poignet pour percevoir les battements du pouls, signe que le volume du sang décroissait. Le docteur, qui en tenait pour la médecine ancienne, se fondait sur le *youn,* les rythmes et les cadences du pouls, tout comme le médecin moderne se fonde sur la feuille de température ; mais ce sont là des choses délicates à apprécier, que seule l'expérience permet de reconnaître et qu'il est impossible d'évaluer par des chiffres. Quoique Pingya eût toute sa connaissance, il ne pouvait parler tant il était faible ; jusqu'au soir, il demeura à demi endormi et se rendant vaguement compte que c'était le jour de son mariage.

A l'extérieur de la maison, rien ne révélait qu'un mariage fût en préparation mais à l'intérieur régnait une atmosphère de fête. Tous les serviteurs et les servantes avaient revêtu des habits neufs ; Fleur de Neige elle-même avait orné sa chevelure et elle portait des boucles d'oreilles. M. Tseng ne se rendit pas à son bureau, ni Chinya et Sunya à l'école. On les envoya faire des commissions, notamment acheter des pétards. Il devait y avoir une fanfare de tambours et de trompettes de cuivre dans la première cour, qui accueillerait l'arrivée de la mariée ; mais dans la cour de Pingya ne se trouverait qu'un orchestre de flûtes et d'instruments à cordes. On avait engagé un maître de cérémonies et une professionnelle pour assister la mariée. Elle devait, à chaque instant de cette solennité aux rites compliqués, guider et conseiller l'épousée.

*

Comme il fallait des heures pour coiffer la mariée et disposer son diadème, le déjeuner eut lieu de bonne heure. Lorsque le palanquin arriva, on plaça le diadème nuptial sur la tête de Mannia et on suspendit un voile de soie rouge devant son visage, afin de la dissimuler complètement aux spectateurs. Mme Soun partit un peu en avant, sans assumer de rang officiel, et Mme Yao suivit le défilé dans le palanquin de l'entremetteuse officielle. Le palanquin de la mariée était soigneusement couvert et fermé, de façon qu'elle ne pût rien voir dans la rue ni découvrir où on la transportait, et que d'autre part aucun passant ne pût l'apercevoir.

A la maison du marié, la famille tout entière, les domestiques y compris, attendait dans la première salle l'arrivée de la mariée. La pièce était remplie de femmes ; quelques-unes appartenaient à la famille Niou, M. Niou étant un collègue de M. Tseng et très lié avec lui.

Ailien, accompagnée de sa petite sœur Lilien, s'installa près de la porte pour guetter l'arrivée du cortège. Bientôt elle le vit apparaître, précédé de tambours, de trompettes et de bugles. A ce moment, on fit partir des pétards et le petit orchestre à l'intérieur de la porte se prépara à jouer. De longues bandes d'étoffes rouges, larges d'un mètre, avaient été étendues sur le chemin que devait parcourir la mariée, de la porte à la salle en passant par la cour et l'escalier. Ailien ne put voir la mariée, mais seulement le palanquin nuptial, tout recouvert de velours rouge brodé d'or. Une telle foule de femmes et d'enfants du voisinage suivait le palanquin qu'Ailien et sa petite sœur furent submergées.

Le palanquin fut transporté tout droit dans la seconde cour, où les porteurs, après l'avoir posé sur le sol, remplacèrent les bâtons de bambou par d'autres, plus courts, et de bois. Mme Yao, en tant qu'entremetteuse, sortit la première et il lui fut servi une tasse de thé *koueiyuan,* tandis que la mariée, étourdie par la chaleur, restait dans l'obscurité et ne savait trop où elle était. Mme Yao fut avertie que la cérémonie aurait lieu dans la salle des ancêtres, droit en face du corps de logis où était Pingya. Comme il était impossible que le marié prît part à la cérémonie, il parut désirable d'insister d'autant plus sur le culte rendu aux tablettes ancestrales. Il était donc nécessaire de faire un grand détour pour gagner la salle des ancêtres, puisque le palanquin contenant la mariée devait passer par une porte latérale et par divers couloirs. Pendant ce temps-là, les femmes se hâtèrent de couper au plus court et les enfants du voisinage furent poussés dehors.

La foule, composée de femmes, de servantes et d'enfants, se trouva dans la salle bien avant que le palanquin apparût et s'arrêtât au pied des marches. L'orchestre de musique de chambre se mit à jouer ; le maître de cérémonies, qui portait un chapeau de mandarin avec des fleurs artificielles en feuilles d'or, déclama une strophe de quatre vers et ensuite psalmodia : « Que l'épousée descende du palanquin et monte les marches pas à pas, haut, très haut ! *Ching* ! »

A ce signal, Mme Yao et l'assistante de la mariée allèrent au palanquin, l'ouvrirent par-devant et, ayant retiré l'accotoir, en firent sortir la mariée. A demi étouffée par son lourd diadème, Mannia put alors respirer plus librement ; mais le voile de soie rouge pendait toujours devant son visage et elle ne pouvait rien voir. Soutenue à droite et à gauche par Mme Yao et l'assistante, elle émergea lentement du palanquin en baissant la tête.

Elle fut conduite en haut de l'escalier de pierre au son de la musique et des pétards. Moulane s'approcha d'elle et lui murmura : « *Chiehchieh,* ma mère et moi sommes là. » Tout ce que Mannia pouvait apercevoir était les pieds des femmes qui l'entouraient, et elle crut reconnaître ceux de Moulane parce qu'ils n'étaient pas bandés.

Moulane sentait que les regards des femmes, des jeunes filles, des servantes et des garçons étaient posés sur elle. C'était un de ces moments où les restrictions apportées d'habitude aux relations entre les sexes sont abolies, où les hommes peuvent regarder les jeunes filles cloîtrées conformément aux usages, et où les jeunes filles peuvent regarder de près les hommes. Aussi chaque sens de Moulane était-il aux aguets. Elle sentait et percevait la foule non seulement avec ses yeux mais aussi avec ses oreilles, ses narines, les pores de sa peau, avec chaque nerf de la surface de son corps. Et ce que ressentait Moulane, Mocho et toutes les autres jeunes filles le ressentaient aussi. Cette faculté qu'ont les femmes de pressentir qui se trouve dans une pièce, qui est un ennemi et qui est un ami, sans qu'apparemment elles aient levé les yeux – ce que les Occidentaux appellent mystérieusement le « sixième sens » – est une fonction parfaitement normale. A ces moments-là, des femmes peuvent écouter la conversation de deux personnes différentes tout en observant toute la toilette d'autres femmes, depuis les vêtements jusqu'aux souliers et aux boucles d'oreilles, de la même façon que des lettrés peuvent, à ce que l'on rapporte, déchiffrer dix lignes de texte d'un coup d'œil. Voilà pourquoi les noces, et même les funérailles, émeuvent tant ce qu'il y a d'instinctif chez les femmes.

Ce qui retenait le plus l'attention de Moulane, dans toute cette foule, c'étaient les yeux de Mme Niou, une vieille femme à la face carrée ; son front était bas et étroit, sa bouche large et mobile, avec une longue lèvre supérieure. C'était là ce que l'on appelle un visage chevalin, à cause de la distance entre les yeux et la bouche ; et son aspect avait quelque chose de tyrannique. De tels visages passent pour appartenir à des belles-mères intelligentes et à des souverains sachant administrer un Etat, comme l'impératrice douairière. Les hommes qui ont de pareils visages sont aussi de bons administrateurs ; mais chez les femmes la combinaison d'une intelligence prodigieuse, d'un grand sens pratique et de fortes aptitudes à aimer et haïr, produit souvent d'effrayants résultats. De tels individus sont en général de rapports agréables et faciles mais une fois qu'ils ont pris la décision d'acquérir le pouvoir ou la richesse, rien ne peut les arrêter. Que de grandes dames, autrement plus belles, ont été vaincues et évincées, et que de jeunes princes ont été assassinés par des femmes de cette espèce !

Mannia, elle, ne retirait aucun plaisir de se trouver au milieu de tout ce monde. Il n'y avait en elle que la sensation vertigineuse d'aller quelque part, d'exécuter des actes sur lesquels elle n'avait aucun contrôle. Il lui demeurait pourtant l'impression d'une grande solennité, d'une résolution sacrée, d'accomplir la destinée pour laquelle elle était née, la destinée qui probablement avait été décrétée dans le ciel bien avant qu'elle eût vu le jour. Tout avait été inévitable, tout lui semblait dépendre de quelque plan céleste. La suite de ce plan, n'ayant pas encore été dévoilée, ne lui était pas connue mais il n'existait dans son esprit ni doutes ni perplexités.

L'assistante de la mariée s'avança et souleva un coin du voile de soie rouge qui recouvrait le visage de la jeune femme. L'époux étant absent, sa mère, Mme Tseng, saisit une balance de métal toute neuve enveloppée dans du papier rouge et, s'en servant pour enlever le voile rouge, découvrit le visage de Mannia. On emploie la balance, avec son bras horizontal et son poids mobile, comme porte-bonheur, parce que le terme qui désigne cet instrument signifie « obtenir tout ce que l'on désire ». Il se produisit alors un silence général, qui fut suivi par des murmures d'admiration, comme si une statue de marbre d'une beauté parfaite venait d'être dévoilée.

Mannia tenait la tête baissée et continuait à se mouvoir comme un automate qui exécute ce qui lui est indiqué. Ses genoux s'inclinaient instinctivement vers le sol quand le maître de cérémonies hurlait : « A genoux ! Courbez-vous ! Courbez-vous encore ! Courbez-vous une troisième fois ! Levez-vous ! A genoux ! Courbez-vous ! Courbez-vous encore ! Courbez-vous une troisième fois ! » Elle avait vaguement conscience qu'elle exécutait tout cela devant les tablettes ancestrales. Bien qu'elle fût seule à le faire, sans le marié, elle n'avait pas été placée au milieu mais un peu à droite ; et à gauche d'elle, par terre, un coussin tenait lieu de l'époux absent.

Ce fut alors que deux sièges d'apparat furent installés dans le centre de la salle et que les parents du marié furent priés de s'y asseoir, afin de recevoir l'hommage de la mariée. Tous deux avaient revêtu la tenue officielle de mandarin, y compris le chapeau et les souliers ; la robe, avec ses carrés sur la poitrine où des dragons et des serpents étaient brodés en soies multicolores, les faisait paraître extraordinairement gros et solennels mais ce costume de parade ne les empêchait pas d'arborer un large sourire. Le maître de cérémonies se remit à psalmodier ses ordres à Mannia pour qu'elle s'agenouillât et s'inclinât devant ses beaux-parents. Elle lui obéit, et il lui ordonna enfin de se lever.

Une fois debout, il lui fallut se tenir à l'ouest de la pièce, face aux invités et aux parents. Le marié étant absent, la cérémonie de l'hommage mutuel entre les époux fut omise. Mannia dut s'incliner profondément, tout en tenant les deux pans inférieurs de sa jaquette, d'abord du côté de l'entremetteuse, Mme Yao, puis du côté de Cassie, des frères et des belles-sœurs, qui tous lui rendirent ses saluts.

Ensuite le maître de cérémonies entonna un poème qui devait porter bonheur ; ces strophes, rédigées en un style fleuri et conventionnel, annonçaient que les époux atteindraient l'âge de cent ans, connaîtraient la bénédiction que sont des enfants et des petits-enfants, à l'image d'une plante grimpante qui produit tout un chapelet de calebasses ; enfin que la mariée, qui était désignée sous le titre de « la nouvelle personne », devait être escortée à la chambre nuptiale.

La musique reprit alors et les pétards éclatèrent de nouveau, tandis que la mariée, accompagnée de son assistante et suivie de Fleur de Neige et de Petite Joie comme servantes personnelles, était conduite par un chemin d'étoffe rouge à travers une porte qui la mena dans la cour du marié. La mère de la mariée, qui avait assisté à tout jusque-là sans avoir un rang officiel, se retira et rentra dans son appartement. Mannia traversa à pas lents cette cour où trois jours auparavant, par une soirée tranquille, tout lui était apparu si merveilleux. Il lui sembla qu'entre-temps, des siècles s'étaient écoulés.

Comme elle montait les marches, un flamboiement rouge et or retint son regard. Les murs de la salle disparaissaient sous des bandes de soie rouge aux énormes caractères découpés dans du papier doré ; les tables et les chaises étaient couvertes d'étoffe écarlate toute brodée ; des festons rouges et verts décoraient les portes et, par-dessus les tapis qui jonchaient le sol, s'étalait la même étoffe rouge. Sur la table centrale, des chandeliers d'argent, avec de grands cierges vermillon où étaient inscrits des caractères argentés, étaient flanqués de vases et de trépieds en émail cloisonné. Quoiqu'il fît encore jour, les cierges étaient allumés. Au milieu de la pièce pendait au mur une longue bande rouge qui portait un caractère double d'un mètre de haut ; le caractère « hsi » qui signifie bonheur et qui, répété, signifie « bonheur dans l'union ». L'odeur de soufre des pétards remplissait la salle et montait à la tête de Mannia.

Pendant que la cérémonie du mariage se déroulait, Mme Tseng et Cassie avaient dû quitter la chambre du malade, et Fleur de Neige avait également eu un petit rôle à jouer en tant que servante particulière de la mariée. Aussi, lorsque le palanquin nuptial était arrivé, Fleur de Neige, fort élégamment vêtue, était accourue dans la cour antérieure, en laissant une servante pour s'occuper de Pingya. Au moment où la mariée pénétra dans la cour de Pingya, Fleur de Neige partit en avant pour s'assurer que tout était en ordre. D'habitude, la foule des invitées se rue dans la chambre nuptiale avec la mariée, mais Mme Tseng et Cassie s'étaient arrangées pour que quelques-unes seulement entrassent. Tout en évitant soigneusement, durant toute cette journée, de prononcer le mot « maladie », elles avaient expliqué que trop de monde troublerait le marié. La première à entrer était, par nécessité, l'assistante, puis Petite Joie et Fleur de Neige. Il avait été convenu que Cassie entrerait ensuite, puis Moulane et Mocho. Mais la mère de Moulane, ayant insisté pour voir Pingya, ne fut pas exclue. Mme Tseng accompagna elle-même les autres invités dans la troisième salle centrale, où des rafraîchissements étaient servis.

Pingya était couché sous des couvre-pieds roses tout neufs. Il se rendait compte qu'il s'agissait de son mariage, que tout dans la pièce était rouge, que sur la table brûlaient de grands cierges rouges, dont les mèches de roseau par moments pétillaient. Le bruit des préparatifs qui se faisaient dehors l'avait fatigué ; et, depuis le matin, on n'avait même pas essayé de le changer de vêtements. L'arrivée du palanquin nuptial, la musique des instruments à cordes et la fusillade des pétards l'avaient tiré de sa somnolence. Fleur de Neige était venue l'avertir que la cérémonie avait commencé et qu'elle serait absente un moment. Dix minutes s'écoulèrent et rien ne se passa. Se désintéressant de la chose, il se rendormit, jusqu'à ce qu'il entendît de nouveau la musique. Il lui fallut un peu de temps pour qu'il se rendît compte qu'il était éveillé et que cette musique était celle de son mariage : il se demanda depuis combien de temps Fleur de Neige l'avait quitté, s'il avait dormi longtemps et pourquoi la mariée n'était pas encore là. La servante vint lui toucher doucement l'épaule et lui dit que la mariée arrivait. Alors, il se sentit tout à fait réveillé.

Il aperçut la mariée qui entrait avec son escorte. Elle n'avait plus son voile rouge et elle pouvait contempler la pièce, si transformée qu'elle la reconnut à peine. L'assistante la conduisit droit au lit car l'usage veut que la mariée s'assoie sur le lit. Pingya fit un effort pour se mouvoir mais Cassie l'en empêcha ; il retomba en arrière, haletant. L'assistante, qui savait par cœur d'innombrables phrases et vers « porte-bonheur » pour de telles occasions, débita quelque chose sur la bienheureuse harmonie des phénix mâle et femelle et déclara que, puisque l'on avait décidé d'omettre les hommages réciproques des époux, la mariée devait maintenant s'incliner devant le marié. Ce que fit Mannia en tenant les pans de sa jaquette de noces. Puis elle s'assit sur le lit, de façon à ne pas tourner complètement le dos au marié.

La mariée était censée ne pas prononcer une parole, et le marié ne trouvait rien à dire. Assise sur le lit, Mannia avait le sentiment d'avoir atteint un but, quel qu'il fût. Chose étrange, maintenant que la cérémonie était terminée, elle avait moins peur qu'elle ne l'avait pensé. Elle était contente de n'apercevoir autour d'elle que des visages familiers et amicaux ; le plus réconfortant à voir était celui de Moulane, qui la dévisageait en souriant et à qui elle rendit son sourire. Il lui parut merveilleux qu'elle se fût déjà trouvée dans cette maison, eût vu cette chambre, eût fait connaissance de Cassie et de Fleur de Neige. Ainsi tout était pour elle moins étrange que ce ne l'eût été pour une mariée ordinaire. Moulane s'approcha pour féliciter les époux, et les autres la suivirent.

La mère de Moulane demanda comment allait le marié. Pingya était assez lucide pour la reconnaître et l'interpella à voix basse par son nom. Chacun fut satisfait qu'il l'eût prononcé nettement.

— Pingya, je vous félicite de votre bonheur, dit la mère de Moulane. Vous avez une excellente femme, et grâce à elle vous serez vite sur pied.

Jusque-là, il n'aurait pas été correct que Mannia regardât le marié mais, maintenant qu'il avait ouvert la bouche, elle pouvait lui jeter un coup d'œil. Elle aperçut, étendu auprès d'elle, l'être qui pour elle passait en premier et dont la prompte guérison lui incombait. Elle se sentit étrangement apaisée et comblée, Pingya était entre ses mains et, s'il ne guérissait pas, ce ne serait pas sa faute.

— Merci, dit Pingya, répondant à Mme Yao. Quand je me lèverai, je viendrai vous remercier de toute la peine que vous vous êtes donnée.

Il bougea les bras et ajouta :

— Puis-je m'asseoir un peu ?

— Il ne faut pas ! s'écrièrent-elles toutes.

L'usage est que les époux partagent un petit repas rituel, qui se compose d'une tasse de vin et d'un bol contenant du cœur de porc et d'autres organes vitaux, de façon qu'après en avoir mangé, ils aient « le même cœur », soient en accord d'esprit. Si d'autres usages pouvaient être laissés de côté, ce n'était pas possible pour celui-là ; l'« union des tasses de vin » doit être exécutée lorsque le marié et la mariée ont été laissés seuls. Fleur de Neige apporta donc une table basse qu'elle déposa sur le lit, et dès que les préparatifs eurent été faits, tout le monde se retira. L'assistante de la mariée voulait demeurer pour l'aider mais Cassie la pria de sortir et elle dit à Mannia que cette cérémonie n'étant que pour la forme, il suffirait que Ping-erh prît ce qu'il pourrait.

Lorsque la porte se fut refermée, Mannia resta un moment assise sur le lit. Elle contemplait timidement Pingya et son cœur battait si fort qu'elle ne pouvait parler. Pingya étendit la main vers elle et elle lui donna la sienne ; il la prit sans la serrer et dit :

— Dorénavant, *Meimei,* vous ne pouvez plus m'échapper.

— Pingko, je ne le ferais pas, même si vous me chassiez, dit Mannia. Je suis venue vous servir. A cause de moi, il vous faut guérir. Je ferai n'importe quoi pour cela, même me priver de sommeil jusqu'à ce que vous soyez bien.

— Je suis fâché de n'avoir pu me lever et célébrer toute la cérémonie avec vous. Je suis si faible, vous comprenez, dit Pingya d'une voix éteinte.

— Vous ne devriez même pas songer à pareille chose, dit Mannia.

— Tout s'est-il bien passé ?

— Oui, tout s'est bien passé, répondit-elle.

— C'est dur pour vous, *Meimei.*

— Restez tranquillement couché et tout ira bien.

Mannia était près de lui mais il y avait la table ; de plus, elle portait encore le haut diadème avec ses pendeloques de perles et ses glands, qui la gênait dès qu'elle bougeait.

— Il nous faut en finir avec ça, dit-elle en prenant les tasses de vin et en lui en offrant une. Pouvez-vous la tenir ?

Il la saisit, bien que sa main tremblât. Mannia prit l'autre tasse et la choqua légèrement contre la sienne ; puis, avant qu'il ait pu la renverser, elle reprit les deux tasses et les déposa sur la table. Elle ne pouvait avaler le vin.

Ayant pris une cuiller, elle cueillit une petite tranche de cœur et un peu de bouillon, et essaya de nourrir Pingya en tenant le bol tout près de lui. Mais il était allongé tout de son long et, elle, le pesant diadème l'embarrassait. L'énervement faisait trembler la main de Mannia, mais à peine Pingya eut-il absorbé une demi-gorgée que le bouillon coula de sa bouche et, tandis qu'elle s'empressait pour déposer le bol, le liquide se répandit sur les couvre-pieds neufs. Mannia plaça le bol sur la table basse, et comme elle prenait une serviette sur le séchoir pour essuyer le visage et le cou de son époux, elle s'aperçut que sa jaquette était aussi tachée.

— Ne me donnez qu'un petit morceau de cœur, dit Pingya.

— C'est ce que j'aurais dû faire, dit Mannia.

Elle en prit un morceau avec les baguettes d'ivoire et le lui donna mais Pingya lui dit :

— Non, mordez-y la première.

Mannia en mordit un peu et donna le reste à Pingya, qui le mangea.

— Dorénavant, dit-il, personne d'autre que vous ne me servira.

Ainsi se termina la cérémonie nuptiale.

CHAPITRE X

Pendant que l'assistance se trouvait dans la salle centrale, Moulane profita de l'occasion pour jeter un coup d'œil autour d'elle. Derrière la cloison de bois de cette pièce se trouvait une sorte de couloir étroit, d'un mètre et demi de profondeur, qui y était relié par deux portes latérales et qui menait dans une cour tranquille, dallée, avec des bancs et une table de pierre. Des pots de fleurs et des ifs nains sur des socles de pierre, et quelques tabourets de porcelaine en forme de tonneaux et de tambours, y étaient disposés. Par-dessus le mur, Moulane aperçut, à une centaine de mètres, un arbre très élevé qui émergeait d'un jardin voisin. L'endroit était beau et paisible. De cette cour, Moulane pouvait découvrir, à travers des fenêtres grillées, l'arrière-chambre de l'appartement où logeait Pingya. Elle vit alors Mannia qui essuyait sa jaquette et lui dit :

— As-tu terminé ?

Mannia leva la tête, aperçut Moulane et s'écria :

— Entre.

Moulane traversa l'étroite salle et vit que cette arrière-chambre, meublée d'un petit lit neuf et de meubles neufs, était la chambre à coucher de la mariée.

— Tu as une bien belle cour, dit Moulane.

Elle voulut y entraîner Mannia pour qu'elle la vît mais Mannia ne fit que s'approcher du seuil, et jeter un regard sur la cour qui devait devenir la sienne et où elle devait passer tant de ses journées et de ses soirées.

A ce moment, Fleur de Neige ouvrit une porte et pria les compagnes de la mariée de passer dans l'autre pièce, où étaient servis des nouilles et du *popo*[35] avec les signes de l'« union du bonheur ». Elle apporta ensuite un gâteau de marrons, du potage aux nouilles, du *chiaotse*[36], et du *popo* à l'« union des cœurs » pour les jeunes filles. Mannia refusa de manger, et Fleur de Neige lui dit :

— Il vous faut manger un peu maintenant, et ce soir, au moment du dîner, on vous fera porter des plats.

— Elle ne sera donc pas ce soir au repas de noces ? demanda Moulane. La mariée doit servir le vin, pourtant.

— C'est juste, répondit Fleur de Neige. Mais, d'après les usages, elle n'a pas encore officiellement « rencontré » les parents et ne le fera pas avant demain ; et elle n'est pas censée quitter ce soir la chambre nuptiale. D'habitude, le repas de noces a lieu le troisième jour mais nous ne tenons pas compte des formes habituelles. Il n'y aura que trois tables, y compris les enfants. Rien que les Yao, les Niou, le médecin de la Cour et sa femme, et notre propre famille. Vous avez de la chance ; il ne sera pas question ce soir, puisque c'est un repas de famille, de taquiner la mariée.

Mannia se laissa donc persuader de manger un bol de nouilles et un peu de *chiaotse* qu'elle adorait, comme tous les gens du Nord. L'assistante lui dit alors de quitter sa toilette de cérémonie ; bientôt il lui faudrait se changer et se préparer pour la soirée.

Ayant entendu du bruit dans la chambre de Pingya, Mannia dit à Fleur de Neige :

— Il vous appelle.

Fleur de Neige entra dans la chambre pour savoir ce que désirait Pingya et il lui dit d'une voix sourde :

— Je vous ai appelée bien des fois. Où est la mariée ?

Fleur de Neige revint vite.

— Le marié vous demande, dit-elle en souriant. Nous méritons toutes la mort. Il nous a bien des fois appelées et aucune de nous ne l'a entendu, sauf la mariée.

Mannia entra donc dans la chambre et Moulane, ayant réfléchi à quelque chose, se rendit à la salle centrale et demanda à sa servante Brocart :

— Où est Ecran d'Argent ?

— Elle a dit qu'elle avait mal à l'estomac ; et aussitôt après la cérémonie, elle est rentrée à la maison, dit Brocart.

— Avez-vous vu Tijen ? demanda Moulane.

— Non. Je crois qu'il est aussi rentré à la maison, dit Brocart.

Moulane ne répondit rien, mais fit savoir à Mannia qu'elle allait rejoindre sa mère, et prit Mocho et Brocart avec elle.

Elles se rendirent au corps de logis intérieur, où se trouvait la chambre de Mme Tseng, et elles y trouvèrent les quatre dames, Mme Yao, Mme Soun, Mme Niou et Mme Tseng qui causaient ensemble tandis que, dans un coin, Cassie parlait avec Souyoun, la fille de Mme Niou. Les deux sœurs, Moulane et Mocho, saluèrent les personnes présentes.

— Madame Yao, je vous félicite, dit Mme Niou. Comment vous y êtes-vous prise pour élever deux aussi jolies filles ? C'est un plaisir de les regarder.

— Chez nous, mon mari les loue souvent, dit la femme du médecin. Je me suis laissé dire que c'étaient des jeunes personnes accomplies, aussi bien en ce qui concerne le ménage que la littérature et qu'elles possédaient l'astronomie, la géographie, les mathématiques, en même temps que la couture, la cuisine et la broderie.

— Ce n'est pas exact, dit modestement la mère des deux jeunes filles. La vérité, c'est que vous et votre mari avez de l'affection pour elles et êtes indulgents à leur égard.

— Moulane et Mocho, dit Mme Niou, venez un peu que je vous regarde. Est-ce qu'on ne croirait pas voir ces beautés talentueuses qu'on nous présente sur la scène ? La famille qui les obtiendra comme belles-filles aura de la chance. Elles ont de si bonnes manières ! Aux temps où nous vivons, c'est bien difficile d'élever des filles. Même les filles, maintenant, font des études et écrivent des thèses, et quand elles font leur entrée dans le monde, elles parlent de « mariage libre » et apprennent de nouvelles façons ; mais elles ignorent les bonnes manières. Où allons-nous, je me le demande ?

Elle parlait d'un ton haut et net, en femme habituée à commander et personne ne la contredit.

— A en croire le dicton, poursuivit-elle, « les filles sottes sont vertueuses » ; et les choses importantes que les filles doivent apprendre, c'est tenir un ménage, obéir aux supérieurs et diriger les inférieurs, donner le jour à des fils et élever des filles. Il y en a qui peuvent faire des études, d'autres ne le peuvent pas, et comment les y forcer ? Mais maintenant la mode a changé ; elles veulent toutes suivre des cours et faire des études, et quand elles ont fini, elles se marient comme les autres. Tout ce qu'elles ont appris ne leur sert de rien. Il y a des foules de gens qui savent seulement que quatre fois cinq font vingt et cinq fois cinq vingt-cinq, et qui pourtant gagnent de l'argent gros comme eux et deviennent de hauts fonctionnaires.

Pendant tout ce discours, elle examinait de près Moulane et Mocho. Se tournant vers leur mère, elle dit :

— Vous ne leur avez jamais bandé les pieds ?

— Leur père ne l'a pas permis, dit Mme Yao.

— Les pieds non bandés deviennent à la mode, dit Mme Niou. J'ai bandé les pieds de Souyoun quand elle eut dix ans et maintenant elle ne le veut plus et j'ai dû céder, parce que le gouvernement l'a interdit. Toutes les filles chinoises vont avoir de grands pieds comme les filles mandchoues.

Lorsque Souyoun entendit que sa mère prononçait son nom, elle se tourna vers elle pour l'écouter et sa mère lui dit :

— Viens, Souyoun, et cause avec la *Meimei* Yao.

Souyoun se leva et avança avec la distinction qui convenait à la fille d'un haut fonctionnaire. Elle s'habillait avec distinction, marchait avec distinction, parlait avec distinction. Elle n'était ni impertinente ni moqueuse mais distante et réservée ; elle ne manquait pas de charme féminin mais était en quelque sorte raffinée à l'excès et en était consciente ; bref, elle était le produit d'un milieu artificiel. Elle avait une façon de porter son mouchoir parfumé à ses narines, comme si elle jugeait qu'à tout instant elle risquait d'être contaminée par l'assistance. Elle faisait assez penser à l'une des attitudes préférées d'une beauté d'autrefois, Hsichih ; ou bien ayant une peine de cœur, ou bien ayant mal aux dents, mais de toute façon exhibant le fameux « front plissé[37] ».

Les dames comparèrent les pieds des jeunes filles. Les deux pieds de Souyoun avaient une fâcheuse bosse au-dessus du tarse, parce qu'ils avaient été bandés jadis, mais ils étaient plus petits que les autres. Une des choses qui déplaisaient à Moulane était d'avoir des pieds plutôt grands.

— Les pieds de Mlle Yao sont plus grands et mieux que les miens, dit Souyoun. J'aurais beau ne pas bander mes pieds maintenant, et tâcher qu'ils deviennent plus grands, ils ne grandiront pas assez.

— Ne dites pas cela, répondit Moulane. Même parmi les pieds bandés, les plus petits l'emportent.

Telle fut la première victoire de Souyoun sur Moulane. Souyoun savait qu'elle avait vaincu mais Moulane l'ignorait encore.

— J'étais hier chez le chef de cabinet Tan, poursuivit Souyoun, et l'aînée des demoiselles Tan a aussi cessé de se bander les pieds ; et elle m'a dit que les filles du sous-directeur du Centre d'entraînement militaire Hsou font de même.

Ces titres officiels glissaient hors de la bouche de Souyoun comme tournent des roues de moulin bien graissées. Moulane, qui ne connaissait pas ces filles de fonctionnaires, ne put parler d'elles. Ce fut la deuxième victoire de Souyoun sur Moulane.

Malgré cela, Moulane éprouvait plutôt de l'affection et de l'admiration pour Souyoun car, quand elle voyait une jolie fille, elle se sentait attirée par elle. Mocho, plus avertie, comprit à quel point Souyoun était prétentieuse, et plus tard, à leur retour chez elles, elle déclara à sa sœur qu'elle n'aimait pas du tout cette Mlle Niou.

*

Mme Niou avait ce sens divinatoire des faits et des intentions que possèdent certaines femmes. Peut-être n'était-ce après tout que la netteté de vision d'un esprit qui savait ce qu'il voulait, simplement et définitivement, sans s'embarrasser de détails. Elle était maintenant en train de conjecturer ce que l'avenir réserverait aux jeunes générations des trois familles, la sienne, les Tseng et les Yao. Elle avait deux fils, Houaiyou, qui avait dix-neuf ans, et Toungyou, qui en avait dix-sept. Houaiyou était déjà fiancé à une jeune fille de la famille Chen ; quant à Toungyou, il était encore jeune, et l'esprit calculateur de Mme Niou espérait lui obtenir une alliance plus importante dans une famille de fonctionnaires. Les Yao n'appartenant pas à cette classe, Mme Niou entrevoyait une union avec les Tseng ; sa fille Souyoun, qui avait quinze ans, pourrait épouser ou Chinya ou Sunya. Elle était au courant de l'étroite amitié qui existait entre Moulane et les Tseng, et prévoyait que vraisemblablement Moulane épouserait un des fils. C'est pourquoi elle accordait beaucoup d'attention à Moulane et considérait dans son esprit les caractères de Chinya et de Sunya.

Une personne ordinaire aurait peut-être jeté son dévolu sur Sunya, le plus jeune et le plus travailleur des deux ; mais Mme Niou n'était pas une femme ordinaire. Elle voulait un gendre qui devînt un fonctionnaire et elle savait exactement quelles étaient les qualités qui font un fonctionnaire ; qualités qui sont totalement différentes de celles qui font un homme. Telles que les choses se présentaient alors, un brave homme ne pouvait pas être un fonctionnaire ; ni un homme travailleur, ni un homme énergique, ni un homme honnête, ni un homme lettré, ni un homme trop intelligent, ni un homme fin et consciencieux, ni un homme trop courageux. La classe des fonctionnaires, même le mandarinat corrompu de ce temps-là, n'était pas d'une composition uniforme, parce qu'elle était recrutée dans toutes les couches de la population. Elle était comme une mer où l'on aurait jeté tous les enfants des familles de fonctionnaires et tous ceux qui n'auraient pu gagner leur vie autrement. Naturellement il y en avait qui étaient honnêtes, d'autres qui étaient lettrés, ou travailleurs, ou consciencieux. Mais dans ce vaste « océan des fonctionnaires », comme nous disons, il se déchaînait bien des bourrasques et bien des tempêtes. Les uns coulaient à pic, les autres surnageaient, et seuls atteignaient au port du succès ceux chez qui l'ardeur au travail s'alliait à l'intelligence et qui ne s'encombraient pas trop de scrupules. Parmi les milliers d'individus qui occupaient des postes dans la bureaucratie, un homme qui n'était ni trop honnête, ni trop énergique, ni trop désireux que les choses fussent faites ou changées, ni trop fin, ni trop consciencieux, et qui était appuyé par de bonnes relations, était à peu près certain de faire une brillante carrière.

Chinya était normalement intelligent, normalement instruit, normalement soumis et circonspect ; de nature calme et prudente, il avait cette grande qualité : la circonspection, grâce à laquelle il était certain de ne pas s'attirer d'ennuis. Sunya au contraire était trop franc, trop ouvert et trop audacieux. Le tempérament de Chinya le portait à se tenir sur la réserve, et la sévérité de son père avait expulsé de lui toute espèce de courage ; mais Sunya, parce qu'il était le cadet, avait été laissé à l'état nature, à l'état sauvage. La conclusion de Mme Niou fut que, avec les protections qu'elle pourrait lui assurer, Chinya avait toutes les chances du monde de faire une belle carrière de fonctionnaire, tandis qu'avec Sunya on ne pouvait être sûr de rien, sinon qu'il était capable d'avoir de ces idées originales dont les bien-pensants ont une sainte horreur. Aussi se sentit-elle pleine de sympathie pour le prudent et sage Chinya.

Mme Niou n'était pas une femme cynique mais simplement une femme ambitieuse, pratique et capable, sachant tirer parti de ce qu'elle avait appris. Non contente de faire l'éducation de son mari, ne l'avait-elle pas poussé en avant, obtenant pour lui poste après poste ? N'était-il pas un pauvre être, ordinaire et sans ressort ? Ne lui avait-elle pas amassé une grosse fortune, ce qui l'avait rendue la fable de tout Pékin ? Son mari oserait-il lui soutenir que sa situation de ministre des Finances n'était pas entièrement et absolument due à la parenté de sa femme avec Mme Wang, qui était sa première cousine et la femme d'un des Grands Conseillers ? Le nom de son mari, « Niou », voulait dire « bœuf », et son nom de famille à elle était « Ma », c'est-à-dire « cheval ». Dans les maisons de thé de Pékin, on se répétait des chansons qui accouplaient leurs noms et raillaient la rapacité du ministre des Finances. L'une d'elles, qui était en vers de quatre mots, disait :

Houang niou pien t'i
Pai ma to to
Niou ma ch'i o
Pohsing peng houo.

Le bœuf jaune a les pieds fourchus,
Le cheval blanc va trottinant.
Le bœuf et le cheval sont attelés ensemble…
Malheur au sort du peuple !

Mme Niou avait un surnom : *Ma Tsoupo,* ce qui est le nom d'une sainte bouddhiste et signifie « la toute-puissante grand'mère cheval ». Comme la comparaison était quelque peu flatteuse, des gens se mirent à la désigner ainsi, même en sa présence ; elle en était secrètement assez satisfaite. Par manière de plaisanterie, les amis de M. Niou l'appelaient « Niou, le Dieu des Richesses ». En même temps, une autre chanson, qui n'était pas si louangeuse, parlait du bœuf qui mangeait les fruits de l'« arbre à monnaie » et en remplissait son gros ventre.

Hao niou pou ta hou yuanti
Hao ma pou ch'ih mench'ien ts'ao.
Yaoch'ienchou hsia
Ch'ih ko toup'i pao.

Un bon bœuf ne piétine pas le sol de sa cour,
Un bon cheval ne pâture pas devant sa porte.
Mais à l'ombre de l'arbre d'or,
Ils broutent l'or qui sort de terre.

L'arbre à monnaie était un arbre dont les ligatures de pièces de monnaie formaient les branches et dont les fruits, qui pendaient comme des grappes de graines d'orme, étaient des pièces d'or. On n'a qu'à secouer l'arbre à monnaie et à ramasser l'or qui tombe par terre en pluie.

*

A ce moment, les dames apprirent que Son Excellence M. Niou était arrivé pour le repas de noces. Il s'avança avec la solennité qui lui était habituelle, accompagné de quatre porteurs de palanquin et de huit gardes, à qui il fallait donner des pourboires et de quoi manger. M. Tseng le reçut dans la salle de devant, où se trouvaient M. Yao et M. Tsiang, le médecin de la Cour. Ils s'inclinèrent selon les rites officiels, avec des « Excellence » par-ci et des « Excellence » par-là, et M. Yao dut s'y plier.

M. Niou n'avait pas d'emblée compris comment il était parvenu au pouvoir. Sa femme avait fait sa carrière avant qu'il s'en fût rendu compte. Son visage était une boule de chair, et des moins appétissantes ; mais, depuis sa réussite, les astrologues de Pékin présentaient ce type de visage comme étant celui qui a la chance pour lui. Il est vrai que, d'après les théories des diseurs de bonne aventure, être gros implique être de bonne humeur, et, par suite, en principe, implique la chance. Mais dans le cas présent, il ne s'agissait pas simplement d'un visage exprimant une bonne humeur joviale, même pas une sensualité intelligente ; le visage de M. Niou ne reflétait que la médiocrité et la cupidité.

M. Niou appartenait à une vieille famille de banquiers chinois, qui avaient des maisons à Pékin et à Tientsin. Vers le milieu du siècle dernier, le système des examens impériaux et du fonctionnariat avait commencé à s'écrouler ; il était devenu possible d'acheter des diplômes universitaires et des titres, surtout lorsque, à la suite d'inondations et de famines, le gouvernement avait besoin d'argent. Ce fut ainsi que M. Niou acheta un diplôme de *choujen*[38], et, grâce à d'ultérieures « souscriptions » à un eunuque fort influent, fut nommé commissaire général au ministère de la Guerre, chargé des achats d'approvisionnements et de matériel pour l'armée. Un tel poste se révéla excellent pour lui et d'un très bon rapport. Mme Niou étant de plus apparentée à la femme d'un Grand Conseiller, la carrière de M. Niou ne connut pas d'orages.

Il lui vint donc beaucoup de confiance en lui-même et il se mit à prendre des airs devant tout le monde, excepté devant sa femme, qui avait un an de plus que lui. Il se persuada qu'il n'était ni stupide ni médiocre, et il y arriva en morigénant les autres, surtout ses collègues d'un rang inférieur. Ceux-ci en souriaient derrière son dos et se moquaient de lui mais, en sa présence, ils étaient extrêmement polis, et même obséquieux, parce qu'ils savaient qu'il aimait cela. Du coup sa confiance en lui-même s'accrut. Il avait formellement interdit à ses domestiques, qui ne se gênaient pas de le critiquer entre eux, de jamais prononcer devant lui le mot *niou* pour signifier *bœuf* ou *vache.* Il y avait à Pékin des ruelles qui portaient des noms bizarres : la ruelle de la Queue-de-Bœuf, la cour du Poil-de-Bœuf. Un des secrétaires de M. Niou lança, par flatterie, la mode de désigner la cour du Poil-de-Bœuf sous le nom de « cour du Ministre », ou « cour de Son Excellence » ; et Son Excellence approuva. Toutefois, c'était là créer un précédent dangereux. Un des domestiques des Niou suggéra par plaisanterie que la ruelle de la Queue-de-Bœuf devrait également s'appeler la « ruelle de la Queue de Son Excellence », ce qui eût été risible, et que le lait de vache devrait s'appeler « le lait de Son Excellence », ce qui eût été pis encore.

Au reste, M. Niou était un ministre généralement respecté, en tout cas en apparence. Seuls les indiscrets épluchaient ses origines. Tandis qu'il dirigeait le ministère des Finances, Mme Niou dirigeait ses banques, qui s'étaient prodigieusement développées et étaient en fait pour lui un moyen d'encaisser des pots-de-vin sous prétexte de recueillir des dépôts de fonds. Personne ne se plaisait tant à dénoncer publiquement la corruption officielle que M. Niou lui-même. Il avait aussi appris quelques belles phrases en style soutenu, qui lui étaient fort utiles dans ses relations officielles ; seulement, de temps à autre, il lui arrivait de commettre un impair. Il y a une certaine métaphore louangeuse qui désigne une personne que ses talents et sa prestance distinguent des autres : « Une cigogne parmi des poules. » C'est une phrase qui sonne bien et, un jour, en prononçant un discours, M. Niou l'employa par erreur pour mettre en valeur sa propre modestie : « J'ai l'honneur d'être au milieu de vous, comme une cigogne parmi des poules... » Les rares qui s'aperçurent de ce pataquès se gardèrent bien d'éclater de rire. Mais lorsqu'il se fut tu, il y eut des chuchotements et, dans les milieux de fonctionnaires, la bévue de M. Niou devint classique.

Comme M. Tseng, M. Niou était du Chantoung et connaissait Yuan-Chihkai. Ce fut lui qui présenta son compatriote à Yuan, qui était en train de devenir rapidement le fonctionnaire le plus important du gouvernement mandchou, et qui, avec son « armée nouvelle », avait acquis un pouvoir militaire réel. Grâce à cette relation, M. Tseng fut nommé sous-directeur des Télégraphes de l'Etat, et ainsi se noua entre les deux familles un lien de reconnaissance.

*

Le soir venu, la compagnie prit place au repas de noces.

Trois tables avaient été dressées dans la salle à manger de gala du troisième corps de logis, que décoraient des guirlandes de soie rouge offertes par les Yao, les Niou et le médecin de la Cour. L'oncle maternel de Moulane, M. Feng, apparut juste avant l'heure du dîner. En plus des hommes et des femmes qui, dans de pareilles occasions, se mêlaient sans contrainte, il y avait les jeunes gens et les jeunes filles des trois familles. Chinya et l'aîné des Niou étaient à la table des hommes, tandis que Sunya et le cadet des Niou étaient à une table séparée avec les quatre jeunes filles. A une autre table se trouvaient les femmes avec les enfants. La place d'honneur avait été réservée à Mme Soun, parce que mère de la mariée et proche parente. Corail, la sœur adoptive de Moulane, n'était pas venue ; Mme Yao annonça qu'elle n'était pas très bien et que quelqu'un devait rester à la maison pour ne pas l'abandonner entièrement aux domestiques.

Puisque c'était un repas de fête, quoique sans cérémonie, on servit du vin. Pendant que les hommes causaient et buvaient, Mme Tseng se confondit en excuses auprès des invités, parce que la mariée n'était pas là et ne pouvait leur « présenter le vin » ; en revanche, elle les pria de « venir la voir » après le dîner. La femme du médecin et Mme Niou, qui ne connaissaient pas la mariée, étaient impatientes de la rencontrer. Mme Niou but à la santé des nouveaux époux et, s'adressant à Mme Tseng, s'étendit en louanges sur la beauté et les bonnes manières de la mariée. Mme Tseng abonda dans son sens et dit :

— Ma belle-fille a l'affection de tous ses supérieurs comme de tous ses inférieurs. Dès l'enfance, elle a été une fille intelligente et bien élevée. Je ne crains pas de le dire entre nous, Madame Niou, bien qu'elle soit ma propre nièce. Vous la voyez aujourd'hui en parure de mariée et elle vous semble une beauté tombée du ciel ; mais bientôt vous vous rendrez compte qu'il ne lui manque aucune des quatre vertus de la femme. Je dois des remerciements à ses parents qui l'ont si bien élevée. J'espère seulement que Ping-erh aura le bonheur de jouir d'une épouse aussi accomplie…

Il y eut un moment de silence, car en ce jour personne ne voulait prononcer le mot de maladie.

La mère de Mannia était émue à la vue de ce bonheur ; son mari lui manquait, et elle se dit qu'il aurait été bien heureux que sa fille entrât dans une telle famille. Elle n'avait pu revoir sa fille depuis la cérémonie et ne le pourrait pas non plus le lendemain ; à la fois parce qu'elle était la mère de la mariée et parce qu'étant veuve les usages lui interdisaient l'entrée de la chambre nuptiale. En entendant Mme Tseng parler de l'éducation qu'elle et feu son mari avaient donnée à Mannia, elle eut le cœur serré, et les larmes jaillirent de ses yeux.

Mme Tseng et les autres femmes comprirent instinctivement pourquoi elle pleurait. Cassie, pour distraire son attention, se hâta de dire :

— Je bois à votre santé, et je vous garantis que l'an prochain vous serez grand'mère. Votre petit-fils deviendra un haut fonctionnaire et vous, une grande dame que décorera la Cour impériale.

Tout le monde en tomba d'accord et les rires fusèrent.

— Je ne suis qu'une créature inutile, qui ignore les usages de Pékin, déclara Mme Soun en essuyant de la main ses larmes. Même pour ce mariage, je n'ai été capable de rien faire. Tout a été fait pour nous, pour ma fille et pour moi, par les parents du marié, qui ont été pour nous d'une extrême bonté. Il ne me reste plus qu'à quitter la chair de ma chair, qu'à souhaiter qu'elle soit une belle-fille dévouée et ne déçoive pas l'affection que lui portent ses beaux-parents.

Après le dîner, la mère de Mannia se retira dans son appartement tandis que le reste de la compagnie allait voir la mariée. Seuls, parmi les hommes, s'y rendirent M. Feng et le médecin de la Cour. La mariée s'était préparée pour cette visite. Avec l'aide de son assistante et de Fleur de Neige, elle avait changé de vêtements mais portait toujours le diadème de noces. Comme on ne voulait pas déranger le marié, Mannia les reçut dans l'arrière-chambre, qui était toute petite et très encombrée ; et comme il n'y avait là que des amis intimes et des parents, personne ne se permit des plaisanteries et des réflexions embarrassantes afin, selon la coutume, de faire sourire la mariée.

Mannia se tenait immobile auprès de son lit pour qu'on pût la contempler. Les cordons de perles ruisselaient dans sa chevelure, et elle était très belle à voir. Bien qu'elle n'eût pas besoin d'être protégée, Moulane et Mocho se placèrent à ses côtés.

Le docteur entra dans la chambre de Pingya pour l'examiner et lorsqu'il revint, on le pria de s'asseoir.

— Ce n'est pas la peine, dit-il, je vais bientôt partir.

C'était un vieil homme à la voix douce et à la grande barbe blanche, et il avait à la bouche une pipe de deux pieds de long.

— Voici le médecin de la Cour, dit Moulane à Mannia.

S'adressant au reste de la compagnie, elle ajouta :

— Ces deux-là sont les médecins du marié. L'un guérit le corps et l'autre l'âme.

Mannia rougit en entendant prononcer le nom du docteur, et elle se souvint de l'entretien animé qu'elle avait eu avec lui deux jours auparavant et que les autres ignoraient.

Bientôt, la compagnie partit, ne laissant dans la pièce que l'assistante de la mariée et ses deux servantes, qui l'aidèrent à se déshabiller. Lorsque tout fut prêt, l'assistante lui dit quelques mots de bon augure, la pressa de se rendre dans la chambre de l'époux et ferma la porte sur elle.

Mannia fut alors seule avec Pingya. Elle le trouva endormi et craignit, en le réveillant, de le priver du repos dont il avait tant besoin. En voyant que tout avait été préparé pour la nuit, elle demeura silencieuse. Puis elle tira les rideaux du lit et rentra dans la chambre voisine, qui était la sienne.

Elle resta un long, très long moment, assise sous les cierges rouges, à réfléchir à tout ce qui s'était passé et à tout ce qui l'attendait encore.

CHAPITRE XI

Lorsque Moulane et les siens rentrèrent chez eux, vers dix heures, M. Yao était fort en colère. Ce n'était que durant le repas de noces qu'il avait découvert que son fils Tijen s'était fort malhonnêtement esquivé et n'avait pas assisté à cette importante réunion de famille. Pendant le trajet de retour, Mme Yao, ayant étourdiment remarqué qu'Ecran d'Argent aussi était rentrée, s'était ensuite hâtée de changer de conversation. La première chose que le père de Moulane demanda à Corail fut :

— Où se trouve cette graine de péché qu'est mon fils ?

— Ne me le demandez pas, dit sèchement Corail.

Venant de Corail, une pareille réponse était singulière, car elle était rarement de mauvaise humeur et presque jamais impolie.

— Que voulez-vous dire ?

— Mon nom est Hsieh, dit Corail, et je ne puis intervenir dans les affaires de la famille.

La chose était vraiment inouïe. Corail avait été élevée par les Yao comme si elle avait été un de leurs enfants, ils la considéraient comme telle et elle n'était jamais appelée autrement que « Fille Aînée ». De plus, c'était une nature simple, heureuse, satisfaite de son sort. Il était incroyable qu'elle répondît ainsi.

— Que se passe-t-il ? demanda Moulane. Quelqu'un t'a-t-il offensée ?

— N'avez-vous pas proposé vous-même de rester à la maison parce que vous n'étiez pas bien ? demanda la mère.

— Personne ne m'a offensée, dit Corail.

Elle regrettait maintenant la réflexion qu'elle avait faite, surtout en présence de M. Yao, et elle essayait de sourire.

Mocho donna un coup de coude à Moulane et lui chuchota que Corail avait les yeux rouges.

— Quelqu'un t'a offensée, dit-elle à haute voix. Ce doit être Frère Aîné.

Mocho était sûre que quelque chose était arrivé, et que Tijen était le coupable.

— Il dort dans sa chambre, dit Corail.

M. Yao partit à « pas de tigre ». Les autres sentaient leurs paumes humides de sueur. Dans le silence, un petit rire nerveux échappa à Brocart.

Les trois servantes, Brume bleue, Encens et Brocart, qui attendaient le moment d'aider Mme Yao et ses filles à se coucher, reçurent l'ordre d'aller au lit. Très agitées et espérant bien qu'un drame allait éclater, elles se retirèrent.

Lorsque les servantes ne furent plus là, Corail raconta ce qui s'était passé. Elle était en train de dîner seule, quand le domestique lui dit que le jeune maître était rentré fatigué et s'était fait servir à manger dans sa chambre. Elle ajouta qu'Ecran d'Argent était également revenue et était entrée dans la maison par la porte latérale de l'ouest.

— Il ne faudrait pas que vous parliez de tout cela à Père, dit Corail. Mais j'ai pressenti que quelque chose n'allait pas et j'ai estimé que je devais aller voir si Tijen était malade. J'ai donc été dans l'appartement de l'est et je l'ai trouvé en excellente santé, mangeant le repas qu'Ecran d'Argent lui servait. Elle était en train de lui pincer les oreilles quand je suis entrée, et tous deux riaient. Ayant cru que j'ignorais leur retour, ils furent extrêmement embarrassés. « La cohue de cette noce ne m'a pas plu, balbutia Tijen, et je suis rentré… Et puis Ecran d'Argent avait mal à la tête. » Je n'ai rien répondu et leur ai simplement demandé comment s'était passé le mariage ; seulement, je ne suis pas partie, et je suis restée à causer avec Tijen, qui peu à peu devint de plus en plus nerveux et contrarié. Il me demanda pourquoi je n'allais pas me coucher ; je lui dis que je voulais attendre votre retour pour que vous me racontiez tout et que je n'avais pas sommeil. Il se mit alors à arpenter la pièce et, tout d'un coup, un morceau de broderie rouge tomba de ses vêtements. Je ne comprenais pas ce que c'était ; il parut embarrassé et se courba pour le ramasser. A ce moment-là, Ecran d'Argent disparut. Brusquement, Tijen se mit à me sermonner : « Je sais que vous n'avez que de bonnes intentions, me dit-il, mais je ferai ce qui me plaira. Je ne veux pas que vous vous mêliez de mes affaires. » Je lui répondis que je ne comprenais pas en quoi je m'en mêlais. Alors il me dit : « Je ne vous appelle ma sœur que par politesse. Mon nom est Yao, le vôtre est Hsieh, et cette maison est la mienne. Mêlez-vous de ce qui vous regarde. » J'ai été si déconcertée et si furieuse que j'ai été incapable de répondre et n'ai pu que me retirer.

— Je lui dirai de vous faire des excuses, dit Mme Yao.

— Ne grossissez pas trop les choses, dit Corail. Vous avez été bonne pour moi et je vous servirai jusqu'à la fin de vos jours. Mais lorsque vous aurez atteint la vieillesse et que Moulane et Mocho seront mariées, cette maison ne sera plus la mienne, et je m'occuperai de mon propre sort.

— Mère, dit Moulane, vous ne pouvez pas permettre à notre frère de rabrouer ainsi Corail. Il n'est pas bon pour lui de le traiter avec indulgence. Même si nous sommes des filles et que tôt ou tard nous devions quitter la famille, cette maison est tout de même la nôtre ; et je ne permettrai pas à un poisson de combat siamois de culbuter un bocal de poissons rouges ! Si cela continue ainsi, quel sera le sort de la famille Yao ? Je ne crois pas que les filles soient les seules qui soient tenues d'être bonnes et que les garçons aient le droit d'être mauvais. Les hommes et les femmes sont égaux...

— Moulane ! s'écria sa mère en l'interrompant.

Ce que venait de dire la jeune fille était une hérésie que lui avaient enseignée les partisans des idées modernes.

— Ce que je sais, moi, dit Corail, c'est qu'Ecran d'Argent a vingt ans et que Tijen en a dix-sept. Tout cela ne peut pas continuer. Si par malheur quelque chose arrivait, le bon renom de la famille en souffrirait.

Mme Yao se contenta de répondre :

— J'espère que peu à peu il changera.

C'était bien la millième fois que Moulane entendait cette phrase.

*

Ecran d'Argent était arrivée chez les Yao à l'âge de onze ans et y avait été amenée de Hangtchéou par l'oncle de Moulane. Comme elle avait trois ans de plus que Tijen, on la chargea de s'occuper du garçon, et elle avait depuis continué à le faire. Elle était intelligente, capable, jolie, mais il y avait en elle quelque chose de la vulgarité des habitants de Ningpo et de leur ontrecuidance. Quand elle se querellait avec les autres servantes, elle désignait du doigt son nez chaque fois qu'elle disait « je », ainsi qu'on le fait à Ningpo.

Brume bleue était une servante pékinoise qui s'exprimait très correctement et avait d'excellentes manières. Elle avait été vendue à la famille pour huit ans et était entrée en service après Ecran d'Argent. Brocart et Encens étaient aussi du Nord de la Chine. Ainsi Ecran d'Argent était chez les Yao la seule qui fût du Sud, et les autres servantes se liguaient volontiers contre elle. Elles avaient appris à comprendre le dialecte méridional parce que Mme Yao avait conservé un fort accent de Yuyao ; mais elles n'aimaient pas beaucoup quand Ecran d'Argent causait en dialecte avec leur maîtresse. Somme toute, elle avait de bonnes manières, faisait bien son travail et était parfaitement capable de tenir tête à l'alliance des filles du Nord. Tous les enfants Yao parlaient le pékinois mais Tijen avait tellement vécu en compagnie d'Ecran d'Argent qu'il avait pris d'elle l'habitude d'employer le mot en usage à Ningpo « ala » pour dire « je » et d'y ajouter, lors d'une discussion, le geste qui consistait à désigner du doigt le bout du nez.

Après que Corail fut sortie de sa chambre, Tijen espéra qu'Ecran d'Argent reviendrait d'elle-même auprès de lui. Il n'avait pas osé l'appeler de peur d'attirer l'attention. Mais elle avait été effrayée et était trop raisonnable pour se montrer de nouveau. Après avoir attendu en vain pendant un quart d'heure, Tijen, qui avait l'habitude d'agir à sa guise, perdit patience. Au lieu d'appeler Ecran d'Argent, il jeta par terre une tasse qui se brisa. Au bruit, une vieille servante survint, qui n'ignorait d'ailleurs rien de ce qui se passait, et qui lui demanda ce qu'il voulait. Vexé qu'elle ne fût pas Ecran d'Argent, il hurla à la vieille de se retirer et se monta à un tel degré d'exaspération qu'il s'étendit tout haletant sur un sofa.

Lorsque son père apparut à l'improviste sur le seuil de sa chambre, Tijen crut voir un spectre. M. Yao avait à ce moment-là un regard fixe et pénétrant et nul sourire n'éclairait son visage. Tijen n'avait pas été surpris en train de se mal conduire mais, sous ce regard flamboyant, il comprit à quel point il était coupable. Il n'était ni en train de travailler, ni en train de dormir ; et son père constata que ses cheveux étaient en désordre, ses traits crispés et furieux. Allant droit à son fils, M. Yao lui demanda pourquoi il avait quitté la compagnie et, avant que le jeune homme eût pu répondre, il lui assena une forte gifle sur la joue. Le coup, un vrai coup de boxeur, fut déchargé avec tant de vigueur que Tijen tituba et s'effondra sur le sofa. Sans ajouter un mot, son père fit demi-tour et sortit de la pièce.

Pendant plusieurs jours, Tijen souffrit à la fois de son cou froissé et d'un tourment moral car il ne savait pas exactement pourquoi il avait été puni ni si Corail avait raconté tout ce qui s'était passé. Ses sœurs ne lui adressaient pas la parole, sa mère était sévère et froide avec lui ; et Ecran d'Argent elle-même, effrayée, se tenait à distance.

*

Ce ne fut que le troisième jour après la noce, lorsque la grand'mère des Tseng arriva en compagnie de Li Yima, que Moulane alla voir Mannia. La grand'mère lui avait envoyé un cadeau et exprimé en même temps le désir de faire sa connaissance ; aussi les deux sœurs allèrent-elles présenter leurs hommages à la vieille dame. A leur surprise, elles constatèrent que Mannia avait déjà rejeté toutes les formes auxquelles une nouvelle mariée doit se soumettre et, assistée de Petite Joie et de Fleur de Neige, s'occupait de Pingya comme le fait une épouse. Le malade semblait en bonne voie et, pendant une semaine exactement, la plus heureuse de sa vie, Mannia rayonna de beauté et de bonheur.

La grand'mère avait apporté du Chantoung des *tsoungtsé* à la mode paysanne. Ce sont des croquettes de riz aggloméré, farcies de jambon et de porc, ou de cassonade et de farine de soja, enveloppées dans des feuilles de bambou et cuites à la vapeur. Elle les avait fait préparer tout exprès, bien que la fête du Bateau du Dragon fût passée depuis longtemps, parce qu'elle savait que ses petits-enfants, et la famille tout entière, en raffolaient. Pingya avait été friand de ces *tsoungtsé* de campagne depuis son enfance et, le septième jour après le mariage, il en eut tant envie que Mannia ne put lui refuser ce plaisir. Elle envoya Fleur de Neige demander conseil à Mme Tseng, qui dit de ne lui en donner qu'un peu. Mannia servit à son époux la moitié d'une de ces pyramides sucrées, un morceau de la grosseur du poing, et garda l'autre moitié pour elle-même ; mais lorsqu'il eut fini, il saisit cette autre moitié et, après une brève lutte, elle la lui céda. Elle fut satisfaite de le voir maintenant assez vigoureux pour s'emparer par la force de sa nourriture ; elle le supplia tout de même de ne pas tant manger, mais il ne voulut pas l'écouter.

A minuit, il se mit à se plaindre de douleurs d'estomac. Elles ne firent que s'accroître, et Mannia, très inquiète, ne quitta pas son chevet de toute la nuit. A l'aube, il était très mal. Lorsqu'elle vit paraître à la fenêtre l'aurore grisâtre, Mannia envoya Fleur de Neige avertir Mme Tseng. Pendant la demi-heure qui suivit l'arrivée de sa mère, Pingya eut encore toute sa connaissance mais, ensuite, il commença à décliner. Le médecin de la Cour vint le voir et lui trouva le pouls très faible. Mannia pourtant conservait de l'espoir. Elle mit sa bouche tout près de son nez pour lui insuffler son haleine et, lorsqu'elle vit qu'il essayait de cracher quelque chose qui encombrait sa gorge et l'étouffait, elle se pencha sur lui et aspira les mucosités hors de sa bouche. Si les dieux avaient un cœur, ils n'auraient pu voir un spectacle pareil et ne pas sauver Pingya. Mais les dieux étaient aveugles et sourds, ou en vacances, très loin de là.

A midi exactement, Pingya mourut.

Mannia se cramponnait à son corps, l'appelait : « Pingko, reviens ! » et, à maintes reprises, elle appliqua ses lèvres sur les narines du mort pour lui insuffler son haleine. Malgré leur douleur, le père et la mère de Pingya comprirent que la lutte désespérée et pathétique de l'épouse était plus tragique encore que la mort de l'époux.

Au bout de quelques instants, la grand'mère survint ; avec l'aide de Mme Soun, elle parvint à arracher Mannia du lit mortuaire et la déposa sur un lit de la chambre de l'ouest. La grand'mère s'assit auprès d'elle ; Moulane et Mocho vinrent avec leur mère, et toutes constatèrent en la regardant combien Mannia était encore une enfant. Mais aucune d'elles ne pouvait lui être d'aucun secours.

« Peut-il encore être vrai, se demanda Moulane, que si l'on est dans le vrai chemin, rien de ce qui arrive ne peut jamais être mauvais ? »

*

Li Yima avait aidé à faire les fatales croquettes, les *tsoungtsé*. Ce soir-là, elle ajouta l'insulte à l'injustice en déclarant devant Cassie que Mannia avait porté malheur à Pingya, que c'était la mauvaise chance de la famille Soun qui avait causé cette mort dans la famille Tseng, et en insinuant que Pingya était mort parce qu'il était devenu le gendre d'une famille destinée à s'éteindre. Lorsque la grand'mère sut cela, elle fut très irritée ; et, depuis, non seulement Li Yima ne bénéficia plus de la protection de la grand'mère mais en outre elle perdit toute espèce de considération dans la famille.

Moulane ne parut plus chez les Tseng jusqu'à la mise en bière. Elle sut que Mannia ne voulait ni manger ni boire et que, accablée par le chagrin, elle avait dû s'aliter. Le troisième jour, Cassie se rendit chez les Yao et supplia que Moulane vînt tâcher de consoler Mannia, puisque personne d'autre ne le pouvait.

— De toute la nuit dernière, dit Cassie, sa mère et moi ne l'avons pas quittée mais il nous a été impossible d'obtenir un mot d'elle et, quand nous l'interrogions, elle se refusait à répondre. Nous en avons discuté, Mme Soun et moi, et nous sommes arrivées à la conclusion que nous devions vous emprunter Moulane pour quelques jours. Le reste, nous nous en chargeons ; tout ce que nous désirons, c'est que Moulane vienne lui tenir compagnie.

Mme Yao y consentit et Moulane partit en voiture avec Cassie. Durant le trajet, Cassie glissa à la jeune fille que sa présence était nécessaire pour une autre raison. Il fallait surveiller Mannia avec beaucoup d'attention, de peur qu'elle ne voulût en venir à un moyen « à vue basse », c'est-à-dire au suicide. Une pareille forme de martyre pouvait fournir le motif d'un poème, d'un monument de pierre, d'une belle anecdote, ou être rapportée dans les annales du district ; elle ne convenait en rien aux Tseng, qui avaient tant d'affection pour Mannia.

C'était la première fois que Moulane avait à s'occuper d'un enterrement et elle avait peur de se trouver en présence d'un cercueil, mais lorsqu'elle sut que Mannia se trouvait dans un corps de logis séparé, il lui parut qu'elle accepterait de rester, même la nuit.

Mannia avait été transportée dans l'appartement où Moulane l'avait vue le jour de son arrivée. Que de choses s'étaient passées, durant ces dix ou douze jours ! Moulane avait le sentiment que Mannia était la victime d'une force inconnue, avait été trompée par Quelqu'un ou Quelque chose, elle ne savait trop quoi. « Le Tao serait-il un maître ironiste ? » se demandait-elle.

Elle trouva Mannia endormie et sa mère auprès d'elle ; voyant que Mme Soun était fatiguée, elle lui conseilla d'aller se reposer. Tandis qu'elle veillait la nouvelle veuve, une idée lui vint, et le rêve qu'avait eu Mannia dans cette même chambre lui apparut brusquement clair comme le jour. La statue de la Déesse de la Miséricorde était toujours là avec son bon et mystérieux sourire. La Déesse était aimée parce qu'elle était l'Esprit de la Grande Bonté et de la Grande Miséricorde, qui sauve les affligés et les malheureux. Moulane avait compris : le sombre corridor avec ses cercueils, et le couvercle de cercueil sur lequel Mannia devait, dans son rêve, franchir le fossé, tout cela représentait l'enterrement et le deuil de Pingya. Mais au-delà de ce pont était le Palais de la Lumière éternelle, où Mannia vivrait en paix. Si la mort existe, la résurrection existe aussi. Parviendrait-elle à le faire comprendre à Mannia ?

Moulane prit la statue de la Déesse dans ses bras et la posa sur une table en face du lit, de façon que Mannia la vît quand elle ouvrirait les yeux. Mannia avait rêvé que Moulane était la jeune fille en noir qui lui avait apporté du charbon dans une tourmente de neige. Moulane appela donc à voix basse Petite Joie et lui demanda d'emprunter une robe noire à Fleur de Neige ou à Phénix. Lorsque la robe fut là, elle la revêtit et s'assit sur le lit de Mannia.

Dès que Mannia bougea, Moulane lui dit :

— *Chiehchieh,* je t'ai apporté du charbon...

Mannia ouvrit les yeux, vit la Déesse de la Miséricorde et la jeune fille en noir qu'elle avait vues dans son rêve.

— Est-ce toi, *Meimei* ? demanda-t-elle d'une voix éteinte.

— C'est moi, dit Moulane. Je suis venue t'apporter ton charbon dans la tempête de neige.

— Où suis-je ? demanda Mannia. Y a-t-il de la neige ?

Elle regarda autour d'elle et ajouta :

— Pourquoi suis-je ici ?

— Tu es dans le temple de famille des Tseng, dit Moulane. Dehors, il neige. Tu as rêvé que tu étais mariée et que ton époux Pingya était mort ; et quand il est mort, tu as été très malheureuse. Mais tu vois que derrière ce temple il y a un couloir, et derrière le couloir il y a un pont, et derrière le pont qui est un couvercle de cercueil, il y a un palais. Là-bas, Pingya t'attend. Te souviens-tu ?

— *Meimei,* tu me trompes, dit Mannia. Il n'y a pas de neige dehors.

Par hasard, juste à ce moment-là, une soudaine averse d'été se mit à tomber. Les lourdes gouttes de pluie crépitèrent sur les pavés de briques de la cour et l'eau coula du toit dans les gouttières de plomb avec un bruit musical. Mais la voix de Petite Joie, criant qu'il fallait rentrer la lessive, ramena Mannia à la réalité.

— Non, Pingko est mort ! dit-elle sourdement.

— Je t'ai trompée, et je ne t'ai pas trompée, dit Moulane. Il ne neige pas, mais regarde la belle averse !

Par-dessus le bruit de la pluie, Mannia entendit au loin le son de tambours et de cloches.

— Qu'est-ce que c'est que cela ? On dirait cette musique aérienne que j'ai entendue tout à l'heure.

— Les moines célèbrent une cérémonie dans l'autre cour, dit Moulane.

— Pingko est mort ! Je le sais ! répéta Mannia.

Ainsi Moulane mêla avec tant d'imagination le rêve et la réalité au moment du réveil de Mannia que la mort perdit un peu de son aiguillon en participant à l'irréel du songe. Au lieu de l'amertume et de la rancune contre la fatalité, la vision accorda à Mannia l'intelligence de la destinée que les dieux lui avaient réservée, et l'accepter fut son salut. Elle avait foi dans le destin, dans la dispensation divine de toutes choses et dans la Déesse de la Miséricorde. Maintenant, elle croyait être une des assistantes-fées du Palais de la Déesse de la Miséricorde et que sa punition devait avoir pour motif une faute que dans une vie antérieure elle avait commise avec Pingya.

Entre-temps, tout le monde la traitait avec bonté. Elle devait rester la belle-fille des Tseng et habiter leur maison, la maison de son époux. Car les fantômes, comme les hommes, veulent vivre au sein de leur famille. L'esprit de Mannia, dans ce monde comme dans l'autre, trouva son havre dans la demeure des Tseng.

L'après-midi du troisième jour, elle eut la force de se lamenter devant le cercueil comme la coutume le lui prescrivait. Lorsque Cassie et Fleur de Neige eurent entendu ses lamentations, elles avertirent Mme Tseng que le pire était maintenant passé et elles en attribuèrent tout le mérite à Moulane, dont l'imagination avait obtenu plus encore qu'elle ne s'en doutait.

Une fois de plus, Mannia fut vêtue de blanc de la tête aux pieds. Depuis l'enterrement de son père, elle avait aimé la blancheur des vêtements de deuil et nulle couleur ne lui seyait mieux ; elle y gagnait une sorte de beauté spectrale. Le deuil est parfois une convention purement mondaine, parfois l'aveu d'une révolte contre les dieux, exprimée avec une pompe et un faste insolents. Parfois c'est un témoignage spontané d'affection pour le défunt ; alors, le deuil est simple et sincère et celui qui le mène en vient à aimer les rites funèbres, tout de même que de pieux religieux bouddhistes en viennent à aimer les prières et les chants du service divin. Ce n'était pas le premier deuil de Mannia, car elle avait conduit ceux de son père et de son frère, mais le deuil de Pingya fut différent. Pour elle, tandis que chaque jour elle se lamentait devant le cercueil de son époux et allumait les cierges sur l'autel, ce deuil était profondément personnel et renfermait un sens spirituel. Pour Moulane et pour la famille Tseng, l'assiduité et la ferveur de ses actes de dévotion étaient indiciblement beaux et dignes.

M. Tseng aurait voulu acheter un terrain dans la Cité du Sud pour y établir leur cimetière de famille, parce qu'il pensait que sa famille s'installerait définitivement à Pékin. Mais la grand'mère s'y opposa, parce que la tombe de son mari était dans la sépulture ancestrale à Taian[39], où elle désirait être enterrée. Il n'était pas question, pour le moment, de ramener les restes de Pingya dans le Chantoung, car Mannia n'aurait pas supporté le voyage. Le cercueil fut donc retiré du temple familial et placé devant le corps de logis où Pingya avait habité ; il demeurerait là jusqu'au printemps.

Il fut décidé que Mannia s'installerait définitivement avec sa mère dans l'appartement où Pingya était mort et que les deux femmes seraient servies par Fleur de Neige et Petite Joie. Mme Soun partagea la chambre de sa fille, à qui l'obscurité faisait peur ; la statue de porcelaine de la Déesse de la Miséricorde trouva place sur la table de sa chambre. De plus en plus, Mannia avait du penchant pour le bouddhisme. Bien qu'elle eût pu s'offrir tout ce qu'elle aurait désiré, elle préféra disposer sa chambre avec austérité et simplicité. Elle ne toucha plus jamais à ses bijoux et ne conserva que les candélabres d'argent et la belle lampe à huile étrangère qui avait illuminé sa nuit de noces.

Bientôt elle commença un long jeûne végétarien pour le repos de l'âme de son époux et se mit à broder des images de bouddhas et de bodhisattvas. C'était comme si elle avait prononcé des vœux de religieuse tout en habitant dans une somptueuse maison particulière. La cour sur laquelle donnait son appartement était pure et tranquille, isolée des bruits du monde. Mannia y avait ses grenadiers aux éclatantes fleurs rouges, un bassin avec des poissons, des bancs de pierre et des fleurs en pots.

Mais durant l'hiver, l'aspect monacal de cette cour fut détruit par l'arrivée d'un petit enfant.

M. Tseng était très désireux que la lignée de son fils aîné fût maintenue ; et sa femme demanda secrètement à Mme Soun de découvrir si sa fille attendait un enfant. Le premier mois, ce que Mannia annonça à sa mère, qui le répéta à Mme Tseng, permit à celle-ci de penser que sa belle-fille « avait le bonheur dans son corps ». Mais Mannia déclara à sa mère que c'était impossible et jura à Moulane qu'elle était encore vierge. Moulane le dit à sa mère, qui le dit à Mme Tseng, et la famille sut que tout espoir était inutile.

Mme Tseng jugea que, les exigences familiales mises à part, les nuits paraîtraient longues à la jeune veuve, surtout pendant ce premier hiver, et qu'un enfant adoptif occuperait l'esprit de Mannia tout en l'empêchant de se ronger. M. Tseng écrivit donc à quelqu'un de leur clan dans le Chantoung, et apprit qu'il y avait un petit enfant d'un an que sa mère accepterait de confier à Mannia. Cet enfant fut amené à Pékin et Mannia le prit en affection ; lorsqu'il était dans ses bras, il lui semblait qu'elle était mère et qu'elle fondait une famille pour Pingya.

L'enfant fut appelé Asouane.

CHAPITRE XII

Après que Mannia fut entrée dans la famille Tseng, les visites de Moulane devinrent bien plus fréquentes, si bien qu'elle ne fut plus considérée dans la maison comme une invitée. On la gardait souvent à dîner et parfois à coucher, avec la permission de sa mère. Quant à ses fiançailles avec l'un des fils Tseng, il n'y avait encore eu aucune conversation officielle entre les familles, pour la raison que les parents Tseng désiraient la voir encore souvent, ce qui n'aurait pu se faire si les fiançailles avaient été conclues ; de plus, elle était encore bien jeune. Mais il avait été tacitement admis que M. et Mme Yao ne la fianceraient à personne sans en avoir parlé auparavant aux Tseng. Ainsi, si Mannia avait déjà les deux pieds dans la maison Tseng, on pouvait estimer que Moulane en avait déjà un ; et si elle tentait de se sauver, les Tseng pourraient toujours la rattraper.

Les parents de Moulane ne savaient pas très bien ce qu'ils feraient d'elle ; son père surtout. Un taoïste a naturellement l'esprit plus large qu'un confucianiste. Un confucianiste est toujours certain d'avoir raison, tandis qu'un taoïste est également certain que tout le monde a raison, sauf lui, qui a tort. Aussi M. Yao, qui était non conformiste, accueillait-il volontiers les idées occidentales et parlait même de « mariage libre » pour ses filles, « mariage libre » signifiant celui où un jeune garçon, ou une jeune fille, choisit librement son partenaire ; ce qui s'accordait fort bien avec la doctrine taoïste, qui veut que l'on n'intervienne pas dans ce que la Nature a disposé. Selon M. Yao, la conception occidentale, que le mariage d'un jeune homme ou d'une jeune fille doit dépendre de l'élan aveugle de la jeunesse irréfléchie, était merveilleusement subtile et profonde, tout comme le taoïsme lui-même. Il pensait que les mariages sont prédéterminés par le Ciel et il n'était même pas encore intervenu dans les fiançailles de l'aîné de ses fils.

Entre-temps, Moulane appelait M. et Mme Tseng « père » et « mère », et les garçons Tseng « frères aînés ». Quant à Sunya, qui avait un an de plus qu'elle, il était pour elle le « troisième frère ».

On était alors au cœur de l'hiver. L'hiver est incomparable à Pékin, à moins pourtant qu'on ne puisse lui comparer les autres saisons de cette cité bienheureuse. Car Pékin est une ville que caractérisent nettement les saisons, chacune étant à sa façon parfaite et différente des autres. A Pékin, l'homme vit au sein de la civilisation et en même temps au sein de la nature. Tous les agréments de la vie urbaine et les beautés de la vie rustique y sont parfaitement confondus et préservés et, dans cette ville idéale, l'homme trouve à la fois les stimulants nécessaires à son intelligence et la paix nécessaire à son âme. Quel fut le grand esprit qui conçut cette organisation de l'existence de telle sorte que là, enfin, l'idéal de la vie humaine fût réalisé ? Il est vrai que Pékin est naturellement beau, avec ses lacs et ses parcs au milieu même de la ville, sa ceinture, la Rivière de Jade, bleue et transparente, son vêtement, la pourpre des Montagnes de l'Ouest. Le ciel joue aussi son rôle ;

s'il n'était pas d'un azur si pur et si profond, ni l'eau de la Source de Jade ne pourrait être d'un vert si transparent, ni les pentes des Montagnes de l'Ouest n'offriraient de tels tons de lavande et de violette. Il est vrai aussi que le plan de la ville a été établi par un maître-architecte et qu'aucune autre ville de la terre ne peut en offrir de pareil, avec une ampleur de conception, une compréhension de la sublimité et de la grandeur et des agréments de la vie domestique, dont il n'existe ailleurs aucun exemple. Mais, en tant que création de l'homme, Pékin ne fut pas l'œuvre d'un seul ; c'est plutôt le résultat de la collaboration de plusieurs générations humaines qui avaient un sentiment instinctif de la beauté de l'existence. Climat, topographie, histoire, coutumes populaires, architecture, arts, tout s'est associé pour faire la ville ce qu'elle est. L'élément humain est dans la vie de Pékin ce qui compte le plus. L'équilibre manifeste et l'accent aisé que révèle la façon de parler d'un Pékinois, qu'il soit un garçon ou une fille, un homme ou une femme, sont un témoignage suffisant de cette culture humaine et de cette aménité de vie. Un accent, c'est la voix spirituelle d'un peuple tout entier.

Renfermée dans son deuil et n'étant jamais sortie de chez elle pendant les six mois qui suivirent la mort de Pingya, Mannia ressentait l'atmosphère de Pékin plutôt qu'elle ne la voyait. Elle ressentait le charme de l'hiver pékinois, son air sec, vif et glacé, son ciel merveilleusement pur et bleu, et tous les aménagements de la maison qui rendent l'hiver confortable et le faisaient si différent des mornes hivers de Taian. Quand une tourmente de neige se déchaînait au-dehors, elle pouvait voir fleurir dans sa chambre les bégonias en pots, car grâce à l'écran épais et matelassé placé devant la porte, aux fenêtres garnies de papier, aux tapis profonds et au poêle, l'appartement demeurait confortable et chaud ; et elle pouvait travailler fort avant dans la nuit. Elle n'avait nul besoin du manteau de zibeline de Pingya, que Mme Tseng lui avait proposé de transformer pour son usage. La plupart du temps, elle s'occupait à broder les huit paires de chaussures qu'en tant que mariée elle aurait dû présenter à sa belle-mère le matin qui avait suivi la noce, durant la réception officielle, mais qu'elle avait été empêchée de faire à cause de la maladie de Pingya. Ces cadeaux à la belle-mère doivent être exécutés par la mariée ; c'est pour elle le témoignage de son talent de couture et, en même temps, le signe de son sentiment du devoir ; un tel ouvrage ne peut donc pas être bâclé. Une femme est heureuse et fière de porter les chaussures que sa belle-fille lui a fabriquées, car elles attestent aussi bien le respect qui est dû à son rang que son bonheur d'avoir une bru économe.

Moulane, elle, était une vraie enfant de Pékin. Elle y avait grandi, et elle avait absorbé la plénitude de vie de cette cité qui embrasse ses habitants, ainsi qu'une mère qu'attendrissent les requêtes de ses enfants et qui satisfait leurs caprices et leurs désirs. Pékin est encore pareil à un immense arbre millénaire où les insectes qui se logent dans une branche ignorent ce que font ceux de la branche voisine. Moulane avait grandi parmi les palais aux toits jaunes et les temples aux toits violets et verts, les larges boulevards, les ruelles interminables et tortueuses, les avenues fourmillantes d'activité et les quartiers si tranquilles que leur aspect est presque campagnard ; les maisons modestes avec leurs inévitables grenadiers et leurs bassins de poissons rouges et les opulentes demeures aux vastes jardins ; les maisons de thé en plein air où, à l'ombre des cyprès, les hommes paressent dans des fauteuils de rotin et dépensent vingt *cents* pour tout un après-midi d'été ; les maisons de thé bien closes où en hiver les hommes mangent des ragoûts fumants de mouton aux oignons, boivent du *pehkan* et où les grands de ce monde coudoient les petites gens ; les théâtres merveilleux, les restaurants superbes, les bazars, les rues à lanternes et les rues à curiosités ; les foires de temples qui marquent les dates du mois ; toute l'organisation du crédit des pauvres gens et de leurs plaisirs, les magiciens et les jongleurs en plein air, les acrobates de Chihchahai et les opéras populaires de Tienchiao ; la beauté et la variété des cris des colporteurs, les diapasons des barbiers ambulants, les tambours des brocanteurs qui vont de maison en maison, les bols de cuivre des marchands de boissons glacées aux pruneaux dont chacun résonne selon un rythme parfait ; les pompes des processions nuptiales et funéraires, longues de plus d'un kilomètre, avec leurs palanquins officiels et leurs cortèges ; les femmes mandchoues contrastant avec les caravanes chinoises de chameaux qui reviennent du désert de Mongolie, avec les prêtres lamaïques et les moines bouddhistes ; les amuseurs publics, avaleurs de sabres et mendiants, chacun exerçant sa profession en toute liberté selon un code d'honneur non écrit et sanctionné par la coutume d'un siècle ; la complexité humaine des mendiants et de leurs « rois », des voleurs et de leurs protecteurs, des mandarins et des lettrés à la retraite, des saints et des prostituées, des chanteuses légères chastes et des veuves dévergondées, des femmes entretenues par des moines et des fils d'eunuques, des chanteurs amateurs et des fanatiques de l'opéra ; et enfin le petit peuple, cordial et plein d'humour.

L'imagination de Moulane avait été très fortement stimulée par son enfance dans cette ville. Elle avait appris les fameuses chansons enfantines de Pékin, qui commentent avec tant de malice l'existence des hommes. Etant enfant, elle avait fait rouler sur le sol des lanternes à roulettes en forme de lapin et assisté, fascinée, aux feux d'artifice, aux représentations d'ombres chinoises et de guignols. Elle avait écouté les chanteurs ambulants aveugles qui disent les anciens amants et les anciens héros, et les conteurs « à grosse caisse », par les soins desquels, en son, en rythme et en art, la splendeur du langage pékinois est amenée à son point de perfection. Ces déclamations lui avaient les premières fait comprendre la beauté de la langue, et les dialogues de tous les jours lui avaient révélé le style calme, paisible et reposant de la conversation pékinoise. Elle avait appris, en suivant les fêtes de l'année, ce que sont le printemps, l'été, l'automne et l'hiver ; ce système de fêtes, qui du commencement de l'année jusqu'à sa fin règle la vie comme le ferait un calendrier et permet à l'homme de vivre en contact étroit avec le rythme des saisons et avec la nature. Elle avait absorbé la splendeur impériale de la Ville interdite et des antiques institutions savantes, la splendeur religieuse des temples bouddhiques, taoïstes, thibétains, mahométans, de leurs rites et de leurs cérémonies, ainsi que celle du Temple confucien du Ciel et de l'Autel du Ciel ; la splendeur mondaine et domestique des demeures opulentes, des réceptions, des échanges de cadeaux ; la splendeur historique des bâtiments anciens, pagodes, ponts, tours, arcades, tombeaux de reines et résidences de poètes, où chaque brique était imprégnée de légende, d'histoire et de mystère.

Elle commença aussi à connaître le riche folklore de Pékin, avec ses dieux et ses superstitions, et sa beauté. Il y avait surtout deux légendes qu'elle aimait tout particulièrement et auxquelles elle ajoutait foi ; plus tard elle les raconta à Mannia. L'une était celle de la grosse cloche de bronze, dans la Tour des Cloches, au nord des palais impériaux. Le maître fondeur avait plusieurs fois manqué la fonte de cette cloche de bronze et l'empereur l'avait menacé de la peine de mort. Pour sauver la vie de son père, la fille du fondeur se jeta dans le bronze en fusion au moment où personne ne regardait ; et la cloche sortit du moule sans la moindre fêlure. Aussi, par les nuits de vent et de pluie, on peut discerner dans le tintement de cette cloche un gémissement plaintif. C'est l'âme de la fille du fondeur qui chante ; et aujourd'hui encore, elle est vénérée dans le temple voisin, le Temple de la Maîtresse de la Cloche. On l'invoque sous le nom de la « Sainte Mère de la Cloche ».

L'autre légende était en relation avec le Pont de Kao Liang, en dehors de la Ville de l'Ouest, qui fut nommé d'après un eunuque. Quand le grand empereur Younglo[40] eut rebâti Pékin, il y eut en l'année 1409 une grande sécheresse, et la ville manqua d'eau. Une nuit, l'empereur rêva qu'il rencontrait, en dehors des murs, un vieux couple à cheveux blancs ; l'homme poussait, et la femme tirait une brouette où se trouvait un de ces paniers où l'on transporte les jarres d'huile. L'empereur demanda ce qu'il y avait dans ce panier et le vieil homme répondit qu'il contenait de l'eau pour la ville de Pékin. Le lendemain, l'empereur consulta son général au sujet de ce rêve. Puis il ordonna à son eunuque Kao Liang de sortir de la ville par la Porte de l'Ouest ; lorsqu'il rencontrerait un vieux couple semblable à celui que le souverain avait vu dans son rêve, il transpercerait le panier de son sabre. Ensuite, l'eunuque devait revenir au galop de son cheval vers la ville mais surtout ne pas regarder en arrière. Kao fit comme il lui avait été dit ; il rencontra le vieux couple qui poussait la brouette, transperça le panier et repartit à toute allure. Alors il entendit derrière lui le grondement d'une masse d'eau qui se ruait vers la ville mais lorsqu'il parvint à la Porte de l'Ouest, il ne put s'empêcher de se retourner. Aussitôt, le flot le submergea et il fut noyé. L'empereur fit alors édifier, en mémoire de lui, le pont aux nombreuses arches. Aujourd'hui, ce pont existe toujours et franchit la Rivière de Jade, sur laquelle naviguait jadis la barque qui servait à l'impératrice pour se rendre au Palais d'Eté. Les rivages envahis par les saules et les champs cultivés, les paysannes agenouillées qui lavent leur linge dans la rivière, les gens du peuple qui flânent, pêchent à la ligne et barbotent dans l'eau, tous ces détails donnent à ce faubourg un charme rustique qui rappelle la Chine du Sud. En été, ces lieux étaient ceux où Moulane se promenait le plus volontiers.

Mannia, comme je l'ai dit, vit fort peu Pékin durant ses six premiers mois de veuvage mais elle avait acquis la finesse d'ouïe qui vient aux femmes recluses et elle savait discerner tout ce que les bruits de la ville avaient de singulier et de beau. Dès l'aube, elle entendait de sa cour les merveilleux cris des camelots de Pékin. Le soir, c'étaient les tambours de la Tour des Tambours et, le matin, les cloches de la Tour des Cloches ; car bien qu'elles fussent à plus d'un kilomètre de la maison des Tseng, leur sonnerie pouvait être perçue par la moitié de la ville. Les tambours marquaient les veilles de la nuit et Fleur de Neige lui enseigna ce qu'ils annonçaient. Aussi, lorsque durant la nuit Mannia était réveillée et entendait les tambours, elle savait qu'à la quatrième veille les malheureux fonctionnaires et ministres de la Cour se rassemblaient à la Porte Tounghwa de la Ville interdite et qu'à la cinquième veille, à l'aurore, ils entreraient pour assister à l'audience impériale.

Bien des choses que découvrit Mannia n'étaient pas pour elle entièrement nouvelles mais tout était supérieur, ou plus joli qu'en sa ville natale du Chantoung. Avant qu'elle se mît au régime végétarien, elle apprit que les saucisses et les canards de Pékin étaient bien meilleurs que les saucisses et les canards du Chantoung ; les beignets pékinois qu'elle mangeait à la fête du Solstice d'Hiver étaient plus fins que le *tangtouan* du Chantoung. Pékin offrait une incroyable diversité de pâtisseries et de bonbons et toutes sortes de « petites nourritures » ; leur nom importe peu car on doit les goûter pour ne pas être trompé par les imitations qu'on trouve dans le reste de la Chine. Mannia avait toujours vanté la qualité des choux du Chantoung, mais elle apprit que les choux de Pékin ne leur cèdent en rien et qu'à mesure que la saison se refroidit, ils deviennent de plus en plus délicieux. Tantôt son choix se portait sur les beignets et tantôt sur le *lapacho :* c'est un gâteau que l'on mange le 8 décembre et qui se compose de millet, de riz, de dattes rouges, de petits haricots rouges, de châtaignes d'eau, d'amandes, de cacahuètes, de noisettes, d'amandes de pin pignon, de graines de melon, le tout cuit avec du sucre ou de la cassonade. Ce *lapacho* lui semblait si exquis qu'elle n'osait plus lui comparer son *lapacho* du Chantoung.

A propos du *lapacho,* il ne faut pas omettre un épisode où paraissent Moulane et Sunya.

*

Le 20 décembre, la famille Tseng était invitée, ainsi que les dames Yao, à un grand dîner chez le médecin de la Cour. C'était le jour du « Scellement des Sceaux », où les fonctionnaires sont censés fermer leurs bureaux pour les vacances du Jour de l'An. A table, Cassie vanta le talent de brodeuses de Moulane et de Mocho et dit qu'elle n'avait jamais vu un si remarquable travail, ni de plus beaux dessins, ni de teintes aussi bien assorties. D'habitude, les broderies des chaussures de femme se font d'après des dessins conventionnels. Moulane avait imaginé d'introduire dans les décorations florales des chaussures que les deux sœurs brodaient pour leur mère à l'occasion du Jour de l'An des « postures de branches », comme l'on en trouve dans les peintures. Mocho avait également brodé en couleurs un canard si vivant qu'il semblait se détacher de son fond de satin.

— Il faut le voir pour le croire, dit Cassie à Mme Tseng. Il faudra qu'en rentrant nous nous arrêtions un moment chez les Yao pour que vous examiniez ces souliers.

— Ne l'écoutez pas, dit modestement Mocho. Mais il est vrai, tante Tseng, qu'il y a bien longtemps que vous n'êtes venue à la maison. Après le dîner, vous nous accompagnerez.

Mme Tseng avait très envie de voir les souliers car elle avait la plus vive admiration pour les demoiselles Yao. Aussi se rendit-elle volontiers chez elles et inspecta leurs ouvrages. Grâce à l'habileté avec laquelle les teintes avaient été nuancées, le canard ressortait de façon étonnante sur son fond de satin noir.

— Il serait vraiment dommage de porter de pareilles chaussures, dit Mme Tseng. Elles devraient être présentées au Palais.

Se tournant vers Mme Yao, elle lui dit :

— Quelle sorte d'entrailles avez-vous donc, pour avoir donné le jour à de telles filles ? Cela me rappelle que le *lapacho* que Moulane a préparé et nous a envoyé l'autre jour était extraordinaire. La grand'mère l'a tant aimé qu'elle en a mangé deux bols. Les amandes fondaient dans la bouche. Les vieilles gens, qui n'ont plus de dents, apprécient ce qui est tendre.

Fort satisfaite, Moulane lui dit :

— Puisqu'elle en est si friande, je viendrai chez vous, pour lui en préparer encore.

« Quelle bénédiction qu'une belle-fille qui sait faire la cuisine ! » se dit Mme Tseng.

Lorsque les dames Tseng rentrèrent chez elles, Moulane les accompagna. Elle trouva Mannia en train de jouer avec le bébé, qui avait alors un an. L'après-midi était beau et quelques pots de chrysanthèmes à la veille de se faner donnaient à la pièce, par ce jour blanc d'hiver, une splendeur calme et froide. Le bébé gisait sur un lit dans la chambre de Mme Soun et à côté de lui se trouvaient plusieurs des souliers de satin auxquels travaillait Mannia.

— Ceux-ci sont-ils terminés ? demanda Moulane.

— Je n'en ai fait que six paires, dit Mannia. J'en ai encore deux à faire et l'année touche à sa fin. Il me faut travailler la nuit mais quelquefois l'enfant m'empêche de donner tout mon temps à ma broderie.

Moulane aperçut au mur le « Tableau de la disparition du froid », qui consiste en neuf rangées de neuf cercles chacune, et permet de compter les jours depuis le solstice d'hiver jusqu'à la venue du printemps. Au moment où les quatre-vingt-un cercles seraient remplis, la saison froide serait close et la saison printanière commencerait. Moulane se dirigea vers le mur et dessina deux souliers, en travers des dix jours qui restaient avant le Jour de l'An. Puis, comptant sur ses doigts, elle dit :

— Il ne te reste que dix jours. Comment vas-tu t'en tirer ?

— J'y parviendrais s'il n'y avait pas le bébé, dit Mannia.

— Laisse-moi emporter cette paire ; je la terminerai à ta place, murmura Moulane.

Mannia était excessivement fière de ses talents de brodeuse et n'aurait jamais permis à personne de la remplacer ; d'autre part, elle n'avait pas eu l'occasion de constater à quel point Moulane et sa sœur étaient adroites.

— Si les points sont différents, on le découvrira tout de suite, dit-elle.

Dans un travail de broderie, les points doivent être parfaitement semblables et unis, et aussi serrés que possible. Le moindre pli dans une bordure de fleurs serait l'indice d'un travail négligé, et l'obligation qu'il n'y ait pas plus d'un dixième de millimètre entre les points constitue une dure épreuve pour les yeux d'une jeune fille.

Moulane ramassa les dessins brodés qui étaient épars sur le lit et les examina.

— Je crois que je peux le faire, dit-elle avec un sourire de fierté. Je n'ose pas dire que je t'égalerai, mais certainement je ne te déshonorerai pas.

Phénix apparut à la porte et dit que *Taitai* assurait n'avoir pas parlé sérieusement quand elle avait demandé à Moulane de lui préparer du *lapacho* mais que la grand'mère serait extrêmement contente de goûter un potage aux cacahuètes à la façon de la jeune fille.

— Nous nous sommes régalés de ton *lapacho,* dit Mannia. Comment le fais-tu ?

— Il n'y a pas de magie là-dedans, dit Moulane. J'ai simplement appris des livres de médecine à y mettre un ingrédient qui ramollit rapidement les amandes. Si *Taitai* est d'accord, j'aimerais à lui en préparer un maintenant.

Phénix alla en aviser Mme Tseng et revint pour annoncer que *Taitai* l'avait chargée d'aider Moulane.

— Où est Fleur de Neige ? demanda Moulane.

— Elle est souffrante. Elle a un léger rhume et se tient dans la chambre à côté, répondit Mannia.

— Le fourneau qui est ici n'est pas assez grand, dit Phénix, et il faudra en apporter un de la cuisine.

Elle demanda à un domestique d'apporter un grand fourneau et se mit à aider Moulane dans ses préparatifs. Fleur de Neige sut ce qu'elles allaient entreprendre et, malgré les protestations de Mannia et de sa mère, sortit de son lit pour les aider.

— C'est ma tâche, dit Fleur de Neige, et je ne veux pas l'imposer à Phénix.

— Mais puisque c'est *Taitai* qui l'en a chargée... dit Mannia.

Phénix, qui ne manquait pas de fierté, servait ceux qu'elle voulait bien servir ; elle n'était pas susceptible mais très franche et, au contraire de Fleur de Neige, n'aurait pas levé le petit doigt pour faire plaisir aux gens. Fleur de Neige était « ronde » de caractère, tandis que Phénix était « carrée ». Elle n'avait pas été très polie avec Mannia et sa mère, ce qui les avait mises assez mal à l'aise. Fleur de Neige fit donc un effort et se leva. Pendant que Phénix était sortie de la pièce, elle déclara :

— Après tout, je n'ai qu'un léger rhume. Je suis restée au lit toute la journée d'hier et je me sens maintenant tout à fait bien. Je ne veux pas qu'on pense que je me dérobe devant ce qui est mon travail.

— Qui est-ce qui penserait cela ? répliqua Moulane.

— Pas vous, bien sûr ; mais d'autres gens, répondit Fleur de Neige.

— Vous auriez mieux fait de ne pas sortir du lit, dit Moulane, mais, puisque vous insistez, nous vous ferons porter les cacahuètes dans votre chambre et vous pourrez les préparer jusqu'à ce que le feu ait pris.

On installa un fourneau dans la pièce centrale et Petite Joie s'occupa du feu. A la cuisine, la nouvelle que la demoiselle Yao allait apprêter un plat pour la grand'mère excitait tout le monde. Phénix paraissait pleine d'ardeur au travail et Mannia dit tout bas à Moulane :

— C'est curieux comme tu parviens à lui faire faire les choses. Ma mère et moi avons trop peur de lui demander quoi que ce soit.

— C'est que les gens sont très divers, dit Moulane. Tout dépend de la façon dont on les utilise. Je crois qu'un jour Phénix sera ici d'un grand secours.

Au bout d'une heure, ô merveille ! le potage était prêt et les cacahuètes fondantes à point. Le potage était un vrai velours et un émollient pour la gorge, car potage aux cacahuètes et potage aux amandes ne sont pas seulement nourrissants mais excellents contre la toux et l'enrouement. Phénix et Petite Joie se précipitèrent et distribuèrent des bols dans tous les appartements. Quant à la grand'mère, elle était si enchantée qu'elle déclara en riant qu'elle engagerait Moulane comme servante, afin que chaque jour elle lui fît la cuisine.

Les garçons s'étaient rendus à la foire d'un temple pour acheter des cadeaux de Jour de l'An, et Moulane avait demandé à Sunya de lui rapporter un kaléidoscope pour son petit frère Afei. Elle en avait vu un chez les Tsiang et avait été complètement séduite par ce jouet nouveau dont les jeux de couleur symétriques l'émerveillaient. Quand les deux frères rentrèrent, Sunya alla tout droit à l'appartement de Mannia. Il avait acheté deux kaléidoscopes ; Moulane fut très contente mais, quand elle lui en demanda le prix, il ne voulut pas répondre.

— Tu n'as pas à le payer et il ne l'accepterait pas, à ce que je vois, dit Mannia. Tu ferais mieux de t'acquitter en lui donnant un bol de potage aux cacahuètes.

En fait, il n'en restait qu'un bol, que Moulane et Mannia s'apprêtaient à partager ; mais Moulane prit le bol et le donna à Sunya. Comme il venait du dehors, où il faisait froid, il le trouva doublement bon.

— D'où cela sort-il ? demanda-t-il. Je n'ai jamais mangé ici quelque chose de pareil. C'est un cadeau d'une famille ?

Moulane sourit sans répondre.

— Que donnerais-tu, demanda Mannia, si je m'arrangeais pour que tu en aies tous les jours ?

— Je m'inclinerais profondément devant toi, dit Sunya.

— Bon ! Rien n'est plus facile, alors. La personne qui a fait ce potage est là, droit devant toi, dit Mannia en désignant Moulane. Demande-lui si elle est d'accord de porter le nom de Tseng, et si oui, tu y gagneras quelque chose qui vaut bien plus encore que ce potage.

En un clin d'œil, Moulane s'était éclipsée. Sa réponse leur parvint de la pièce voisine :

— Les gens ne sont jamais contents de ce qu'ils ont. Ceci est une affaire strictement au comptant et je n'accorde aucun crédit : un miroir aux dix mille fleurs en échange d'un bol de potage aux cacahuètes. Que Sunya jouisse des plaisirs de la bouche, tandis que moi je jouis des plaisirs des yeux. S'il désire obtenir un autre bol de potage, il l'aura si je désire un autre miroir aux dix mille fleurs.

Lorsque Sunya entra dans la chambre de sa mère, il apprit que Chinya avait déjà vidé son bol, et sa mère lui donna le bol qui avait été mis de côté pour lui. Sunya l'avala sans oser avouer qu'il en avait déjà eu. Quand sa mère lui demanda s'il trouvait cela bon, il répondit froidement :

— Ce n'est pas mauvais…

— Pas mauvais ? dit Phénix qui était là et l'avait entendu. Tout à l'heure, dans l'autre appartement, il déclarait qu'il en voudrait tous les jours !

— Alors tu en as déjà eu ? s'écria sa mère fort surprise.

Sunya se sentit fort penaud. Il ne savait pourquoi il était si penaud mais il l'était.

*

Quand Moulane alla prendre congé de la grand' mère, Mannia l'accompagna. Elles trouvèrent la vieille dame avec Mme Tseng et Cassie qui lui tenaient compagnie.

— Mon enfant, dit la grand'mère, que vous êtes adroite ! Dire que je suis arrivée à un âge aussi avancé sans avoir goûté un potage aux cacahuètes qui soit aussi bon que le vôtre !

— Ce n'est pas mon adresse qui l'a rendu bon, c'est ma piété filiale et mon respect de votre vieillesse, répondit Moulane. Si votre vieillesse aime ce plat, j'apprendrai à Damas à le faire et vous pourrez en manger tous les jours.

Damas était la servante particulière de la grand'mère.

— Une famille comme la nôtre a tout ce qu'il faut, dit la grand'mère, mais nous ne devons pas abuser des meilleures choses. Si nous connaissons la valeur des céréales et des comestibles et si nous ne les gaspillons pas, nos péchés en seront diminués. Je crains seulement que la nourriture que jettent loin nos servantes ne représente pour un pauvre homme un copieux repas.

Ce potage aux cacahuètes, par exemple, est un mets de pauvre homme, qui coûte peu et provient de la terre. La vieille personne que je suis l'aime parce qu'il n'y a pas à le mâcher. Comment l'avez-vous fait ?

— Je n'ai pas eu besoin d'une formule magique, répondit Moulane. Il n'y a qu'à ajouter un peu de bicarbonate de soude ; je l'ai appris dans les livres.

— Quel triomphe pour elle ! s'écria Mme Tseng. Les livres sont là, à la portée de tous, et pourtant nos garçons n'en tirent aucun profit. Qu'il s'agisse de livres ou d'intelligence des usages des grandes personnes, notre Sunya n'est pas à comparer avec Moulane. Grand'mère, vous n'avez pas vu les broderies que font ces deux sœurs ?

Pendant que Mme Tseng racontait ce qu'elle avait vu durant l'après-midi, Moulane se détourna et sortit pour donner ses instructions à Damas au sujet du potage. Elle avait emporté, enveloppée dans un mouchoir de soie, la paire de chaussures qu'elle avait prise dans la chambre de Mannia et qu'elle voulait broder, et elle avait peur qu'on ne la découvrît.

Mme Tseng raconta ensuite l'histoire du potage aux cacahuètes, comment Phénix avait révélé que Moulane en avait donné un bol à Sunya et à quel point le garçon avait été penaud. Les trois autres, Cassie, Mannia et la grand'mère, furent aussi stupéfiées que ravies de ce récit ; et lorsque Moulane rentra dans la pièce, elles les trouva toutes qui riaient.

— Qu'est-ce qu'il y a ? demanda-t-elle.

— Sunya, après avoir avalé un bol de potage dans notre chambre, est allé dans la chambre de *Taitai* et a avalé un autre bol, dit Mannia.

Moulane comprit aussitôt et rougit comme rarement il lui arrivait de rougir.

— Il est excellent que ces jeunes gens s'entendent si bien entre eux et j'en suis très contente, dit la grand'mère qui voulait tirer Moulane d'embarras.

— Ce n'était pas un cadeau, répliqua vite Moulane, mais un marché au comptant. Sunya ayant acheté un kaléidoscope pour mon petit frère Afei, je l'ai payé avec un bol de potage.

Moulane rapporta chez elle le kaléidoscope et la paire de chaussures à broder dans le mouchoir de soie. Cet épisode l'avait grandement amusée, mais sans qu'elle comprît très bien pourquoi.

CHAPITRE XIII

Deux ans plus tard, quand Moulane eut atteint l'âge de seize ans, elle passa par les états de sensibilité les plus troublants qu'elle eût jamais connus. Elle fréquenta une grande école, fut fiancée par ses parents et découvrit ensuite qu'elle était éprise.

L'individu qui joua un rôle dans tous ces événements, et qui durant cette période eut une grande influence sur sa vie, fut un certain M. Fou, du Sseutch'ouan. Ce M. Fou devint plus tard ministre de l'Instruction publique sous la République ; et c'est grâce à lui que l'on adopta officiellement l'écriture alphabétique, qui depuis a été enseignée dans les écoles en même temps que les anciens caractères.

M. Fou était un petit homme fluet, à la moustache mince, et un fumeur d'opium ; mais quel brillant lettré et quelle imagination ! Il avait deux grandes passions : escalader les montagnes célèbres, collectionner et commenter les ouvrages anciens. Il avait épousé une femme élevée à la moderne et, lorsque sa femme et lui étaient à Pékin, il ne se passait pas un an sans que le couple quittât la capitale pour grimper sur quelque sommet historique. Ils avaient même pendant un temps vécu à la montagne en ermites et quand M. Fou voyageait, ses bagages ne se composaient que d'un rouleau de literie, au milieu duquel étaient glissées quelques chaussettes, quelques robes et une malle de livres en éditions anciennes où les chaussettes sales voisinaient avec les bouquins. Plus tard, lorsqu'il fit à l'Université un cours sur la bibliographie chinoise et les éditions anciennes, au sujet desquelles il était une autorité, il refusa de parler autrement que couché sur un sofa des plus confortables. Les étudiants avaient le plus profond respect pour ce petit homme efflanqué et bien enfumé par l'opium.

La science de M. Fou s'accompagnait d'une intelligence très vive ; sa passion pour l'érudition ancienne n'avait d'égale que son zèle pour l'instruction du peuple, en particulier l'instruction des filles, matière où sa femme et lui s'étaient montrés des précurseurs. A vingt ans déjà, il était regardé par sa province natale, dans la Chine occidentale, comme un brillant sujet, qui donnait de grandes promesses. A vingt-six ans, il passa les examens impériaux et reçut le diplôme supérieur de *hanlin* ; à la suite d'un autre examen, il obtint un poste de rédacteur de l'académie Hanlin, avec le numéro un. Il se dirigeait sur Pékin avec sa famille quand éclatèrent les troubles des Boxers et, en 1903, il devint le secrétaire du vice-roi Yuan. M. Tseng étant aussi sous les ordres du vice-roi, M. Yao avait ainsi fait la connaissance de M. Fou. Il fut attiré par l'indépendance d'esprit du jeune homme et les deux hommes se lièrent bien plus que M. Tseng et M. Fou ne le furent jamais. M. Fou fut chargé de l'organisation et de l'entraînement de recrues dans le Sud et quand il revint à Pékin, il fut nommé directeur-adjoint de l'Instruction publique du Chihli. En 1906, il organisa l'Ecole normale de jeunes filles de Tientsin, dont sa femme devint la directrice.

Les relations que M. Fou avait avec M. Yao firent que Moulane fut envoyée à cette école, la première école de jeunes filles que fonda le gouvernement, et elle fut parmi les premières qui bénéficièrent de ce mouvement en faveur de l'enseignement des filles. Ce fut aussi par M. Fou que les Yao firent la connaissance de Lifou, un jeune homme du Sseutch'ouan dont M. Fou avait toujours dit le plus grand bien. M. Fou et sa femme étaient souvent chez les Yao, et Mme Fou se donna beaucoup de mal pour obtenir des demoiselles Yao qu'elles devinssent des élèves de son école.

M. et Mme Fou passaient les vacances de printemps à Pékin. Les Yao devaient s'installer pour trois ou quatre jours à leur maison d'été, dans la banlieue voisine des Montagnes de l'Ouest, parce que du 1er au 15 avril a lieu la fête du Temple des Nuages-couleur-du-lac-bleu. Comme M. et Mme Fou avaient la passion de la montagne, M. Yao les invita à accompagner les siens et à être les hôtes de leur maison de campagne.

Moulane avait demandé à Mme Tseng de permettre à Mannia de venir. Les Tseng avaient un sentiment de la nature moins développé que celui des Yao et ne possédaient pas de maison de campagne ; Mme Tseng déclara qu'elle n'avait visité le temple qu'une fois, onze ans auparavant, quand les garçons étaient encore petits. Bien que Mannia fût à Pékin depuis un an et demi déjà, elle n'était guère sortie de la maison plus d'une douzaine de fois ; surtout pour des achats dans le quartier de la Cité du Sud et pour quelques visites à des lieux tels que le Temple de Confucius où elle avait vu, gravés sur des tablettes de pierre, les noms des candidats qui avaient réussi les examens impériaux depuis un siècle. M. Tseng avait autorisé cette sortie parce qu'il était confucien et parce qu'il estimait que les femmes qui apprécient cette sorte de choses sont plus à même d'élever leurs enfants de façon qu'ils deviennent des lettrés et des candidats. Mannia n'avait même pas, au printemps, accompagné sa mère au Temple de Faynan pour y voir les lilas, parce que l'on pense que les fleurs troublent à l'excès le cœur des jeunes femmes. Elle n'avait pas non plus rendu visite au grand et superbe Temple lamaïque, parce qu'elle aurait risqué d'apercevoir les images obscènes dissimulées derrière des rideaux sombres, que montrent les moines moyennant un pourboire. Pourtant, comme le disait Mme Tseng, en principe, ce genre de visites doit être toléré, parce que rendre visite à un temple est un acte de dévotion.

Mannia se rapprochait de plus en plus du bouddhisme et inspirait de plus en plus confiance à ses beaux-parents, qui néanmoins entendaient bien la protéger contre tous les divertissements de ce monde.

— Mannia s'installera dans ma chambre, couchera dans le même lit que moi et je la prends sous ma responsabilité, dit Moulane. Songez qu'elle n'a jamais eu l'occasion de voir les montagnes.

— Vous avez vraiment un allant magnifique, Lanerh, dit Mme Tseng qui s'était mise à appeler Moulane de ce petit nom d'amitié. J'ai rarement été voir les montagnes, et pourtant je suis arrivée à un âge respectable. Mais je crois que ce n'est pas pour Mannia une mauvaise idée que de vous accompagner et de se détendre un peu l'esprit. J'en parlerai à votre père adoptif.

Ainsi, le 12 avril, la famille Yao, Mannia, M. et Mme Fou se trouvaient réunis dans leur maison de campagne des Montagnes de l'Ouest, au-delà de la Montagne de la Source de Jade. M. Yao avait pour théorie que l'on jouit bien mieux de la vie à la campagne si l'on se passe de serviteurs ; aussi, bien que les Yao eussent amené une cuisinière, les jeunes filles préparaient souvent elles-mêmes les repas.

Pour Mannia, qui ignorait la splendeur impériale de Pékin, le trajet fut un délice incomparable. Tout l'enchantait : la haute Tour de la Porte, la porte aux murs épais de Hsichihmen qui semble un tunnel de douze ou quinze mètres de long, les âniers et les petites boutiques au-delà de la porte, les gens du peuple sirotant leur thé dans les maisons de thé en plein air, la large et plaisante route impériale aux dalles de pierre qui conduit au Palais d'Eté, et dont les grands saules qui la bordent étalaient déjà leurs minces pousses vertes ; la superbe campagne avec les pentes violettes des Montagnes de l'Ouest à l'horizon, sous un ciel d'un bleu transparent, les coups d'œil, par-dessus les murailles, sur les ruines de l'ancien Palais d'Eté, enfin le Palais d'Eté lui-même avec ses toitures et ses pavillons dorés.

Mais ce qu'elle trouva le plus délicieux, ce furent les alentours campagnards de la Montagne de la Source de Jade, les fermes égrenées, les canards nageant dans les rivières, les Montagnes de l'Ouest qui enlacent la ville de Pékin comme les bras d'une mère enlacent son enfant. Là se trouvait la maison de Moulane. Devant soi, on découvrait la blanche Pagode de Marbre, près de la Source de Jade et, dans l'enceinte du Palais d'Eté, la Montagne de la Longévité dissimulée dans la verdure, tandis que par derrière, sur les pentes, s'éparpillaient les temples.

Ils arrivèrent pour se mettre à table et, dans l'après-midi, visitèrent le Temple des Nuages-couleur-du-lac-bleu. Ils grimpèrent les quatre étages d'escaliers de pierre, jusqu'au Stoupa de Marbre. Mais, jugeant que la foule des visiteurs y était trop grande et qu'il était encore tôt, ils se rendirent au Temple du Bouddha endormi, où ils virent un Bouddha de bronze de plus de six mètres de long. Il était couché, et auprès de lui étaient de nombreuses chaussures de satin jaune brodé, offertes en ex-voto par des empereurs et des princes ; quelques-unes avaient plus d'un mètre de long. M. Yao leur conseilla de ne pas se fatiguer car il projetait pour le lendemain une plus longue course, la visite de l'un des « Huit Grands Lieux », c'est-à-dire un groupe de huit temples.

Le jour suivant, ils allèrent à Pimoya, la Falaise du Démon caché, la partie des montagnes qui est la plus pittoresque et la plus austèrement belle. Cette falaise était dissimulée au sommet d'une montagne, derrière un ensemble de temples qui étaient eux-mêmes cachés parmi les arbres, dans un angle de rochers. Les dames et Mannia firent le trajet à dos d'âne, mais Moulane et Mocho préférèrent le faire à pied avec les hommes et les garçons ; dans cette pure journée de printemps, les voix des jeunes filles se mêlaient au rire argentin des âniers.

Les dames quittèrent leurs ânes à la porte du temple et, quand elles atteignirent la falaise, elles étaient assez essoufflées. Mannia, qui était vêtue de blanc, semblait encore une jeune fille ; sauf qu'elle avait les cheveux relevés, tandis que Moulane et Mocho portaient des nattes. Moulane avait la manie, qu'elle marchât ou non, de prendre le bout de sa natte, de la ramener par devant et, par jeu, de la faire tournoyer autour de son index.

La Falaise du Démon caché est une caverne naturelle de quinze mètres de profondeur que forme un seul rocher surplombant qui s'avance comme un toit. Les gens qui se tiennent dessous ont le sentiment que si la falaise leur tombait dessus, ils seraient réduits en chair à saucisse. Devant la falaise se trouvait, à ce que l'on disait, un étang profond ; il avait été recouvert d'une dalle immense, par peur que l'on n'y tombât. M. Yao leur raconta la légende des deux dragons qui étaient cachés dans l'étang. Au VIe siècle, un saint taoïste avait emmené deux garçons, qui étaient ses élèves, ses acolytes. Il y eut une fois une grande sécheresse. Les deux garçons sautèrent dans l'étang, furent transformés en dragons verts et firent tomber la pluie. C'est pourquoi il s'élève dans cet endroit un pavillon dédié aux Rois-Dragons.

Les hommes continuèrent leur chemin. Quant à Moulane, elle s'approcha de l'entrée de la caverne et aperçut une femme d'âge mur, vêtue d'une robe noire très commune, qui était assise avec une fillette d'environ dix ans. Moulane et Mocho entendirent alors la voix d'un jeune garçon ; elles virent un adolescent plutôt fluet, d'à peu près seize ans, qui bondissait d'une cahute en pierres et se mettait à parler en gesticulant à la femme et à l'enfant. Il avait des yeux vifs, un nez droit, et ses traits étaient très expressifs. Sa robe, de coton bleu pâle, s'accordait bien avec son visage blanc et son corps agile.

— Mère, disait-il, voici la chapelle de saint Lou-Chih et des deux garçons qui furent changés en dragons.

Il y avait quelque chose dans la voix et les traits de ce jeune homme qui retint l'attention des deux sœurs. Mannia et elles s'arrêtèrent à une petite distance et l'observèrent tandis qu'il causait avec sa mère et sa petite sœur.

— L'histoire est belle, répondit sa mère. Mais qui a jamais vu les dragons ?

— Mais l'empereur Chienloung[41] ! répliqua le jeune homme sans cesser de sourire et de gesticuler. Un jour, il vint ici et aperçut dans l'étang deux petits animaux marins de couleur verte. Le moine les lui montra et dit que c'étaient des dragons. L'empereur se mit à rire et dit : « Allons donc ! ce ne sont que de petits poissons. » Là-dessus, les dragons se mirent à grandir et à grossir, tant et si bien qu'ils s'élancèrent de l'étang dans les airs, dépassèrent le sommet des montagnes et se perdirent dans les nuages.

— Tu te moques de moi, lui dit sa mère.

— Pas du tout. Les dragons étaient si grands qu'on ne pouvait voir ni leurs têtes ni leurs queues, mais l'empereur aperçut une énorme griffe de dragon, grande comme une montagne, qui sortait des nuages et dont les écailles vertes étincelaient. Quand l'empereur eut vu cela, il eut très peur et rentra chez lui avec un grand mal de ventre.

La mère du jeune homme se mit à rire très fort, et l'on se rendait compte qu'elle était une femme heureuse. Ce garçon appartenait manifestement à ce type de fils qui rend une femme seule pleinement heureuse, parce qu'il la fait tout le temps s'émerveiller d'avoir donné le jour à un pareil individu.

Les jeunes filles, que l'histoire, et la verve avec laquelle le jeune homme l'avait racontée, avaient fort diverties, rirent aussi, mais derrière leurs mouchoirs. Mocho dit qu'elle croyait bien avoir déjà vu ce jeune homme ; Moulane avait la même impression, mais ne pouvait se rappeler où. La vivacité de son visage et de ses manières lui plaisait beaucoup. Elle se demandait si la légende qu'il avait racontée était authentique, ou s'il l'avait inventée sur-le-champ pour amuser sa mère.

A ce moment-là, M. Fou survint ; quand il découvrit le jeune homme, il s'approcha pour les saluer, sa mère et lui, en s'écriant :

— Mais, ma parole, c'est Lifou !

Bien que M. Fou parût très lié avec eux, la mère du jeune homme le traita avec une politesse extrême.

— Venez faire la connaissance de Mme Koung et de ses enfants, dit M. Fou en se retournant vers les jeunes filles. Voici Mme Koung, Lifou et sa petite sœur. Ce sont des compatriotes à moi, originaires du Sseutch'ouan.

La mère était tout sourires. Quand Moulane vit le garçon de plus près, elle constata qu'il y avait dans son front et dans ses yeux quelque chose qui lui donnait un air de distinction, en dépit de ce que sa mise avait d'ordinaire.

— *Liaopoutheh !* s'écria M. Fou en un accès d'enthousiasme louangeur. Vous pouvez voir que notre Sseutch'ouan produit des hommes. Nés de l'Esprit des Monts Omei, dirais-je !

Moulane examina le jeune homme avec encore plus d'intérêt car, si M. Fou louait quelqu'un, c'était qu'il valait quelque chose. Lifou parut fort embarrassé mais sa mère répondit :

— Nous sommes des gens simples, mais M. le sous-directeur Fou a été extraordinairement bon pour nous, pour la mère comme pour les enfants.

Le jeune homme s'inclina profondément devant M. Yao, comme l'enseignent les antiques coutumes du Sseutch'ouan, et il fit de même devant Mme Yao. Bien entendu, il ignora les jeunes filles, ainsi que l'exigent les bonnes manières.

— Etes-vous apparentés à Confucius ? demanda M. Yao, qui avait remarqué ce nom de Koung.

— Non, nous n'avons pas cet honneur, répliqua Lifou. Si tous les gens qui portent le nom de Koung étaient des descendants de Confucius, Confucius serait déshonoré.

A cette réponse pleine de finesse, Moulane ne put s'empêcher de sourire. Lifou s'exprimait avec volubilité, il paraissait avoir la parole facile et être fort à son aise en société. M. Yao rit aussi, et de même Tijen qui pour la première fois se sentit attiré par un garçon de son âge qui osait dire tout haut ce qu'il pensait.

— Au moins Mme Koung appartient-elle à la famille de Yang Chicheng, qui ne vivait qu'il y a seulement trois siècles, dit M. Fou. Il me semble qu'il y a quelque chose de Yang Chicheng chez ce garçon.

Moulane avait entendu son père parler de Yang Chicheng, parce qu'en dehors de la Porte de Chienmen, à Pékin, il y a une vieille maison où l'on prétend que Yang a vécu. Yang était un lettré, fonctionnaire dans un gouvernement extrêmement corrompu de la fin de la dynastie des Ming. Il risqua délibérément sa vie en accusant le premier ministre Yen Soung, dont la cruauté et le despotisme étaient notoires, et en dénonçant ses cinq trahisons et ses dix forfaits. A cause de cela il fut décapité, mais la postérité n'a pas oublié son prestige, son sens de l'honneur et son courage, et les touristes rendent encore visite au pavillon où cet homme intrépide rédigea le mémoire à l'empereur, qui lui valut la mort.

— Où habitez-vous ? demanda M. Yao.

— Dans la Cité du Sud, à la Guilde du Sseutch'ouan, répondit Lifou.

— Rentrez-vous en ville aujourd'hui ? demanda M. Fou.

— Non, nous logeons là-bas, au Temple du Bouddha endormi.

— Avez-vous vu la Montagne odorante ? demanda M. Fou.

La Montagne odorante, à un kilomètre et demi du Temple du Bouddha endormi, avait été jadis le parc où chassait l'empereur Chienloung. Mais depuis qu'au milieu du XIXe siècle on a cessé de chasser, il ne s'y trouve plus de gibier. Bien que sous l'Empire ce parc ne fût plus ouvert au public, il avait pour conservateur un certain M. Ing, qui collaborait étroitement avec M. Fou au programme de l'enseignement des jeunes filles et qui, quelque temps après, ouvrit un collège de jeunes filles dans cet endroit.

— Non, nous n'avons pu entrer, dit Lifou.

— Nous y allons demain. Voulez-vous venir avec nous ? demanda M. Fou au jeune homme, qui accepta avec enthousiasme.

Il n'était pas dans les habitudes de M. Fou d'introduire dans une société des gens ordinaires, qui venaient seulement d'être présentés à Mme Yao et à ses filles, au cours d'une promenade. Apparemment, il traitait les Koung comme des égaux et des amis intimes ; ayant connu une jeunesse pauvre, il était toujours prêt à venir en aide aux jeunes gens d'avenir.

Comme l'on s'en retournait, Mme Yao suggéra à son époux qu'il serait un peu embarrassant pour les jeunes filles que ce jeune homme les accompagnât. M. Yao ne répondit que par un bref : « Oh alors ! » qu'on entendit à peine. Mais les jeunes filles étaient transportées par cet événement imprévu.

Leur promenade les mena au temple principal, qui a échappé aux ravages commis par les troupes alliées durant la révolte des Boxers, et ils admirèrent les restes de quelques très anciennes peintures murales qui représentent les Dix-huit Lohans visitant les Montagnes de l'Ouest. En sortant du temple, ils revirent Lifou et sa mère qui sortaient par la porte en croix de Malte qui était derrière eux, mais la distance était si grande qu'ils ne leur adressèrent pas la parole. Mocho vit Lifou jeter un caillou à un cyprès, et un corbeau s'envola de l'arbre avec un cri aigre. En apercevant le geste du bras qu'eut le jeune homme, elle se rappela l'endroit où elle l'avait découvert pour la première fois.

— Mais c'est celui que nous avons vu à Paiyounkouan, qui a attrapé la pièce de monnaie ! dit-elle à Moulane.

Mocho était sûre de son fait. L'incident s'était passé trois mois auparavant, durant la fête du Jour de l'An à Paiyounkouan, le grand monastère taoïste, à un peu plus d'un kilomètre en dehors de Pékin ; fête où les hommes, les femmes et les enfants se rendaient du 1er au 19 janvier. Le dernier jour avait lieu l'anniversaire du fondateur des taoïstes du Nord, pour qui Gengis Khan avait un grand respect et dont les restes reposent dans le temple. On organisait autour du temple des courses au trot pour les hommes et des courses en carrioles pour les femmes ; une foule immense se pressait là pour « rencontrer l'Immortel ». On racontait que, le 18 janvier, l'Immortel descendait déguisé sur la terre et quiconque l'aborderait ou le toucherait aurait de la chance. Il se présenterait sous l'aspect d'un fonctionnaire ou d'un mendiant, ou même d'un chien ou d'un âne. Ce qu'il y avait de très impressionnant, c'est qu'on n'était jamais sûr qu'un chien couché au bord du chemin ou un mendiant dormant sur un vieux paillasson ne fût pas l'Immortel en personne. Il suffisait de faire très attention si un chien ou une vieille femme disparaissait comme par enchantement, et si un mendiant qu'on avait vu cinq minutes auparavant accroupi dans un coin tout d'un coup n'était plus là ; alors c'était lui l'Immortel, et les gens étaient ravis de penser qu'ils lui avaient fait une aumône ou l'avaient vu. Ils en devenaient plus généreux envers les mendiants et meilleurs pour les animaux, tandis que la cohue et la bousculade de ces réjouissances mettaient tout le monde en liesse.

Ce jour-là, Moulane et Mocho étaient venues visiter le temple. A l'entrée se trouvait un pont appelé le Pont des Vents captifs. Comme le temple, qui était taoïste, se nommait le Temple des Nuages blancs, un rival, un moine bouddhiste, avait élevé près de là le Temple du Vent d'ouest, insinuant par là que le vent d'ouest balaierait les nuages blancs. Le fondateur taoïste avait riposté en construisant ce pont, qui était censé capturer les vents déchaînés par les sortilèges bouddhiques. Sous le pont était une grotte obscure, où se trouvait assis, les jambes croisées, un vieux moine. Du plafond de la grotte pendait au bout d'une ficelle une grosse pièce de monnaie de cuivre ; jeter des piécettes à cette grosse pièce et l'attraper portait infailliblement bonheur. Mais la pièce était suspendue de telle sorte, entre l'angle du pont et le plafond de la cave, qu'on avait fort peu de chances de l'atteindre ; et grâce à ce jeu, ou à cette superstition, comme on voudra l'appeler, les moines récoltaient une grande quantité de piécettes.

Pendant qu'elles se trouvaient là, les jeunes filles virent un jeune garçon atteindre le but. Les spectateurs applaudirent ; lorsque le garçon s'en alla, très satisfait de lui-même, Moulane lança quelques piécettes et, après plusieurs tentatives, atteignit aussi le but. Il y eut de nouveau des applaudissements ; en les entendant, le garçon se retourna, regarda Moulane en souriant et disparut. « Serait-il par hasard l'Immortel ? » dit Mocho à Moulane.

En réalité, peu de temps après leur rencontre à la falaise, Moulane l'avait reconnu et n'en avait pas soufflé mot. Et lorsque Mocho dit : « C'est le garçon que nous avons vu attraper la pièce de monnaie, un jour, à Paiyounkouan, te rappelles-tu ? » Moulane répondit seulement : « Oui, je le pensais aussi. »

Lifou, sa mère et sa sœur descendaient la pente à cinquante pas derrière les jeunes filles, et une ou deux fois, elles ne purent s'empêcher de tourner la tête pour le regarder, afin de s'assurer que c'était le même garçon qu'elles avaient rencontré. Elles le virent de nouveau désigner le ciel et la terre de son bras droit, tandis que de l'autre il guidait sa mère, et elles le jugèrent un jeune homme fort intéressant.

Lifou et sa famille les rattrapèrent à la porte du temple et les dépassèrent parce que les femmes du groupe des Yao mirent du temps à se hisser sur les ânes. Tandis qu'elles regardaient la petite famille qui les précédait, Lifou suivant à pied l'âne que montait sa mère et tenant la main de sa petite sœur, Mme Fou expliqua à Mme Yao qui ils étaient, et les jeunes filles lui prêtèrent une oreille attentive.

Le père de Lifou avait été un petit fonctionnaire de Pékin. Un oncle avait gaspillé la fortune familiale ; demeuré assez pauvre, le père de Lifou n'avait pas gémi sur son sort mais avait tenté de gagner sa vie lui-même. Mais il était mort quand Lifou avait neuf ans ; la veuve et les enfants avaient continué à vivre à Pékin, à la Guilde du Sseutch'ouan, parce que la veuve était de Pékin et que les écoles y étaient bonnes. L'oncle, qui s'était remarié, cette fois avec une jeune fille moderne, habitait Changhaï. Après la mort du père, l'oncle avait surgi un jour ; persuadé que son frère, en tant que fonctionnaire pékinois, devait avoir amassé une fortune, il avait espéré en obtenir la gestion. M. Fou était alors intervenu et avait renvoyé l'oncle les mains vides. Depuis, la mère de Lifou était demeurée une sorte de protégée de M. Fou et lui en avait été très reconnaissante. Frappé de l'intelligence du jeune garçon, M. Fou s'était occupé de lui et lui avait permis d'user de sa riche bibliothèque. Lifou était devenu pareil à un petit singe lâché dans une forêt, qui apprend à grimper aux arbres et à se balancer de branche en branche sans que personne le lui ait enseigné.

Quand la compagnie pénétra dans la vallée du Parc des Chasses, le soleil se couchait déjà derrière les montagnes. Tandis que le Palais d'Eté et la Pagode de Marbre étaient encore brillamment éclairés par ses rayons, le Parc et la vallée étaient déjà plongés dans l'ombre. Moulane, qui respirait l'air frais et les senteurs des pins obscurs, jugea que la journée avait été parfaite. Lifou et sa mère étaient à deux cents mètres en avant d'eux mais on les distinguait encore dans la douce lumière de cette fin d'après-midi et, avant qu'ils tournassent dans la direction du Temple du Bouddha endormi, ils virent Lifou qui leur faisait ses adieux en agitant le bras.

*

Cette nuit-là, les parents de Moulane discutèrent avec M. et Mme Fou le projet d'envoyer, à l'automne, les deux sœurs à l'école de Tientsin. Il y avait bien à Pékin des écoles pour les jeunes filles mais celle de Tientsin était la meilleure, et Mme Fou promit de s'occuper personnellement de Moulane et de Mocho. En outre, les deux sœurs pourraient rentrer à la maison pour le week-end, peut-être une fois par mois. Aussi le projet parut-il avoir obtenu l'assentiment des parents Yao.

M. et Mme Fou suggérèrent également que Tijen fût envoyé étudier en Angleterre. Peu importait qu'il sût très peu l'anglais, assura M. Fou, car il l'apprendrait là-bas. M. Yao fut séduit par ce projet et Tijen y prit un très grand intérêt.

Mme Yao hésitait mais Corail intervint.

— Un jeune homme doit aller à l'étranger, voir du nouveau et élargir son esprit, dit-elle simplement.

— Les temps ont changé, dit M. Fou. Les étudiants qui ont passé par des universités étrangères peuvent maintenant se présenter à nos examens et recevoir les diplômes impériaux de *chinchih* et *hanlin* tout comme les autres. Même si vous ne désirez pas que Tijen devienne un fonctionnaire, vous devez lui laisser avoir la meilleure éducation que la génération actuelle peut lui donner.

— Ce qui me trouble, c'est qu'il est si jeune, dit Mme Yao. De l'autre côté de l'Océan, à dix mille *lis* d'ici, qui est-ce qui s'occupera de lui ?

— Je me débrouillerai bien tout seul, répondit Tijen, je suis assez grand pour cela. Si vous m'envoyez à l'étranger, je travaillerai d'arrache-pied.

C'était bien la première fois que Tijen eût jamais dit qu'il voulait travailler d'arrache-pied.

— Peut-être changera-t-il complètement, dit Corail. Il a dix-neuf ans et il est temps qu'il se mette sérieusement à l'œuvre. Regardez le fils de Mme Koung. Quand je l'ai aperçu avec sa mère et sa sœur, j'ai cru voir une image des vingt-quatre bons fils [42]. Et pourtant, il a les mêmes yeux, les mêmes oreilles et le même nez que n'importe qui.

— Quand une famille est dans la misère, elle donne naissance à un bon fils ; et quand un pays est en danger, il donne naissance à un patriote, dit M. Yao.

Il n'avait fait que citer un proverbe mais cela parut être un reproche adressé à Tijen, qui était là.

Les parents de Tijen promirent de réfléchir à ce projet. Le père l'approuvait, parce qu'il était généreux, riche et ne savait que faire de cet enfant trop choyé.

Tijen, lui, en était enthousiasmé parce que pour lui c'était voir un monde nouveau, faire ce que faisaient les jeunes gens les plus modernes et les plus comblés. Les étudiants retour de l'étranger, avec leurs complets à l'occidentale, leurs cannes et leurs conversations en anglais, paraissaient jouir d'un tel prestige ! Il faut ajouter, pour être juste, qu'il voulait aussi travailler sérieusement et faire son chemin.

Pour sa mère, ce séjour à l'étranger était une erreur ; mais ce qui la réconciliait avec le départ de son fils, c'était qu'un problème urgent se trouverait par là résolu. Ecran d'Argent, qui avait maintenant vingt-deux ans, était toujours avec la famille. On ne pouvait se débarrasser d'elle en la mariant à Pékin, parce qu'elle était une fille du Sud et voulait retourner dans sa ville natale et qu'il n'y avait personne pour l'y ramener. Le printemps précédent, quand il avait été question de renvoyer Ecran d'Argent dans le Sud avec M. Feng, l'oncle de Tijen, il survenait toujours quelque chose qui retardait son départ ; au dernier moment, Ecran d'Argent tomba malade, et l'on dut renoncer au projet pour cette année-là. Par la suite, il ne fut pas repris. La situation était embarrassante, car une fille de Ningpo, à l'âge de vingt-deux ans, n'est plus une enfant. Peut-être, comme Corail l'avait déjà suggéré à Mme Yao, soustraire Tijen à la société d'Ecran d'Argent lui permettrait-il de commencer une vie nouvelle.

Aussi, le jour suivant, lorsque la famille partit pour le Parc des Chasses, tout le monde était d'excellente humeur : Moulane et Mocho parce qu'à l'automne elles iraient à l'école, Tijen parce qu'il se disait qu'il allait partir pour l'Angleterre, et les parents parce que le problème que posaient les études de leurs enfants était en voie d'être résolu.

Comme le Parc n'était pas loin, ils s'y rendirent tous à pied. Il avait été convenu entre M. Fou et Mme Koung qu'ils se retrouveraient au temple voisin du parc après le petit déjeuner. En arrivant, ils aperçurent Lifou, sa mère et sa sœur qui flânaient autour de l'arcade de pierre. Lifou accourut et les salua d'un sourire ; mais conformément aux bienséances, il se contenta de faire un signe de tête aux jeunes filles, à Corail et à Mannia. Moulane et Mocho le dévisagèrent et ne purent s'empêcher de lui sourire car, après ce qu'elles avaient vu et entendu la veille, leur intérêt pour lui n'avait fait que s'accroître.

Tandis que Tijen causait avec Lifou, les jeunes filles, tout en faisant semblant de parler entre elles, prêtèrent l'oreille à la conversation. Depuis que Lifou avait fait sa réflexion sur les descendants de Confucius, Tijen s'était pris d'amitié pour lui, parce que lui-même critiquait volontiers les fonctionnaires et avait son franc-parler.

Tijen était un garçon plutôt intelligent mais il était quelque peu un révolté et, en compagnie des enfants de fonctionnaires, il s'ennuyait. Lifou lui apparaissait différent des autres et ayant, tout comme lui, des idées peu orthodoxes ; peut-être parce qu'il avait toujours vécu dans la pauvreté. Lifou avait le plus profond mépris pour la richesse et n'estimait chez quelqu'un que sa valeur personnelle. En rencontrant un individu de cette sorte, Tijen renonça à toutes ses prétentions et s'efforça de le traiter en égal. Ou bien, heureux ce matin-là à l'idée de partir pour l'Angleterre, désirait-il faire preuve de bonne volonté et se lier avec un jeune homme que les grandes personnes estimaient tant ?

Au pied du Parc des Chasses, l'abbé et un groupe de moines sortirent pour accueillir M. Fou. Ils s'exprimaient dans la langue mandarine la plus raffinée car les moines des Montagnes de l'Ouest étaient habitués à recevoir les hauts fonctionnaires et les princes mandchous qui venaient de la ville. Un chapelet à la main, l'abbé prit la tête du cortège. Le parc qui porte le nom de la Montagne odorante se trouvait sur une pente raide, couverte d'un bois touffu et s'étendait par derrière jusqu'aux montagnes. Après un sentier ombreux entre de vieux arbres élevés, de longs escaliers de pierre montaient jusqu'au bâtiment principal du sommet tandis que, des deux côtés, des chemins en lacets conduisaient aux divers bâtiments et salles du temple. Lifou et Tijen marchaient derrière les hommes et causaient avec quelques-uns d'entre eux pendant que les femmes suivaient derrière. Mme Yao, pour quelque raison particulière, paraissait désireuse de se lier avec Mme Koung et toutes deux cheminaient de compagnie, tandis que Mme Fou suivait avec les jeunes filles, Mannia et Corail.

Avant de s'engager sur un petit escalier, Lifou se retourna pour aider sa mère. Laissé seul, Tijen attendit aussi que sa mère arrivât et alla l'aider. Elle en fut si touchée qu'elle s'écria :

— Mon cher fils, si tu étais ainsi tous les jours, tu ne sais pas combien je serais heureuse !

Tijen, se sentant très satisfait de lui-même, répondit :

— Mère, à la maison vous avez toutes les servantes pour vous servir et je ne vous suis pas nécessaire. Au moins, j'ai l'âme d'un bon fils.

— Ne te vante pas, lui dit Mme Yao. Tu as vu le fils de Mme Koung qui aidait sa mère et tu t'es senti mal à l'aise à l'idée de ne pas aider la tienne. Cela te fera du bien de te lier avec ce garçon et d'apprendre quelque chose de lui. Lifou, êtes-vous disposé à devenir l'ami de mon fils ?

— Vous plaisantez, Madame Yao, répondit Lifou. Si vous ne m'en sentez pas indigne, ce sera un honneur pour moi.

Lorsque Corail, Moulane et Mocho virent que Tijen aidait sa mère à monter les marches, elles se donnèrent des coups de coude et se regardèrent, ébahies. Les deux mères se questionnèrent sur l'âge de leurs fils et Mme Yao apprit que Lifou avait seize ans, donc était de trois ans plus jeune que Tijen. Moulane fut tout émue d'apprendre de la bouche de Mme Koung que depuis la mort de son époux ils n'avaient pour revenus que leurs loyers et qu'ils projetaient de vendre quelques maisons dans le Sseutch'ouan, afin de permettre à Lifou de suivre les cours de l'Université ; tout devait être sacrifié aux études du jeune homme. Moulane savait qu'il existait des gens qui étaient pauvres mais elle ne voyait personne, parmi leurs relations, qui vendît des biens modestes pour permettre à un fils d'entrer à l'Université, et l'idée lui plut.

Un moine leur suggéra de prendre le sentier de côté, qui serait moins fatigant, et les femmes partirent sur la gauche. On les fit pénétrer dans un enclos et, en entrant dans la cour, ils virent une salle qui faisait face à une falaise surmontée de hauts arbres verts. De l'eau ruisselait tout le long de la falaise et se rassemblait en bas dans un étang transparent, tandis que devant la salle était une cour pavée avec des bancs et des tables de pierre. Cet enclos était si beau et si tranquille que Moulane en eut la respiration coupée ; elle entendit Lifou s'écrier :

— Quel endroit pour y avoir sa bibliothèque et y étudier !

Tijen sortit son appareil et dit :

— Il faut que je prenne une photo.

Cet appareil était une des choses que Tijen traitait avec sérieux. Il avait appris, non seulement à prendre des clichés mais à les développer lui-même. Son père lui donnait pour cela tout l'argent qu'il désirait, estimant que tandis qu'il s'occupait ainsi il ne faisait pas de bêtises.

Il demanda donc aux femmes de se réunir en un groupe. Moulane avait ceci de particulier que, lorsqu'elle voyait quelque chose de très beau, une larme, rien qu'une seule, surgissait dans chacun de ses yeux. Aussi Corail, quand elle la vit s'essuyer les yeux, lui dit pour la taquiner :

— Pourquoi pleures-tu ?

Quant à Mannia, elle demanda :

— *Meimei,* qu'ont donc tes yeux ?

Devenue le centre de tous les regards, Moulane se contenta de sourire et répondit :

— Rien du tout.

A quelques pas de là, Lifou et sa mère regardaient tout cela, et Mme Yao les invita à se rapprocher pour qu'ils figurassent sur la photo.

— Venez donc ! Nous ne faisons qu'une famille avec Mme Fou, dit Corail.

Finalement, Mme Fou dut entraîner Mme Koung pour qu'elle consentît à venir. Moulane et Mocho se trouvèrent à un bout du groupe ; Lifou était auprès d'elles mais il se tint à un pied au moins des deux jeunes filles. La photo fut une des meilleures qui aient été faites de Moulane ; on l'y voyait animée et confuse, la tête inclinée et une main à demi levée comme si elle allait de nouveau s'essuyer les yeux. Sur son visage, l'embarras le disputait à la beauté.

Lifou était par nature si mal à l'aise en compagnie de jeunes filles de son âge qu'il se tint tout près de Tijen.

Moulane, Corail et Mannia demeurèrent réunies parce que Moulane, ayant invité Mannia, se sentait responsable d'elle et souhaitait qu'elle eût du plaisir. Mocho se promenait avec sa mère et Mme Koung. Plus calme que sa sœur, elle écoutait sans mot dire la conversation des deux mères et Mme Koung lui en sut gré. Ainsi, de toute la matinée, Lifou et les jeunes filles n'échangèrent pas une parole.

Avant que la société quittât le temple pour visiter les divers bâtiments et cours du parc, les moines demandèrent s'il fallait servir un repas maigre ou un repas gras. La mère de Moulane déclara qu'elle et Mannia ne mangeraient que des légumes mais qu'elle pensait bien que les hommes réclameraient de la viande. M. Fou, pourtant, dit que bien entendu tout le monde ferait comme elles car, tant qu'on n'avait pas mangé un repas maigre préparé par les moines, on ne pouvait pas parler de maigre. Les moines des Montagnes de l'Ouest servaient des dîners maigres qui auraient satisfait un prince. Ils avaient des plats qu'ils baptisaient « jambon », « poulet », « filets de poisson », et qui, tous faits de pâte de soja, avaient l'aspect et le goût des mets à base de viande. Ils servaient aussi des légumes verts baignant dans l'huile et une variété extraordinaire de petits pains et de gâteaux les plus délicieux qui fussent.

Lorsqu'ils arrivèrent au temple du sommet, ils trouvèrent deux tables mises dans la salle et garnies de cuillers d'argent et de baguettes d'ivoire. M. et Mme Fou décidèrent qu'ils feraient les honneurs de la journée ; ils s'installèrent donc chacun à une table différente, Mme Fou avec les femmes et M. Fou avec les hommes. Mais comme il y avait plus de femmes que d'hommes, l'ordonnance se trouva bouleversée : M. Yao, préférant être avec ses filles, décida tout à coup de conduire sa femme et Mme Koung à la table où devaient être les jeunes gens. Un peu de désordre se produisit alors puisqu'on était en surnombre à la table des jeunes filles. De plus, Mme Koung tint à avoir Mocho à leur table, tandis que les deux enfants, la sœur de Lifou et le jeune frère de Moulane prirent place pour finir avec la jeunesse. Le résultat fut qu'à une table Moulane et Corail prenaient soin des petits, alors qu'à l'autre Mocho et Lifou prenaient soin de leurs mères. Assis un peu à l'écart, l'abbé veillait à ce que tout fût en ordre, avant de se retirer en leur souhaitant bon appétit.

Au repas, la conversation en vint aux inscriptions de la main de l'empereur Chienloung que l'on trouve partout dans les temples des Montagnes de l'Ouest. Il y en avait justement une en face du temple.

— L'empereur devait être très fier de son écriture, remarqua M. Yao.

Moulane était en train de penser qu'il était au-dessous de la dignité d'un empereur de laisser des traces de son écriture partout où il passait, lorsqu'elle entendit, à l'autre table, Lifou qui disait :

— Les choses ne sont précieuses que si elles sont rares. Est-ce qu'un empereur ne se rabaisse pas en laissant partout son écriture ?

Manifestement, ils avaient eu la même pensée. Quant à Mocho, bien qu'elle n'en soufflât pas mot, elle jugea que de telles remarques ne rendaient pas justice à l'empereur.

— Aimez-vous l'écriture de Chienloung ? demanda Lifou à M. Fou.

— Elle est correcte et robuste, dit M. Fou, mais on ne peut pas dire qu'elle soit étonnante ou extraordinaire.

— Je n'ai pas non plus découvert un seul bon poème qui lui soit attribué, dit Lifou. C'est toujours la même poésie de cour, toujours la louange de la paix, de la prospérité, et le phénix, et l'air empourpré... Enfin exactement ce que l'on attendait qu'il dît.

— Cette poésie est-elle donc médiocre parce que l'empereur dit ce que l'on attend qu'il dise ? demanda brusquement Mocho.

En posant cette question, elle n'avait fait qu'obéir à un élan irréfléchi mais c'était un défi adressé à Lifou. Surpris, il la regarda : il était obligé de lui répondre sans faux-fuyants.

— Si vous ne dites que ce que l'on attend que vous disiez, bien entendu, cela ne peut être que de la poésie médiocre, répondit-il.

Mocho se sentit obligée de riposter :

— Cela dépend. Les poètes et les ermites ne font pas partie des hommes ordinaires et, par suite, ne profèrent pas des choses ordinaires. Mais Chienloung, lui, était un empereur. Il lui fallait dire ce que l'on attendait qu'il dît, parce qu'il lui fallait faire ce que l'on attendait qu'il fît. Ce qui est de la poésie médiocre de la part d'un ermite est de la bonne poésie de la part d'un empereur, qui doit gouverner le pays et éprouver les sentiments ordinaires des hommes et des femmes ordinaires qu'il gouverne. Il faut qu'un empereur soit banal.

Mocho se tut. Il lui semblait qu'elle s'était laissée aller à parler plus qu'il n'était bienséant et elle n'avait nullement le dessein d'entamer une discussion.

— Selon vous, dit M. Fou, l'écriture de Chienloung est bonne, parce qu'elle est de type normal et bien proportionné, et non du type excentrique et brillant.

— En tout cas, elle est ronde et pleine, répondit Mocho.

Se souvenant des « Huit Excentriques de Yangtchéou » qui, du temps de Chienloung, étaient de grands peintres-poètes impressionnistes, elle ajouta :

— Il ne conviendrait pas à un empereur d'être excentrique. Si les Huit Excentriques de Yangtchéou devenaient empereurs, ne serait-ce pas un désastre pour l'univers ?

— Mocho, comment oses-tu discuter avec l'oncle Fou ? demanda sa mère.

Elle ne comprenait rien à ce qui se disait mais savait parfaitement qu'il était incorrect, pour une fille de quatorze ans, de discuter avec un lettré réputé.

— Laissez-la dire ce qu'elle pense. Cela me fait plaisir de l'entendre, dit M. Fou.

A l'autre table, la conversation avait cessé et tous se préparaient à écouter ce que Mocho allait ajouter.

— J'essaie seulement de dire quelque chose en faveur de l'empereur, dit Mocho. Si même des touristes ordinaires griffonnent souvent leurs noms et leurs poèmes sur des pavillons, des rochers et des murs de temples, pourquoi ne serait-il pas permis à un empereur d'en faire autant ? Ici, il a rebâti une grande quantité de temples, et ses courtisans ont dû lui demander de laisser des inscriptions pour que la postérité conserve sa mémoire, qu'il le voulût ou non. Après tout, il était l'empereur d'une ère de paix, il favorisa les arts et les lettres et ses poèmes étaient justement ceux qui convenaient pour orner une ère de paix et de prospérité. Il faut que la poésie de cour soit ainsi. Vous ne pouvez pas dire que son écriture soit originale mais l'écriture d'un empereur doit être régulière et orthodoxe. Elle est ronde et pleine, carrément établie et dissimule sa force sous ses courbes rondes et tendres, tout comme doit être le caractère d'un empereur.

— Les gens naissent différents, dit M. Yao avec un sourire satisfait. Voyez-vous, Madame Fou, l'écriture de ma troisième fille est comme cela, ronde et pleine, chaque caractère soigneusement tracé l'un après l'autre. L'écriture de Moulane ressemble à celle d'un homme.

— Ce sont là des choses qu'on ne peut pas éviter, dit Mme Fou. L'écriture est un indice du caractère. Vous ne pouvez pas tracer des caractères réguliers si vous avez le cerveau en désordre.

Cette affirmation, qui était réellement l'opinion de Mme Fou, reflétait aussi celle de son mari ; il allait même plus loin qu'elle, et croyait qu'on pouvait prédire l'avenir d'un homme rien qu'en examinant son écriture. Malgré ses idées avancées, M. Fou était semblable à bien des lettrés d'autrefois, qui étaient toujours un tant soit peu des mystiques ; il croyait sincèrement à l'astrologie et aux prédictions et personne n'aurait pu le faire changer d'opinion à ce sujet.

— Vous ne pouvez pourtant pas dire d'après l'écriture d'un homme s'il vivra longtemps ou non, dit M. Fou.

— C'est bien ce que je dis, répondit Mocho. Chienloung vécut jusqu'à quatre-vingt-neuf ans et son règne fut le plus long de tous ceux qu'a connus l'histoire.

— Je ne le crois pas, dit Lifou.

— Vous êtes trop jeune, dit M. Fou.

— Je ne sais pas pourquoi je n'arrive pas à bien former les caractères, dit Lifou.

— Vous avez trop d'originalité, dit M. Fou. C'est une qualité qui n'est pas mauvaise en soi mais qui a besoin d'être disciplinée. Le plus haut type de caractère est celui qui contient un élément d'originalité ou de liberté d'esprit mais qui parvient toujours à maintenir l'équilibre. Ce qu'il vous faut, c'est un frein.

M. Fou poursuivit en exposant son dualisme universel. Toute vie était la résultante de deux forces : l'une centrifuge et l'autre centripète. Sans la force centrifuge, l'originalité, il n'y aurait pas de progrès ; et sans la force centripète, il n'y aurait pas de stabilité. La vie de l'homme résultait de l'accord harmonieux de ces deux principes opposés, de même que l'union du *yin* et du *yang* produit les quatre saisons de l'année.

Soudain, l'on entendit résonner les rires de Moulane et de Corail. Tous se retournèrent pour les regarder et quelqu'un demanda :

— De quoi riez-vous ?

— De rien, répondit Moulane en riant plus fort encore.

— Elles rient de moi, expliqua Mannia. Moulane était en train de dire que mon écriture faisait penser à une petite souris et que c'était pour cela que j'étais timide comme une souris.

— Je ne faisais que plaisanter, dit Moulane. D'après l'oncle Fou, quiconque écrit comme un chat peut avaler la souris.

— Cela dépend, dit M. Fou. Avez-vous jamais entendu parler d'un rat mordant un chat ?

Là-dessus il raconta l'histoire d'un rat qui, durant une famine, devint si gros et si gras qu'il attaqua un chat et le força à prendre la fuite.

— A quoi ressemble votre écriture ? demanda Mme Fou à Moulane.

— Mon écriture ne ressemble à rien, répondit Moulane. Ou bien, peut-être, à un serpent.

— Un serpent aussi peut avaler une souris, s'écria Mocho de l'autre table.

— Chère sœur, crois-tu que je t'avalerai ? demanda Moulane à Mannia.

— Peut-être, lorsque tu auras très faim, répondit Mannia.

— Si c'est le cas, je serai mangée par tout le monde, dit Corail, car mes caractères ressemblent aux châtaignes, qui ne sont ni rondes ni carrées et qu'on ne peut jamais placer en ligne droite.

— A quoi ressemble l'écriture de votre sœur ? demanda Mme Fou à Moulane.

Moulane hésita un moment avant de répondre :

— A une perdrix de printemps, au corps dodu et aux plumes lisses.

A ce moment, le moine chargé de s'occuper des hôtes survint ; ayant entendu prononcer le mot « perdrix », il se confondit en excuses sur la médiocrité de la chère, et déclara :

— Je suis tout à fait désolé qu'il ne nous soit pas permis de servir des perdrix.

Il y eut un éclat de rire général, et il fallut expliquer que l'on parlait d'écriture. M. Fou tira un billet de dix dollars et le donna au moine, en le remerciant du délicieux dîner qui leur avait été servi.

*

Jusque-là, Moulane n'avait pas échangé un mot avec Lifou. Après le déjeuner, tout le monde se reposa car déjà Mannia se plaignait d'avoir assez grimpé et marché pour la journée. Vers trois heures, M. et Mme Fou proposèrent de gagner les montagnes. Mme Yao et Mme Koung refusèrent et Mme Fou dut rester avec elles ; d'ailleurs, elle avait déjà fait cette promenade. Mocho, qui était grasse et placide, dit qu'elle tiendrait compagnie à sa mère : les escalades ne lui avaient jamais dit grand'chose. Tijen, qui ne tenait pas à suivre son père, imita sa sœur ; et la sœur de Lifou était trop petite. Pour finir, il ne se trouva plus que cinq personnes pour entreprendre la grimpée : M. Fou, M. Yao, Lifou, Moulane et son petit frère Afei. Moulane aimait escalader de hautes montagnes et contempler des vues étendues.

Il n'y avait qu'un peu plus d'un kilomètre jusqu'au Pavillon à Mi-chemin, mais le sentier n'était jamais à plat. Comme tous les hommes maigres, M. Fou était un grimpeur de première force et M. Yao montait aussi aisément que s'il avait marché en terrain plat. A son âge, il était encore capable d'abattre cinquante kilomètres par jour. Lifou comprit qu'il allait être tout le temps en compagnie de Moulane et ne pourrait l'ignorer entièrement pendant que les deux hommes seraient en tête. Cela le rendit très nerveux ; il ne cessait d'ouvrir et de fermer ses doigts et d'en faire craquer les jointures. Ayant grandi parmi les livres, il n'avait pas encore rencontré de jolies filles. Aussi se mit-il à causer avec le petit Afei. Des idées malicieuses traversaient l'esprit de Moulane. Elle fit un faux départ en disant à Afei :

— Demande donc à M. Koung s'il n'était pas à la Fête de Paiyounkouan, lors du dernier Jour de l'An.

Lifou répliqua à Afei :

— Dis à ta sœur que j'y étais, et que je l'ai vue qui jetait la pièce de monnaie sous le Pont des Vents captifs.

Cette façon de parler était si amusante qu'ils finirent par éclater de rire en se regardant, et alors, ils commencèrent vraiment à causer.

A quinze mètres d'eux s'élevait sur un tertre, solitaire et droit, un grand pin blanc dont l'écorce argentée se détachait devant les pentes vertes.

— Monsieur Koung, dit Moulane, pourriez-vous atteindre ce pin blanc ?

— J'essaierai, puisque vous le désirez.

Il ramassa un caillou rond, gros comme un œuf, et le jeta. Le caillou heurta le tronc avec un bruit sourd.

— Bravo ! cria le petit Afei.

Moulane, stupéfaite, osa cependant un geste fort peu féminin ; elle lança à son tour une pierre, qui passa à un pied du but. Lifou l'encouragea à recommencer et elle échoua une seconde fois. Il lui montra alors comment tenir une pierre entre ses doigts et les deux façons de jeter : par-dessus, en utilisant le haut de l'épaule, et par-dessous.

— Et puis, vous vous tenez mal, dit Lifou lorsqu'elle voulut essayer de nouveau.

Moulane ne l'ignorait pas mais refusait de se tenir les jambes écartées. Se plaçant les pieds joints, elle essaya de lancer par-dessus ; elle atteignit l'arbre, trébucha et faillit tomber. Lifou poussa un cri d'approbation, Afei un cri d'admiration et Moulane un cri de triomphe.

Elle se sentait si heureuse que sans réfléchir, elle se mit à siffler, ce qui surprit beaucoup Lifou.

— Comment, vous savez siffler ?

Moulane le regarda en souriant et continua à siffler. C'était l'air d'une chanson sur les douze mois de l'année, une chanson populaire très en vogue et, pendant qu'ils grimpaient, Lifou chanta avec elle. Le vieux Yao se retourna et sut que sa fille était heureuse. Il dit quelques mots à M. Fou et M. Fou se retourna aussi.

A mesure qu'ils montaient, un aspect nouveau du paysage s'offrait à eux. A leurs pieds étaient des ravins profonds, des pentes vertes à pic et, au-delà, les montagnes lointaines. Là-haut, parmi les sommets et les nuages, Moulane se trouvait dans son élément. L'air printanier la réconfortait et, comme elle, les oiseaux semblaient y puiser une énergie nouvelle ; ils voletaient à travers la vallée et leurs cris aigus remplissaient le ciel.

Arrivée au Pavillon à Mi-chemin, la société fit halte pour se reposer. Moulane demanda ce qu'étaient ces édifices bizarres aux murs crénelés qu'ils avaient aperçus dans le lointain. Son père lui expliqua que l'empereur Chienloung les avait construits à la ressemblance de bâtiments et de terrasses thibétaines, afin que ses soldats pussent s'exercer à escalader les forteresses du Thibet. D'autres édifices étaient les ruines de monuments destinés à commémorer ses victoires au Thibet et l'un, enfin, était une terrasse d'où l'empereur surveillait les tirs à l'arc de ses troupes. La plupart de ces constructions étaient depuis longtemps ruinées. Moulane se rappela le dicton : « Pour qu'un général conquière la gloire, dix mille squelettes doivent rester sans sépulture », et elle demeura silencieuse. Pékin était assez près des plaines mongoles et il y avait assez de prêtres thibétains dans la capitale pour qu'elle pût comprendre ce que c'était qu'un empire ; et le Temple des Nuages-couleur-du-lac-bleu, ainsi que le Temple du Bouddha endormi et maint autre lieu attestaient le passage de Gengis Khan et des souverains mongols.

— Hum ! dit M. Yao en crachotant. Avez-vous lu l'*Ode sur un antique champ de bataille,* Lifou ?

— Oui. Tout revient à cela : *Et où sont-ils, maintenant ?* répondit Lifou. J'aimerais un jour aller visiter le Thibet, ajouta-t-il presque comme s'il se parlait à lui-même.

M. Fou entonna un morceau de l'opéra *Lilingpei* et chanta l'air du général mourant, avec beaucoup de chaleur et d'émotion. Moulane l'accompagna *mezza voce,* à la grande stupeur de Lifou. Elle avait une voix extraordinairement suave. Le passage qu'elle chantait était un des morceaux les plus difficiles de l'opéra, et Lifou n'avait jamais appris à chanter. C'était un air triste ; à ce moment-là, la vie apparaissait à Moulane à la fois triste et belle.

Mais si Moulane étonna Lifou en lançant des cailloux, en sifflant et en chantant des fragments d'opéras, Lifou l'étonna par la réflexion qu'il émit pendant leur retour au temple. Moulane avait dit qu'il était dommage que les autres ne fussent pas venus et qu'ils n'eussent pas vu ce qu'eux avaient vu.

— Quelle est, selon vous, la plus belle chose que nous ayons vue aujourd'hui ? demanda-t-il.

— La vue du Pavillon à Mi-chemin, répondit-elle. Et vous, qu'avez-vous trouvé le plus beau ?

— Les ruines, répondit-il.

*

Mme Yao, qui espérait que Lifou deviendrait l'ami de Tijen, avait invité les Koung à dîner ; aussi tous les promeneurs revinrent ensemble. M. Yao et M. Fou aimaient tous les deux à bien boire et, comme l'assure le dicton : « Quand on rencontre un vieil ami, les boyaux à vin se distendent. » Après le dîner, ils s'assirent en plein air et discutèrent les projets concernant les enfants, tout en regardant la lune se lever au-dessus du Palais d'Eté.

— Envoyez Tijen en Angleterre, dit M. Fou. Vous avez tout l'argent qu'il faut pour cela. L'éducation nouvelle, voilà ce qui est important. Nous vivons dans un monde nouveau et il est nécessaire de connaître les événements mondiaux qui se déroulent au-delà de l'Océan. Il ne servira plus de rien, désormais, de savoir par cœur les Quatre Livres et les Cinq Classiques.

Logée dans ce corps fluet, l'intelligence de M. Fou se dilatait sous l'influence du vin et du clair de lune et il discourait sur ses visions de l'avenir et des pays d'outre-mer.

Mme Yao, elle, n'était pas encore parvenue à prendre un parti. Que Tijen allât à l'étranger et les filles à l'école, ce serait un bouleversement de la famille et, d'instinct, elle était adversaire des bouleversements. Mais Mocho déclara :

— Frère, il faut que tu partes. Il faut qu'un homme voyage, voie du monde et ne reste pas toujours au même endroit.

— Oui, dit M. Fou. Arrachez-le au confort de cette vie de luxe et vous ferez de lui un homme. A l'étranger, il lui faudra se tirer d'affaire tout seul ; il ne sera plus entouré de servantes qui feront couler son bain, s'occuperont de son linge et lui verseront son thé. S'il a envie de boire du thé, il devra le préparer lui-même. Ce sera excellent pour sa santé.

Aux yeux de M. Yao, un tel argument était décisif.

Ils avaient pensé rentrer en ville le lendemain, mais M. Yao déclara :

— Ce sera demain le quinze et la lune sera encore plus belle.

Mais Mme Yao s'inquiétait de la maison qu'elle avait laissée aux mains des domestiques ; et Mannia s'inquiétait de son bébé, bien qu'il eût été confié à sa mère. Pour finir, les femmes partirent le lendemain, tandis que M. Yao restait encore deux jours en compagnie de M. et Mme Fou.

CHAPITRE XIV

Moulane raccompagna Mannia chez les Tseng avant de rentrer chez elle. Les beaux-parents de Mannia furent enchantés de la revoir mais M. Tseng fut assez effrayé qu'elle apparût si fraîche et si jeune, et il se demanda avec inquiétude s'il était bon qu'une jeune veuve de sa famille s'exhibât autant en public. Car, après avoir perdu son mari lorsqu'elle avait dix-huit ans, Mannia avait continué à se développer et maintenant elle était grande et plus belle que jamais. Moulane aussi effrayait un peu M. Tseng, parce qu'elle lui semblait également avoir subi cette indéfinissable transformation que la nature provoque chez une fille de cet âge. Son visage et ses joues s'étaient arrondis, ses sourcils et ses cils avaient poussé et ses yeux étaient plus brillants, tandis que le grand air avait accru l'éclat naturel de son teint. M. Tseng se demandait s'il aurait la chance d'avoir une pareille belle-fille, et aussi ce que pourrait être la destinée d'une femme trop remarquable par sa beauté et ses dons.

Mannia raconta que les deux sœurs allaient partir pour l'école.

— Ce n'est pas encore sûr, dit Moulane. Mes parents n'en sont encore qu'à discuter la chose.

— Vous allez encore à l'école à votre âge ? dit M. Tseng. Enlever des filles à leur foyer et les envoyer à l'école est déplorable. Et pourquoi aller si loin que Tientsin ?

— Elles ne font pas partie de notre famille, dit Cassie. De quel droit nous mêlerions-nous de leurs affaires ?

M. Tseng se contenta de sourire et Mme Tseng déclara :

— Pour moi, je considère Moulane comme ma fille.

— Nous ferions bien de faire attention, dit Mannia Si nous laissons le pigeon s'envoler, nous ne savons pas quand il reviendra.

— Qu'est-ce que tu dis là ? s'écria Moulane. Je ne pars que pour faire mes études et chaque mois je viendrai vous présenter mes respects.

Moulane rentra chez elle et, tandis qu'elle était dans sa chambre, en train de changer de vêtements, la servante Brocart entra et lui dit :

— La maison a paru bien grande et bien vide pendant que vous étiez tous loin. Encens rentra chez elle pour voir sa famille ; quant à Ecran d'Argent et moi, nous nous sentions très abandonnées. Avant-hier, nous avons été voir le bébé de Brume bleue.

Brume bleue avait épousé le fils de Lotoung, qui travaillait chez les Wang.

— Comment va Brume bleue ? demanda Moulane.

— Elle va très bien, dit Brocart, et son bébé est un ange. C'était le « mois plein » du bébé, et comme *Taitai* n'y avait pas pensé, nous avons décidé d'offrir de votre part un cadeau à l'enfant : une paire de chaussons à tête de tigre et deux dollars. Nous nous sommes aussi cotisées toutes les trois et nous lui avons acheté un bracelet. Brume bleue a dit de vous remercier en premier. Dans quelques jours, elle viendra avec son enfant vous présenter ses respects.

— C'est gentil à vous d'y avoir pensé, dit Moulane. Et avec Ecran d'Argent ? Cela s'est bien passé ?

— La vie n'est pas facile pour elle, dit Brocart. Nous avons beaucoup causé, elle et moi, pendant que tout le monde était absent et je commence à penser qu'elle n'est pas entièrement fautive. Nous autres servantes, nous ne sommes pas comme vous, les filles de la maison. Nous servons notre maître ou notre maîtresse pendant cinq ou dix ans mais chacune de nous doit réfléchir à ce que pour finir elle deviendra. Pour moi, je souhaite de vous servir ma vie durant, si cela m'est accordé…

— Bien sûr, Brocart. Nous avons grandi ensemble, comme des sœurs, et il serait dur pour nous de nous séparer.

— Pour Ecran d'Argent, poursuivit Brocart, la chose se présente autrement. Elle est arrivée à la maison et elle a obtenu le privilège de servir l'aîné des jeunes maîtres. Mais elle a déjà plus de vingt ans, elle est plus âgée que lui et elle se trouve à un rang à la fois trop haut et trop bas. Elle ne peut pas attendre qu'il soit marié, et elle est trop habituée au confort de cette famille pour rentrer chez elle et épouser un garçon de la campagne. D'autre part, elle ne veut pas quitter Pékin. Brume bleue est mariée et Encens a ses parents dans la capitale. Quant à moi, j'ai perdu mes parents et je sais qu'en restant avec vous je ne commets pas une erreur. Mais elle, que peut-elle faire ?

— Ce que tu dis est juste, dit Moulane. Les pousses de bambou elles-mêmes se dirigent vers le haut quand elles sortent de la terre. Qui ne désire être exalté au-dessus des autres ? Mais si elle ne veut pas retourner dans le Sud, ne pourrions-nous pas lui découvrir un époux et la marier à Pékin ?

— Ça, ça dépend de son cœur, dit Brocart.

Moulane regarda fixement Brocart, qui continua :

— Il n'y a rien dans ce monde qu'on ne puisse prévoir, excepté ce que fera un cœur. Si le cœur d'Ecran d'Argent est disposé d'une certaine façon, tout sera facile ; mais s'il est disposé autrement, alors un problème se posera. Le jeune maître est beau et il la traite avec bonté ; et, quand il est en verve, il sait si bien parler ! Quand il n'est pas content, bien sûr, il se fâche, mais il faut s'y attendre, avec les hommes. Et au cas où elle accepterait de partir, il pourrait bien n'être pas d'accord. Elle a dit...

Encens entra à ce moment-là pour annoncer qu'Ecran d'Argent avait mal à l'estomac et que Tijen l'avait envoyée chercher un médicament. Ecran d'Argent avait déjà souffert de ces douleurs l'année précédente ; aussi personne ne s'en étonna. Mais, tard dans l'après-midi, son état parut bien plus grave que d'habitude. Tijen, très pâle, arriva dans la chambre de sa mère et dit qu'il faudrait peut-être faire venir un médecin.

— Attendons, dit Corail. Son mal n'est pas nouveau. Donne-lui un laxatif et une poudre « pour calmer l'âme » ; dis-lui de ne rien manger mais donne-lui un peu de ce potage aux lotus qu'elle prenait l'an dernier.

— C'est peut-être parce que tu lui as annoncé que tu allais partir pour l'Angleterre, dit Mocho.

— Je lui ai dit que j'allais partir, dit Tijen, et elle a répondu qu'elle était contente que j'aille à l'étranger et que je voie les pays d'outre-mer.

— Je répète ce que j'ai dit, déclara Mocho.

— Tu es injuste pour elle, dit son frère. Elle a les lèvres toutes pâles. Pourrait-elle simuler de pareilles douleurs ?

— Je ne prétends pas qu'elle les simule. Je dis que si tu lui annonçais que tu ne pars plus, ses douleurs disparaîtraient.

— As-tu réellement décidé de partir ? demanda Corail.

— Certainement, dit Tijen. Aucune de vous ne veut me comprendre. Vous me blâmez de ne pas travailler et de débiter des sottises quand je parle des études. Mais si c'est ce que je pense ? On répète que « toutes les études sont faites en vue de la gloire officielle ». Expliquez-moi pourquoi je devrais rechercher la gloire officielle et m'échiner à travailler ? Mettez-vous un peu à ma place. Est-ce que ma famille a besoin que je gagne de l'argent ou que je devienne un fonctionnaire ? Vous êtes toutes là à vanter Lifou, mais sa mère compte sur lui pour l'entretenir. Cela dit, j'ai autant envie qu'un autre de devenir un homme, et il me faut connaître le monde. Mais faire des études à l'étranger, c'est une autre question.

Ce discours plut beaucoup à Mme Yao. Tijen avait un teint extrêmement frais, un nez droit comme Moulane, des sourcils épais et noirs comme son père. Ces traits et une petite moustache, qui pointait à chaque coin de sa lèvre supérieure, lui donnaient un aspect viril ; et son accès d'éloquence l'avait fait paraître digne, résolu et sincère.

— Si tu t'es vraiment décidé à faire ton chemin et à être un homme, c'est parfait, dit sa mère. Hier, quand tu t'es conduit en bon fils avec moi, j'ai gagné beaucoup de respect aux yeux de Mme Koung. Je ne tiens pas à ce que tu amasses de l'argent ou deviennes un fonctionnaire ; tout ce que je veux, c'est que tu sois un homme, comme les autres. Mais il te faut être plus calme et tu ne dois pas tout casser lorsque tu n'es pas content.

— Mais c'est parce que nous avons de quoi casser, Mère, et parce que nous pouvons racheter du neuf. Si les gens riches qui ont les moyens d'acheter des choses ne les cassent pas et n'en achètent pas d'autres, comment les artisans feront-ils pour vivre ? L'argent, l'argent, toujours l'argent ! Pourquoi suis-je né dans une famille riche ! Mencius a dit : « C'est pourquoi, lorsque le Ciel entend appeler un homme à une grande tâche, il commence toujours par fortifier son ambition, travaille ses muscles et ses os, affame son corps, lui refuse les nécessités de l'existence et s'oppose à ses projets, afin que son ambition puisse être surexcitée, son caractère fortifié et qu'il apprenne à faire ce qu'auparavant il ne savait pas faire. » Moi, je n'ai connu ni la peine ni la faim. Le Ciel doit avoir une bien piètre opinion de moi !

Mocho et Corail se mirent à rire ; mais leur mère, elle, ne comprit rien à cette tirade littéraire.

— C'est bien la première fois que j'entends interpréter Mencius de cette façon, dit Mocho. Est-ce que vraiment tu comprends Mencius ?

— Bien sûr que je le comprends.

— Mencius a aussi déclaré que nous appartenons à la même race que les sages et que les hommes ont été créés égaux ; que la seule différence qui sépare les hommes des bêtes est une petite étincelle, ce sens qui permet à l'homme de distinguer ce qui est bien de ce qui est mal. S'il est bien de casser les choses, il est aussi bien de jeter le blé au ruisseau. Tu n'as rien compris à Mencius et, maintenant, tu adresses des reproches au Ciel alors que c'est toi le coupable.

Du coup, l'éloquence de Tijen se trouva tarie.

— Tu es exactement comme Seconde Sœur, dit-il à Mocho. Tu es devenue assez grande pour me sermonner.

*

Tijen était très doux avec toutes les jeunes filles, sauf avec ses propres sœurs. Quand il arriva dans la chambre d'Ecran d'Argent, qui était couchée, il vit qu'elle avait ramené le drap sur son visage et dormait. Il souleva doucement le drap et lui demanda comment elle allait mais elle détourna brusquement la tête.

— Vous êtes resté bien longtemps, dit-elle en s'essuyant les yeux. J'ai eu très mal il y a un instant mais maintenant cela va mieux.

— Ne vous découragez pas, dit Tijen. Si vous laissez votre estomac se reposer un peu cette nuit, vous serez très probablement remise demain. Vous ne prendrez qu'un peu de potage aux lotus et nous ne ferons pas venir le docteur avant demain.

Tijen écarta la main qu'Ecran d'Argent tenait sur sa figure et ajouta :

— Je discutais tout à l'heure avec Troisième Sœur au sujet de Mencius. Tout le monde semble être contre moi. Il n'y a que vous qui me compreniez. Il n'y a que nous deux dans tout l'univers qui nous comprenions.

Ecran d'Argent se mit à sourire :

— Quand vous serez parti, il y en aura d'autres qui vous comprendront mieux, et alors, vous souviendrez-vous de l'esclave de votre enfance ?

Elle parlait comme le ferait une femme à un enfant innocent et sa voix avait une douceur qui le ravissait. Elle s'exprimait avec franchise et non de cette façon languissante et hésitante qu'ont les jeunes filles distinguées ; et sa voix, comme ses traits, respiraient la vitalité qui est propre aux gens de Ningpo. On prétend que lorsqu'une fille de Ningpo veut faire la conquête d'un garçon de Changhaï, le garçon est vaincu d'avance.

Tijen, en dépit de ses beaux discours et de son beau physique, était au fond tout pareil à un jeune efféminé de Changhaï. Ainsi qu'il s'en plaignait avec raison, il n'avait connu ni la peine ni la faim, et il était pareil à un mollusque à la coquille molle. La réflexion d'Ecran d'Argent le vexa un peu car il s'était toujours ouvert à elle avec sincérité.

— Vous ne me croyez pas ? répondit-il. Si jamais je vous oublie, ou si je ne pense pas ce que je dis, qu'une tumeur maligne se forme sur ma lèvre, que je meure dans des convulsions et qu'après ma mort je sois changé en âne, pour vous servir de monture dans une autre vie !

— Pourquoi jurer ainsi, par une si belle journée ? dit Ecran d'Argent en riant.

— C'est vous qui m'y forcez ! La chance m'est donnée de devenir un homme et il faut que je parte. Vous prendrez soin de ma chienne et si je ne vous suis pas fidèle, à mon retour je serai moins que cette bête. Vous pourrez me battre, me donner des coups de pied et je coucherai sous votre lit.

Tijen raffolait de tout ce qui venait de l'étranger : appareils photographiques, montres, stylographes et peintures si affreuses qu'elles fussent. Il possédait une chienne de chasse étrangère qu'il emmenait partout où il allait mais c'était Ecran d'Argent qui lui donnait à manger. Il ne savait pas comment traiter un chien et, dans ses crises de colère, il l'insultait et lui donnait des coups de pied. Aussi la chienne, qui ne comprenait rien à ces manières de faire, était plus fidèle à Ecran d'Argent qu'à son maître.

— Un homme peut-il être moins fidèle qu'un chien ? dit-il en la désignant.

— L'homme est supérieur au chien par l'intelligence ; mais pour ce qui est de la fidélité, le chien est supérieur à l'homme, répliqua Ecran d'Argent. Ce n'est pas que je ne vous croie pas. Quand on a l'occasion de partir, on doit partir. Je n'ai pas le droit de gâter votre avenir. Mais qui sait quand vous reviendrez ? Je ne suis plus toute jeune. Même si je décide de vous attendre, il pourra survenir des événements auxquels je ne pourrai rien. Si je ne me marie pas et que je devienne une vieille fille au teint jauni, les gens se moqueront de moi et me diront : « Qu'est-ce que vous attendez ? » Que leur répondrai-je ? Et si je laisse d'autres me traiter à leur guise, mon corps ne risquera-t-il pas d'appartenir à un autre, lorsque vous reviendrez ? Il vaut mieux, dans cette vie, n'être pas né une fille. Elles ne peuvent rien sur leur avenir.

Ecran d'Argent soupira et son visage se crispa de douleur. La sueur perla sur son front et Tijen l'essuya.

— C'est comme cela, dit-elle. Vous êtes bon pour moi et je vous en suis reconnaissante. Mais nous ne parlons que pour dire des bêtises. Vous êtes né maître, et moi esclave. Nous avons tous notre étoile et ce qui a été déterminé à notre naissance ne peut être changé. Je n'ai pas été vendue à votre famille pour ma vie durant. Un jour, sûrement, ma famille viendra me réclamer ; j'épouserai un garçon de la campagne et je partirai avec lui pour être la femme d'un fermier. Chez vous, j'ai été bien nourrie et bien vêtue et c'est déjà une grande chance que j'ai eue là. Ne parlons plus de l'avenir.

La chienne, qui sentait l'odeur de la nourriture, eut un aboi bref. Une domestique, qui portait sur un plateau un bol de potage aux lotus, souleva le rideau.

— Le dîner est servi, dit-elle à Tijen, *Taitai* vous attend.

— Dites-leur de commencer sans moi. Pourquoi serais-je en ce moment en train de manger ?

Tijen ne se permettait de pareilles libertés que parce que son père n'était pas là.

— Je vais vous donner à manger, dit Tijen lorsque la servante fut partie.

Ecran d'Argent se laissa servir. Le potage n'étant pas assez sucré, Tijen se leva pour aller chercher du sucre à la cuisine.

— N'y allez pas, dit Ecran d'Argent, et prenez garde aux cancans.

Il se rassit.

— Vous feriez mieux d'aller vous mettre à table, poursuivit-elle. Je me sens très bien et il faut songer aux convenances.

Tijen lui obéit et ne revint qu'après le dîner. Le lendemain matin, il annonça à sa mère et à ses sœurs que, tout bien réfléchi, il n'irait pas en Angleterre.

A ses yeux, Ecran d'Argent avait plus d'importance que l'Angleterre.

*

Mais lorsque son père revint, Tijen n'eut pas le courage de l'aviser qu'il ne partait plus.

— Vous feriez mieux de couper votre natte, lui dit un jour M. Fou, et de vous faire faire quelques complets à l'européenne.

En ce temps-là, couper sa natte était un signe d'ultramodernisme. C'était d'ailleurs légèrement dangereux car cela pouvait être pris comme l'indice que l'on était un révolutionnaire qui préparait en secret la chute de l'Empire mandchou. Les révolutionnaires coupaient souvent leur natte parce qu'elle était le symbole de l'asservissement aux Mandchous. Mais on permettait que les étudiants qui allaient à l'étranger le fassent et on trouvait cela admissible.

Accomplir un tel acte plut tant à Tijen qu'il ne parla plus de renoncer à son voyage et, durant les mois suivants, ses sœurs s'intéressèrent fort à ce qu'il avait maintenant d'européen, coupe de cheveux, complets, cravates, boutons de col et de manchettes ; et elles s'en divertissaient beaucoup. Tijen se trouvait si élégant, si moderne, et il était si satisfait de lui-même qu'il était un autre homme. Ecran d'Argent, qui avait à s'occuper de ses vêtements et de son linge, ne cessait de tout emmêler, ou par agitation ou par rancune. Les chemises étrangères étaient si ridiculement longues ! Quant à leurs manches, elles étaient coupées d'une façon si bizarre qu'elles se tordaient sur toute leur longueur. Jamais on ne pouvait savoir où était le côté extérieur des manchettes, et Ecran d'Argent plaçait souvent les boutons de manchettes à contresens. Elle finit par désespérer de savoir comment repasser ses complets et comment les plier dans ses malles.

— Comment se fait-il que les vêtements étrangers aient autant de poches et de boutons ? dit-elle un jour. Hier je les ai comptés, ces boutons, et j'en ai trouvé en tout cinquante-trois, au-dedans et au-dehors.

Mais Tijen était au comble du bonheur. Il apprit à marcher avec les mains dans les poches de son pantalon, à porter des cravates éclatantes et une breloque à son gilet, à placer une main sur le revers de son veston et à balancer une canne comme il l'avait vu faire aux étrangers élégants et aux étudiants retour d'Europe.

Mocho aidait Ecran d'Argent. A cette époque-là, c'était si distingué pour un jeune homme de porter des vêtements à l'européenne qu'elle était fière de voir son frère si bien attifé, et elle apprit à repasser ses vestons.

Lifou, qui maintenant leur rendait souvent visite, paraissait démodé et quelque peu négligé auprès de

Tijen. Il n'aurait pas tenu particulièrement à voir les Yao mais sa mère et Mme Yao étaient devenues intimes et tout le monde s'évertuait à lui faire bon accueil. Peu à peu il se débarrassa de la gêne qu'il éprouvait dans cette maison de riches mais il ne se sentit jamais dans son élément naturel et il y eut toujours, visiblement, entre lui et Tijen, une barrière dont la cause était la situation de fortune de ce dernier. Néanmoins, Lifou admirait Tijen d'être toujours à son aise. Il s'efforçait bien d'être poli et de faire des frais, mais il ne se permettait pas de plaisanter en présence des jeunes filles et il se tenait toujours discrètement à distance.

Un jour, cédant aux instances des deux sœurs qui savaient par M. Fou qu'il était capable d'un pareil exploit, il récita, malgré son extrême timidité, la première page du *Texte des Mille Caractères,* mot à mot et à rebours. Il était souvent sujet à des silences mais, lorsqu'il parlait de ce qu'il pensait ou croyait, c'était avec une décision qui le révélait parfaitement maître de ses connaissances. Il déclara une fois à Moulane que, pour lui, savoir simplement qu'une chose est telle quand elle est telle, était une volupté.

En ce temps-là, les relations mondaines entre jeunes gens et jeunes filles devinrent peu à peu et de plus en plus admises ; mais les deux sœurs, qui étaient élevées selon les antiques traditions, se maintenaient toujours sur la réserve en présence de visiteurs masculins. Ce qui ne les empêchait pas, quand Lifou n'était plus là, de ne pouvoir se retenir de discuter à son sujet.

Moulane était particulièrement attirée par l'esprit logique et réfléchi de Lifou. En contraste avec lui, Tijen était bien de sa personne, éloquent, généreux par accès, aimable, assez apte à manier les idées, mais il n'avait aucun penchant pour les choses sérieuses. Ce n'était pas la faute de Tijen mais, toilette à part, la comparaison tournait entièrement à la faveur de Lifou.

Tijen avait acheté une superbe paire de chaussures fabriquées en Angleterre qui lui avait coûté trente-cinq dollars. Lifou avait une paire de chaussures de cuir, de style européen mais fabriquées en Chine, qu'il avait achetée pour les leçons de gymnastique de l'école. Mais il ne put jamais se plier à l'habitude de cirer les chaussures et, à la longue, le cuir de ces chaussures était devenu sec, grisâtre et éraillé. Un jour, après son départ, Mocho remarqua :

— Avez-vous vu à quel point ses souliers sont sales ? J'ai vraiment eu envie de les lui retirer et de les faire cirer par Ecran d'Argent.

— Cirés ou non, quelle différence cela fait-il ? demanda Moulane.

— L'extérieur a de l'importance, dit Mocho.

— L'extérieur n'a aucune importance, répliqua sa sœur.

Quelques jours plus tard, quand Lifou entra dans la pièce avec ses souliers non cirés, les deux sœurs ne purent dissimuler un fou rire et leurs regards se croisèrent. Celui que Moulane lança à Mocho était un défi ; et celle-ci, prenant son courage à deux mains, dit :

— Puis-je vous poser une question, Lifou ?

— Laquelle ? dit Lifou.

— Vos *hsieh*...

Hsieh signifie « chaussures ». Moulane se mit à rire, Mocho ne parvint pas à terminer sa phrase et Lifou se demanda quelle était la cause de son hilarité. Mais Moulane sauva la situation en disant :

— Nous voulions vous mettre à l'épreuve. L'oncle Fou prétend que vous pourriez énumérer de mémoire tous les mots qui, d'après le dictionnaire des rimes, riment ensemble. Dites-nous quels sont les mots de la neuvième rime, *hsieh* ?

Mocho fut abasourdie par la présence d'esprit de Moulane, qui remplaçait le mot *hsieh,* « chaussures » par le mot *hsieh* qui signifie « crabe » et qui, dans le dictionnaire, est le nom de la neuvième rime.

— *Hsieh* (crabe), *chieh* (expliquer), *mai* (punaise), *chouei* (animal disparu), *nai* (lait), *nei* (nain), *kouai* (séquestrer), *p'ai* (balancer), *pa* (finir), *hai* (effrayé)... énuméra Lifou. Attendez. Il y a encore *k'ai* (modèle), *ai* (s'appuyer) et *ai* (sot).

— C'est merveilleux ! s'écria Moulane. Je ne reprocherai jamais à l'oncle Fou de parler de vous en termes si flatteurs.

— Au fond, c'est une pure bêtise, et un truc pour duper les gens qui ne sont pas capables d'écrire des vers. Cela n'a pas de sens de fournir des rimes à quelqu'un pour qu'il en compose un poème, et cela supprime souvent de bons vers que la personne aurait écrits si elle avait pu choisir ses rimes. D'ailleurs, ces dictionnaires de rimes ont au moins sept cents ans d'existence et il n'y a pas de raison pour que les modernes n'usent pas de dictionnaires de rimes qui se conformeraient à la prononciation actuelle. Du temps de Confucius, les dictionnaires de rimes n'existaient pas, cela n'empêche pas qu'il y ait beaucoup de bons vers dans le *Livre des Odes.*

Les deux sœurs avaient fini par oublier ses souliers, si piteux pourtant.

— Je suis d'accord avec vous, dit Moulane. La prononciation n'a pas pu ne pas changer. Par exemple, *hsieh* devait se prononcer *hsiai,* ou *hiai* ; sinon, comment cela pourrait-il rimer avec *mai* et *ai* dans le dictionnaire ?

— C'est ça, dit Lifou. Dans divers dialectes, on dit parfois *pangsieh* et parfois *panghai* pour parler de crabes ; parfois *hsiehtse* et parfois *haitse* pour parler de chaussures.

— C'est exact, dit Mocho en souriant. A Pékin, nous disons « cirer *hsietse* » et Ecran d'Argent, qui est de Hangtchéou, dit : « cirer *haitse* ». L'autre jour elle a dit qu'elle voulait « cirer les chaussures » et j'ai cru qu'elle allait cirer un bébé.

— Si vous ne me croyez pas, je vais l'appeler, dit Moulane.

Lifou se mit à jeter des regards sur ses souliers et Mocho fut atterrée. Ecran d'Argent entra et Moulane lui dit :

— Ecran d'Argent, vous voulez bien cirer le bébé de M. Koung ?

Il y eut un éclat de rire général. Ecran d'Argent apporta la boîte qui contenait la crème à chaussures et cira si bien l'unique paire de chaussures de cuir de Lifou qu'elles paraissaient neuves et qu'il était stupéfait. Quant à Mocho, elle était enchantée.

Lifou ne connut alors qu'une moitié de cet épisode. L'autre moitié lui fut racontée par Mocho, mais longtemps après.

*

Un jour, en juin, Mme Tseng jouait aux échecs[43] avec Mannia, et Cassie regardait la partie. Mannia, qui venait de célébrer le second anniversaire de la mort de son mari, paraissait assez fatiguée. Asouane, son enfant, qui maintenant faisait quelques pas, s'amusait auprès d'elle.

— Pourquoi n'avons-nous pas vu Moulane ces derniers temps ? demanda Mme Tseng.

— Qui sait ce qu'elle a pu faire ? dit Mannia. On ne l'a pas aperçue ici depuis qu'elle est venue voir M. Fang, à la fin du mois dernier.

Sa femme étant morte et lui, demeurant solitaire et sans enfants, M. Fang, le vieux professeur du Chantoung, était venu s'installer à Pékin chez les Tseng pour le restant de ses jours. M. Tseng lui avait donné une place de comptable qui n'était qu'une fiction car il était trop vieux pour être d'une utilité quelconque. Pour les enfants, ayant été leur professeur, il demeurerait toute sa vie leur professeur, ainsi que le veut l'antique coutume ; et il devait être traité avec le respect que l'on doit à un professeur.

— Elle est probablement occupée par les préparatifs de départ de son frère, ajouta Mannia.

— Quand part-il ?

— A la fin du mois, m'a-t-on dit.

— Comment se fait-il qu'il faille tant s'éloigner pour étudier dans des livres étrangers, et comment sa mère peut-elle le laisser partir ? Je ne permettrai pas à notre petit Sunya d'aller si loin.

— L'autre jour, quand Brocart a apporté les cadeaux de Moulane pour M. Fang, je l'ai emmenée dans ma chambre et je l'ai questionnée mais elle n'a rien voulu me dire. Mais le lendemain, quand Moulane est venue en personne présenter ses respects à M. Fang, elle m'a dit elle-même que ce départ avait quelque chose à faire avec leur servante Ecran d'Argent. On a persuadé à Mme Yao que si l'on pouvait sortir Tijen de la compagnie d'Ecran d'Argent et l'envoyer à l'étranger, il serait transformé.

— Mais pourquoi envoyer un garçon de l'autre côté de l'Océan pour le tirer des pattes d'une servante ? demanda Cassie.

— Qui sait ? dit Mannia, dirigeant de nouveau son regard sur l'échiquier.

Elle avait été si absorbée dans ce qu'elle disait, qu'elle n'avait pas vu que son « canon » allait être dévoré par le « soldat » de Mme Tseng qui avait déjà pénétré sur le territoire ennemi. Mme Tseng était tellement plus forte aux échecs que Mannia, qu'elle pouvait lui rendre un « cheval ».

— Je crois que vous feriez mieux d'abandonner, dit Cassie. Quand le « soldat » de *Taitai* aura avancé, il vaudra autant qu'un « chariot », et elle pourra aller droit au palais.

— Mettez votre « canon » à l'abri, dit Mme Tseng. Je vois que vous n'avez pas bonne mine, ces temps ; il fait si chaud. Vous pourriez aller rendre visite à Moulane et vous remuer un peu. Cela vous ferait du bien.

— Je crois qu'il vaudrait mieux, dit Cassie, que nous donnions un dîner en l'honneur de Moulane et de son frère. Ce dîner servirait à plusieurs fins : faire nos adieux à Tijen, fêter l'arrivée de M. Fang et rendre les invitations que Mannia a reçues de Moulane. Manger la nourriture des autres sans leur rendre la politesse, ça ne se fait pas. Ainsi, comme on dit, nous transpercerons trois faucons avec une seule flèche. Que ce soit une réception de jeunesse et que Mannia et les garçons soient les hôtes.

— Vraiment, vous y pensez ? demanda Mannia, très émue car elle n'avait jamais donné de réception. J'y avais songé mais je n'osais pas en parler. Je paierai tous les frais de ce dîner, en tout cas. Je n'arrive pas à dépenser les dix dollars de mon mois ; et d'ailleurs, pourquoi mettrais-je de côté ?

— Vous avez bien raison. L'argent ne sert qu'à faire naître des sentiments, qu'à ce qu'exigent les relations entre les êtres humains, dit Cassie. Mais il est tout de même préférable que ce soit vous trois qui invitiez. Vous devez permettre aux garçons de fêter M. Fang, et il vaut mieux procéder ainsi que donner trois dîners différents. En outre, il est plus indiqué que ce soient les garçons, et non vous, qui offriez ce dîner pour les adieux de Tijen.

— Et Ailien ? demanda Mme Tseng.

— Voici comment nous ferons, dit Cassie. Nous partagerons les frais en trois : je paierai la part d'Ailien, *Taitai* celle des garçons, et vous, Mannia, la vôtre.

— Pourquoi arranger cela ainsi ? Le dîner sera donné en notre nom à tous mais je réglerai tous les frais ; je peux bien débourser vingt-quatre dollars, somme qui sera très suffisante. Le dîner aura lieu dans mon appartement car il y fait très frais. Mère, je vous en prie, accordez-moi cet honneur.

— Puisqu'elle y tient tant, il n'y a qu'à céder, dit Mme Tseng.

— Qui inviterons-nous ? dit Mannia.

— Qui bon vous plaira, dit Mme Tseng. Les sœurs Yao, avec leur frère aîné, et Afei, si vous le désirez. De notre côté, rien que vous et les enfants. Leur école ferme la semaine prochaine.

— Y ajouterons-nous les Niou ?

— Je ne suis pas de cet avis, dit Cassie, et je ne crois pas que Souyoun viendrait, même si nous l'invitions.

Souyoun était sur le point d'être fiancée à Chinya. Les derniers six mois avaient été pour son père, le ministre des Finances, un semestre lucratif. Le temps avait été beau, les moissons abondantes et le commerce prospère, si bien que les rentrées de l'Etat avaient été considérables et, à tous les degrés de l'échelle bureaucratique, jusqu'au ministre lui-même, beaucoup de pattes avaient été graissées. « Si le Ciel favorise les désirs des humains, avait dit M. Niou à sa femme et à ses fils, que la prochaine récolte soit aussi bonne et que la paix règne dans le pays, j'irai cet hiver offrir les témoignages de ma reconnaissance au temple de nos ancêtres. Nous devons tout cela aux augustes vertus de l'empereur et aux bénédictions occultes de nos aïeux. Lorsque l'on boit de l'eau, on ne doit pas oublier la source. Souvenez-vous-en. » M. Niou était si satisfait qu'à la fête du Bateau du Dragon, en mai, il avait décidé de célébrer son heureuse chance par le mariage de son fils aîné avec une demoiselle Chen, et, éperonné par sa femme, il avait continué en fiançant sa fille Souyoun à Chinya. Les horoscopes des deux jeunes gens avaient maintenant été échangés et les fiançailles officielles allaient avoir lieu.

— Cela me rappelle Moulane, dit Mannia. Nous ferons bien de nous dépêcher, ou elle sera enlevée par quelqu'un. Une pareille fée sera sûrement très vite fiancée et le plus leste la capturera. J'ai entendu dire, l'autre jour, que la famille de Lin, le professeur impérial de Foutchéou, allait faire une demande aux Yao. Nous aurions tort de remettre la chose d'année en année.

— Ce qu'elle dit est juste, dit Cassie.

— J'y ai réfléchi, moi aussi, dit Mme Tseng. Vraiment je ne comprends pas pourquoi j'ai laissé traîner les choses. Moulane me semble toujours être des nôtres.

— Il faut nous hâter, dit Mannia, car elle va partir à l'école.

— Pourquoi tant vous agiter ? dit Cassie. Est-ce Sunya qui l'épouse, ou vous ?

— C'est que je suis inquiète, répliqua Mannia, et puisque Chinya est en train de se fiancer, pourquoi ne pas penser aussi à Sunya ? Vous aurez une belle-fille intelligente et obéissante, et moi, une bonne compagne auprès de moi. En outre, ce mariage est prédestiné. Si Moulane ne s'était pas perdue, nous n'aurions jamais fait sa connaissance. Où en trouverez-vous une qui la vaille ?

— Je ne vous fais pas de reproches, dit Mme Tseng Il suffit de la voir pour avoir l'eau à la bouche. Mais il faut que je consulte le Petit Numéro Trois.

— Inutile de l'interroger, dit Cassie. Si le mariage peut se conclure, notre Petit Numéro Trois, avec son nez aplati, pourra s'estimer un veinard.

— Ne vous tracassez pas, dit Mannia. Je vois bien le visage de Sunya, toutes les fois qu'on parle de Moulane, rougir de timidité. L'autre jour, elle était là et causait avec Chinya, M. Fang et moi. Sunya, averti de sa présence, accourut à toutes jambes et la dévisagea jusqu'à l'embarrasser. Puis il dit lentement ; « *Lanmei,* allez-vous en Angleterre pour vos études ? Pourquoi écoutez-vous M. Fou ? » Surprise, elle le regarda et dit : « Que voulez-vous dire ? – On dit que vous allez en Angleterre, dit-il avec un air épouvanté. – Vous avez été mal renseigné, dit-elle posément. C'est mon frère qui part. » Sunya parut si soulagé qu'il bondit et dit : « Est-ce vrai ? Est-ce vrai que vous ne partez pas ? – Bien sûr que c'est vrai, dit *Lanmei.* Pourquoi partirais-je pour devenir une dame étrangère ? – C'est ce que je suis venu vous demander, dit-il. J'avais peur. Vous ne me trompez pas ? – Pourquoi vous tromperais-je, bêta ? dit-elle en souriant. Supposez que réellement j'aille en Angleterre pour devenir une dame étrangère, que feriez-vous ? – Si vous partiez, je partirais avec vous », dit Sunya, pâlissant et rougissant tour à tour. Il se tourna vers moi et me dit : « Est-ce que vous ne nous avez pas raconté qu'elle allait en Angleterre et que c'était une idée de M. Fou ? »

Je lui ai répondu qu'il faisait erreur. Le vieux M. Fang était si ébahi qu'il les contemplait tous les deux sans prononcer une parole.

— Et quel air avait Moulane ? Est-ce qu'elle montrait ce qu'elle pensait de tout cela ? demanda Cassie.

— Elle était rouge et embarrassée, et il se pourrait bien, je crois, que ce soit là ce qui la retient loin de nous.

Le dîner eut lieu deux jours après et Moulane y assista avec sa sœur et ses frères. On parla du voyage de Tijen, de l'Angleterre et de navires de guerre étrangers. Tijen partageait les honneurs avec le vieux M. Fang. Il était d'excellente humeur, faisait des frais et tout le monde considérait avec une vive curiosité ses habits à l'occidentale. M. Fang était aussi très heureux et, avant la fin du dîner, il était déjà complètement ivre. Mannia remarqua que Moulane n'avait pas une attitude tout à fait naturelle avec Sunya ; mais lui était le plus animé et le plus heureux de tous.

*

Tout progressait paisiblement pour tout le monde, excepté pour Ecran d'Argent, maintenant silencieuse et résignée. M. Fou revint de Tientsin durant la dernière semaine de juin, pour donner des conseils à Tijen et l'aider à combiner son voyage. Il promit d'accompagner Tijen jusqu'à Tientsin et de l'embarquer sur son bateau. La sévérité de M. Yao à l'égard de son fils s'était adoucie ; il l'emmena plusieurs fois visiter la ville, se mit à causer avec lui et à lui donner des conseils à mi-voix. Mme Yao, qui était souvent en larmes, préparait tous les jours à son fils des plats spéciaux. Enfin la maison tout entière était dans l'agitation. Mme Yao avait l'impression d'une catastrophe mais elle était décidée à ce que le cas d'Ecran d'Argent fût réglé une fois pour toutes. Elle s'étonnait que son fils eût pu découvrir quelque chose dans cette fille de Ningpo et elle la détestait de causer tous ces tracas et de l'obliger à accepter ce sacrifice forcé.

Quelques jours avant le départ, la mère de Tijen se rappela qu'il avait coupé sa natte et la lui réclama, disant qu'elle en avait besoin pour rembourrer sa coiffure. Il lui répondit qu'il en avait déjà fait présent à Ecran d'Argent, ce qui laissa sa mère extrêmement troublée.

— Mon fils, dit-elle, tu vas partir et je ne sais quand tu reviendras. Tu es maintenant une grande personne et tu devrais penser aux choses sérieuses. Ecran d'Argent a été à ton service pendant toutes ces années et je ne vois pas d'inconvénient à ce que tu la traites bien, mais elle est une esclave et il faudra bientôt la marier.

— Elle est une esclave, répondit Tijen avec assez de chaleur, mais n'est-elle pas aussi un être humain ? Je ne sais quand je reviendrai mais je lui ai demandé de m'attendre. Si dans trois ans je ne suis pas de retour, vous pourrez la marier. Je lui ai aussi donné ma chienne et tant que je serai absent, la chienne lui appartiendra.

La mère demeura horrifiée :

— Mon fils, tu vas faire des études. Pourquoi tes pensées se fixent-elles sur une fille ?

— Vous allez me promettre que vous la garderez ici pendant que je serai loin, dit Tijen.

La mère jura de ne pas renvoyer Ecran d'Argent, si sa famille ne venait pas la réclamer. Ravi, Tijen alla vers Ecran d'Argent pour lui annoncer la nouvelle.

— Attendez-moi, lui dit Tijen. Je suis l'aîné de la famille ; si vous restez avec moi, vous n'aurez pas à vous faire de souci et la fortune des Yao sera suffisante pour vous maintenir, votre vie durant, dans l'opulence et le confort.

C'était plus qu'Ecran d'Argent n'avait espéré. Durant tous ces jours, elle n'était ni en bonne santé, ni vraiment malade. Elle aidait pour tout ce qui concernait les bagages de Tijen mais elle était plus ou moins exemptée des autres travaux du ménage et ne sortait pas beaucoup. Elle était maintenant l'aînée de toutes les servantes de la maison et apportait la plus extrême attention à sa toilette.

Elle se trouvait dans la chambre de Tijen, en train d'essayer les clefs de ses malles. Lorsqu'elle entendit ce que Tijen avait à lui dire, elle tourna une clef. La serrure cliqueta et ce fut comme si une décision avait été prise. Se levant lentement, elle alla vers un miroir, s'y regarda et lissa ses cheveux.

— Parlez-vous sérieusement, ou vous moquez-vous de moi ? dit-elle avec un sourire rusé.

Bien qu'une esclave, elle avait appris les gestes et les regards d'une fille bien élevée. Tijen était captivé par les mouvements de ces doigts de jeune fille qui lissaient les cheveux, par ces façons languissantes de tourner et de retourner les paumes afin d'exhiber les ongles peints sous leur plus bel aspect.

— Dans ce monde, le cœur de l'homme est la chose sur laquelle on peut le moins compter, dit Ecran d'Argent. Tout dépend de vous et, si vous êtes sincère, je puis avoir soin de moi-même pendant que vous serez absent.

Tijen s'était approché tout près d'elle. Elle se retourna et appuya son doigt sur son visage avec une énergie douce ; serrant les dents, elle dit passionnément :

— O vous, *youanchia* !

C'est le terme qui désigne un amant auquel on est irrévocablement lié par la destinée, puisque littéralement il signifie « ennemi prédestiné ».

— Promettez-vous de m'attendre ? demanda de nouveau Tijen.

— C'est facile, dit-elle. Si votre cœur ne change pas, on ne pourra me chasser de cette maison. Et si les choses viennent au pire, il reste la mort.

— Chut ! il ne faut pas que vous mouriez, dit-il. Il faut que vous viviez, pour jouir de la vie avec moi lorsque je serai de retour.

— La mort n'a rien d'extraordinaire, dit Ecran d'Argent. Nous mourons tous, tôt ou tard. Qui peut prévoir l'avenir, en ce monde ? La seule différence, c'est si l'on meurt dignement ou non. Si l'on meurt et qu'il y a quelqu'un pour verser une larme sur votre tombe, c'est ce que j'appelle une mort digne. Mais mourir sans obtenir la sympathie d'un seul être, alors, à mon sens, cela ne vaut pas la peine de mourir.

— Taisez-vous ! s'écria-t-il, épouvanté. Ma mère m'a promis et vous n'avez pas à vous tourmenter. Il n'y a rien que je déteste comme d'entendre une belle fille parler de mort !

— « Puisqu'on se réunit, il faut qu'on se sépare, et puisqu'il y a la vie, il faut qu'il y ait la mort », dit Ecran d'Argent, citant un proverbe. Vous n'aimez pas entendre une fille parler de mort mais vous n'avez jamais été une fille. La vie d'une fille vaut bien moins que celle d'un homme, et mourir n'a rien de difficile.

Brusquement, Tijen se sentit envahi de tristesse :

— S'il en est ainsi, mourons tous. Il n'y aura alors ni séparation ni réunion, rien que la paix au lieu de tout ce trouble et de tout ce désordre.

Ecran d'Argent n'avait parlé de mort que parce que c'est une façon de parler habituelle aux servantes. En réalité, elle était douée d'une ténacité native et ne voulait pas seulement vivre mais triompher de toutes les épreuves de la vie. Quand elle vit du coin de l'œil que Tijen la prenait au sérieux et était devenu si triste, elle se rapprocha et s'assit auprès de lui.

— Je ne mourrai pas si vous m'êtes fidèle, dit-elle, quoi qu'il arrive, je ne mourrai pas. Mais il ne faut pas que vous soyez absent trop longtemps. Il est bien difficile de dire comment en quelques années les choses tourneront.

Tijen, qui s'était rejeté en arrière dans son fauteuil, parut ne pas l'avoir entendue :

— Peut-être ce que vous dites est-il vrai. « Puisqu'on se réunit, il faut qu'on se sépare, et puisqu'il y a la vie, il faut qu'il y ait la mort. » Mais puisque la mort et la séparation existent, pourquoi se réunir et vivre ? N'est-ce pas tout simplement s'agiter en vain ?

— Je ne mourrai pas, je ne mourrai pas, dit Ecran d'Argent. Cela vous suffit-il ?

— Qui peut vous comprendre, vous autres filles ? dit Tijen. Je me suis souvent demandé pourquoi il faut qu'il y ait des filles en ce monde...

Intriguée, Ecran d'Argent le regarda. Il était sans doute dans une de ces humeurs où il tenait des discours étranges.

— La différence entre garçons et filles ne tient qu'à un morceau de chair de plus ou de moins dans le corps, mais rendez-vous compte des bouleversements que cela provoque ! Tenez, prenez vous-même, Brocart, Encens, Brume bleue. Vous êtes toutes aussi intelligentes que moi, et plus belles, et avez meilleur caractère. Mais je suis votre maître et au bout de quelques années on vous mariera toutes ; et qui pourra l'empêcher ? Vraiment, je n'arrive pas à comprendre cette existence. Quelquefois je me dis : supposons que les filles soient nées les maîtresses et que moi, Afei et mes sœurs nous soyons nés les domestiques. La vie n'en serait pas beaucoup changée et probablement je l'accepterais naturellement ; et je ne puis vraiment discerner à l'avantage de qui cela tournerait. Essayez de réfléchir à cela : mon père possède tous ces biens et tout cet argent. Il y a des douzaines de gens qui travaillent pour nous, probablement soixante ou soixante-dix dans tous les magasins. Tous les jours, ils ouvrent les magasins, les ferment, s'empressent auprès des clients, vendent des choses, tiennent les comptes, pourchassent les débiteurs ; et des centaines d'autres, la plupart des hommes, courent de tous les côtés pour recueillir des simples et des thés dans tous les coins de la Chine, les embarquent dans des jonques, les chargent, les déchargent, les charrient sur leurs épaules ; et nous, nous sommes là, mangeant ce qui nous plaît et nous promenant là où ça nous chante. Tous ces gens travaillent pour la famille Yao : mais regardez un peu ce que c'est que cette famille Yao. De quelque façon que vous en fassiez le compte, on y trouve plus de femmes que d'hommes : ma mère, Corail, Moulane, Mocho, vous toutes et les domestiques. N'est-il pas vrai de dire, alors, que des centaines d'hommes, avec mon oncle à leur tête, gagnent de l'argent comme des imbéciles pour que vous autres femmes le dépensiez ? Est-ce que nous nous éreintons pour vous, ou est-ce vous qui vous éreintez pour nous ? Voilà pourquoi je ne veux pas travailler et ne fais que dépenser de l'argent. Voilà aussi pourquoi, probablement, mon père ne veut pas travailler. Et maintenant, je vais partir pour l'Angleterre. Nous achetons des malles, des vêtements, des billets de paquebot et je vivrai à l'hôtel. Que ferai-je d'autre que dépenser de l'argent ? Parfois je me dis qu'il serait plus digne de moi de prendre votre place, de travailler un peu et de gagner mon pain. Allons, répondez-moi sincèrement : si j'étais votre servante et que vous fussiez mon maître, si j'avais à emballer vos affaires et que vous n'ayez qu'à voyager, changeriez-vous de place avec moi ?

— Emballer est le lot des femmes, répondit Ecran d'Argent après un moment d'hésitation, et voyager est le lot des hommes. Comment des hommes et des femmes pourraient-ils changer de place ?

Elle ne savait pas exactement ce qu'il voulait dire, mais elle ne pouvait pas ne pas être amusée, comme elle l'était souvent, car il pouvait être un causeur très captivant. Mais quand il fut reparti, elle songea à quel point il était merveilleux qu'elle, une pauvre fille du Sud, sans le sou, elle eût eu la chance de grandir dans cette demeure opulente, et à quel point il serait merveilleux si un jour, comme Tijen lui avait dit, elle devenait la jeune maîtresse de cette maison ; s'il tenait sa promesse, qu'elle partageât avec lui, dans le bien-être et la sécurité, les richesses des Yao.

*

Tous les préparatifs étaient terminés et, le dernier jour, Mme Yao réalisa que son fils partait pour de bon, peut-être pour des années. Bien qu'il ne lui eût pas beaucoup adressé la parole, M. Yao s'était montré encore plus affectueux envers Tijen. Afei était tout le temps à tourner autour de son frère aîné. Tijen se sentait de nouveau le personnage important et chançard de la famille et se conduisait en grand frère avec son cadet et ses sœurs.

Ce soir-là, à dîner, Mme Yao versa des larmes mais son mari la consola et lui dit une fois de plus :

— Aller étudier à l'étranger est une chose excellente.

— Oui, mais c'est une chose bien dure, dit-elle entre deux sanglots. Je me disais que depuis son enfance Tijen n'a jamais quitté la maison ; et il est si jeune !

Après le dîner, tout le monde se tint dans la chambre de la mère, tandis que le père fumait sa pipe à eau.

— Tijen, dit doucement M. Yao, peu m'importe de dépenser dix ou quinze mille dollars pour ton séjour à l'étranger ; après tout, l'argent est là pour qu'on en profite. Mais je veux que tu prennes la décision d'être un homme. Tu es le fils aîné. Si tu suis le bon chemin, la famille y gagnera ; si tu t'égares, la famille en souffrira. Décroche des diplômes si tu en as envie ; mais ce qui compte, c'est d'apprendre à être un homme.

Bien comprises, les affaires de ce monde
sont une vraie science.
Les rapports entre humains, pour un cerveau mûri,
sont déjà de la littérature.

Voyage si le cœur t'en dit et visite l'Europe ; et garde les yeux ouverts. Mais il faut que tu corriges ce qu'il y a de sot en toi et que tu ne gaspilles pas ton intelligence à des futilités. Songe un peu au parti que tirerait le fils de Mme Koung d'une occasion pareille, s'il l'avait !

— Il y a autre chose encore, dit la mère. N'aie pas d'aventures avec des filles d'outre-mer. Je me refuse à admettre une belle-fille étrangère. Nous sommes des Chinois et nos mœurs sont différentes des leurs. Et puis, où que tu ailles, ne manque pas de nous écrire.

Voyant que sa mère allait se remettre à pleurer, Moulane dit gaiement :

— Et dans tes lettres, dis-nous s'il y a vraiment un pays qui s'appelle le Royaume des Dents de Raisin.

C'est là le sens en chinois du nom du Portugal.

— J'ai entendu raconter que l'impératrice douairière ne pouvait croire qu'il y eût un pays qui portât un nom aussi ridicule ; et, la première fois qu'il fallut lui présenter le ministre du Portugal, elle déclara que les gens voulaient se moquer d'elle. « Comment peut-il exister un pays appelé Dents de Raisin ? dit-elle. Si oui, il doit exister aussi un Royaume des Dents de Haricot et un Royaume des Dents de Bambou. »

Tout le monde se mit à rire, même Mme Yao.

— Je vous promets, dit Tijen, de prendre le train pour aller de Londres au Portugal, et de vous écrire une lettre du Royaume des Dents de Raisin.

Ce fut une soirée où, dans cette maison, la paix et la concorde parfaites régnèrent entre les parents, le fils, les frères et les sœurs. Rarement y retrouvera-t-on autant de paix, d'harmonie et d'espoirs ingénus.

CHAPITRE XV

Le matin suivant, la famille tout entière accompagna Tijen à la gare, excepté sa mère qui resta chez elle à pleurer, et Corail qui lui tint compagnie. C'était un événement sensationnel car il n'y avait encore jamais eu de départ dans la famille. Lifou vint aussi ; il les retrouva à la gare et monta dans le train avec les deux sœurs pour bavarder encore une fois avec Tijen. A la dernière minute, au moment où les autres descendaient déjà du train, on vit arriver en courant Sunya et Chinya. Ils n'eurent que le temps d'échanger quelques mots avec Tijen et de lui tendre par la fenêtre leur cadeau empaqueté. Vu à la portière, avec son col blanc et sa cravate écarlate sous son visage pâle, et son long nez droit, Tijen avait vraiment l'air d'un « diable étranger ». Planté sur le quai, M. Yao regarda sans un mot le train qui s'éloignait de la gare. Quand il eut enfin disparu, les garçons Tseng se retournèrent et aperçurent, près de Moulane, ce jeune inconnu vêtu d'une robe de coton bleu ciel, en « tissu bambou ». Lifou, qui attendait que les présentations fussent faites, examina les fils Tseng. Ils portaient des robes de gaze de soie eau-de-lac, surmontées de vestes de satin noir aux boutons de corail ; leurs nattes bien lisses n'étaient pas trop serrées et leurs souliers de satin noir tout neufs, à doubles bouts, s'accompagnaient de chaussettes blanches. Fort élégantes aussi, les sœurs Yao avaient des jaquettes de crêpe épais couleur crème aux manches très étroites et des pantalons de lourd damas vert œuf-de-canard ; les manches étroites étaient subitement devenues à la mode et avaient remplacé les larges manches flottantes de naguère. Leurs jaquettes crème étaient mises en valeur par des boutons de jade vert vif qui, par cette matinée d'été, donnaient une impression de fraîcheur. Moulane avait de minuscules boucles d'oreilles de rubis, faites en forme de poire, et celles de Mocho étaient d'aigue-marine. Les deux sœurs avaient de petites tresses qui débordaient des tempes, devant les oreilles. Lifou se sentit déplacé en compagnie de cette jeunesse élégante et radieuse. Les deux sœurs se mouchaient très fort et, souriant à travers ses larmes, Moulane dit aux garçons Tseng :

— Je vous remercie d'être venus.

— Nous sommes désolés d'être arrivés si tard, répondit Sunya en regardant du côté de Lifou.

— Oh ! c'est M. Koung, un ami de M. Fou.

Ils se firent l'un à l'autre une courbette. Mocho remarqua que les souliers de Lifou, bien qu'ils fussent plus noirs qu'ils ne l'avaient été auparavant, menaçaient de nouveau de devenir grisâtres.

La société sortit de la gare et la voiture des Yao s'arrêta au bord du trottoir. M. Yao proposa à Lifou de le raccompagner chez lui en voiture mais Lifou dit que, puisqu'il habitait tout près, il ferait le trajet à pied.

— Bien que Tijen ne soit plus là, venez nous voir souvent, dit M. Yao, quand vous n'aurez rien à faire pendant les vacances.

Lifou le lui promit. Il les vit monter dans la voiture et il les salua ; et la voiture s'était éloignée avant qu'il se décidât à rentrer chez lui.

M. Yao ne disait pas un mot et, prenant la main d'Afei, il la conserva dans la sienne. Il pensait que peut-être il avait été trop sévère avec Tijen et l'avait trop tenu à distance et il était décidé à ce que cela ne se renouvelât pas avec Afei. Il voulait être aussi affectueux et familier avec son fils cadet qu'il l'était avec ses filles.

— J'éprouve un sentiment bizarre, dit Moulane pendant que la voiture roulait. Comme si un grand poids avait été enlevé de la famille...

— Penses-tu qu'il va se mettre à changer ? demanda son père, qui peut-être se souvenait de sa jeunesse et pressentait que le sang chaud qui coulait dans les veines de son fils n'avait pas encore atténué son ardeur.

— Il lui a été accordé une telle chance, dit Mocho. Peut-être qu'en voyant le monde et en étudiant avec les meilleurs professeurs dans les meilleures Universités de la terre, il changera.

— Tu es jeune et c'est ce qui te fait parler ainsi, lui dit son père. Notre famille a de l'argent et nous le dépensons. Mais aller à l'étranger ou ne pas y aller n'a rien à voir avec les études. Savoir et agir comme un homme, cela s'apprend partout. Tu as vu les bonnes manières dont a fait preuve Lifou en nous disant au revoir. En présence de grandes personnes, il sait s'affirmer ; pourtant il est à son aise et obtient le respect des autres. A-t-on besoin d'aller à l'étranger pour apprendre cela ?

Après ces quelques paroles de leur père, Moulane et Mocho ne dirent plus rien.

Pour Lifou, tandis qu'il rentrait chez lui, la chose se présentait autrement. Il ne savait pas, en voyant un autre jeune homme aller étudier à l'étranger, s'il était jaloux ou momentanément ému. Il avait entendu parler de Cambridge et d'Oxford, dont les noms excitaient son appétit de savoir. Il n'était pas certain que Tijen appréciât la chance que représentait un séjour d'études à Cambridge ou à Oxford, si vraiment il y allait. Etudier à l'étranger était pour lui un idéal qu'il atteindrait peut-être dans un jour lointain.

Il comprenait que le monde des Yao et des Tseng était au-dessus de lui et qu'il ne pouvait pas admettre leur conception de l'existence. Son amitié avec Tijen n'avait pas grandi car Tijen ne partageait avec lui que le goût de critiquer les riches et les puissants ou, comme on disait à l'école, d'écrire des thèses qui « renversaient les verdicts de l'histoire ». A part cela, ils n'avaient rien de commun. Il n'y avait chez Tijen rien qui fût positif, rien qui fût sérieux et Lifou rangeait les fils Tseng dans la même catégorie. Tous ces gens appartenaient à un monde fermé. Lors de leur première rencontre, durant la promenade aux Montagnes de l'Ouest, il avait été étonné que les demoiselles Yao fussent capables de préparer leurs repas ; et pour cette seule raison il avait conçu une meilleure opinion d'elles. Par tradition, il se méfiait de ces filles de familles riches. Il est vrai que les deux sœurs avaient de bonnes manières et étaient bien élevées, mais Lifou n'avait aucun sentiment du charme féminin. Quelques jours auparavant, il avait consenti, par politesse, à ce qu'on lui cirât ses souliers mais il estimait que cirer ses chaussures était tout à fait sans importance et que se faire cirer les chaussures par une servante agenouillée à vos pieds était une manière de vivre dégénérée. Pourtant, il aimait et appréciait ce qui était de qualité, par exemple ce qu'il avait vu chez les Yao, car il appartenait à cette aristocratie qui est la vraie aristocratie, la classe de ceux qui savent apprécier ce que leur communiquent leurs sens.

Lifou, sa mère et sa sœur habitaient une maison composée de trois pièces dans la Guilde du Sseutch'ouan ; ils avaient vécu là depuis qu'il était né. Devant le portail s'étendait un terrain vague, le long duquel coulait un ruisseau aux eaux sales ; et, enfant, Lifou avait joué à l'ombre du grand plaqueminier. La famille logeait là déjà du temps où M. Koung le père était un petit fonctionnaire, parce qu'ils n'avaient pas de loyer à payer. Ils avaient bien mis de côté assez d'argent pour acheter une maison dans la Cité du Sud mais ils la louaient afin d'accroître leurs revenus. Après la mort de M. Koung, la protection de M. Fou leur avait permis de conserver ce logement. Le portier se vantait d'avoir vu grandir Lifou mais Lifou, lui, savait qu'il avait vu le portier devenir un grand-père. Les montants de la porte, l'entrée et la paire de lions de pierre de chaque côté du portail lui étaient aussi familiers que la vieille toupie qui se trouvait encore dans le tiroir de son secrétaire. A mesure qu'il grandissait, Lifou avait vu la porte s'abaisser, l'entrée se rétrécir et se raccourcir ; et il avait contribué à donner leur poli aux lions de pierre. Dans la gueule de chaque lion, il y avait une boule, taillée dans la même pierre mais qui roulait librement. Lifou avait bien des fois essayé de tirer cette boule hors de la gueule du lion ; jusqu'au jour où, devenu grand et devenu sage, il y avait renoncé.

La maison avait un portail vert, orné au centre d'un disque rouge ; au-delà du portail, une entrée tournait à gauche et conduisait à une cour pavée de briques. L'appartement des Koung, que l'on gagnait de la cour par une étroite porte située à droite, se composait du traditionnel ensemble « deux claires et une obscure » ; c'est-à-dire qu'une pièce, à la fois salon, bureau et salle à manger, en formait les deux tiers et une chambre à coucher le dernier tiers. Lifou occupait encore la chambre à coucher avec sa mère, dont sa petite sœur partageait le lit ; lui dormait dans un lit de bambou, près de la fenêtre qui donnait sur la cour. Deux pièces, du côté est de la cour, servaient de cuisine et de chambre de débarras, et une servante y couchait.

La cour était pavée de briques anciennes, dont quelques-unes étaient brisées ; au milieu se trouvait un cadran solaire improvisé. Le socle était une dalle de pierre fendue, de cinquante centimètres de haut ; Lifou l'avait jadis trouvée et il avait persuadé le portier de l'aider à la porter et à la dresser debout dans la cour. Au sommet de ce socle, Lifou avait placé une brique grise et là-dessus un cadran solaire de dix sous ; il consistait en une boîte de bois où étaient indiquées les heures, une ficelle rouge qui déterminait l'ombre, et au centre un petit disque qui contenait une boussole. Comme le sommet de la dalle n'était pas uni, Lifou avait placé des morceaux de briques pour qu'elle fût bien droite ; et l'effet de ce petit cadran solaire de bois sur cet énorme socle, en plein milieu de la cour, était comique. Il faut avouer que de temps en temps il enlevait la boîte de bois pour établir à sa place un piège à moineaux.

Lifou avait fait mieux. Un jour, il avait placé une perche près du cadran solaire et tendu une ficelle de la perche à l'extrémité sud de la cour, en une ligne strictement parallèle à la ficelle rouge du cadran solaire ; et il avait ensuite indiqué les heures sur le pavé en les établissant d'après l'ombre sur le petit cadran. Sa mère lui avait permis cette distraction, de même qu'en femme indulgente elle lui en avait permis bien d'autres ; d'autant que, traditionnellement, le cadran solaire est associé avec l'idée qu'un étudiant travailleur « met à profit chaque centimètre de l'ombre du soleil ». Mais une ficelle traversant la cour dans son milieu était un embarras, et plusieurs fois sa mère et la servante s'y prirent le pied ; de sorte qu'il dut renoncer à son expérience. Quoi qu'il en fût, les heures, marquées selon le système des douze heures, demeurèrent visibles sur les briques de la cour, à la surprise des visiteurs ; et Lifou avait au moins acquis, grâce à cette expérience, une idée nette du déplacement de l'angle formé par le soleil en hiver et en été.

Le salon était du type des maisons habitées par la classe bourgeoise. Au centre du mur oriental, le portrait de M. Koung le père était flanqué d'une couple de rouleaux calligraphiés par un ancien ministre Weng, que la famille considérait comme l'une de ses plus précieuses et peu nombreuses possessions. Les rouleaux étaient dédiés à son père, qui les avait fait demander par un ami. Le sol était caché sous une natte et le plafond recouvert de papier blanc ; les fenêtres en étaient également tendues et le tout donnait à ces pièces un aspect propre. Une table de sapin, carrée et simple, était placée contre la muraille et servait aux trois membres de la famille pour leurs repas. Le petit secrétaire de Lifou se trouvait à l'extrémité est de la pièce, près de la fenêtre. Quelques chaises de bois, un canapé de rotin couvert de coussins, un vieux fauteuil de bureau en rotin brun et poli et une table en demi-lune contre le mur oriental, sous le portrait du père, complétaient l'ameublement. Sur des rayons s'entassaient les livres, qui provenaient en grande partie du père de Lifou ; ils comprenaient entre autres une édition extrêmement rare de l'ouvrage historique *Tsechih Toungchien* et quelques collections normales de poètes et d'essayistes ; mais il n'y avait pas d'autre témoignage d'une culture classique que l'édition courante des *Treize Classiques*. Comme bien des fonctionnaires, M. Koung avait fait une carrière honorable sans s'inquiéter de connaître plus que les commentaires littéraires et philologiques des auteurs du programme, nécessaires pour passer les examens impériaux. Il y avait aussi là quelques ouvrages documentaires ; Lifou y avait ajouté ses manuels modernes et un volume relié, les *Essais du Studio des Boissons glacées* de Liang Chichao, qu'il avait dévoré de la première à la dernière ligne, et qui représentait, pour la Chine de cette décade, la pensée nouvelle et la science nouvelle de l'Occident.

Il n'était pas douteux que, dans ce foyer, Lifou régnait en maître et seigneur. Comme beaucoup de mères tendres le sont par leurs enfants, la sienne était à chaque instant déconcertée et stupéfiée par tout ce que faisait et disait son fils.

Ce qui déconcertait Mme Koung était que ce fils lui fût tombé du ciel. Elle ne lui avait donné que son amour de mère et nulle éducation. Quand elle entendait M. Fou parler avec de grands éloges de son fils, elle souriait et ne savait que répondre. De même que Mme Tseng avait félicité la mère de Moulane en lui disant : « Quel bon ventre vous avez ! » la mère de Moulane avait félicité la mère de Lifou. Mais plus celle-ci était fière de son fils, plus elle était pour elle-même modeste. Un printemps, les Koung avaient élevé dans leur cour une couvée de poussins. Un soir, comme la famille était réunie sous la lampe, la mère avait dit à son fils et à sa fille :

— Regardez cette vieille poule noire, avec ses taches en forme de cœur. Comment a-t-elle pu donner naissance à ces jolis petits poussins, avec leurs mignons petits becs rouges, leurs yeux ronds et noirs, leur beau plumage duveté ! Je me suis dit quelquefois que cette vieille poule noire, c'était moi.

Lifou se rappela ce que sa mère lui avait souvent raconté, qu'à sa naissance il avait, au milieu de sa lèvre inférieure, un petit morceau de peau sèche qui pointait en avant ; et il se demanda s'il n'y avait pas là une ressemblance avec le petit bec d'un poussin.

— Trente-cinq dollars pour une paire de chaussures ! s'écria Lifou lorsqu'il revint de la gare et se mit à parler de ceux qu'il y avait rencontrés. Ce serait assez pour payer mes frais d'école pendant deux ans !

— Lorsque tu iras à l'Université, cet automne, cela coûtera bien davantage, lui dit sa mère. Soixante-dix ou quatre-vingts dollars par semestre. Cela me fait penser qu'il faut que tu ailles encaisser ce loyer. C'est la fin du mois.

Et Lifou partit encaisser le loyer pour payer ses frais d'école.

*

Vers la fin de juillet, l'oncle de Moulane, M. Feng, revint de Hangtchéou, où il avait passé une année. Il était accompagné de sa femme et de sa fille Jade rouge, qui avait sept ans. Jade rouge était une enfant très singulière. Il fallut longtemps avant qu'elle se familiarisât avec ses cousines, avant qu'elle consentît à causer librement avec elles, à accepter d'elles de la nourriture ou des cadeaux, et quand enfin elle le fit, elle leur disait merci comme si elle eût été une étrangère. Bien des jours se passèrent avant qu'elle se sentît à son aise et jouât sans gêne avec Afei. Corail pensait que peut-être la petite avait peur de ses cousins pékinois mais il n'était pas naturel qu'un enfant fût si réticent. En un temps extraordinairement court, pourtant, elle apprit à parler avec l'accent de Pékin et imita la manière de s'exprimer de ses cousins. Elle était si intelligente qu'à cinq ans elle savait déjà déchiffrer quelques caractères, et bientôt

Moulane et Mocho lui en apprirent d'autres. Au bout de quelques semaines, elle devint même bavarde, et lorsque les deux sœurs lui demandèrent pourquoi elle avait été tellement silencieuse au début, elle répliqua qu'elle avait peur qu'on rie de son accent de Hangtchéou.

Le retour de M. Feng donna à Mme Yao une idée. Elle était décidée à se débarrasser d'Ecran d'Argent pendant que Tijen serait absent. Elle la traiterait avec équité ; elle lui ferait faire un mariage convenable et lui procurerait le meilleur mari qu'elle pourrait découvrir. Mais elle ne tolérerait pas l'ascendant tyrannique que cette fille avait sur son fils. Nulle femme ne peut comprendre la fascination qu'une autre femme exerce sur un homme. L'adoration que Tijen éprouvait pour Ecran d'Argent n'apparaissait à Mme Yao que comme un épisode puéril, provoqué par leurs relations quotidiennes à l'âge de l'adolescence ; et elle était persuadée que, dès que la servante aurait été éloignée, son fils l'oublierait. Elle n'avait pas encore choisi une belle-fille pour son fils et elle ne voulait pas le voir encombré d'une concubine avant qu'il eût une épouse. Elle avait été forcée de se résoudre à envoyer Tijen à l'étranger pour le tirer de la compagnie d'Ecran d'Argent et elle détestait cette fille qui l'avait contrainte à ce sacrifice. Elle médita donc un plan de sa façon dont elle ne parla pas à ses filles ; mais, lorsque son frère arriva, elle le lui confia. Il devait être son complice, dire qu'il avait vu la tante d'Ecran d'Argent à Hangtchéou, qu'elle lui avait demandé de marier sa nièce qui était maintenant en âge de l'être et de lui trouver un bon mari à Pékin.

Aussi un jour Mme Yao fit venir Ecran d'Argent dans sa chambre pour avoir avec elle une conversation. Ecran d'Argent sentit que les choses se gâtaient. Depuis l'entretien qu'elle avait eu avec Tijen, durant lequel il lui avait annoncé que sa mère avait promis de garder la jeune fille avec elle jusqu'au retour de son fils, Ecran d'Argent avait manifesté un vif désir de plaire à chacun, y compris Mme Yao. Elle n'ignorait pas pourtant que celle-ci, qui lui adressait rarement la parole, la détestait

Ecran d'Argent entra dans la pièce et, se tenant debout près de la porte, dit :

— Vous m'avez fait demander, *Taitai* ?

— Oui. Venez ici, j'ai à vous parler, dit Mme Yao.

Ecran d'Argent s'approcha d'elle.

— Il y a bientôt dix ans que vous êtes chez nous, commença Mme Yao, et vous êtes maintenant une grande fille. D'après la coutume, nous devons songer à votre avenir et j'y pense depuis longtemps déjà. L'an dernier, nous avons voulu vous envoyer chez vous, dans le Sud, mais vous êtes tombée malade et vous n'avez pas pu partir. Il me semble que, bien que vous soyez du Sud, vous n'avez pas à exiger votre retour dans votre pays. Qu'en pensez-vous ?

Mme Yao s'arrêta pour épier l'expression d'Ecran d'Argent. La jeune fille avait baissé les yeux et tout son corps tremblait.

— *Taitai,* dit-elle, dites-moi ce que vous avez à me dire.

— J'ai pensé à quelque chose pour vous, continua Mme Yao. Comme l'ont dit les anciens : « Un garçon, une fois qu'il est en âge, doit trouver femme, et une fille, une fois qu'elle est en âge, doit accepter un époux. » Vous avez servi mon fils avec beaucoup de dévouement et nous voulons vous trouver un brave homme qui gagnera son pain et le vôtre. Vous aurez votre foyer et ne serez plus jamais une esclave. Tout comme Brume bleue, qui maintenant a un mari et un enfant.

Ecran d'Argent continuant à se taire, Mme Yao poursuivit :

— La semaine dernière, Second Oncle est revenu du Sud et a dit qu'il avait vu votre tante. L'idée de votre tante est que, puisqu'il est difficile de trouver un homme qui vous emmène dans le Sud et que vous êtes maintenant en âge, il faut que nous vous trouvions un mari dans la capitale. Je vous fournirai un trousseau complet.

Ecran d'Argent se décida alors à parler :

— *Taitai,* je connais vos bonnes intentions et je vous en sais gré. Depuis que je suis venue chez vous, il y a plus de dix ans, j'ai bénéficié de votre affection et j'espère que je n'ai pas commis de graves fautes. Si vous êtes d'accord, je ne me hâterai pas de vous quitter. Brume bleue ne s'est mariée que l'année dernière et je n'ai pas encore son âge. Bien que le Jeune Maître soit parti à l'étranger et que j'aie moins à faire, il y en a assez dans cette maison qui ont besoin d'être aidées et, bien que mon contrat soit pour dix ans, je suis disposée à vous servir pendant quelques années encore. Cela ne vous coûtera pas beaucoup ; rien qu'un bol de riz de temps en temps, et je ne tiens pas à des vêtements neufs. Lorsque le moment sera venu, vous n'aurez qu'à me renvoyer ; je partirai et il ne vous sera pas nécessaire de me donner un trousseau.

— Ce n'est pas que je désire vous voir partir. Votre tante a dit qu'il fallait que vous vous en alliez.

— Si c'est là son idée, pourquoi ne me l'a-t-elle pas écrit ? Elle pouvait demander à quelqu'un de rédiger une lettre à sa place. Il ne s'agit pas d'une affaire sans importance.

— Mais elle l'a dit à Second Oncle et cela doit suffire. Vous n'ajoutez donc pas foi à ce qu'il dit ?

— Ce n'est pas que je mette en doute les paroles du Second Maître. Mais il s'agit d'un grand changement dans mon existence et, pour ma propre garantie, il me faut un écrit de ma famille. Nous autres, filles de petites gens, nous avons à prendre ce que les autres consentent à nous donner. Si *Taitai* n'a plus besoin de moi, il ne me reste plus qu'à partir mais il me faut un mot d'écrit.

Ecran d'Argent était en larmes. Mme Yao comprit qu'elle n'avait pas réussi mais elle dit :

— Si vous tenez tant à un mot d'écrit, vous l'aurez. Mais ma décision est déjà prise. Quand j'aurai des nouvelles, conclut-elle sévèrement, je vous le ferai savoir.

Ecran d'Argent essuya ses larmes et partit. Elle était effrayée, étourdie et gonflée d'amertume. Elle sentait qu'elle avait été dupée, que le bon droit était de son côté et que la maîtresse manquait de parole à son fils car il lui avait demandé d'attendre et il lui avait fait une promesse. Mais c'était là quelque chose qu'elle ne pouvait invoquer pour se défendre, même pour sauver la situation. Une fois dans sa chambre, elle se jeta sur son lit et gémit farouchement : « Voilà comment sa mère me jette dehors, aussitôt qu'il a le dos tourné ! »

Les sanglots incessants d'Ecran d'Argent furent entendus de toute la maison et y provoquèrent une grande agitation. Mais on put entendre la maîtresse dire à haute voix :

— Nous ne lui faisons rien de mal. Il faut qu'une fille se marie quand elle est en âge. Nous ne pouvons la nourrir toute sa vie. Une petite esclave comme elle ne doit pas être trop ambitieuse.

Tous dans la maison, serviteurs et servantes, comprirent ce que signifiaient ces paroles. Corail, Moulane et Mocho les entendirent aussi mais, quand leur mère était en colère, elles n'osaient pas souffler mot. Tout d'abord,

M. Yao crut que sa femme avait adressé une réprimande à l'une des servantes ; quand il comprit que c'était plus sérieux, il se rendit dans la chambre de sa femme et demanda ce qui se passait. Les sœurs étaient dans la chambre ; mais les servantes, n'osant pas écouter, s'étaient sauvées. L'oncle, lui, était au magasin. Lorsque M. Yao s'enquit de l'affaire, sa femme lui répondit que son frère était revenu avec un message de la tante d'Ecran d'Argent, qui demandait qu'on la mariât à Pékin.

— Vraiment ? dit M. Yao. Il ne m'en a pas parlé.

— Tu es un homme et il s'agit d'une affaire de ménage. Voilà pourquoi il ne t'en a rien dit, répliqua Mme Yao.

— Qu'en dit Ecran d'Argent ? demanda M. Yao.

— Elle dit qu'elle veut une lettre de sa tante avant qu'elle consente à partir. Elle ! Exiger une lettre quand je lui dis ce qu'elle a à faire ! Je n'ai jamais vu une insolence pareille !

— Mais rien ne serait plus facile à obtenir, dit Mocho, et une lettre de la famille serait pour nous une garantie. Ces gens-là ne nous ont pas vendu leur nièce et nous n'avons pas le droit d'user d'elle comme il nous plaît. Si le contrat ne nous est pas restitué, ils peuvent nous réclamer cette fille.

— Et les esclaves qui meurent de maladie, ou se sauvent, alors ? Si elle avait un foyer ou un parent à Pékin, je lui ordonnerais de faire sa malle et de partir sur-le-champ.

Pour finir, aucune décision ne fut prise. Lorsque M. Yao s'en alla, sa femme murmura à Moulane d'aviser Lota ; il fallait qu'il prévînt l'oncle Feng que *Taitai* voulait le voir dès qu'il serait de retour. Moulane comprit que toute cette affaire avait quelque chose de clandestin mais elle ne dit rien. Il lui parut que sa mère prenait une initiative qui devrait tôt ou tard être prise mais qui n'était pourtant pas urgente.

Au bout d'une demi-heure, Brocart survint et Moulane lui demanda comment allait Ecran d'Argent.

— Elle pleure toujours. Elle dit qu'elle a perdu ses parents quand elle était toute petite et que son oncle l'a vendue pour deux cent quarante dollars afin de payer une dette de jeu ; que le contrat, qui était de dix ans, a expiré l'an dernier, et qu'elle aurait été disposée à s'en aller si le Jeune Maître ne s'y était opposé. Elle dit qu'il lui a demandé d'attendre et qu'il a fait promettre à *Taitai* de la garder pendant trois ans au moins ; mais bien entendu elle ne peut pas le raconter à tout le monde. Je lui ai dit alors : « Tu ne gagnes rien à te montrer entêtée. Le Jeune Maître est parti et il n'y a personne pour te défendre. » Elle a répondu : « Si *Taitai* insiste pour que je parte, je partirai, mais il faut que j'aie un ordre écrit de ma famille. » Il n'y a qu'à patienter. C'est une fille têtue ; attendons le second acte.

— Vraiment ! dit Moulane. Elle s'exprime en langue mandarine *Chaohsing*[44]. Ne dites rien à *Taitai ;* tout cela n'a rien de joli et n'a pas à être étalé. Une affaire de ce genre aurait dû être réglée avant que mon frère s'en allât. Mais s'il est vrai que mon frère lui a fait des promesses, pour elle, c'est assez dur.

— Est-ce que j'ose dire quelque chose ? demanda Brocart. Il a été très bon avec elle et un être humain ne peut pas ne pas répondre à l'affection. Vous avez vu la mine que faisait la chienne de votre frère quand il est parti. Cette bête a dû comprendre que son maître s'en allait très loin. Aussi, pourquoi s'étonner des réactions d'un être humain ? C'est choquant de le reconnaître mais il n'empêche que la liaison entre ce garçon et cette fille était inévitable. Si l'on m'enjoignait de vous quitter maintenant, je me sentirais aussi très irritée, ajouta Brocart.

— Sans doute, mais vous et moi, c'est autre chose, dit Moulane.

— Songez, insista Brocart, que, depuis son jeune âge, ou presque, elle a pris soin du Jeune Maître, le matin, s'est occupée de sa toilette, tressant sa natte, cherchant et trouvant les choses dont il avait besoin, jusqu'à ce qu'il fût si habitué à elle que personne d'autre ne pouvait s'occuper de lui, trouver ses affaires, se rappeler où elles étaient. Après son départ, elle n'a plus eu à faire et, tout d'un coup, elle a semblé perdue, distraite. C'est fort naturel et on ne peut pas l'en blâmer. Et voilà que maintenant, soudainement, on veut la renvoyer : faut-il s'étonner qu'elle le ressente vivement ?

L'oncle, qui était revenu, s'enferma avec Mme Yao pendant plus d'une demi-heure. Au moment du dîner, Ecran d'Argent apparut comme d'habitude avec les autres domestiques pour servir à table mais elle n'avait pas une mine très souriante et demeura oisive presque tout le temps. Quand Encens, qui avait pris la place de Brume bleue, fut sur le point de remplir à nouveau le bol de riz de Mme Yao, celle-ci dit :

— Pas vous. Je veux que ce soit Ecran d'Argent qui le fasse. Ecran d'Argent s'avança et remplit le bol. Au moment où elle allait le tendre à sa maîtresse, une larme tomba dans le riz, juste au moment où elle posait le bol sur la table ; vite elle le reprit.

— Sale *tsangfou* ! Tu refuses de me servir ! cria Mme Yao, qui n'avait pas vu tomber la larme.

« Tsangfou » signifie « putain » et est une insulte courante parmi les femmes du peuple.

— Va-t'en ! jeta Mme Yao à Ecran d'Argent en lui donnant une bourrade. Je t'ai nourrie jusqu'à ce que tu sois grande et tu ne m'en es pas le moins du monde reconnaissante. Tu as mis cette maison sens dessus dessous et détruit la paix de notre famille. A cause de toi, il a fallu envoyer le Jeune Maître à l'étranger, et tu nous as forcés, la mère et le fils, à nous séparer. Tu as des idées insensées ! Un crapaud pustuleux qui voudrait se nourrir de la chair blanche du cygne !

Accablée de honte, Ecran d'Argent éclata en sanglots et, couvrant son visage de son bras, elle répondit :

— Est-ce que j'ai mangé le Jeune Maître ?

Furieuse, Mme Yao se leva de sa chaise pour bondir sur Ecran d'Argent mais son frère la retint, tandis que Brocart essayait d'empêcher la jeune fille de continuer.

— Petite esclave, dit M. Feng, tu te conduis grossièrement en présence du maître et de la maîtresse.

M. Yao, lui, n'avait pas bougé et surveillait tout sans dire un mot. Ecran d'Argent se retourna. Son visage avait pris une expression d'insolence et de bravade car elle pouvait s'arrêter de pleurer aussi vite qu'elle avait commencé.

— Maître, Maîtresse, Second Maître, dit-elle, excusez-moi. J'ai vécu dans votre maison pendant de longues années ; si j'ai commis quelque faute, je suis prête à en porter la peine. Le Jeune Maître est parti à l'étranger pour ses études ; qu'est-ce que cela a donc à faire avec moi ? Et pourquoi me le reprocher ? Ma tâche était de le servir et de lui plaire ; s'il a traité une esclave avec bonté, c'était son affaire. Dites-moi quel péché j'ai commis et comment j'ai mis la maison sens dessus dessous ; ensuite châtiez-moi comme il vous plaira.

— Ecoutez-moi cette langue bien pendue ! dit la maîtresse.

— Ecran d'Argent, dit Corail la pacificatrice, si tu as quelque chose à dire, exprime-toi convenablement. Tu n'as pas à être grossière.

— Si vous voulez que je parte, je partirai, dit Ecran d'Argent. Si vous voulez que je meure, je mourrai sous vos yeux.

Cette menace de mort ou de suicide était l'arme dont le plus souvent usait un domestique pour effrayer sa maîtresse.

— Qui souhaite votre mort ? dit l'oncle Feng. Le contrat qui nous lie à votre famille a une durée de dix ans. L'an dernier, j'étais prêt à vous ramener chez vous ; vous n'avez pas voulu ou vous n'avez pas pu partir. Cette fois-ci, votre tante m'a dit de prendre des dispositions à votre sujet et nous nous conformons à ses instructions. Si vous exigez une lettre de votre tante ou de votre oncle, vous l'aurez ; je lui écrirai moi-même. En attendant, il n'y a pas lieu d'ergoter. Qu'en pensez-vous ?

— Si le Maître ne trouve pas cela impertinent, voici ce que je dirai, déclara la servante. Mon temps de service est fini. Ou bien vous trouverez quelqu'un pour me ramener chez moi, ou bien, si je dois être remise à des gens d'ici, il faut que j'aie une lettre écrite par ma tante. Je sais qu'elle se moque bien que je sois morte ou vivante, mais se marier n'est pas une petite affaire. Je ne suis pas une de ces jeunes filles qui ont des parents pour s'occuper d'elles. Il faut que je m'occupe de mes propres affaires et que je me marie à mon gré. Je ne veux pas me marier pour partir en Mongolie ou dans le Kansou.

— Alors, tout est en ordre, dit enfin M. Yao. Il faut que nous vous fassions faire un bon mariage ici, à Pékin ; à mon sens, personne n'a le droit de vous contraindre.

L'affaire en resta là pour le moment. Mais Mme Yao devint de plus en plus insultante, si bien qu'il apparut clairement à Ecran d'Argent qu'elle n'avait plus le choix et que, tôt ou tard, il lui faudrait partir. Chaque fois que Mme Yao parlait d'elle, c'était « cette petite garce éhontée ». Mais Ecran d'Argent s'arrangea pour qu'on rapportât à sa maîtresse qu'elle avait dit : « Même un chien qu'on a gardé dix ans, on ne le chasse pas de chez soi à coups de pied. Les hommes et les femmes sont moins que des chiens. »

CHAPITRE XVI

Cet été-là, la pluie tomba à flots pendant dix jours. Ce qui était tout à fait exceptionnel, car à Pékin, d'habitude, les pluies d'été ne sont que de brèves et torrentielles averses qui, dès qu'elles sont terminées, laissent derrière elles une agréable fraîcheur. Les pluies empêchèrent les visites, et les sœurs restèrent chez elles, à s'amuser avec Jade rouge et à lui faire raconter sa vie à Hangtchéou. La nouvelle que les Yao s'efforçaient de trouver un mari pour Ecran d'Argent parvint bientôt à Brume bleue. Un jour, elle vint à la maison pour servir d'intermédiaire à Ecran d'Argent, et elle promit d'aider à la marier.

A la stupéfaction de la famille, il arriva une lettre de Tijen, où il annonçait qu'il n'avait pas pris le bateau à Hongkong et était resté là, à l'hôtel. Sa mère s'en tourmenta beaucoup car cela prouvait qu'il n'était pas encore capable de se conduire, et son père fut très irrité. La lettre n'était pas claire. Apparemment, les bagages du jeune homme avaient été embarqués sur le paquebot car il disait avoir télégraphié à la compagnie, à Singapour, pour qu'on les lui retournât. Ce qui ne laissait pas d'être bizarre : il eût été plus logique qu'il prît le bateau suivant et réclamât ses bagages à Singapour.

Voici ce qui s'était passé : sur le bateau qu'il avait pris à Tientsin, Tijen avait fait la connaissance d'un étudiant revenu d'Angleterre, qui lui avait raconté les brimades en usage dans les Universités anglaises, les batailles, les nouveaux forcés de servir les repas des anciens et de leur cirer leurs chaussures. Le narrateur exagérait un peu, pour faire de l'effet, et l'existence qu'il dépeignait apparaissait assez misérable. Tijen en oublia complètement le passage de Mencius qu'il aimait à citer, d'après quoi le Ciel « fatigue les muscles et les os d'un homme et affame son corps », avant de « l'appeler à faire de grandes choses ». Il n'arrivait pas à prendre une décision ; et, au dernier moment, alors qu'il avait déjà fait charger ses bagages sur le bateau, il résolut de ne pas partir.

Il se trouva donc à Hongkong avec de l'argent à dépenser, et l'occasion de le faire, bien plus librement qu'il ne l'avait pu jusqu'à présent. Comme il se liait aisément et qu'il était manifestement en fonds, il se trouva à l'hôtel beaucoup d'amis, qui lui firent faire la fête avec eux. Plus il voyait cette vie de Hongkong, plus elle l'enchantait. Ne sachant pas ce que seraient ses intentions, il lui était impossible de les préciser dans sa lettre.

Au courrier suivant, qui arriva trois jours après, il avisa sa famille que Hongkong lui plaisait et qu'il voulait y perfectionner son anglais avant de se rendre à l'étranger. Son projet était d'entrer dans un collège de Hongkong pour y suivre des cours d'anglais. Son père fut plus irrité que jamais. Il y avait aussi une lettre pour Moulane, où Tijen disait qu'il envoyait une garniture de boutons d'ivoire de Canton pour chacune de ses sœurs, et un poudrier d'argent pour Ecran d'Argent, qu'il priait Moulane de lui remettre. Il n'y avait rien pour ses parents. Les deux sœurs songèrent un instant à ne rien dire à Ecran d'Argent et à donner le poudrier à leur mère mais elles craignirent que Tijen, puisqu'il restait à Hongkong, n'apprît bien vite la chose.

Sa mère, elle, était plus que mortifiée. Etant donné la situation, ce présent pour la servante apparaissait presque comme une riposte directe et délibérée à ce que Mme Yao projetait. Craignant que son fils ne revînt, elle décida de hâter le mariage d'Ecran d'Argent.

Mais Ecran d'Argent, folle de joie, avait résolu de traîner les choses en longueur. Un après-midi, alors qu'il pleuvait à verse, elle demanda congé pour aller voir Brume bleue ; elle lui avait promis, assurait-elle, de lui rendre sa visite. Moulane soupçonna qu'elle n'était sortie que pour demander à quelqu'un d'écrire à Tijen.

Les pluies ne cessèrent pas avant le début d'août. Pendant tout ce temps-là, ni Lifou ni sa mère n'avaient rendu visite aux Yao depuis le départ de Tijen. La famille était bien trop occupée par l'histoire d'Ecran d'Argent pour penser à autre chose. Tijen envoya de Hongkong des cartes postales illustrées aux fils Tseng ; il en ajouta une pour Lifou qu'il les chargea de lui transmettre. Cela rappela Lifou au souvenir de Mme Yao. « Pourquoi, dit-elle, depuis si longtemps, Mme Koung et Lifou ne sont-ils pas venus nous voir ? » Lorsque les pluies eurent cessé, elle envoya un domestique porter des cadeaux à Mme Koung et lui demander de venir les voir avec son fils. A son retour, le domestique raconta que la branche d'un arbre s'était abattue sur le toit de la maison des Koung à la Guilde du Sseutch'ouan et y avait fait un grand trou. La famille s'était installée dans la cuisine et avait entassé les meubles et les malles dans les couloirs.

Le lendemain, Lifou vint les remercier des cadeaux. Il avait été en partie incité à venir par la nouvelle que le domestique lui avait annoncée que Tijen avait renoncé à partir pour l'Angleterre. Cela lui paraissait incroyable. Lorsqu'on lui demanda ce qu'il en était de leur maison, Lifou dit que l'accident était survenu la nuit, pendant un orage, et que la maison n'était plus habitable. La cour était inondée et d'autres maisons de la Cité du Sud s'étaient aussi effondrées.

— Pourquoi ne vous êtes-vous pas établis ailleurs ? demanda M. Yao.

— Toutes les autres pièces de la Guilde sont occupées. D'ailleurs, comment aurions-nous pu déménager pendant ces pluies ?

— Nous ignorions tout cela, sinon nous vous aurions demandé, à votre mère et à vous, de venir vous installer chez nous. Pourquoi ne le feriez-vous pas maintenant ? La chambre de Tijen est vide, et tous les trois, votre mère, votre sœur et vous, vous pouvez vous caser dans la même pièce.

— Je vous remercie, dit Lifou, mais la pluie a cessé et nous allons obtenir des maçons qui répareront la maison.

— Mais les travaux prendront quelque temps et, votre mère et vous, vous ne pouvez vivre dans une cuisine pendant qu'ils auront lieu, dit Mme Yao. Demandez à votre mère de venir ici et vous pourrez rentrer chez vous quand votre maison sera prête.

Le projet ne souriait nullement à Lifou. Il savait qu'il serait mal à l'aise s'il lui fallait vivre dans une maison de riches ; aussi répondit-il qu'il lui fallait être sur place pour surveiller les travaux. Mais M. Yao, qui faisait grand cas du jeune homme, lui dit :

— Vous ne pouvez prendre la décision vous-même. J'irai en parler à votre mère.

— Je l'avertirai, oncle Yao. Il ne faut pas vous déranger à cause de nous.

— Je ne suis pas sorti et une promenade me fera du bien, dit M. Yao.

Il partit donc en voiture avec Lifou, et persuada à Mme Koung de se préparer et de venir le plus tôt possible avec ses enfants. Mme Koung n'était pas plus consentante que Lifou mais M. Yao leur manifesta tant de sympathie que la mère et le fils se décidèrent à céder lorsqu'il leur dit : « Si vous ne venez pas, nous serons humiliés aux yeux de M. Fou. » Ce fut cette raison qui les fit accepter. Ils rassemblèrent ce qu'ils avaient de plus précieux pour l'emporter ; le reste, ils le laissèrent à la garde du vieux portier qui, la veille, avait appris du domestique quelle était la situation sociale de la famille Yao et qui reçut de M. Yao un gros pourboire. Du coup, les Koung grandirent en importance aux yeux du portier et des autres familles de la Guilde.

Le jour suivant, profitant du beau temps, Mme Koung et sa servante s'occupèrent à laver leurs vêtements, dont une pile s'était depuis quelque temps accumulée, afin de se montrer à leurs hôtes sous un aspect présentable. Comme le ciel était encore nuageux, Mme Koung passa beaucoup de temps à sécher sa lessive devant le feu, tandis que son fils s'occupait des préparatifs et prenait des dispositions en vue des travaux de réparation. Le devis qu'on leur avait soumis les avait plutôt épouvantés ; il fallait placer une nouvelle poutre, ce qui nécessitait un maître maçon et un apprenti durant une semaine environ. Le tout se monterait bien à vingt dollars, qu'il faudrait prendre sur les frais d'école de Lifou. Mais Mme Koung déclara qu'ils économiseraient sur la nourriture pendant leur séjour chez les Yao et, si c'était nécessaire, ils pourraient emprunter le loyer d'un demi-mois à leur locataire, qui avait toujours payé très exactement.

— Peut-être M. Fou pourrait-il demander à la direction de l'Université de nous accorder un délai de quelques jours pour le paiement des droits ? suggéra Lifou.

— Impossible, lui dit sa mère. Si on lui parlait de cela, il exigerait probablement de nous prêter cette somme. Bien qu'il ait été très bon pour nous, je suis heureuse de penser que jusqu'ici nous ne lui avons rien emprunté. Ton père et moi avions résolu de nous tirer d'affaire sans emprunter et nous y avons réussi. De quelle façon tu arriveras à t'acquitter envers M. Fou, en échange de toutes ses bontés, tu le verras toi-même, quand tu seras en âge de le faire.

— Mère, puis-je vous demander une grande faveur ? dit Lifou.

— Qu'est-ce que c'est, mon fils ?

— Je veux dix *cents* pour acheter une boîte de crème à chaussures. Vous savez que je ne tiens pas à ce genre de choses mais mes chaussures se remarquent tellement, quand je suis avec les enfants Yao et Tseng.

— Voilà pourquoi je dis toujours que tout ce qui vient de l'étranger coûte cher, dit la mère. Je n'ai jamais été d'accord que tu achètes des chaussures étrangères tant que l'école ne les exige pas pour la gymnastique. Dix *cents* suffiraient à me fournir en aiguilles et en fil pendant deux mois.

Elle consentit pourtant. Lifou partit acheter sa première boîte de crème à chaussures. A son retour, il cira ses souliers jusqu'à ce qu'ils fussent bien brillants.

Le matin suivant, les Koung arrivèrent ; la famille Yao s'était rassemblée dans le vestibule pour les accueillir. La sœur de Lifou n'était encore jamais venue chez les Yao. Mocho lui demanda son nom, et sa mère dit :

— Son nom ne consiste qu'en un mot, Houane, et nous l'appelons Houane-erh.

— Elle vous ressemble beaucoup, dit Mocho.

— Oui, répondit Mme Koung, c'est à moi qu'elle ressemble et Lifou tient davantage de son père.

On avait préparé la chambre de Tijen, à l'est, pour les Koung ; et Mme Yao les y conduisit. Elle était meublée avec élégance ; le lit de cuivre poli venait de l'étranger et était considéré comme tout à fait à la dernière mode. Lifou découvrit dans une armoire vitrée diverses choses que Tijen y avait laissées, notamment de nombreuses robes de soie et beaucoup de paires de chaussures, chinoises et étrangères. La pièce était assez obscure et donnait à l'arrière du corps de logis où se trouvaient les chambres à coucher de la famille mais Lifou la trouva confortable et intime.

Aussitôt que les invités se furent rendus dans leur chambre, Mocho et Moulane se poussèrent du coude et chacune voulait annoncer à l'autre la grande nouvelle.

— Tu as vu ses souliers si bien cirés ? s'écria Mocho.

— Si je les ai vus ! dit Moulane. Je les ai aperçus à la minute même où il est entré. Et je crois que la nuit dernière, il a dû dormir avec sa robe bleue sous son oreiller. On peut encore y voir les plis.

M. Yao avait décidé, maintenant que l'oncle Feng était de retour à Pékin avec sa famille, que l'on se réunirait tous pour les repas, afin que tant de gens rassemblés donnassent de l'animation. Lifou, sa mère et sa sœur apparurent donc pour le déjeuner dans la salle à manger ; lorsque tout le monde fut installé, M. Yao compta douze personnes assises autour de la table ronde. Il régnait une atmosphère d'excitation bruyante et M. Yao était ravi. Mme Koung était une femme très bien élevée, et il fallut lui servir des plats qui étaient au milieu de la table. Lifou, qui mangeait extrêmement vite, voulut remplir à nouveau son bol de riz ; et il fut légèrement embarrassé qu'Encens, qui portait un superbe plateau de laque aux arabesques d'or, s'en chargeât. Les sœurs mangèrent plus ou moins en silence ; elles observaient et s'amusaient prodigieusement. Mocho elle-même, d'habitude tranquille et digne, manifesta une tendance à sourire chaque fois que Lifou disait quelque chose.

On en vint à parler des Tseng et des fiançailles de Chinya avec Mlle Niou.

— Est-elle de la famille de Niou le Dieu des Richesses ? demanda Lifou avec intérêt.

— Vous les connaissez ? demanda Mme Yao.

— Non, mais je connais le second fils, Toungyou. Il était à la même école que moi mais il y a longtemps que je ne l'ai vu.

— Pourquoi ? demanda quelqu'un.

— Puis-je le dire, Mère ? demanda Lifou.

— Tu ferais mieux de ne rien dire, répondit sa mère. Moulane, dont la curiosité avait été excitée, s'écria :

— Peu importe ; nous sommes en famille. Nous le garderons pour nous.

— Il vint à l'école avec un pistolet, dont il menaça le maître, et il fut renvoyé, dit Lifou.

— Un pistolet pour menacer le maître ! Et pourquoi ? demanda Moulane.

— Il a dû doubler ses classes plusieurs fois. Non par manque d'intelligence mais parce qu'il ne voulait pas travailler. La dernière fois, il sut qu'il ne réussirait pas l'examen, ce qui signifiait qu'il devrait encore redoubler. Alors il prit un pistolet et se rendit au bureau du maître pour obtenir de passer quand même. Le maître céda mais menaça ensuite de démissionner. J'ignore ce qu'il en résulta ; en tout cas, il ne revint plus.

— Comment se faisait-il qu'un si jeune garçon eût un pistolet ? demanda Mme Yao.

— Il allait toujours à l'école avec deux domestiques, un qui portait ses livres et l'autre qui, armé d'un pistolet, lui servait de garde du corps. Au début, il n'y avait qu'un domestique ; mais il déclarait que son père n'aurait qu'à dire un mot et que le directeur « perdrait son bol de riz ». Il insultait tout le monde, les maîtres comme les élèves. Un jour, il insulta la sœur de Pingkouei, notre camarade. Pingkouei réunit quelques-uns des grands, attendit une occasion et, un soir, ils assaillirent Toungyou et le rouèrent de coups. Ce fut après cela qu'il se fit accompagner d'un garde du corps.

— Est-ce qu'on renvoya le directeur ?

— Non. Toungyou avait été attaqué hors de l'école. Cela se passa dans l'obscurité et il ne put pas reconnaître ses assaillants.

— Mais c'est vraiment incroyable ! dit Mme Yao. La dernière fois que j'ai rencontré Mme Niou, elle m'a dit, je crois, que son second fils était maintenant fonctionnaire et travaillait dans le bureau de son père, et qu'elle était très fière de lui.

— C'est exact, dit Moulane. Vous vous rappelez ce qu'elle a dit : « Regardez-le, il est tout jeune et n'a pas vingt ans. Et pourtant il est fonctionnaire dans la capitale et tout le monde est si poli avec lui. Les soldats le saluent et demeurent au garde-à-vous longtemps après qu'il a passé ; et même des fonctionnaires âgés se lient avec lui et causent très librement avec lui. » Elle était si satisfaite d'elle-même que personne ne l'a contredite.

— Voilà pourquoi la Chine s'est fait battre par le Japon, dit Lifou.

Sa mère se hâta de l'excuser.

— Pardonnez-lui de parler si librement en présence de ses aînés, dit-elle.

— Pourquoi donc ? dit M. Yao. C'est bien mieux ainsi ; nous sommes en famille. Je n'exige pas que dans ma famille on se plie à des règles strictes.

Après le déjeuner, Afei supplia son père de l'emmener voir « l'inondation ». Il avait entendu dire que la partie nord de la ville était complètement inondée, parce que le lac avait débordé. Le père demanda à ses filles et à Lifou s'ils viendraient aussi. Lifou déclara qu'il n'y avait rien qu'il aimait autant que regarder l'eau, et qu'il emmènerait sa petite sœur. Mais Mocho déclara que beaucoup d'eau n'était après tout que de l'eau et qu'elle resterait à la maison pour faire du repassage. Le résultat fut que M. Yao partit avec Moulane, Lifou et les trois jeunes enfants, Jade rouge comprise. Comme ils étaient trop nombreux pour tenir dans la voiture, ils s'installèrent dans trois pousse-pousse ; Jade rouge était avec Afei et Lifou avec sa sœur.

Lorsqu'ils se furent éloignés, Mocho demeura à causer avec sa mère et Mme Koung. Au bout de quelques instants, Mocho, restée seule avec Mme Koung, parla du repassage qu'elle allait faire.

— Comment se fait-il, dit la mère de Lifou, qu'avec tant de servantes et de serviteurs autour de vous, vous ayez à repasser ?

— Ma sœur et moi repassons toujours nos vêtements, chaque fois que nous le pouvons, expliqua Mocho, et quelquefois nous repassons les affaires de nos parents qui réclament un soin particulier. Cela rentre dans les occupations des jeunes filles.

— Plus je vous vois, votre sœur et vous, plus je suis dans l'admiration. Vous savez cuisiner, coudre, laver, repasser, et en même temps vous lisez des livres tout comme les garçons.

— Les filles lisent des livres quand elles le peuvent, dit Mocho, mais la cuisine et la couture sont l'affaire des femmes. Sinon comment tiendraient-elles leur ménage ?

— Voilà le résultat de l'excellente éducation que vous a donnée votre mère. Dans d'autres familles aussi riches que la vôtre, les filles de la maison ne feraient rien de tout cela.

— Tante Koung, dit Mocho, vous n'avez rien qui ait besoin d'être repassé ? Donnez-le-moi et je vous le repasserai.

— Je vous remercie, mais je ne repasse pas mes vêtements. Il n'y a que les robes et les jupes de soie pour les grandes occasions qui en aient besoin.

Mais Mocho insista si gentiment que Mme Koung alla chercher une robe de soie noire qu'elle avait apportée, sa plus belle, et la robe de cérémonie de Lifou. La différence entre les vêtements de Lifou et ceux des fils Yao et des fils Tseng, c'était que ceux de Lifou n'étaient jamais repassés ; on se contentait d'en lisser les plis. Le repassage est un luxe dans les familles où on ne peut pas s'offrir des servantes et des serviteurs. Mocho s'aperçut bien vite, à l'étroitesse des manches, qu'elle repassait la robe d'un garçon. Elle s'en acquitta très soigneusement, prit du fil et une aiguille pour recoudre une boutonnière qui s'était légèrement élargie, et rapporta les vêtements à Mme Koung. Quand Moulane revint, Mocho ne lui dit rien de tout cela.

*

Le lac auquel M. Yao avait conduit la jeunesse pour voir l'inondation se trouvait au nord des palais impériaux et n'était situé qu'à un quart d'heure de la maison.

Ayant pris la direction du nord, ils tournèrent à gauche dans la rue des Lions de Fer, et puis suivirent le mur septentrional de la Ville interdite jusqu'au moment où ils aperçurent le lac sur leur droite. En fait, l'eau de ce petit lac communique avec les « Trois mers », comme on les appelle, qui sont situées dans l'enceinte des palais ; mais ses berges garnies de saules et ses fleurs de lotus en avaient fait un lieu de divertissement pour le peuple. Par les après-midi d'été on y trouvait toujours une foule : des conteurs en plein vent, des baladins qui jonglaient avec des sabres, des musiciens et des vendeurs de boissons glacées. Mais le matin il y avait moins de monde et l'endroit avait un charme rustique tout particulier.

Cet après-midi-là, il était presque complètement abandonné, à cause de l'inondation. L'eau boueuse était montée presque au niveau de la berge qui menait à l'emplacement des restaurants et des temples. Quelques femmes étaient assises dans des cuviers ronds qui flottaient sur l'eau ; elles s'efforçaient de cueillir les cosses de lotus qui n'avaient pas été entraînées ou abîmées par la crue. De la route, au sud, Moulane pouvait apercevoir à l'horizon les Montagnes de l'Ouest toutes violettes, tandis que sur le côté nord les restaurants se blottissaient dans la pénombre verte des saules que la pluie venait de tremper. Un bateau amarré à la rive laissait une singulière impression de calme et de beauté. Afin de passer de l'autre côté, les visiteurs durent prendre la berge et les hommes des pousse-pousse durent patauger dans l'eau et dans la boue.

Une fois sur la rive nord, ils quittèrent leurs pousse-pousse et gagnèrent à pied le restaurant. Les garçons, qui connaissaient M. Yao, leur firent bon accueil.

— Nous ne désirons qu'une des chambres du haut, avec une véranda face au lac, pour voir la vue. Les enfants veulent admirer l'inondation.

— Fort bien, *Laoyeh* ! dit le garçon. Quel homme de goût vous êtes ! Nous n'avons pas eu un seul client tous ces jours-ci, vous êtes le premier.

On les conduisit au premier étage et ils prirent place sur le balcon. M. Yao commanda de l'excellent thé de Loungching, des graines de melon et des cosses de lotus toutes fraîches. La journée était claire et, regardant par-dessus le lac, ils virent non loin la Tour du Tambour, haute et carrée, et la *dagoba* thibétaine à l'architecture étrange, qui s'élevait dans le ciel au-dessus du Lac Pei-hai, dans l'enceinte du Palais impérial.

Assise sur une chaise basse, Moulane écossait une gousse de lotus qu'elle avait dans la main et regardait le lac à travers la balustrade rouge. Jade rouge, qui avait été élevée à Hangtchéou, avait l'habitude de ces choses ; installée à une table haute avec Afei et Houane-erh, elle égrenait de ses doigts agiles les pois de lotus. M. Yao était allongé dans un fauteuil bas en rotin. Quant à Lifou, il était assis tout près de Moulane sur le balcon et la regardait écosser les pois. Il avait déjà mangé des graines de lotus au sucre mais il n'en avait jamais mangé qui venaient d'être extraites de la cosse ; et il examinait le travail de la jeune fille avec beaucoup d'intérêt.

— Est-ce que vous allez les manger toutes crues ? demanda-t-il assez naïvement.

— Bien sûr, dit Moulane.

Elle en prit une qu'elle venait de sortir de la cosse et la lui tendit. Lifou la goûta et dit :

— C'est bon, mais très différent de celles qui sont au sucre. Le goût est si délicat qu'on le sent à peine.

— Justement, dit Moulane. Nous mangeons ces graines de lotus précisément à cause de ce goût délicat, de cet arôme subtil. Voilà pourquoi un homme occupé ne peut y trouver de plaisir. Quand vous mangez cela, il ne faut penser à rien d'autre.

Moulane lui montra comment il fallait extraire une graine ; et lorsqu'il en eut mangé une, Lifou, enchanté, s'exclama.

— Si vous poussez des cris, dit Moulane, vous ne sentirez pas le goût. Il faut déguster ces graines lentement, l'une après l'autre. Ensuite vous avalez une gorgée d'un thé de qualité et vous conserverez longtemps dans votre bouche et sur votre langue une saveur exquise.

Tout en buvant du thé, en mangeant des graines de lotus et en regardant les femmes qui passaient et repassaient dans leurs cuviers ronds, ils parlèrent de diverses choses et de leurs projets d'études. Pour finir, ils en vinrent à Tijen.

— Il est incroyable, dit Lifou, qu'ayant eu la possibilité d'aller étudier en Angleterre, il n'ait pas voulu partir.

— Moulane et vous, Lifou, dit M. Yao, vous autres jeunes gens, écrivez-lui et tâchez de le persuader. Pour moi, je n'ai rien à lui dire.

— Nous avons essayé de le convaincre, répondit Moulane. Durant les deux soirs qui ont précédé son départ, ma sœur et moi avons causé avec lui, et Mocho y mit tant de chaleur qu'elle était près de pleurer.

— Qu'a-t-il répondu ? demanda M. Yao.

— Il déclara qu'il avait autant de courage et d'ambition que n'importe qui et que nous n'avions pas à nous tourmenter. Il jura qu'une fois en Angleterre il s'ensevelirait dans ses livres pendant douze heures par jour et que pour nous le prouver, il décrocherait les meilleures notes. Vous savez comme il est. S'il veut obtenir quelque chose de vous, il promettra tout ce que vous voudrez et tiendra des discours jusqu'à ce que la tête vous en tourne. Mais il faut que vous lui parliez aussi, Père, lorsqu'il sera de retour. Ou bien va-t-il rester à Hongkong ?

— J'ai écrit à un de mes amis pour savoir ce qu'il fait, dit M. Yao. Il a dans sa poche quelque chose comme douze cents dollars, sans parler de la lettre de crédit sur Londres. Quand il aura dépensé tout son argent – ce qui, je le sais, ne tardera pas – et quand il écrira pour en avoir davantage, je prendrai une décision. Mais comment pourrais-je discuter avec lui ? Il suffit que je le voie pour me mettre en colère. Supposons qu'il revienne définitivement ; crois-tu que tu tiendrais à discuter avec lui ? Pourrait-on le considérer encore comme un homme ?

A mesure qu'il pensait à son fils, M. Yao s'échauffait. Moulane remarqua ses yeux dilatés, ses cheveux gris, les veines qui se gonflaient sur son vaste front, et il lui parut qu'en même temps, il avait l'air très triste...

— Peut-être au fond tout cela importe-t-il peu, poursuivit M. Yao. Mieux vaut après tout qu'il ne soit pas parti pour l'Angleterre ; cela me coûtera moins d'argent. Tout ce qu'il aurait appris là-bas, probablement, eût été de s'amuser avec des appareils de photo. Graine de péché ! Mais si les fils de riches étaient tous raisonnables, les riches seraient toujours riches, et les pauvres toujours pauvres. La voie du Ciel tourne !

Sa colère momentanée s'apaisa ; se détournant, il se mit à jouer avec Afei comme si de rien n'était. Il avait dû penser à l'avenir de son plus jeune fils et à celui de ses filles. Pendant tout ce dialogue, Lifou s'était tenu très tranquille mais, sans qu'un mot eût été prononcé sa présence soulignait le contraste avec l'absent. Moulane se rendit compte à quel point la famille eût été heureuse si son frère avait ressemblé à Lifou, et combien elle eût été fière.

Elle était aussi intriguée. Lifou avait perdu son père de bonne heure et était pauvre ; pourtant, il était aussi bien élevé que n'importe quel fils de riche. Il y avait chez Lifou quelque chose de naturellement raffiné et aristocratique, en dépit de son accoutrement médiocre. Elle se demanda si le fait qu'ils avaient tous deux atteint la pièce de monnaie, lors de leur première rencontre au monastère, avait une signification prophétique. Il lui était impossible d'oublier ce qu'il avait dit à propos des ruines.

— Vous aimez les ruines, n'est-ce pas ? demanda-t-elle.

Lifou se rappela ce qu'il avait dit aux Montagnes de l'Ouest.

— Oui, dit-il. Non les pierres et les briques en soi ; mais parce qu'elles sont si vieilles.

— Un jour nous irons voir les ruines du Vieux Palais d'Eté. Vous voulez bien ? demanda Moulane.

— Oui, j'aimerais bien que nous puissions y entrer, dit Lifou.

A ce moment-là, ils entendirent, en bas, des cris et du bruit. Ils y coururent et apprirent qu'une fille qui récoltait des cosses de lotus s'était noyée dans le lac. Son cuvier avait culbuté. Des gens l'avaient entendue crier au secours ; elle avait émergé une ou deux fois et puis avait disparu. Sa famille s'était précipitée pour la sauver, mais trop tard. Ceux qui entouraient sa mère en larmes disaient qu'il y avait beaucoup de « fantômes des eaux » dans le lac, car de nombreuses femmes s'y étaient noyées. Jade rouge, qui était une enfant très sensible, devint toute pâle. Cet incident fit sur elle une impression profonde. Ensuite, pendant longtemps, elle demandait sans cesse ce qui était arrivé à la fille quand elle s'était noyée ; jusqu'à ce que sa mère lui interdît de parler de cela.

Ils prirent donc le chemin du retour, fort émus et attristés par l'événement.

Lorsque Lifou, en rentrant, raconta à sa mère ce qu'ils avaient vu, elle lui dit :

— Tu ferais mieux de te changer. Voici ta robe neuve, repassée tout exprès. Dans cette maison, il faut être vêtu comme tout le monde.

— Pourquoi l'avez-vous repassée ? dit Lifou. Est-ce qu'il faut maintenant que j'aie l'air d'un mirliflore ?

— Mets-la, mets-la ! dit sa mère. C'est la troisième fille qui l'a repassée.

Lifou revêtit sa robe neuve et eut l'impression qu'on le corrompait ; mais la robe et les souliers bien cirés transformèrent son aspect. A dîner, Mocho eut le plaisir de voir que Lifou portait la robe de soie qu'elle avait repassée de ses propres mains ; mais elle le garda pour elle.

Ils avaient acheté une grosse anguille que l'inondation avait fait sortir de son étang de la montagne, et tous se régalèrent de ce mets exquis et inaccoutumé. Après le dîner, on se tint dans le salon. D'habitude, la famille se réunissait dans la chambre de Mme Yao pour y bavarder un moment mais on était maintenant si nombreux, que M. Yao fit ouvrir le salon, habituellement fermé hors les réceptions, et ordonna qu'on y servît le thé. Ce salon, qui occupait la place de deux pièces, était vaste et haut de plafond ; il était meublé à la mode d'autrefois, avec simplicité et grandeur. Une « lanterne de palais », d'un mètre de hauteur, pendait au plafond et illuminait l'épais tapis bleu aux dessins de dragons et de nuages, les rideaux de fenêtres vert chou. Dans la partie occidentale de la pièce se trouvait un grand canapé de cèdre noir avec des coussins durs de satin bleu ; devant ce canapé était une table en bois de cèdre et de chaque côté deux tabourets de pieds. Tout était grand, simple et sévère. Une haute table d'acajou, au dessin sobre et massif, était placée contre le mur du nord et il n'y avait dessus que trois objets d'art. Au centre, un trépied ancien en émail cloisonné, incrusté d'or. Puis une plaque de marbre rare, de soixante centimètres carrés, dont les dessins naturels suggéraient un paysage dans le brouillard et dans la pluie, avec des sommets à demi invisibles, des bois et deux jonques de pêche, le tout d'une vérité incroyable. Les dessins naturels de l'autre plaque de marbre avaient l'aspect d'un gros canard ; la tête, le bec et le cou de l'oiseau étaient presque parfaits, tandis que de légers linéaments semblaient tracer la silhouette de son corps et que des taches brunes dans la pierre évoquaient ses pieds palmés. Au mur, au-dessus du canapé, était un paysage de Mi Hsiang-yang, de près de cinq mètres de haut. Il était si vieux que l'encre s'était fondue dans la soie et qu'on croyait voir des marbrures mais cette encre dont s'était servi Mi était encore intense et lumineuse, noire comme du vernis, et les touches posées par l'artiste demeuraient vigoureuses et fortes. Tout autour de la pièce étaient placés des chaises droites en bois dur et quelques fauteuils de Canton, aussi en bois dur. Il se dégageait de tout ce marbre et ce bois une impression de majestueuse simplicité.

Ce soir-là ne fut pas pareil aux autres soirs car Mocho fut animée, Moulane calme et pensive. Les femmes parlaient entre elles, tandis que M. Yao, assis dans un des fauteuils de bois dur, fumait un cigare tout en causant avec son beau-frère. Moulane, alanguie dans une des chaises basses, se tenait à l'écart et ne semblait pas entendre ce qui se disait.

— Qu'est-ce que tu as donc ? lui demanda Corail.

— Je ne me sens pas en humeur de parler ce soir, voilà tout. Peut-être est-ce à cause de l'anguille qui était si grasse.

En fait, Moulane examinait les pensées qui lui traversaient l'esprit. Elle se rappelait la jeune fille qui s'était noyée, et qu'ils avaient mangé des graines de lotus que peut-être elle avait cueillies. Son attention se tourna ensuite vers Lifou et Tijen. Tour à tour ils surgissaient dans sa pensée, au point qu'elle en arriva à confondre Lifou avec Ecran d'Argent. « Je perds la tête, se dit-elle ; ce doit être la faute de l'anguille. » Tout de même elle était inquiète. Sa mère lui avait dit que Brume bleue était venue proposer pour Ecran d'Argent un mariage avec un grainetier, et Moulane n'ignorait pas que sa mère était décidée à hâter l'affaire. En outre, Mme Yao avait interdit à sa fille d'en souffler mot et d'en parler à Tijen. D'autre part, cet après-midi même, Moulane avait appris de son père qu'il était possible que Tijen rentre bientôt. S'il revenait et découvrait que pendant son absence on avait précipitamment marié Ecran d'Argent, l'orage éclaterait.

*

De temps en temps, le matin ou l'après-midi, Lifou allait voir où en étaient les réparations de leur maison. Le soir, la famille se rassemblait d'habitude dans le salon et la conversation se prolongeait tard. Afei et Jade rouge étaient souvent le sujet de l'attention de tous et les divertissaient beaucoup. Ils étaient bien des fois étonnés par l'accent pékinois qu'avait pris Jade rouge et par les propos singuliers qu'elle tenait. Une des réflexions qu'elle fit, et qui surprit tout le monde, eut pour sujet les larmes.

— Les larmes descendent par le nez, dit-elle, aussi doit-il y avoir un passage des yeux au nez. Mais alors pourquoi la fumée ne sort-elle pas par les yeux quand on fume ?

— Comment sais-tu que les larmes passent par le nez ? demanda Mocho, très amusée.

— Parce que je le sais, déclara la petite.

Durant ces repas en commun et ces soirées passées en conversations, Lifou apprit à bien connaître tous les membres de la famille et, peu à peu, il se sentit complètement à son aise. Lorsqu'on se séparait pour la nuit, il se retirait avec sa mère et sa sœur et ensuite lisait dans son lit jusqu'à une heure indue. Parfois, lorsqu'il jetait un regard par la fenêtre, il voyait encore de la lumière dans la chambre des jeunes filles, et leurs ombres qui se profilaient sur les rideaux de soie. Mais un matin, Moulane lui demanda ce qu'il avait lu si tard la nuit précédente ; il comprit qu'il était observé et n'osa plus regarder par la fenêtre.

Certains matins, il flânait dans le bureau de M. Yao, examinait sa bibliothèque et ses curiosités. Lifou ne s'y connaissait nullement en antiquités mais il fut pourtant très frappé par la grande collection de cachets de pierre que possédait M. Yao. Un après-midi, Moulane l'emmena voir la collection d'inscriptions sur os qu'avait rassemblée son père, et cela l'intéressa prodigieusement. Voilà comment cela se fit : par hasard, au déjeuner, Lifou se mit à parler du *Chou-Ouen*[45], un livre sur l'évolution de l'écriture chinoise, qui devint une science particulière. Lifou n'avait étudié que les cinq cent quarante éléments primaires du *Chou-Ouen,* mais son intérêt avait été éveillé par les principes de la composition des mots chinois et leurs changements, et il en était arrivé à mieux comprendre les caractères ordinaires. L'étude des inscriptions sur os ne faisait que commencer et il n'avait pas encore été publié d'ouvrages sur ce sujet. Mais l'aspect de ces formes primitives de l'écriture chinoise, jusque-là inconnues, le fascinait et il avait assez de jugement pour pressentir qu'une étude systématique de ces ossements poussiéreux révélerait bien des choses ignorées, même de l'auteur du *Chou-Ouen,* qui vivait au IIe siècle.

— Pensez donc, ces os ont quatre mille ans ! dit Moulane. Des gens qui ne les connaîtraient pas n'en donneraient pas un dollar la tonne.

Ils regardèrent ensuite sa collection de bâtons d'encre de Chine, très anciens et très rares. Quelques-uns portaient des inscriptions de leurs précédents propriétaires, qui avaient été des personnalités célèbres. Puis ce fut une collection d'antiques et fameuses calligraphies ; ils demeurèrent un long moment à examiner et à comparer les différents styles et les empreintes de ces calligraphies. Lifou aimait les traits gracieux et arrondis des inscriptions Chao, tandis que Moulane préférait les formes robustes, carrées, anguleuses et rigides des inscriptions Wei[46]. Lifou expliqua ingénument que les hommes aimaient ce qui était gracieux et les femmes ce qui était fort. « De même que les garçons aiment les filles et que les filles aiment les garçons », dit-il ; et Moulane rougit.

Lifou ne songeait jamais à l'amour et il semblait impossible que les charmes d'une femme pussent l'atteindre. Pourtant il aimait Moulane, parce qu'elle comprenait toutes ces choses, parce qu'elle avait tant d'intelligence et de caractère. Il appréciait fort sa conversation et la jeune fille lui semblait d'une beauté rare, comme l'était, dans son genre, la calligraphie Chao. Et c'était tout. Mais dans ce domaine du sentiment, Moulane, bien qu'elle fût du même âge que Lifou, avait deux ans d'avance sur lui, ainsi que c'est toujours le cas avec les filles.

Un matin, s'étant rappelé que M. Yao leur avait suggéré d'écrire à Tijen pour le persuader de se corriger, Lifou s'installa dans le salon, qui maintenant était toujours ouvert, et commença une lettre. Moulane, l'ayant aperçu, lui demanda ce qu'il écrivait, et il le lui dit. C'était pour lui un bon exercice et Moulane déclara qu'elle et sa sœur allaient aussi écrire à Tijen. Elle envoya donc Brocart chercher Mocho, qui arriva en jaquette blanche, les cheveux bien lissés et bien brillants, et qui dit en souriant :

— A quoi vous occupez-vous tous les deux, maintenant ?

Tout en jouant avec sa natte, Moulane dit :

— Frère Lifou allait écrire à notre frère et j'ai pensé que nous pourrions tous lui écrire.

Ce terme de « frère » était une appellation polie que l'on employait à l'égard d'amis, et Moulane s'en servait en s'adressant à Lifou.

— Très bien, dit Mocho. Nous aurions déjà dû lui écrire. Mais Mère m'a demandé, quand nous écririons à Tijen, de ne pas parler de notre projet de marier Ecran d'Argent et de lui demander de ne pas revenir trop vite.

Mocho jeta un coup d'œil du côté de Lifou et Moulane dit :

— Ne t'inquiète pas. Frère Lifou est au courant du prochain mariage d'Ecran d'Argent. Il n'y a qu'elle qui ne sait rien.

— Il est difficile d'écrire une lettre pour exhorter quelqu'un, surtout dans ma situation, dit Lifou. Qu'est-ce que je vais dire ?

— J'ai une idée, dit Moulane. Ce que je déteste le plus, c'est écrire des lettres dans le style de la *Correspondance du Studio des Eaux d'Automne.* Essayons donc d'écrire dans le style épistolaire des Ming, ou dans le style Chin de billets brefs ! Laissons de côté toutes ces formules de politesse et attaquons d'emblée et abruptement le sujet, de sorte que la lettre soit courte et substantielle. Interdiction de dépasser cent mots. Une telle méthode est efficace et elle économise beaucoup de temps en comparaison des formes conventionnelles, qui de toute façon ne peuvent guère être améliorées.

— Voilà une bonne idée, dit Mocho. Est-ce que nous décidons une limite de temps ?

— Et si la durée était fixée par le temps que mettra à brûler une baguette d'encens ? proposa Lifou.

Ils tombèrent d'accord. Des bâtons d'encre, des pinceaux et du papier à lettres à fleurs furent apportés et un bâtonnet d'encens fut allumé. Lifou et Mocho s'installèrent à une table, tandis que Moulane arpentait la pièce en se grattant la tête et de temps en temps regardait à travers la fenêtre.

— Tu ne voudrais pas t'asseoir ? dit Mocho. Tu me rends nerveuse.

Mais Moulane se contenta de sourire, en passant lentement ses doigts à travers l'extrémité de sa natte.

Lifou eut fini le premier ; Mocho avait presque terminé sa lettre et le bâtonnet d'encens était à peu près entièrement consumé. Mocho avertit Moulane, qui s'approcha de sa chaise et s'écria :

— Quelle horreur ! Je n'ai pas encore broyé mon encre !

— Sers-toi de la mienne, dit Mocho.

Moulane se mit à écrire rapidement ; et en peu de temps sa lettre fut terminée. Ils lurent en premier celle de Lifou.

Lifou courbe la tête (forme de salutation). *Frère, tu navigues par un grand vent sur les dix mille milles de vagues. Que tu es heureux ! Que je t'envie ! Ton frère cadet est attaché comme un cheval l'est à un poteau de l'écurie. Les pluies ont démoli notre maison, et ma mère et moi sommes provisoirement installés chez vous. Si, après avoir payé les réparations, nous parvenons à rassembler assez d'argent pour mes frais d'études, j'aurai vraiment de la chance. Je te souhaite, frère, le plus bel avenir. Il est possible que moi, stupide, je ne fasse éternellement que remuer la queue dans la boue.*

— Excellent ! dit Mocho. Vous l'attaquez indirectement ; et vous n'avez pas gaspillé un seul mot.

Ensuite, ce fut le tour de la lettre de Mocho.

Sœur Mocho te salue. D'après ta lettre j'ai appris que tu étais retenu à Hongkong ; est-il possible que ce soit là ce que voulait dire Mencius quand il parlait d'« être frustré de ce que l'on avait entrepris de faire » ? Si oui, c'est que le Ciel a dû modifier l'opinion qu'il avait de toi, et peut-être t'appelle-t-il à une haute mission. Mais la « frustration » vient du Ciel, tandis que fortifier son ambition dépend de l'individu lui-même. Mère se tourmente à ton sujet et maigrit. Prends bien soin de toi dans un pays chaud comme l'est le Sud.

— Très bien exprimé et très digne, dit Lifou.

Ils en vinrent ensuite à la lettre de Moulane :

Sœur Moulane te salue. Qu'en est-il de ta promesse de nous envoyer une lettre du Royaume des Dents de Raisin ? Ou les Dents de Raisin vont-elles se changer en Dents de Champignon (calembour sur Hongkong, qui signifie « Port odorant ») ? *Mais qu'il s'agisse de Dents de Raisin, de Dents de Champignon, ou même de Dents de Haricot, tu ne dois pas changer trop souvent de dents* (calembour sur le nom d'un célèbre cuisinier de jadis). *Ta sœur te remercie des boutons d'ivoire. Mais pourquoi pas de cadeau pour Mère ? Il a plu pendant des jours et des jours, et le temps s'est rafraîchi subitement. Si tu pouvais partager avec nous les pinceaux et les bâtons d'encre, que nous serions heureux !*

— Que c'est charmant ! s'écria Lifou.

Tous se mirent à rire ; à ce moment-là, Encens entra, une grosse botte de fleurs de cassie à la main, et annonça que Mannia était arrivée. Etant une habituée de la maison, Mannia avait suivi la servante et se tenait déjà sur le seuil.

— Moulane ! s'écria Mannia. Que faites-vous donc qui vous amuse tant ?

Ravie, Moulane se précipita vers Mannia :

— Tu n'es pas venue nous voir depuis bien longtemps.

— Et toi non plus, tu n'es pas venue me voir. Je t'ai apporté des fleurs de cassie de notre jardin. La plus grande part a été abîmée par la pluie et même celles-ci ont perdu leur parfum.

— Tu as déjà rencontré Koung *Chaoyeh*, dit Moulane à Mannia. Il loge ici parce que leur maison s'est effondrée durant les pluies.

— Bien sûr, dit Mannia. Je sais même que vous avez été ensemble voir l'inondation.

— Comment le sais-tu ? demanda Moulane.

— On me l'a dit.

Lifou, qui était debout, fit un profond salut. Moulane se rappela alors que, pendant qu'ils revenaient du lac et regardaient la mère de la jeune fille noyée que la foule entourait, le portier des Tseng, qui était là, s'était arrêté pour parler avec eux. Quand il raconta qu'il avait rencontré Mlle Yao et qu'il y avait un jeune homme avec elle, Mannia décida de venir voir Lifou. Elle savait que ce devait être lui, parce que ses frères lui avaient raconté leur rencontre avec Lifou quand ils avaient été à la gare dire adieu à Tijen.

Ils parlèrent de Tijen et d'autres choses de la maison. Mannia rentra chez elle avec une très bonne impression de Lifou et décida d'agir sans tarder.

Lorsque Mannia fut partie, Mocho dit en souriant à Moulane :

— Ta chère sœur est venue t'espionner. Elle n'est sûrement pas venue pour t'offrir des fleurs de cassie.

— Qu'est-ce qu'il y aurait à espionner ? répondit Moulane.

Lifou, lui, avait l'air de ne pas avoir compris.

*

Un jour, Lifou revint de leur maison avec une bonne nouvelle :

— Le croiriez-vous, Mère ? La Guilde du Sseutch'ouan va payer les réparations. Et c'est vrai ! Le vieux Wang, le portier, me l'a dit lui-même. Il a été très poli et m'a montré la lettre des directeurs de la Guilde.

La mère et le fils furent très intrigués et décidèrent

qu'il devait y avoir du M. Fou là-dessous. Mais comment avait-il pu arriver à savoir ce qui s'était passé, puisqu'ils ne lui avaient pas écrit à Tientsin ? Il apparut quelques jours plus tard, car il voyageait souvent entre les deux villes, et vint, comme il le faisait toujours, voir M. Yao. Il fut enchanté de voir qu'on prenait grand soin de Lifou et de sa mère. Mme Koung parla de l'affaire de la Guilde du Sseutch'ouan et dit :

— Je pense que c'est vous qui de nouveau avez voulu venir en aide à la mère et au fils. Je ne sais comment vous remercier.

— Si vous voulez remercier quelqu'un, remerciez M. Yao. Je n'ai rien eu à faire dans tout cela, hormis que j'ai écrit une lettre.

M. Fou révéla alors qu'il était au courant de leur installation chez les Yao. En outre, M. Yao avait dit qu'il remettrait secrètement un don de deux cents dollars à la Guilde du Sseutch'ouan afin de payer les réparations mais que son nom ne devait pas être mentionné.

— Que nous reste-t-il à faire, après avoir reçu tant de bontés de l'oncle Yao ? demanda la mère.

— Vous pouvez le remercier, si vous voulez. Je ne crois pas qu'il s'offense de ce que je vous aie révélé ce secret.

Lorsque Lifou et sa mère allèrent remercier M. Yao, il leur dit :

— Oh ! ce ne fut pas à cause de vous. Il y a longtemps que je désirais faire quelque chose pour la Guilde du Sseutch'ouan. Savez-vous que j'ai une dette envers le Sseutch'ouan ? La moitié des herbes médicinales de mes magasins viennent de votre province.

Cette réponse fut un grand soulagement pour Lifou et sa mère. Peu à peu, la chose fut sue ; et Mme Koung et son fils montèrent dans l'estime du portier et des gens de la maison de la Guilde, parce qu'ils étaient les protégés de deux puissants bienfaiteurs de l'association.

La Mi-Automne, qui tombait le 15 août, était une des grandes fêtes de l'année, et M. Fou fut invité à dîner avec la famille Yao. M. Yao commanda une grosse bourriche des meilleurs crabes qui pouvaient se trouver, afin de se conformer à l'usage de manger des crabes à la Mi-Automne.

M. Yao proposa que le dîner eût lieu dans la cour pavée, pour qu'on pût mieux contempler la lune. Mais Corail dit que le temps s'était rafraîchi et qu'il faisait encore humide ; puisque le crabe était une nourriture « froide », ils feraient mieux de dîner dans la maison, et ils pourraient toujours tirer les rideaux s'ils voulaient regarder la lune. On servit donc du vin tiédi et, devant chaque convive, il y avait une saucière de vinaigre mêlé de sauce au soja et de gingembre, nécessaire pour compenser le « froid » du crabe.

Il n'y avait rien qui enchantât davantage tous les membres de la famille et sur quoi ils fussent plus d'accord qu'un repas de crabes ; et cela amenait toujours beaucoup d'animation. Il est vrai que le crabe est le délice des gourmets par sa saveur unique, sa forme et sa couleur. Il est toujours exquis au moment de la Mi-Automne, et les abondantes pluies de l'été ne lui avaient nullement nui. Mais l'animation provenait surtout de ce que cela changeait des repas ordinaires, servis par des domestiques, et que chacun devait mettre la main à l'ouvrage. Non pas tant pour manger mais parce qu'il fallait se donner de la peine pour extraire la nourriture ; aussi la plus petite bouchée était-elle savourée. Parmi les convives, les uns avalaient vite, et les autres lentement. Les uns aimaient les œufs des femelles, d'autres la chair des mâles, et d'autres préféraient décortiquer les pattes. Tout comme une partie de cartes, un pareil repas mettait à l'épreuve les caractères des gens. Il y en avait qui mangeaient proprement et délicatement, d'autres qui engloutissaient sans choix des morceaux entiers. A la fin du dîner, tout était d'habitude en un grand désordre, avec des carapaces et des pattes en un tas immense au milieu de la table.

Lorsqu'ils furent tous attablés, on apporta un grand plat vert, d'un demi-mètre de diamètre, qui contenait les beaux crabes rouges. Des « ah ! » s'élevèrent de toute la table. M. Fou et M. Yao relevèrent leurs manches et M. Fou invita Lifou à en faire autant.

— Nous faisons mieux que Confucius, dit Lifou. Il n'avait une manche courte qu'au bras droit.

— Parce qu'il ne faisait qu'écrire, dit Mocho. S'il avait été en train de manger des crabes, il aurait eu deux manches courtes.

Tout le monde se mit à rire.

— Cela prouve que Confucius n'a jamais mangé de crabes, dit M. Fou.

— Je puis prouver que si, dit Moulane.

— Comment ça ?

— Vous vous souvenez que Confucius mangeait souvent du gingembre. Cela permet de le soupçonner fortement de manger des crabes.

— Vous nous dites d'exquises bêtises, dit Lifou.

— Attendez ; je n'ai pas encore tout dit. Le *Texte des Mille Caractères* commence par la phrase suivante : « Ciel Terre Noir Jaune. » « Noir Jaune » signifie la couleur de la laitance et de la membrane de crabe. Cela prouve qu'il y avait « Noir Jaune », puisqu'il y avait le Ciel et la Terre. Comment un homme aussi intelligent que Confucius n'aurait-il pas su manger des crabes ?

Du coup, tout le monde rit plus fort encore et Corail, incapable de se retenir, se barbouilla étourdiment le visage avec du « jaune » de crabe.

— Alors, pourquoi les *Analectes* n'en parlent-ils pas ? demanda Mocho.

— Les disciples ne pouvaient pas tout noter, ou bien, ce qu'ils avaient enregistré n'a pas échappé à l'« Incendie des livres ». Il faut utiliser son imagination quand on lit les livres anciens, dit Moulane qui épluchait une patte de crabe. Je puis me représenter Mme Confucius ayant à fabriquer un vêtement spécial pour manger des crabes, puisque son époux avait une veste de maison particulière, avec une manche plus courte que l'autre. Quel souci, qu'un mari pareil ! Et qu'il devait être pénible d'être la femme d'un sage !

— Plaisanterie à part, dit M. Fou, je vais vous mettre à l'épreuve. Sur quoi vous fondez-vous pour affirmer que « Noir Jaune » se rapporte au crabe ?

Aussitôt Moulane répliqua :

— Est-ce que le poème sur le crabe, dans *Le Rêve de la Chambre rouge*, ne dit pas :

Devant ses yeux les routes et les chemins
ne sont ni droits ni obliques ;
Dans sa carapace le printemps et l'été
sont en vain noir et jaune.

— Mange, Moulane, tu parles trop, dit Mme Yao.

Tout le monde pouvait voir que Moulane était un peu rouge et qu'elle parlait plus que d'habitude.

— Il est encore tôt, dit-elle. Je mets le même temps pour manger trois crabes que ma sœur pour en manger un.

— C'est que tu ne manges pas des crabes. Tu manges des crabes comme si c'étaient des choux ou de la purée de haricots, dit Mocho.

Mocho, qui n'était même pas venue à bout d'un seul crabe, était fort adroite. Elle nettoyait si bien chaque morceau qu'elle ne laissait sur son assiette que de minces fragments blancs, pareils à du verre ou à des coquilles transparentes.

Une servante apporta un nouveau plat, tout fumant, et remporta les carapaces.

— Attendez un moment, dit Mocho, les pattes vont m'occuper pendant un quart d'heure encore.

— Ne t'acharne pas sur ces pattes et laisse-les aux domestiques, dit M. Yao.

— Je leur en ai gardé deux pour chacun, dit Corail.

Moulane se mit à manger sérieusement. Elle but une coupe de vin, puis une autre et devint de nouveau loquace. Lorsqu'elle réclama une troisième coupe, M. Yao lui dit :

— Tu es bien excitée, ce soir ! Tu ferais mieux de t'arrêter.

— Je suis très bien, dit Moulane, et elle vida sa troisième coupe.

Elle supportait assez bien le vin, mais atteignait un état de demi-ivresse gaie, où elle disait des choses futiles, folles et parfois brillantes.

— Le crabe est une créature unique, le crabe est une créature unique, répétait-elle.

Lifou et Moulane levèrent leur coupe et burent l'un à l'autre. Le bonheur ressemble au chagrin et le plaisir à la douleur ; ce qui fait que personne ne put dire, ce soir-là, si Moulane était heureuse ou malheureuse.

Bientôt, les convives quittèrent la table pour se laver les mains dans de l'eau, où trempaient des pétales de chrysanthème sauvage, tandis que l'on desservait et que l'on apportait un repas simple, composé de *congee* de riz, d'œufs au sel et de racines au vinaigre.

Le dîner touchait à sa fin lorsque M. Fou dit :

— C'est dommage qu'à l'école, aujourd'hui, on n'enseigne plus la poésie ancienne. Autrement, manger des crabes et composer des poèmes à ce propos serait un merveilleux passe-temps.

— Je vais vous proposer quelque chose, dit Corail. Jouons à « cassez la cassie et passez la tasse ». Nous avons les fleurs de cassie que Mannia a apportées l'autre jour.

Ce jeu consiste à se passer de main en main, autour de la table, un rameau de fleurs de cassie, pendant que quelqu'un tape sur un petit tambour. Celui que l'on attrape avec le rameau dans la main, au moment où le tambour s'arrête, doit boire un coup et raconter une farce ou une histoire.

On se mit à jouer : Afei battait le tambour. Lorsqu'il s'arrêta, ce fut M. Fou qui dut raconter une histoire ; et il commença ainsi :

— Il y avait une fois un maître d'école qui ne parvenait pas à rassembler des élèves, aussi décida-t-il de devenir médecin. Il lut quelques livres de médecine et se mit à exercer. Malheureusement, il tua son premier patient. La famille du patient voulait le traîner devant les juges pour meurtre mais l'affaire s'arrangea, le médecin ayant accepté de faire les frais de l'enterrement. Comme il était trop pauvre pour payer des croque-morts, il prit le parti de transporter lui-même le mort au cimetière, aidé de sa femme et de son fils. Seulement, le mort pesait deux cents livres et, en chemin, la femme demanda à s'arrêter pour se reposer. Avant de se relever pour reprendre leur fardeau, elle soupira et dit à son mari : « Ah ! vois-tu, la prochaine fois que tu te mêleras de guérir un malade, tu feras bien d'en choisir un qui soit maigre ! »

Tous se mirent à rire, et le jeu continua. Le tambour s'arrêta cette fois quand le rameau de cassie était dans la main de Moulane. Elle avait mangé beaucoup d'oranges et se sentait très en forme.

— Il y avait une fois, commença-t-elle, une immense armée de crabes que le Roi des Dragons avait chargée de garder les approches de la mer. Le général des crabes les exerçait tous les jours sur la grève, et les gens pouvaient voir des milliers de petits crabes qui manœuvraient sur le sable. Un Esprit-Serpent fomenta une révolte dans la mer lorsque le général des crabes tomba malade, et le Roi des Dragons ordonna à la fée Nacre de prendre le commandement. Elle monta à la surface de la mer ; debout sur un rocher et faisant face au rivage, elle donna l'ordre aux crabes de se mettre en rang. Tous les crabes-soldats sortirent de leurs cavernes souterraines et s'alignèrent, les yeux à droite. L'alignement était si impeccable que la fée fut émerveillée. Puis elle donna l'ordre : « En avant, marche ! » Au lieu de marcher droit dans la mer, les crabes avancèrent obliquement sur la droite, tout le long de la grève. La fée Nacre commanda alors : « Demi-tour droite, marche ! » Les pelotons commencèrent à se déplacer de côté sur la gauche. La fée était très désemparée car elle ne pouvait arriver à les faire avancer dans l'eau, et elle demanda au lieutenant des crabes ce qu'il fallait faire. Le lieutenant demanda la permission de prendre le commandement et ordonna : « A gauche, gauche ! En avant, marche ! » Et, ô merveille ! l'armée des crabes avança tout droit dans l'eau. La fée Nacre, extrêmement intriguée, demanda des explications au lieutenant des crabes. « Votre Altesse, répondit-il, ce sont tous des étudiants retour d'Angleterre ! »

Tous comprirent aussitôt l'allusion et éclatèrent de rire. On appelait alors l'écriture anglaise « l'écriture en démarche de crabe » parce qu'elle va horizontalement à travers la page.

Le rameau fut ensuite trouvé dans la main de Corail.

— Je ne sais aucune histoire, dit Corail.

— Aucune excuse n'est admise, s'écrièrent-ils. N'importe quoi suffira, pourvu que cela fasse rire.

— Que diriez-vous d'un de ces poèmes qu'on n'arrive pas à dire sans se tromper ? proposa Corail.

Tous furent d'accord et Corail commença à débiter un poème composé de mots presque pareils entre eux et qu'on avait peine à répéter sans trébucher – quelque chose dans ce genre :

Si six cents chiens chinois sachant chasser chassent ça, six cent six chiens chinois sachant chasser chasseront cent choses chaudes.

Tous, de Jade rouge et d'Houane-erh jusqu'à Mme Yao, et même Mme Feng, essayèrent de prononcer ces paroles aussi rapidement que possible. Seuls, le petit Afei et Jade rouge y parvinrent sans bégayer, tandis que Mme Yao en arrivait à dire des syllabes comme : « chinois chachant chacher » et « chent soses saudes ».

— Vous voyez, dit Corail, ce sont eux, les deux enfants, qui ont réussi.

M. Yao, qui arpentait la pièce, s'arrêta devant la fenêtre et dit :

— Regardez ! Il y a un double halo autour de la lune.

— Nous avons tous oublié la lune, dit Corail.

Tous regardèrent et virent qu'il y avait une brillante masse de nuages blancs autour de la lune, tandis que près du centre étaient deux halos circulaires et concentriques.

— Ceci présage des malheurs pour le pays, dit M. Fou. Des phénomènes étranges ont toujours apparu à la fin des dynasties. Nous vivons dans des temps troublés et nous ne savons pas ce qui va arriver.

— Les troubles viennent du cœur humain, dit M. Yao.

Citant un poème très populaire, qu'un poète inconnu a griffonné sur le mur d'un pavillon, au sommet d'un col de montagne, M. Yao récita :

Le ciel est en paix, la terre est en paix,
Et le cœur humain n'est pas en paix.
Mais quand le cœur humain est en paix.
Tout sous le ciel alors est en paix.

Ils restèrent à causer pendant quelque temps et ensuite se retirèrent pour dormir.

CHAPITRE XVII

Chose étrange, le fait de s'être à demi enivrée et de ne pas s'être tout à fait correctement conduite ce soir-là, procura à Moulane un sentiment d'individualité qu'elle n'avait jamais éprouvé. Elle avait été causante, étincelante, heureuse. Lorsqu'elle se mit au lit, elle se sentit comme délivrée, ce qui, sans aucun doute, était dû au vin. Pour la première fois elle se rendit compte, pendant qu'elle était couchée, qu'elle vivait dans un monde particulier, qu'il existait même un monde qui était entièrement à elle. Il lui était difficile de s'expliquer ce sentiment mais, par derrière ce monde nouveau, ou au-dedans de lui, il se trouvait aussi – elle le discernait de façon confuse – Lifou.

Un matin, de bonne heure, peu de temps après que la famille de Lifou fut retournée dans sa maison, Mme Tseng et Mannia arrivèrent chez les Yao. Mocho se trouvait seule dans le salon et arrangeait des fleurs dans les vases ; elle se mit à causer avec elles d'affaires de famille. Petite Joie était aussi venue et Mocho remarqua que, bien qu'elle demeurât une paysanne au cœur simple, elle avait changé et s'était affinée depuis son arrivée dans la capitale, deux ans auparavant.

Mocho pressentit qu'il y avait une raison à cette visite matinale de Mme Tseng. Survenant du jardin, une botte de fleurs à la main, Moulane s'avança avec grâce dans la pièce.

— Quel bon vent vous amène, si tôt dans la matinée ? s'écria-t-elle, ravie de les trouver là.

Encens apparut pour dire que Mme Yao était prête et allait bientôt venir.

— *Meimei,* dit en souriant Mannia à Moulane, tu peux t'en aller. Aujourd'hui, ce n'est pas toi que nous sommes venues voir, mais ta mère.

Surprise, Moulane vit que non seulement Mannia souriait, mais aussi Mme Tseng.

— Qu'est-ce que c'est ? Vous me chassez ? Et elle ? dit-elle en désignant Mocho.

— Vous ferez bien de sortir toutes les deux. Cela ne vous concerne en rien, répondit Mannia.

— Très bien, dit Mocho. Nous partons.

Elle leur dit adieu et entraîna Moulane.

— Quelles manigances méditent-elles ? murmura Moulane dès qu'elles furent sorties de la pièce.

— Je te parie qu'il s'agit de ton « bel avenir », dit Mocho. Ta belle-mère est venue te réclamer.

En entendant cette allusion à ses fiançailles, Moulane ressentit une étrange exaltation, bien qu'en fait elle ne sût pas que penser. Mocho se mit à rire ; elle était plus animée qu'elle ne l'avait jamais été.

— Qu'y a-t-il donc de si drôle, que tu ris tant ? dit Moulane.

— Si tu ne ris pas maintenant, quand donc riras-tu ? répliqua Mocho.

Moulane était toute désorientée. Il lui semblait que d'une façon ou d'une autre sa destinée se décidait et qu'elle se trouvait plongée dans quelque chose de fatal et d'éternel, alors qu'elle n'avait pas encore pris de décision.

— Peut-être s'agit-il de ton « bel avenir » à toi, dit-elle.

— Non, non, ce n'est pas moi qu'ils veulent, dit gaiement Mocho. Tu verras. Je vais bientôt avoir un beau-frère. Ce mariage ne pose pas de problèmes. Il est fixé d'avance.

— L'est-il ? dit Moulane.

Elle semblait réfléchir profondément et, en la voyant ainsi, Mocho devint brusquement sérieuse.

— Est-ce que ce n'est pas un beau mariage ? dit-elle gravement. Tu seras bien mariée, dans la famille d'un riche fonctionnaire. Sunya est bien de sa personne et a un caractère d'or. Que veux-tu de plus ?

— *Meimei,* ne parle pas ainsi. Si tu penses qu'il est bien de sa personne et a un caractère en or, épouse-le, dit Moulane ironiquement.

Bien mariée ? De tous les points de vue mondains, Moulane pouvait certainement être considérée comme bien mariée en entrant dans la famille Tseng. Et pourtant, cette demande en mariage survenait à un moment où elle ne faisait que commencer à se sentir libre, où elle avait pour la première fois ressenti une sorte d'ivresse, un bonheur délicieux, jusque-là ignoré, bonheur qu'elle trouvait à la présence de Lifou. Cela l'avait tellement absorbée que ces derniers jours, depuis que Lifou et sa famille étaient partis, elle avait continué à vivre dans ce monde de bonheur, qui était entièrement à elle, et avait presque oublié les histoires d'Ecran d'Argent. Elle oubliait aussi qu'elle était liée à la famille Tseng par des liens anciens et nombreux, que, tacitement tout au moins, les deux familles la considéraient comme fiancée à Sunya. Oui, sans aucun doute, épouser Sunya serait faire un beau mariage ; mais son cœur était troublé.

Pour la première fois, elle jalousa sa sœur. Il n'avait rien été suggéré au sujet de Lifou, et pourtant elle avait un pressentiment que, tôt ou tard, Mocho se fiancerait avec lui. Si seulement elle pouvait changer de place avec elle ! Elle jeta un regard oblique à sa sœur et dit :

— Est-ce que je ne t'ai pas toujours dit que tu aurais plus de chance que moi ?

— En quoi ai-je plus de chance que toi ?

— Rien... dit Moulane.

Mocho se rendit compte que sa sœur était bizarre, mais n'insista pas.

Moulane croyait, elle aussi, que la destinée matrimoniale de quelqu'un est fixée par le Destin. Aussi, lorsque sa mère eut consulté son père et obtenu son consentement, et qu'elle vint le soir, avant le dîner, parler à sa fille qui était seule dans sa chambre, Moulane se contenta de sourire. Sa mère prit cela pour un acquiescement.

Cette nuit-là, elle ne put dormir. Les dés étaient jetés, et il fallait qu'il en fût ainsi. Elle se mit à penser à Sunya ; ce garçon qui avait eu pour elle un si large sourire, lorsqu'elle l'avait vu pour la première fois dans le bateau, sur le Grand Canal. Comme le Destin les avait en effet bien réunis ! Comme tout s'était passé et s'était développé de façon qu'il n'y eût pas moyen d'échapper ! Elle pensa à l'aspect qu'avait Sunya et se dit qu'il lui serait facile de s'entendre avec lui. Car elle n'avait aucunement peur de lui. Puis elle se rappela combien sa mère avait été bonne, et aussi Mannia. Un instant, elle détesta Mannia d'être ainsi intervenue dans sa vie. Mais ses pensées revenaient toujours à Lifou, à ses études, à ses « ruines ». Comme elle avait été heureuse, quatre ou cinq jours avant, quand elle et Lifou avaient vidé leur coupe l'un à l'autre ! Comment recevrait-il la nouvelle de ses fiançailles ? Avait-il jamais soupçonné qu'elle tenait à lui ? Lorsqu'elle pensait à cela, elle se sentait les joues brûlantes, comme si elle était encore sous l'empire de l'alcool.

Lorsque les sœurs allèrent se coucher, Mocho aurait voulu la féliciter de nouveau et entamer une conversation sur le sujet des fiançailles mais Moulane ne fit que sourire et dit :

— Puisque c'est décidé, c'est décidé.

Mocho parut déçue et ne dit plus rien. Dans la demi-obscurité de la nuit, Moulane pouvait voir sa sœur qui dormait paisiblement dans son lit ; et elle songeait qu'elle avait vraiment de la chance.

Durant les quelques jours suivants, elle essaya de ne plus penser à Lifou mais occupa son esprit à réfléchir sur sa nouvelle situation et sur la famille Tseng. Elle n'avait aucune raison d'avoir peur de qui que ce soit dans cette famille, M. Tseng excepté. Comme elle était la plus jeune des belles-filles, ses responsabilités seraient légères. Tout de même, il y aurait Souyoun, la fiancée de Chinya... Elle se demanda quelle sorte d'existence elle aurait avec sa belle-sœur, ce genre de relations étant d'habitude assez difficultueux.

Il fallut, avant que les fiançailles fussent officielles, échanger les horoscopes de Moulane et de Sunya. M. Fou était de nouveau à Pékin et, quand la mère de Moulane lui demanda son opinion, à lui qui était un astrologue amateur et philosophe, il déclara que Moulane était « Or », Sunya « Eau », et que « l'Or étincellerait dans l'Eau ». Le mariage se présentait donc sous un jour favorable. M. Fou cita un poème qui disait :

Les rocs contenant du jade
font reluire la montagne ;

Les eaux qui recèlent des perles
rendent la rivière attirante.

Cela fut dit à haute voix devant tous, Moulane y compris, et elle fut félicitée.

Les êtres humains appartiennent aux cinq types que représentent les cinq éléments : l'Or, le Bois, l'Eau, le Feu, la Terre. Le mariage est l'art d'assortir les types. Il y a des types qui se complètent merveilleusement et des types qui, s'ils ne se détruisent pas mutuellement, se précipitent l'un et l'autre vers une commune destruction. Unir un garçon et une fille du même type ne doit pas être encouragé parce que cela ne ferait qu'accentuer ou accroître les tendances originelles de l'époux et de l'épouse. Ce qui est assez clair : marier une femme indolente (l'Eau) à un mari indolent ne pourrait qu'aggraver la situation ; et marier un mari au tempérament vif (le Feu) à une femme semblable n'aboutirait qu'à ceci, que les deux époux se consumeraient. Une personne d'une contexture délicate, fine, et à l'intelligence vive, est Or ou Métal. Une personne avec des os et des jointures proéminents, encline à être dégingandée, est Bois. Une personne charnue, indolente, flegmatique, où les lignes de la silhouette filent vers le bas, est Eau. Une personne à tête chaude, prompte à s'émouvoir, au regard fuyant, capricieuse et dont le front se dresse vers le haut, est Feu. Enfin une personne ferme, calme, avec des lignes et des volumes ronds et pleins, est Terre. Dans chaque type on trouve des sous-types, des variétés, aussi bien bons que mauvais, de même qu'il existe du bois à tissu serré ou à tissu lâche, à tissu lisse ou à tissu noueux. Par exemple, l'Or coupera le Bois, en « triomphera ». Et pourtant un Bois aux articulations proéminentes, au grain contraire, à la large face et aux phalanges noueuses pourra émousser le fil d'un Métal mou ; ou, pour s'exprimer plus simplement, un époux grossier et brutal ferait souffrir une femme vibrante et fine.

— Et qu'est Mocho ? demanda Mme Yao à M. Fou quand, cet après-midi-là, elle se retrouva seule avec lui après avoir réfléchi à ce qu'il avait dit.

— Mocho est Terre, dit M. Fou. Pondérée, calme, ronde et pleine. Ce sont les qualités les plus précieuses et les plus favorables. Elle a la « physionomie de la chance ». Elle sera une grande bénédiction pour son époux, mais serait fort mal assortie avec Sunya. Bien que Terre puisse se mélanger avec Eau, le résultat serait mou et boueux, et rien de remarquable ne sortirait de cette union.

— Ce n'est pas à cela que je pense, dit Mme Yao.

— Alors à quoi pensez-vous ? demanda-t-il.

Mme Yao chuchota quelque chose à son oreille. Il se mit à rire, ses yeux brillèrent, et Mme Yao dut attendre une demi-minute avant d'avoir sa réponse.

— Parfait ! Parfait ! dit-il.

— Expliquez-vous. Ne vous contentez pas de vous écrier : « Parfait ! »

— Eh bien, murmura M. Fou, Lifou est Bois, et de l'excellent bois. La Terre nourrit le Bois, et le Bois prospère. Il est aussi dur que du bois de santal rouge et vous ne pourrez pas le briser. Mais il a besoin d'être attendri. Il va avec la Terre de Mocho encore mieux qu'avec l'Or de Moulane et, s'il épousait une femme capricieuse et à l'humeur vive, il se consumerait.

Ni l'une ni l'autre des deux sœurs ne fut mise au courant de cette conversation, mais ce soir-là Mme Yao raconta à son mari ce qu'avait dit M. Fou et M. Yao répondit :

— Bien sûr. Un Lifou vaut trois Sunya et dix Tijen.

— Qu'est-ce que tu racontes de notre Tijen ? dit Mme Yao.

— Il est comme un arbre à la contexture lâche et au tronc pourri. Le cœur est déjà tout vermoulu. Qu'est-ce qu'on peut en faire ? Il ne peut même pas être employé comme combustible.

— Je ne crois pas que notre fils soit pire que d'autres, dit la mère, et quand on l'entend s'exprimer il paraît si sensé et a de si bonnes intentions.

— Justement, dit son mari. Quand on tape sur un tronc d'arbre creux, cela fait un bruit très agréable.

Dans son imagination, Mme Yao se représentait un petit feu, Ecran d'Argent, dévorant du bois sec et vite consumé, Tijen. Elle dit à son mari que son frère avait écrit à la tante d'Ecran d'Argent, en promettant de lui verser cinquante dollars si elle écrivait la lettre que réclamait la jeune fille. Mais elle ne lui dit pas qu'elle avait demandé à son frère d'écrire une fausse lettre dans ce sens, qui anticiperait sur la lettre réelle, afin de hâter le mariage d'Ecran d'Argent avant le retour, toujours possible, de Tijen.

*

Peu de temps avant que Moulane et Mocho dussent se rendre à l'école à Tientsin, Ecran d'Argent disparut. Le matin du jour précédent, M. Feng lui avait montré ce qu'il assurait être une lettre de sa tante, demandant à Mme Yao de lui trouver un bon mari à Pékin. Ecran d'Argent, qui savait que sa maîtresse avait hâte de se débarrasser d'elle, avait cherché à gagner du temps. Elle avait fait écrire secrètement une lettre, en son nom, qui fut envoyée à Hongkong à Tijen mais il lui était impossible de recevoir la réponse. Les lettres qui lui étaient adressées chez les Yao pouvaient être interceptées et elle n'avait personne à qui se confier.

Quand M. Feng lui montra la prétendue lettre de sa tante, elle fut stupéfaite. Elle calcula de tête le temps qu'il aurait fallu, et il ne lui parut pas croyable qu'une lettre pût arriver si vite de Hangtchéou. Pourtant la lettre était là. Il n'était pas question de chercher une signature, puisque sa tante ne savait ni écrire, ni signer son nom. Son désir d'un mot d'écrit avait été satisfait.

Pendant la nuit, alors que tout le monde avait été se coucher, elle se dissimula dans l'obscurité, se faufila à travers le jardin potager et disparut par la porte de derrière. Ce fut ainsi qu'elle s'échappa, en emportant la chienne de Tijen, un ballot de linge et deux anneaux de jade que Tijen lui avait donnés. Il lui avait dit que l'un de ces anneaux valait trois ou quatre cents dollars. Ce ne fut qu'au moment du déjeuner que Brocart avertit qu'Ecran d'Argent n'était pas dans sa chambre et que son lit n'avait pas été défait. A dix heures seulement, on découvrit les empreintes de la chienne qui se dirigeaient nettement à travers le jardin jusqu'à la porte de derrière, qui était ouverte.

Ecran d'Argent avait habité Pékin pendant des années et avait une connaissance assez approfondie des directions et des divers quartiers de la ville. Elle prit un pousse-pousse et se fit conduire au quartier du sud-ouest, en dedans de la Porte de Chouen-Tchemen ; elle l'avait choisi comme étant suffisamment éloigné de la maison des Yao et tout de même assez peuplé pour qu'elle ne risquât pas de s'y faire remarquer. Là, dans un petit hôtel de la Cité du Sud, elle prit une chambre pour la nuit. La chienne était pour elle un grand embarras, parce qu'elle pouvait la faire découvrir. Au matin, elle lui donna un morceau de viande et l'attacha à un pied de son lit de fer puis elle chercha un bijoutier afin de lui vendre un de ses anneaux. Elle était bien vêtue et, à sa surprise, le premier bijoutier auquel elle s'adressa lui offrit cent cinquante dollars. Ayant maintenant une idée de ce que valait réellement l'anneau, elle se rendit chez un autre bijoutier, exigea deux cents dollars et les obtint. Avec cet argent en poche, elle était sûre de pouvoir se maintenir pendant six mois. Elle vivrait avec économie, et elle avait encore l'autre anneau ; elle pourrait donc attendre pendant un an le retour de Tijen, sans avoir besoin de chercher de l'ouvrage. Elle fit alors de grands serments de vengeance. Elle jura que si Tijen revenait, elle ferait tout ce qui serait en son pouvoir pour le séparer de sa mère ; elle était une femme et connaissait la faiblesse de Tijen.

Se faisant passer pour une femme de Changhaï, elle partit chercher un logement. Dans les maisons les plus modernes, les chambres étaient louées séparément et quelquefois plusieurs familles vivaient dans le même corps de logis mais Ecran d'Argent évita ces maisons, parce que le premier venu pouvait y pénétrer. Pour finir, elle en choisit une qui se trouvait dans une ruelle écartée, avec une seule cour, et qui appartenait à un ménage sans enfants. Le propriétaire était un marchand du Kiangsou qui avait connu de mauvais jours, et sa femme avait été une chanteuse de boîte de nuit. Ils avaient à louer une grande chambre à l'est. Le mobilier, qui était en mauvais état, se composait d'un lit de bois, d'une table de toilette et d'une table de mahjong qui servait maintenant de table à tous usages, et sur laquelle se trouvaient une vieille bouillotte, une théière et quelques tasses. Le loyer était de quatre dollars, mais Ecran d'Argent le fit baisser à trois dollars et soixante *cents.* S'étant aperçue que la jeune fille parlait le dialecte de Changhaï, la femme se montra fort aimable et lui fit accueil. Mme Houa était encore jeune et avait dû être très belle ; mais ses dents maintenant étaient toutes noires, et Ecran d'Argent aperçut sur son lit tout un attirail pour fumer l'opium. Elle apprit plus tard que l'homme avait enlevé cette chanteuse et avait gagné le Nord avec mille dollars dans sa poche, après avoir payé six cents dollars à la « mère » de la chanteuse. Il fut renié par ses parents et réduit à tenir un magasin de fruits et de bonbons dans un bazar à Pailou Ouest-Quatre. Pendant quelques années, sa femme avait essayé de lui venir en aide en chantant dans l'une des maisons de thé les plus réputées. Mais avec leur penchant pour l'opium, ils avaient de la peine à joindre les deux bouts, et la femme avait fini par renoncer à chanter. La maison était loin d'être bien tenue mais le ménage pouvait quand même s'offrir une vieille servante qui se chargeait de leur cuisine et de leur lessive.

Ayant conclu avec eux, Ecran d'Argent rentra à son hôtel, paya sa note et amena la chienne à son nouveau logement. Elle expliqua à Mme Houa que son mari travaillait dans le Sud et ne serait pas de retour avant quelque temps, et l'autre ne lui posa pas de questions.

Ecran d'Argent ne fut pas longue à découvrir que, durant la journée, quand le mari n'était pas là, des hommes venaient voir la femme. Mais elle ne comprit pas s'ils venaient pour fumer ou pour autre chose et n'osa pas questionner sa logeuse. Une fois, elle remarqua que lorsque le mari revint le soir et que la servante lui dit qu'il y avait un « invité », il fit demi-tour.

Au bout de quelques jours, Mme Houa demanda pourquoi la chienne était tout le temps tenue à l'attache. Ecran d'Argent connaissait maintenant le passé de sa logeuse ; aussi lui confia-t-elle sa propre histoire, et la ressemblance entre leurs situations fit que Mme Houa se prit de sympathie pour elle. Ecran d'Argent ayant trouvé commode de lui dire la vérité, la femme trouva de même commode de lui laisser deviner ce dont il retournait. Elle avait demandé à Ecran d'Argent de s'étendre avec elle sur un divan et de fumer une pipe, mais Ecran d'Argent avait refusé. Une fois qu'elles se trouvaient ainsi, un homme survint. Ecran d'Argent voulut se retirer, mais la femme lui demanda de rester un moment.

Peu à peu, Ecran d'Argent apprit de sa logeuse comment une femme séduit les hommes et, ce qui était très important, la philosophie de cette créature.

— Il n'y a pas de justice en ce monde, dit-elle un jour. Regardez-moi, vendue par mes parents quand j'étais petite. Tirez de la vie ce que vous pouvez et, quand vous avez mis la main sur un homme, ne le lâchez pas. Votre maîtresse n'a vraiment pas de conscience. Ça ne lui aurait pas coûté plus qu'un bol de riz de vous garder. Comme vous dites, même un chien, au bout de dix ans, ne serait pas ainsi chassé à coups de pied d'une maison. Mais écoutez : quand le jeune homme reviendra, ne le lâchez pas. Je connais les hommes et je sais comment il faut agir avec eux.

— Si vous gardez mon secret, dit Ecran d'Argent, il vous récompensera comme il faut quand il sera de retour.

Un jour, Ecran d'Argent fut convaincue et décida d'apprendre à fumer l'opium. La femme lui avait expliqué le charme de la lampe, comment sa petite lumière douce et la fumée faisaient aussitôt paraître familière n'importe quelle pièce et comment, grâce à elles, un homme se sentait tout à fait confortable et reposé. Elle expliqua aussi qu'une femme apparaissait infiniment plus séduisante quand, allongée sur un divan, elle bavardait avec un homme, ou quand assise à ses côtés elle lui préparait une pipe, tandis que la lumière de la lampe éclairait son visage. Mais Ecran d'Argent ne voulut fumer que pour savoir comment il fallait s'y prendre et se garda prudemment d'acquérir l'habitude de l'opium.

En fait, Ecran d'Argent finit par se rendre compte que Mme Houa était une femme accomplie et charmante, qui avait de la conversation. Avec son aide, elle composa une longue lettre à Tijen où elle raconta ce qui s'était passé, où elle était, comment Mme Yao n'avait pas tenu parole, les termes qu'elle avait employés et comment, elle-même, Ecran d'Argent, demeurait fidèle à sa promesse et attendait son retour.

*

Après la disparition d'Ecran d'Argent, les autres esclaves nièrent qu'elles sussent quoi que ce soit à son sujet. Lotoung fut envoyé chez sa belle-fille Brume bleue, afin de découvrir si elle était au courant, et elle accourut aussitôt pour dire combien elle était surprise. Mme Yao consulta son frère, qui pensa que le fait était ennuyeux mais sans importance, en tout cas en ce qui concernait la tante de la jeune fille. Mme Yao, qui avait l'esprit positif, était de toute façon heureuse d'être débarrassée de sa servante. Du moment que celle-ci avait pris l'initiative de s'en aller, les responsabilités à l'égard de la famille étaient bien diminuées. Mme Yao remarqua simplement que cette sotte de fille n'avait pas su apprécier leur aide et ne faisait que se créer des embarras à elle-même. « Une esclave est une esclave », dit-elle. M. Yao, lui, ne jugea pas que l'affaire en resterait là. Tous se demandèrent de quoi allait vivre la servante ; ils furent très étonnés qu'elle n'eût pas dérobé des bijoux et des bibelots, comme cela lui aurait été facile, et on l'en estima. On pensa que d'avoir emmené la chienne la ferait un jour, tôt ou tard, découvrir, mais les efforts que l'on fit pour la retrouver manquèrent d'énergie. Seule, Moulane jugea qu'en ne se séparant pas de la chienne de Tijen, Ecran d'Argent s'était montrée romanesque. Un pareil acte semblait bien révéler qu'elle était fidèle.

Par-dessus toute cette agitation, il y eut les fiançailles de Moulane avec Sunya, et la distribution aux amis et aux parents de cadeaux qui tinrent lieu d'annonce de fiançailles. La mère de Lifou, bien entendu, reçut aussi sa part de cadeaux ; elle vint avec son fils présenter leurs remerciements et faire une visite, comme la politesse l'exigeait, et aussi voir les jeunes filles avant leur départ pour l'école.

Ce ne fut que lorsque l'on annonça que Lifou était là avec sa mère que Moulane comprit à quel point elle tenait à lui. Après avoir causé avec Mme Yao, Mme Koung et son fils vinrent féliciter Moulane.

— *Lanmei,* toutes mes félicitations, dit Lifou après sa mère, en souriant.

— Merci, frère Lifou, dit Moulane.

Elle souriait aussi mais elle crut que son sourire l'étoufferait.

Elle regarda Lifou droit dans les yeux mais quand elle dit : « frère Lifou », sa voix vacilla. C'était un regard si vaillant que le jeune homme crut avoir reçu un coup de feu invisible ; un regard qui transportait un message au-delà des paroles, quelque chose d'infiniment confiant, de doux et de tendre. Jamais jusque-là une jolie fille ne lui avait adressé un pareil sourire.

Ensuite Moulane fut de nouveau vive et inexplicablement heureuse en présence de Lifou. Le vin de l'amour, une fois de plus, la libéra ; elle fut gaie, accueillante et plus causante que de coutume.

A cette époque-là, nulle jeune fille bien élevée n'aurait pour rien au monde avoué qu'elle était éprise, ou permis à qui que ce soit de l'affirmer car c'eût été pour elle quasiment un déshonneur. Pourtant, lorsque Lifou s'en alla, Moulane eut l'étrange sentiment qu'une autre demi-journée de bonheur était passée et désira ardemment qu'il y en eût d'autres. Elle partit pour l'école avec un cœur déchiré et partagé. Quand il pleuvait et que le ciel était gris, elle ressentait des scrupules en songeant à Lifou ; et quand le soleil brillait, elle pensait avec calme à Sunya. Elle aurait bien voulu emporter la photographie faite par son frère dans le Parc des Chasses, cet instantané où elle se trouvait à côté de Lifou et avait ce geste de la main à demi levée et ce sourire triste ; mais elle n'eut pas le courage de le faire.

*

A Hongkong, Tijen avait reçu les lettres d'Ecran d'Argent. Furieux contre sa mère, il envoya cent dollars à la jeune fille ; ce qui convainquit la logeuse que l'histoire d'Ecran d'Argent était vraie et valut à celle-ci de la considération. Dans sa lettre, il lui demanda de l'attendre mais de ne pas risquer de révéler aux Yao où elle était. Son premier mouvement avait été de rentrer par le prochain bateau et de s'expliquer avec sa mère ; à la réflexion, il eut peur de ce qu'il avait fait. Après tout, son père avait autant le droit d'être mécontent de lui, que lui-même l'était de sa mère. Aussi ne bougea-t-il pas de Hongkong et s'inscrivit dans un collège. A Pékin sa conduite n'avait pas été sans reproches mais il n'en avait jamais fréquenté les boîtes de nuit. Désormais, tant qu'il eut de l'argent, il mena une vie de débauches. Mais, tout en se dévergondant avec des femmes, il n'entendait pas pour cela renoncer à Ecran d'Argent et il savait que sous peu il lui faudrait revenir.

Entre-temps, son père, qui avait reçu un rapport sur la conduite de son fils, attendait, sachant que bientôt Tijen serait à court d'argent. De peur que le montant du billet non employé ne tombât entre les mains de son fils, il avait écrit à la compagnie de navigation pour qu'elle le lui remboursât directement.

L'oncle Feng avait maintenant reçu une lettre de Hangtchéou. Elle était signée de l'oncle d'Ecran d'Argent, non de sa tante, et portait son sceau. Les instructions qui y étaient contenues étaient bien celles que l'on souhaitait mais le directeur de la firme de thés avait joint une lettre séparée, pour expliquer que l'oncle d'Ecran d'Argent avait demandé cent dollars au lieu de cinquante, et que cette somme lui avait été payée. Ecran d'Argent étant partie, l'oncle Feng ne jugea pas qu'il y eût lieu de s'inquiéter et se borna à garder la lettre. Il ne jugea pas non plus nécessaire de faire savoir à la famille d'Ecran d'Argent que la servante s'était sauvée. Quant à Tijen, il écrivait à sa famille comme s'il ignorait tout de la disparition d'Ecran d'Argent, tant que sa mère n'aurait pas jugé bon de l'en informer.

CHAPITRE XVIII

L'argent de Tijen fila plus vite qu'il ne l'avait pensé. Comment, il n'y comprenait rien, quoiqu'il se souvînt qu'il avait prêté plusieurs centaines de dollars à deux amis, qui ensuite disparurent.

Vers la fin de novembre, son père reçut de lui une lettre qui demandait de l'argent. M. Yao répondit péremptoirement qu'il fallait que son fils revînt, sinon il lui couperait les vivres.

Aussi, un jour, pendant les vacances du solstice d'hiver, alors que Moulane et Mocho étaient à la maison, Tijen arriva. Il avait grandement changé. Maigre, pâle, les yeux creux, les pommettes saillantes, les cheveux trop longs, il s'était laissé pousser une mince moustache et portait des lunettes noires. En outre, lorsqu'il arriva, il avait exactement treize *cents* dans sa poche.

Sa mère fut à la fois bouleversée et ravie :

— Mon pauvre petit, comme tu as dû souffrir ! Il n'y avait personne pour s'occuper de toi dans cette ville étrangère. Je n'ai jamais admis qu'à ton âge on t'envoyât si loin.

Elle lui commanda aussitôt un potage aux nouilles. Quand il fut servi, Corail dit à Tijen :

— Maintenant, il faut que tu manges. Trois ou quatre poulets au moins ont été employés pour préparer ce potage. Il y a trois jours, Mère a demandé qu'on tue un poulet, et tu n'es pas venu. Chaque jour on tuait un nouveau poulet, et nous les avons tous fait cuire pour te faire ce bol de potage. Si tes yeux ne s'illuminent pas après l'avoir goûté, ces poulets ont péri d'une mort injuste.

Pendant que Tijen, entouré de toutes les femmes de la famille, des servantes et des domestiques, avalait son potage, son père entra en coup de vent dans la pièce et Tijen aussitôt se leva. Moulane vit que son père avait les yeux hors de la tête et crut qu'il allait sur-le-champ gifler son fils. Mais M. Yao se contenta de grogner et sortit. Toute la journée, il évita son fils. Il n'apparut même pas au déjeuner, probablement pour laisser à sa femme, à ses filles et à son fils un moment de répit. Après le déjeuner, quand Brocart donna à Tijen une serviette chaude, celui-ci lui demanda négligemment :

— Où est Ecran d'Argent ? Comment a-t-elle disparu ?

— Nous ne savons, Jeune Maître. Une nuit, elle a disparu ; oui, elle a disparu comme ça, répondit Brocart d'une voix sonore, tout en mordant sa lèvre et en regardant Tijen et sa maîtresse avec inquiétude.

— Ta chienne a disparu avec elle, dit Afei.

— Ainsi, après tout, la chienne a été la plus fidèle, jeta Tijen sans réfléchir et plus brusquement qu'il ne l'aurait voulu.

— Est-ce que tu fais l'éloge de ta chienne, ou est-ce que tu condamnes des êtres humains ? demanda Mocho.

— Ma chère sœur, tu es toujours la même, dit Tijen. Je n'ai fait que poser une question. Mais puisque la chienne était avec Ecran d'Argent, est-ce qu'il n'aurait pas été facile de la retrouver ? Est-ce que vous avez essayé de la retrouver ? Même si vous ne teniez pas à

Ecran d'Argent, vous auriez pu tenir à retrouver ma chienne. A peine ai-je eu le dos tourné, qu'on les a mis, Ecran d'Argent et ma chienne, à la porte de la maison.

— Mon fils, dit Mme Yao, tu te trompes. Personne n'a mis cette servante à la porte. Elle s'est enfuie de son plein gré.

— Elle a bien dû avoir une raison pour se sauver, insista-t-il.

— Eh bien, dit Mme Yao, ton oncle est revenu à la fin de juillet, peu de temps après ton départ, et il rapporta un message de la tante d'Ecran d'Argent, disant qu'elle devait être mariée à Pékin...

— Avez-vous essayé de la marier ? Vous m'aviez pourtant promis...

— C'est la famille de cette fille qui le voulait. Tu ne comprends pas. Tu partais pour plusieurs années ; leur nièce était en âge de se marier et son contrat avec nous était terminé. Comment aurions-nous pu les empêcher de vouloir la marier ? La lettre de sa tante était là.

— La lettre de son oncle, rectifia Mme Feng.

Celle-ci n'ouvrait pas souvent la bouche. La situation de son mari dépendant entièrement des Yao, elle se tenait vis-à-vis de sa belle-sœur dans une position très effacée. Mme Yao lui jeta un regard et dit :

— Ta tante a raison. La tante d'Ecran d'Argent avait mis ton oncle au courant avant qu'il partît mais Ecran d'Argent a exigé un mot d'écrit, et son oncle a alors envoyé une lettre.

— Non, Mère, la lettre était de sa tante, pas de son oncle, dit Afei qui avait entendu parler de la prétendue lettre de la tante, mais pas de celle de l'oncle qui arriva ensuite.

Brocart dissimula un sourire, et les sœurs, qui, elles non plus, n'avaient pas été mises au courant de la lettre de l'oncle, se regardèrent avec surprise. Tijen, lui, remarqua l'embarras général.

— Toi, gamin, qu'est-ce que tu en sais ? demanda Mme Yao, grondant Afei. La lettre de l'oncle est toujours ici, si tu ne me crois pas. L'avez-vous ? demanda-t-elle à Mme Feng.

— Non, mon mari l'a gardée au magasin, dit Mme Feng.

— Je lui demanderai de te la montrer, dit Mme Yao. Mais ce qui est passé est passé. Nous ne savons pas où est maintenant Ecran d'Argent. Ne perds pas ton temps à penser à tout cela.

— Je ne crois pas que vous auriez une pensée pour elle si elle mourait, dit Tijen dont l'irritation croissait.

— Tu perds la tête, mon fils, répondit sa mère. Elle s'est sauvée et, même si elle meurt de faim, ce sera sa faute. Nous avons essayé de lui faire trouver un bon mari. Brume bleue proposa un honorable commerçant. Ta mère n'a pas mal agi.

— Vous l'avez chassée, je le sais ! s'écria Tijen, furieux. Vous avez essayé de la marier, alors que vous m'aviez promis le contraire ; et vous n'avez pas tenu compte de votre promesse. Est-ce que ce n'est pas vrai ?

Mme Yao se mit à pleurer et gémit :

— Il est bien difficile d'être une mère...

Tijen ne ressentait aucune honte de ses paroles, mais ses sœurs étaient honteuses pour lui. Elles s'approchèrent de leur mère et s'efforcèrent de la consoler. Encens apporta une serviette chaude à sa maîtresse, et Moulane dit :

— Mon frère, je pense qu'en voilà assez. Tu as voulu partir pour l'Angleterre et après tu ne l'as plus voulu. Tu voulais être absent pendant des années ; comment aurais-tu espéré en même temps arrêter l'existence des autres ? Mère ne faisait rien de mal en mariant Ecran d'Argent, une fois que son contrat était terminé. Et voilà que, le jour même de ton arrivée, tu fais pleurer ta mère. Est-ce qu'il n'y aura jamais de paix dans cette famille ?

— Naturellement ! Vous êtes tous sans reproche et il n'y a que moi qui sois le mauvais fils de la famille, lança Tijen. Si vous ne me permettez pas de poser des questions, je m'en irai et je vous laisserai en paix.

— Rien qu'à cause de cette esclave, dit Mme Yao à travers ses larmes, il n'y a pas eu de paix dans cette maison. Je ne comprends pas ce que tu vois en elle. Quand tu seras plus grand, mon fils, une famille comme la nôtre te trouvera dix esclaves qui la vaudront, si tel est ton désir. Maintenant tu es fatigué ; va te reposer.

Mais Moulane était fort mécontente que sa mère fût si faible avec son fils.

*

L'heure du dîner venue, M. Yao se mit à table avec une mine qui terrifia tout le monde, surtout Mme Feng et Jade rouge, qui n'avaient jamais vu une pareille expression sur son visage. Bien que court de taille, le vieillard avait une grosse tête, des yeux pénétrants et énergiques. Ses tempes grisonnaient et, quand il était en colère, il pouvait faire une forte impression. Tijen, qui sentait que le moment de rendre ses comptes approchait, mangeait son riz sans faire de bruit. Dans cette maison chinoise, il était d'un ridicule achevé, avec son complet étranger, sa petite moustache et ses lunettes noires. Pareil à un monstre qu'on eût importé, il n'était plus un fils et n'était plus un Chinois. Ses sœurs aussi mangeaient sans souffler mot, et il y avait des moments de silence tendu. Corail essaya d'animer la conversation en demandant à Tijen pourquoi il était arrivé deux jours plus tard qu'on ne le pensait ; il répondit d'une voix extraordinairement rauque et virile que la traversée avait été mauvaise. En entendant la voix de son fils, M. Yao fronça les sourcils.

— Pourquoi es-tu revenu ? grommela-t-il.

— C'est vous qui me l'avez demandé, Père, répondit le fils.

— Pas d'insolences ! Est-ce que tu t'es imaginé que je t'avais fourni des fonds pour que tu ailles courir les femmes dans le Sud ? Quel *niehchang* tu es !

Durant les derniers mois, M. Yao avait modifié l'épithète dont il qualifiait son fils. Au lieu de *niehchoung* (graine de péché), il le traitait de *niehchang,* c'est-à-dire un désastre prédéterminé qui survient dans votre existence et qui est provoqué par un péché antérieur. Cela signifiait le prix du péché, la pierre sur laquelle s'achoppe une vie jusque-là paisible, l'inévitable piège placé par le démon ; de là la variante *mochang,* qui veut dire littéralement « la pierre d'achoppement du diable ».

— Il vient d'arriver, dit Mme Yao. Laisse-lui tout de même un peu de dignité ; au moins devant les domestiques.

— Comment ? De la dignité ? rugit M. Yao. Est-ce qu'il lui reste le moindre petit morceau de dignité ? Mérite-t-il encore d'être considéré comme un homme ? Pourquoi n'est-il parti pour l'étranger que pour nous en ramener ces horreurs ? Retire ces lunettes et passe-les-moi !

M. Yao brisa les lunettes dans sa main puissante, jusqu'à ce qu'elles ne fussent plus qu'un peu de métal tordu et de verre brisé. Entaillés par les éclats de verre, ses doigts saignaient ; mais il refusa qu'on s'en occupât.

Repoussant son bol et son assiette de sa main ensanglantée, il recula sa chaise, se dressa debout et se mit à arpenter la salle. Personne n'osait plus manger ; le visage et la barbe souillés de sang, il épouvantait.

— Mon frère ! gémit Afei.

— Tais-toi ! dit M. Yao. Ce n'est pas là ton frère mais « la pierre d'achoppement du diable » ! Qu'il soit pour toi un avertissement ! Si devenu grand tu es pareil à lui, la famille Yao sera perdue !

Moulane, qui s'était assise près du petit Afei, le fit taire, tandis que Mme Feng tenait la main de Jade rouge dans la sienne et du regard lui enjoignait de ne pas bouger.

Le vieil homme se tourna brusquement vers son fils aîné :

— Je ne vais pas te fouetter et je ne vais pas te demander des comptes, comment tu as fait pour dépenser douze cents dollars en trois mois. Mais j'en ai fini avec toi. Tu feras bien de prendre toi-même une décision sur ce que tu vas faire.

Tijen s'était levé et se tenait droit et immobile ; M. Feng avait également quitté sa chaise. D'une voix repentante, Tijen déclara :

— Mon père, je me suis mal conduit ; mais maintenant je vais travailler.

— Travailler ? ricana M. Yao. Tu as eu ta chance et maintenant tu ne l'auras plus. Sais-tu ce qu'il te faut ? Avoir faim ; ce sera pour toi ce qu'il y a de mieux. Quand tu sauras ce que c'est que d'être affamé, tu apprécieras mieux où tu te trouves.

Mocho ne put s'empêcher de se souvenir de la citation de Mencius et regarda son frère. Avec sa figure amaigrie, il avait vraiment l'air de ne pas avoir été nourri.

— Enfermez-le dans mon bureau et que, pendant un jour entier, personne ne lui porte à manger.

Tijen était partagé entre la révolte et la peur.

Ce fut M. Feng qui parla pour lui, sur un ton posé d'homme d'affaires :

— Mon frère, laisse-moi dire un mot. Il va sans dire que mon neveu a tort. N'est-ce pas vrai ? Mais le riz est déjà cuit, et il ne sert de rien de revoir maintenant les vieux comptes. N'est-ce pas vrai ? Il va sans dire qu'il n'est pas question qu'il parte pour l'Angleterre. Mais entrer dans une Université d'ici n'est pas moins inutile. Tijen aura vingt ans au Nouvel An, et il faut qu'il apprenne les affaires ; n'es-tu pas de cet avis ? Si tu es d'accord, qu'il vienne au magasin, qu'il soit mis au courant des affaires et aide à écrire des lettres.

Corail se leva également ;

— Père, le riz refroidit. Vous devriez manger un peu. Tout cela peut être discuté à loisir.

— Je n'ai pas faim ; et d'ailleurs pourquoi mangerais-je ? répliqua M. Yao. Enfermez-le demain.

Là-dessus, il sortit de la pièce. Les enfants se mirent à manger et les femmes avalèrent hâtivement ce qui était dans leurs bols. Ce fut un repas sinistre.

— Il faut maintenant que tu te corriges, frère, dit Mocho, car cela commence à dépasser les bornes. Au moins pourrais-tu conserver les apparences afin de satisfaire nos parents. Ils sont âgés et tu devrais te sentir honteux de leur causer tant de tourments. Après tout, tu es le fils aîné et la maison est à toi. Un homme qui vit dans le monde doit avoir de la dignité aux yeux des autres hommes. Si tu suis le conseil de l'oncle et t'appliques à t'initier aux affaires, Moulane et moi, nous pourrons aussi avoir quelque chose dont nous serons fières. Sinon, comment tout cela finira-t-il ?

— Tu répètes toujours la même chose, grommela Tijen.

— Si tu persistes à faire toujours les mêmes choses, dit Moulane, naturellement nous persisterons à dire toujours les mêmes choses.

Corail demanda à Brocart de réchauffer du riz, du potage et quelques autres plats pour M. Yao. Quand tout fut prêt, Corail proposa que, comme premier indice de repentir et comme acte naturel de piété filiale, Tijen allât lui-même porter à son père le plateau chargé de plats. Tijen refusa de mauvaise grâce. Pour finir, Moulane y alla avec Afei, sachant bien que l'enfant apaiserait la colère de M. Yao. La sœur et le frère épièrent à travers la fenêtre de derrière : M. Yao fumait sa pipe à eau et lisait le journal. Moulane confia le plateau à Afei et entra avec lui.

Surpris, le vieil homme leva les yeux ; et lorsqu'il reconnut sa fille et son petit garçon, son cœur fut ému.

— Seras-tu un fils attentionné ? demanda-t-il.

— Oui, répondit le petit.

— Alors, n'imite pas ton frère. Fais ce qu'il ne fait pas, et ne fais pas ce qu'il fait.

— Je m'occuperai de lui, Père, dit Moulane.

Elle découvrit un petit caillot de sang dans la barbe de son père, et elle envoya Afei chercher une serviette chaude pour le laver.

— Est-ce que vraiment vous allez enfermer mon frère demain ? demanda Moulane.

— Oui. Cela ne lui fera aucun mal et pourra lui donner une leçon. Il faut qu'il sache ce que c'est que la faim.

Le lendemain, Tijen fut bouclé dans le bureau de son père et M. Yao emporta la clef. Mais dans l'après-midi, quand le père fut parti, la mère vint parler à son fils à travers la cloison. Elle s'arrangea pour faire retirer un panneau et elle lui glissa des petits pains chauds farcis ; et hâtivement elle se sauva, en le suppliant de ne pas laisser traîner une miette.

*

M. Feng était l'homme d'affaires type. Sa situation dans la famille était unique et assurée, puisqu'il était le frère de Mme Yao et était en fait le directeur de la grosse entreprise que possédaient les Yao. Assez maigre, il avait un visage carré comme sa sœur. Toujours coiffé d'un « chapeau melon » surmonté d'un bouton rouge, il avait toujours avec lui une longue pipe à embouchure de jade. Il s'exprimait à la façon habituelle des marchands ; il émaillait sa conversation de soupirs et de grognements et, selon ce qu'exigeaient les circonstances, passait du chuchotement aux vociférations bruyantes. Il possédait toute une variété d'intonations : élevant la voix avec assurance et énergie lorsqu'il discutait un marché, l'adoucissant jusqu'à une affectueuse cordialité quand il le concluait, sachant paraître inébranlable quand il était prêt à lâcher pied et, au dernier moment, cédant brusquement avec un geste amical, comme s'il conférait une faveur. Il savait rabaisser et dénigrer ce qu'il avait envie d'acheter, et exalter ce qu'il voulait vendre. Tous ces arguments passionnés, ces répétitions qu'il lançait d'une voix forte et la face enflammée, ne signifiaient rien, sinon qu'il n'aimait pas le prix que vous proposiez ; et une concession de sa part était toujours communiquée par un murmure dans votre oreille, comme si c'eût été le secret diplomatique le plus important, et que vous fussiez son confident le plus intime.

Il avait fort bien géré cette grosse affaire et il jouissait de la confiance de sa sœur et de son beau-frère, comme vraisemblablement ne l'aurait pu un directeur qui n'aurait pas fait partie de la famille. M. Yao, qui était un homme très intelligent, avait dans la tête l'essentiel de ce que contenaient les rapports ; il était toujours consulté sur les décisions les plus importantes, dont il avait la responsabilité ; mais il abandonnait à M. Feng les petits détails, dont il ne fallait surtout pas l'entretenir. M. Feng touchait un salaire ridicule, soixante dollars par mois, mais ainsi qu'il en était de la plupart des autres employés, il recevait chaque année une gratification qui se montait à des milliers de dollars. Aussi avait-il fini par acquérir une fortune personnelle qui s'élevait à plusieurs dizaines de milliers de dollars.

Sa proposition de prendre Tijen dans l'affaire était sensée ; non pas parce que l'affaire avait besoin de lui mais parce qu'il fallait occuper ce garçon. C'était également sensé parce que l'oncle Feng pourrait causer avec son neveu et exercer sur lui une influence, ce que ne pouvait pas faire le père, qui était incapable de discuter avec son fils. Mais M. Feng savait très bien que, vraisemblablement, Tijen n'était pas disposé à se mettre sérieusement aux affaires.

Le jour suivant, donc, M. Feng pénétra dans le bureau où Tijen était toujours enfermé et lui annonça qu'il avait obtenu de son père la permission de le faire entrer dans le magasin. Il n'aurait rien de difficile à faire, rien qu'à surveiller le travail des employés et, aujourd'hui, c'était plutôt un prétexte pour le sortir de sa prison. Il fut convenu qu'il déjeunerait au magasin, ainsi que faisait toujours son oncle. Lorsqu'ils furent au magasin, M. Feng lui montra la lettre de l'oncle d'Ecran d'Argent, avec sa signature et son sceau, qu'il avait conservée sous clef dans son secrétaire.

Après le déjeuner, Tijen allégua qu'il voulait rendre visite à un ami avec qui il s'était lié pendant le voyage, et il alla voir Ecran d'Argent. Il avait son adresse, et pendant qu'il était à la recherche de la maison, l'émotion faisait battre son cœur. C'était une petite maison de terre battue et la porte était de bois brut. Une vieille femme vint lui ouvrir. Il entendit sa chienne qui aboyait avec frénésie et il sut qu'il avait atteint son but.

— Est-ce que vous n'êtes pas Yao *Chaoyeh* ? demanda la vieille.

Tijen trouva bizarre, lorsqu'il entra, qu'Ecran d'Argent ne se précipitât pas à sa rencontre. La chienne bondit vers lui, tourna autour de lui, bondit de nouveau, debout sur ses pattes de derrière et plaçant ses pattes de devant sur les épaules du jeune homme. Tijen, impatient de voir Ecran d'Argent, écarta l'animal qui, avec une intelligence presque humaine, le conduisit à la chambre de la jeune fille. Mais la porte était fermée ; la chienne s'assit sur le seuil et se mit à aboyer. La vieille conduisit Tijen à la chambre principale ; une femme mince, dans la trentaine, se tenait à la porte de la salle. Tijen remarqua tout de suite qu'elle avait de fort beaux yeux et que ses sourcils étaient épilés.

— Entrez, dit la femme, avec un sourire que gâtaient ses dents noires.

Il entra dans la salle, qui était à peu près démeublée. Ecran d'Argent n'était pas là.

— Je m'appelle Yao, dit-il.

— Mais voyons, je le sais ! Votre jeune maîtresse vous a attendu pendant des jours et des jours.

Elle dit à la servante de demander à Ecran d'Argent de venir. La vieille répondit qu'Ecran d'Argent n'était pas bien, que sa porte était fermée à l'intérieur et qu'elle ne voulait pas l'ouvrir. Tijen voulut se précipiter mais la logeuse lui dit en souriant :

— Elle doit être fâchée, je pense. Vous ne savez pas avec quelle inquiétude elle vous attendait, depuis trois ou quatre jours. Elle ne mangeait plus et était tout le temps à la porte, à vous guetter. Elle a même fait sortir la chienne pour voir si elle parviendrait à vous trouver.

— C'est étrange… dit Tijen.

Il alla à la porte d'Ecran d'Argent et frappa, en disant :

— Ecran d'Argent, qu'est-ce qu'il y a ? Je suis de retour.

Pas de réponse.

— Ecran d'Argent, ouvrez la porte ! cria Mme Houa. Votre jeune maître est là. Comment se fait-il que vous refusiez de le voir ?

De l'intérieur, la voix d'Ecran d'Argent se fit entendre :

— Pourquoi me verriez-vous, Tijen ? Retournez chez vous et oubliez-moi. Peu vous importe que je sois morte ou bien vivante.

D'après la lettre qu'Ecran d'Argent avait reçue de Tijen, il aurait dû arriver quatre jours plus tôt. Mais il s'était attardé à Tientsin pour s'y accorder une dernière nuit de débauche et y dépenser son dernier dollar. Ecran d'Argent, qui comptait le voir surgir d'un instant à l'autre, s'était maquillée et poudrée dans cette intention. A mesure que les jours passaient et qu'elle devait attendre et attendre, elle finit par s'irriter, croyant qu'il se désintéressait d'elle. Mme Houa lui apprit alors que, lorsqu'il arriverait, elle devrait faire semblant de refuser de le voir, tandis que la logeuse lui raconterait à quel point la jeune fille avait pensé à lui et combien elle lui avait été fidèle ; tout cela afin de l'attendrir, et Mme Houa s'arrangerait pour qu'il ne partît pas sans voir sa bien-aimée. Aussi, lorsque Ecran d'Argent entendit aboyer la chienne, elle verrouilla la porte, enleva sa jaquette et se glissa dans son lit, d'où elle bondit pour se refaire une beauté.

Tijen regarda Mme Houa en fronçant le sourcil, mais elle lui répondit par un sourire.

— Ah ! ces querelles d'amoureux ! Vous feriez mieux de lui demander pardon, car elle vous a attendu pendant quatre jours, et vous n'êtes pas venu.

— Tout cela est très injuste, dit Tijen.

Et il cria :

— Ecran d'Argent ! Ecoutez-moi. Je ne suis arrivé qu'avant-hier et je n'ai pu venir plus tôt parce que mon père m'avait enfermé. Je vous expliquerai tout.

Lorsqu'elle entendit cela, Ecran d'Argent se sentit tout émue. Elle se leva, poussa le verrou et laissa entrer Tijen. Il entendit le petit rire de la jeune fille et vit la porte s'ouvrir. Il se rua dans la chambre, étreignit Ecran d'Argent, et la chienne bondit derrière lui.

— Tout va très bien, maintenant, tout va très bien, dit Mme Houa en s'éloignant.

Tijen, qui avait lu *Le Rêve de la Chambre rouge,* dévora littéralement, comme Paoyou, le rouge dont Ecran d'Argent avait rehaussé ses lèvres.

— Doucement, doucement, maintenant... dit Ecran d'Argent, en le repoussant avec un rire heureux.

Elle cria à la servante de préparer le thé et fit entrer Tijen dans sa chambre.

Il vit alors une Ecran d'Argent qu'il ne connaissait pas. Elle portait un gilet blanc sous une veste de satin rouge, avec une ligne de boutons de soie très serrés et des pantalons de soie verte ; à ses pieds étaient des souliers brodés de satin. Ses mains étaient blanches et douces. A ses oreilles pendaient des anneaux de jade, et ses sourcils, comme ceux de la logeuse, étaient exquisement épilés. Devant chaque oreille était une longue boucle de cheveux, d'une régularité parfaite.

— Fermez la porte. Il fait froid, dit-elle.

Tijen vit que le lit était à demi ouvert.

— Vous dormiez ? demanda-t-il.

— Oui, car j'étais souffrante. J'ai failli mourir de vous avoir tant attendu.

Elle voulut mettre sa jaquette, mais Tijen remarqua que le petit poêle chauffait mal la chambre.

— Vous feriez mieux de vous fourrer au lit, sinon vous prendrez froid.

Elle s'assit dans le lit et s'enveloppa dans les couvertures ; mais sans pourtant cacher ses bras blancs et la veste rouge qui la moulait. Tijen s'installa sur le bord du lit et, tandis qu'il lui racontait ce qui s'était passé chez ses parents, il la contemplait avec admiration.

La vieille apporta le thé. Ecran d'Argent lui demanda de mettre quelques boulets dans le poêle ; et, lorsqu'elle fut repartie, la jeune fille dit à Tijen de fermer la porte à clef.

— Tout est en ordre, ici ?

— Tout est parfaitement en ordre. Ici, personne n'a le droit de se mêler de nos affaires.

Tijen se sentit heureux et fier à la pensée qu'il possédait une maîtresse.

— Nous sommes libres de faire ce que nous voulons, ici, dit-il. Ce n'est pas comme à la maison.

— Que pensez-vous de moi, maintenant ? demanda-t-elle.

— Vous êtes merveilleuse…

Désignant la chienne accroupie près du lit, elle dit :

— Je l'ai gardée et l'ai nourrie comme lorsque vous étiez là, et j'ai conservé votre natte. J'ai rempli ma tâche, n'est-ce pas ? Si je n'avais pas couru un risque et ne m'étais pas sauvée, je serais maintenant la femme d'un autre.

— Et moi, dit Tijen, je tiendrai mes promesses, moi aussi. Si je n'étais pas revenu au lieu d'aller en Angleterre, je vous aurais perdue.

— Je vous en remercie, dit-elle en l'attirant vers elle et en lui donnant un baiser.

Elle le tenait serré contre sa poitrine et caressait sa joue.

— Pourquoi êtes-vous si gentil et votre mère si méchante ? Chez vous, j'étais moins qu'un chien. Après votre départ, chaque fois que votre mère ouvrait la bouche, c'était pour me traiter de « petite garce ». Je voyais qu'il n'y avait rien à faire, mais je ne pouvais pas lui jeter en pleine figure qu'elle n'avait pas tenu la promesse qu'elle vous avait faite. Je ne sais combien de nuits je me suis endormie en pleurant car je croyais que lorsque vous reviendriez, ce serait trop tard. Brume bleue était en train d'arranger un mariage pour qu'on pût me flanquer dehors comme un seau d'ordures et on pensait que je ne me doutais de rien. La famille entière me cachait tout. J'ai voulu gagner du temps et j'ai réclamé une lettre de ma tante, car je n'avais pas confiance en eux. Et puis, la lettre de ma tante est arrivée ; je me suis dit qu'il fallait m'enfuir, sinon j'aurais été prise à leur piège et j'aurais été mariée sans rien savoir. Je ne crois même pas que la lettre de ma tante fût véritable, parce que j'ai calculé qu'elle n'aurait pas pu arriver si vite.

— Comment ? s'écria vivement Tijen. Etait-ce une lettre de votre tante, ou une lettre de votre oncle ?

— On m'a montré une lettre qu'on m'a dit être de ma tante. Je ne sais pas lire. Que pouvais-je donc faire sinon faire semblant de le croire ? Je l'ai conservée. Ouvrez ce paquet et je vous la montrerai.

Tijen apporta le paquet qui se trouvait au pied du lit et Ecran d'Argent en tira la lettre de sa tante.

— Les misérables ! s'écria Tijen, stupéfait. Jamais je n'aurais pensé que ma mère ferait une chose pareille ! Mais ce matin même, j'ai vu de mes yeux la lettre de votre oncle…

Ecran d'Argent n'avait jamais entendu parler de la lettre de son oncle et ce fut son tour d'être surprise.

— Eh bien, voilà ce que votre brave femme de mère a comploté contre moi, dit-elle. Voilà ce que l'on fabriquait derrière mon dos. Je m'en suis bien doutée, mais qu'est-ce qu'une esclave pouvait faire, sinon prétendre d'être sourde et muette et laisser les gens agir à leur guise ?

— Il faut que je parle à mon oncle de tout cela.

— Non, il ne faut pas. On saurait que je suis ici. Toutes ces choses sont passées, et je suis libre. Du moment que je vous ai à moi, que m'importe le reste ?

— Oui, mais chaque fois que je pense à ce qu'ils vous ont fait, ça me met en rage.

Mais Ecran d'Argent continua à le couvrir de caresses et de baisers. Ils demeurèrent ainsi pendant la plus grande partie de l'après-midi, jusqu'à ce que le bref jour d'hiver tirât à sa fin. Ecran d'Argent lui demanda de rester à dîner mais il refusa, alléguant que c'était sa première journée au magasin et qu'il fallait qu'il y retournât avant de rentrer à la maison avec son oncle.

Néanmoins, Mme Houa, la logeuse, qui était prévoyante, avait préparé quatre plats : une blanquette de poulet, du poisson fumé et sucré à sec à la mode de

Changhaï, des « oreilles de mer » hachées à la vapeur, des gésiers de poulet bouillis dans une sauce au soja à la mode de Ningpo, mets dont Tijen, comme le savait Ecran d'Argent, raffolait. On le pria de boire au moins quelque chose. Du vin chaud fut servi et tous trois fêtèrent ainsi son retour. Tijen commençait à apprécier Mme Houa et lui faisait des compliments. Il tira vingt-cinq dollars de sa poche et les donna à Ecran d'Argent, la priant de s'acheter un autre couvre-pieds piqué, un dessus-de-lit et quelques autres choses pour sa chambre. Il voulait aussi donner cinq dollars à la vieille servante, mais Ecran d'Argent lui dit :

— Il ne faut pas gaspiller votre argent ainsi. Donnez-lui un dollar ; elle sera ravie. C'est comme si nous fondions un foyer, maintenant, et il nous faut être économes.

Elle appela la vieille et, tenant un billet d'un dollar dans sa main, elle lui dit avec fierté :

— Voici un dollar pour vous, de la part de Yao *Chaoyeh*. Dépêchez-vous de le remercier, et soignez-le bien la prochaine fois qu'il viendra.

La vieille prit le billet, esquissa une révérence et, toute rayonnante de sourires, dit :

— Ne vous inquiétez pas. J'ai beau ne plus y voir très bien, vu mon âge, je sais encore distinguer le fils d'un monsieur d'un pauvre diable qui rôde par les rues. Quand la jeune maîtresse m'a parlé de vous, je me suis imaginé comment vous étiez ; et maintenant que je vous ai vu, je sais que ce qu'elle m'a dit était vrai. J'ignore quels mérites elle a pu acquérir dans une autre vie, pour avoir rencontré quelqu'un comme vous.

Lorsque Tijen partit, il eut grand'peine à empêcher la chienne de le suivre. Ecran d'Argent l'accompagna jusqu'à la porte et lui murmura à l'oreille qu'il fallait que la prochaine fois qu'il viendrait, il apportât un cadeau pour la logeuse. Il s'en alla le cœur plein d'enthousiasme et de bonheur, certain d'avoir découvert une vie nouvelle et fier de posséder un secret si délicieux.

CHAPITRE XIX

Après les brèves vacances du solstice d'hiver, Moulane et sa sœur partirent de nouveau pour l'école et ne revinrent que pour le Nouvel An, qui, selon la computation occidentale, tombait un mois plus tard, en février. Elles ne racontèrent à aucune de leurs camarades ce qui leur était arrivé à la maison durant ces courtes vacances mais il était manifeste que pour toutes ces jeunes personnes, les choses intéressantes et importantes survenaient ailleurs qu'à l'école.

A leur retour pour les longues vacances du Nouvel An, elles amenèrent avec elles une camarade de classe, leur nouvelle amie ; elle s'appelait Soutane et ses parents habitaient Changhaï. C'était une fille d'une pâleur de mort, émotive, vibrante ; bien que sa mère, Mme Chien, fût chrétienne, elle était très ferrée sur tout ce qui concernait la Chine. Moulane apprit que Soutane, totalement différente de son frère et de sa sœur, était considérée dans sa famille comme une sorte de révoltée et qu'elle avait décidé d'entrer dans une école du gouvernement contre le gré de sa mère. Elle avait une écriture exceptionnellement belle et avait lu beaucoup de romans anciens. Fort spirituelle, elle pouvait chanter des airs d'opéra comme Moulane et, quand elle était assise, trémoussait des genoux comme les hommes. A l'école, les jeunes filles n'avaient pas d'instrument à cordes mais lorsqu'elles fredonnaient des airs dans leur dortoir, Soutane tapait du doigt sur son genou pour marquer la mesure et chantonnait à mi-voix les motifs orchestraux qui accompagnaient la mélodie. Sous son influence, Moulane dévora tant de romans anciens, que ces livres mal imprimés lui abîmèrent la vue. Plus tard, elle devint un peu myope mais elle refusa toujours de porter des lunettes. Sa myopie était si faible qu'on ne la soupçonnait pas tant qu'elle n'en parlait pas ; mais cela donnait à ses yeux, lorsqu'elle regardait au loin, une expression étrange et rêveuse. Soutane lui donna aussi quelques idées de la religion et des pratiques chrétiennes, idées à la fois favorables et défavorables. L'influence du christianisme se révélait chez Soutane au fait qu'elle était pour le « mariage libre », ce qui alors en Chine signifiait le mariage où le jeune homme, ou la jeune fille, avait la liberté de choisir son partenaire. Soutane approuvait tout ce qui existait en Chine, sauf la conception qu'on s'y faisait de la femme et du mariage. Ce qui, tout en semblant une contradiction, n'en était pas une ; car il était évident que la jeune fille appartenait au type de femme qui a des aventures amoureuses, qu'il s'agisse de la Chine ancienne ou de la Chine moderne. Elle n'adoptait des idées occidentales que celles qui lui plaisaient ou qu'elle croyait justes.

Lorsque le Nouvel An arriva et que Moulane apprit que Soutane serait forcée de rester à l'école, du fait que ses parents habitaient dans le Sud, elle l'invita à venir passer les vacances chez elle à Pékin.

Les deux sœurs furent heureuses de constater que Tijen s'était assagi et que leur père n'était plus fâché. Tijen se rendait chaque jour au magasin avec son oncle ; et, satisfait de paraître occupé et d'avoir toute liberté de voir Ecran d'Argent, il ne souleva pas la question de la fausse lettre. Son oncle ne l'empêchait pas de quitter le bureau durant l'après-midi « pour voir des amis », et s'il rentrait tard ou sortait le soir, qu'il fût invité à dîner ou qu'il allât au théâtre comme il le racontait à sa mère, il était maintenant en âge d'être libre. Même son oncle ne soupçonnait pas qu'il était resté en relation avec l'esclave. Il réclamait bien de l'argent de temps en temps, une vingtaine ou une trentaine de dollars, mais M. Feng ne voyait là rien de surprenant.

Car Tijen était loin d'être un imbécile. Ecran d'Argent avait commencé à lui demander de l'argent, en alléguant un motif très sensé : que si elle ne mettait pas de côté, elle se trouverait sans le sou le jour où M. Yao découvrirait quelque chose, ou le jour où, de quelque façon, ses affaires se gâteraient. Mais Tijen savait que le Nouvel An était l'époque où l'on bouclait les comptes ; il ne voulait ni effaroucher son oncle, ni risquer que ses dépenses parvinssent aux oreilles de son père. Il jugea qu'il valait mieux attendre que le Nouvel An fût passé avant de se créer des ennuis. Aussi, pendant les vacances du Nouvel An tout au moins, la paix et le bonheur régnèrent dans la famille Yao.

La félicité de Tijen était complète. Si Ecran d'Argent n'avait pas existé, il aurait certainement déniché d'autres femmes dans le district au-delà de Chienmen. Si Ecran d'Argent était restée dans la famille Yao, il n'aurait pas pu jouir d'une liberté aussi entière. Il avait non seulement trouvé maintenant Ecran d'Argent libre, dans une installation séparée, mais il avait aussi découvert que pendant son absence, elle s'était transformée en une femme développée, bien habillée et experte dans l'art de plaire aux hommes. Mme Houa et Ecran d'Argent constatèrent combien il était chez elles heureux et à son aise, et elles firent de leur mieux pour qu'il fût satisfait. Ses vingt-cinq dollars furent aussitôt dépensés pour l'embellissement de la chambre ; et lorsque Tijen signala qu'une peinture suspendue au mur était épouvantable, elle fut décrochée le lendemain et remplacée par un tableau de femmes nues dans un cadre d'acajou, de provenance occidentale. Il y eut des miroirs neufs, des cuvettes neuves, des chaises neuves, et lorsque Tijen arrivait, il était traité en seigneur et maître. Là, personne ne le grondait, personne ne le contrecarrait et il avait tout le temps la surprise de quelque plat nouveau, dont Ecran d'Argent savait qu'il raffolait. La logeuse parlait de céder la grande chambre à coucher à Ecran d'Argent, et de s'installer dans la chambre à l'orient. Tijen promit aux deux femmes de meubler la pièce avec raffinement mais les avertit qu'il devait patienter jusqu'après le Nouvel An. En attendant, il répartit ses visites si adroitement, qu'il ne s'absentait de chez lui qu'un soir par semaine ; et il s'arrangeait, pour ce soir-là, à donner de bons prétextes à sa famille.

*

Les deux sœurs avaient secrètement regretté de ne pas avoir rencontré Lifou durant leurs vacances du solstice d'hiver. Cela avait été purement accidentel car Lifou et sa sœur rendaient souvent visite aux Yao. M. Yao trouvait que la maison était bien vide quand ses filles n'y étaient pas et, lorsque Lifou venait, il causait volontiers avec lui et l'encourageait à revenir. Une sorte d'amitié naquit entre le vieil homme et le jeune garçon ; Lifou, habitué à la conversation de M. Fou, trouvait facile de discuter avec M. Yao de la politique et de la littérature contemporaines. Chose étrange à dire, l'homme âgé avait des idées plus avancées que le jeune homme. M. Yao avait récemment fait installer un appareil à douches dans sa chambre et il avait ajouté la douche matinale à ses exercices nocturnes de respiration et au reste de son régime. Il allait parfois à l'*Hôtel de Pékin* pour y manger un repas à l'occidentale. En un temps où très peu de gens y songeaient, il insistait pour que la Chine adoptât une écriture alphabétique. En tant que critique de la littérature, il était sévère. Lifou en était arrivé à ce stade où il était épris du style décoratif et bien balancé des Six Dynasties[47] ; mais M. Yao lui affirmait, avec une pointe de mépris, que ce style, qui n'était que décoratif, était mort, inutile, un ramassis de sons et de phrases. « Lisez Fang Pao[48], Liou Takouei et l'Ecole de Toungcheng, disait le vieil homme. Et lisez aussi les philosophes. » Le philosophe préféré de M. Yao était le brillant taoïste Chouangtseu, et c'est à son influence qu'il faut attribuer le développement intellectuel de Lifou après qu'il eut lu cet écrivain. Cela le rendit révolutionnaire, surtout en ce qui concernait le passé. Au début, parfois, Chouangtseu et le taoïsme étaient trop difficiles et trop abstraits pour sa jeune intelligence ; il n'était plus sensible qu'à l'éclat du style de cet auteur et à l'originalité de ses images. Son humour et son scepticisme destructeur, qui semblaient renverser le monde sens dessus dessous, le captivaient.

Mais l'influence de M. Yao eut aussi des résultats positifs. Les yeux du vieil homme étincelaient lorsqu'il parlait de l'Occident et de l'immense savoir qu'il détenait. M. Yao était incapable de lire un mot en anglais, et pourtant il était au courant de bien des choses qui venaient d'Occident. Son enthousiasme pour la science était sans limites. Il discourait des sciences « du Son, de la Lumière, du Changement (la chimie) et de l'Electricité » et mit Lifou en garde contre l'histoire. « Etudiez les choses elles-mêmes et non ce que les gens en disent », répétait-il.

Le taoïsme et la science étaient les deux sujets qui excitaient l'enthousiasme de M. Yao et, dans son esprit, ils arrivaient à parfaitement s'accorder. Peut-être était-ce compréhensible, parce que le taoïsme s'est intéressé à la nature, tandis que le confucianisme ne s'est préoccupé que des relations humaines dans la littérature et dans l'histoire. Chouangtseu, le grand taoïste, a ressenti la fascination de la nature, la procession infinie de ses saisons, ses lois de croissance et de déclin, la diversité de ses créatures, le mystère de l'infini et de l'infinitésimal. Son univers est un univers de changements, de flux, d'actions réciproques de forces en conflit, qui obéissent aux lois silencieuses d'un dieu impersonnel, anonyme et muet. Il n'aurait jamais dû recevoir de nom mais les taoïstes furent forcés de lui donner celui de « Tao », tout en répétant qu'il était innommé et innommable. Dans l'idée de M. Yao, puisque la science occidentale mettait à nu les mystères de la nature, Lifou, qui était un jeune homme, ne devait pas manquer l'occasion de se plonger dans les découvertes nouvelles.

— Pour nous, un son n'était qu'un son, et un rayon de lumière rien que de la lumière, disait-il à Lifou. Mais maintenant, ces « diables étrangers » en ont tiré une science et ont produit des gramophones, des appareils de photo et des téléphones. Apprenez ce qu'il y a de nouveau dans ce monde nouveau et oubliez l'histoire.

M. Yao allait bien plus loin, donc, que son ami, le vieux lettré M. Fou, n'aurait accepté d'aller. Lifou admirait que l'ardeur de la jeunesse subsistât chez ce vieil homme et il était bien plus impressionné que si un jeune étudiant, retour d'Angleterre ou d'Amérique, lui avait dit tout cela.

Mais Lifou aimait aussi les lettres. M. Yao l'influença également en lui prêtant les traductions de romans occidentaux faites par Lin Chinman[49]. Les traductions que Lin avait données de Conan Doyle exerçaient sur Lifou une sorte de fascination et lui donnèrent son premier et sincère enthousiasme pour l'Occident. Lin était un vieux lettré de Foutchéou qui ne savait pas l'anglais ; il ne venait à bout de son travail qu'en se faisant traduire les phrases oralement par un étudiant revenu d'Angleterre. Il affirma le plus merveilleux talent en faisant ce qu'aucun écrivain n'avait fait avant lui : employer le style classique pour écrire de longs romans dans une langue qui était toujours facile à lire, et rendre pleine justice au contenu varié que réclame un roman ; telle fut la cause de sa popularité.

Dans un exemplaire de la traduction d'*Ivanhoé* par Lin, Lifou trouva des notes au crayon dues à Moulane, et ces commentaires en marge, à propos de Rébecca et de Rowena, étaient fort amusants. On voyait que les sympathies de Moulane allaient naturellement à Rébecca, et dans le passage où Ivanhoé demeure aveugle à l'amour que Rébecca a pour lui, elle avait écrit : *Houtou !* ou *Houtou ! houtou !* (Idiot ! Idiot !) Dans le chapitre où Rébecca raconte la bataille qui se livre autour du château, et où Ivanhoé blessé ne s'occupe que de la bataille et est totalement inconscient de l'intérêt que Rébecca lui porte, Moulane avait écrit : « Même le plus sage de tous est parfois le pire des idiots. » Ces notes, manifestement, remontaient à quelque temps ; Lifou aurait bien voulu savoir quand.

*

On était le 28 décembre. M. Yao avait invité à dîner Lifou, sa mère et sa sœur. C'était aussi l'anniversaire de la grand'mère Tseng. Chaque année il y avait un dîner en l'honneur de la grand'mère et d'habitude Moulane s'y rendait. Mais cette année-là, c'était différent ; car Moulane, étant sur le point d'entrer par son mariage dans la famille Tseng, était désireuse de ne pas assister à ce dîner. Aussi, le matin, elle demanda à Brocart de porter à la grand'mère, comme cadeau de fête, un panier de dattes et d'oranges du Foukien, et elle pria la servante de dire, au cas où on le lui demanderait, qu'elle ne viendrait pas.

Pendant que Brocart se préparait, Moulane entendit Tijen qui, de la chambre, appelait Laima, une servante d'âge mûr qu'on avait chargée de s'occuper de lui depuis qu'il était revenu à la maison. Habitué au service silencieux et attentif d'Ecran d'Argent, Tijen se sentait très privé par son absence ; et l'autre, qu'il trouvait stupide, ne le satisfaisait nullement. Alors que les services d'une jeune fille experte étaient un délice, ceux de cette créature étaient très prosaïques. Il se refusait à causer avec cette femme mûre et vulgaire comme il avait l'habitude de causer avec Ecran d'Argent. Il lui adressait tout le temps des reproches, peut-être parce qu'en fait elle ne savait pas où se trouvaient ses affaires et ne devançait pas ses désirs aussi bien qu'Ecran d'Argent, peut-être aussi parce qu'elle lui déplaisait. Mais, avec le retour de ses sœurs et de leur invitée Soutane, les servantes n'étaient pas assez nombreuses et, à cause de la veille du Nouvel An, tous les domestiques étaient très occupés. Laima aidait les cuisiniers à préparer les gâteaux du Nouvel An et estimait que le Jeune Maître pouvait se tirer d'affaire tout seul. En conséquence, ce matin-là, personne ne s'occupait de Tijen.

Lorsque Moulane entendit les appels de son frère, elle dit à Brocart d'aller vers lui. En arrivant dans sa chambre, Brocart le trouva en chemise, en caleçons courts et en pantoufles. Du seuil, elle lui dit que Laima avait à faire et lui demanda s'il désirait quelque chose.

— Je ne sais pas où elle a mis mes boutons de col, dit le Jeune Maître. Pouvez-vous me les chercher ?

Brocart, qui évitait Tijen autant que possible, ne savait comment s'en tirer car elle ne voulait ni entrer dans sa chambre ni se borner à s'en aller.

— Je ne sais pas où ils sont, répondit-elle.

— Regardez dans les tiroirs de cette armoire s'ils s'y trouvent.

Brocart entra, fouilla dans les tiroirs et ne put trouver les boutons. Elle sortit alors et revint pour dire que Laima n'y avait pas touché et ignorait où ils étaient. Tijen, qui enfilait ses chaussettes, lui dit :

— Cherchez-les. Ils doivent être dans la pièce.

Elle se mit à fureter dans toute la chambre, pendant que Tijen grognait, se plaignant qu'il y eût un trou dans sa chaussette, et jurant contre cette « idiote de servante » qui avait remis ses chaussettes en place sans les raccommoder. Brocart regardait maintenant par terre, au cas où les boutons y seraient tombés. Tijen s'aperçut alors qu'elle était vêtue d'une jaquette d'un bleu vif aux broderies multicolores, et que la masse de ses cheveux d'un noir de jais était disposée en une épaisse natte. Elle était plus svelte qu'Ecran d'Argent et il ressentait un singulier plaisir à la contempler ainsi accroupie. Lorsqu'elle se releva, le visage rougi par son effort, il lui dit :

— Tant pis. Je mettrai aujourd'hui une robe chinoise.

— C'est parce que vous voulez vous habiller à l'occidentale que vous avez tout ce tracas à cause de ces boutons, dit Brocart.

— Si Ecran d'Argent était là, je n'aurais pas de tracas, dit-il. Pourquoi a-t-on demandé à cette vieille crétine de prendre soin de mes affaires ? Si vous étiez à mon service, peut-être vous en tireriez-vous encore mieux qu'Ecran d'Argent.

— Ne dites pas de bêtises, dit Brocart sèchement. Je ne suis pas Ecran d'Argent.

— Pourquoi tout le monde se ligue-t-il contre moi ? Même pendant que mes sœurs n'étaient pas là, ni vous, ni Encens, n'avez voulu vous occuper de moi.

— Est-ce à moi qu'il faut demander cela ? répliqua Brocart qui ne se souciait pas d'entamer ce sujet. Est-ce que je cherche vos boutons, ou non ? Votre sœur m'a demandé de sortir, et j'ai fort à faire.

— Je mettrai des vêtements chinois. Sortez-les-moi de l'armoire.

Brocart prit une robe chinoise, un gilet de dessous en soie et des pantalons ; et une fois de plus, il goûta le plaisir d'être servi dans sa chambre par une servante jolie et complaisante. Sans dire un mot, Brocart plaça les vêtements sur le lit et se prépara à sortir. Tijen tendit les mains vers elle et dit :

— Chère *Meimei,* c'est vous que je demanderai dorénavant, si vous voulez bien être à mon service.

Meimei, qui signifie « petite sœur », est aussi une expression dont usent les amoureux. Brocart retira sa main et dit :

— Soyez convenable. Qui est votre *Meimei* ?

Voyant qu'elle était fâchée, il dit en souriant :

— Voyons, je plaisantais. Quel mal y a-t-il à cela ?

— Nous sommes des esclaves, dit Brocart d'un ton méprisant et irrité, et nous n'avons pas à plaisanter avec vous ; et vous, qui êtes le Jeune Maître, vous devez avoir de la dignité. Ne vous imaginez pas que, parce qu'on vend le corps d'une fille à une famille pour qu'elle y soit servante, on ait le droit de la traiter comme une marchandise quelconque et de la fouler aux pieds. Je n'ai ni l'ambition d'Ecran d'Argent ni ses talents. Et d'ailleurs, où a-t-elle fini ?

Là-dessus, Brocart sortit de la pièce. Tijen était furieux d'avoir été rembarré par une servante mais il n'y pouvait rien. Il enfila sa robe et se hâta de partir pour le magasin car on devait boucler les comptes à cause du Nouvel An, et son père serait là.

Lorsque Moulane demanda à Brocart ce qui l'avait retenue si longtemps, la servante répondit :

— Il avait perdu ses boutons et m'a demandé de les chercher ; et il a dit un tas de bêtises. D'ailleurs, a-t-il jamais dit autre chose que des bêtises ?

— Qu'est-ce qu'il a dit ? demanda Moulane.

— Il voulait que je sois une autre Ecran d'Argent, et je l'ai prié de ne pas se fourrer de pareilles sottises dans la tête.

— Bien répondu ! s'écria Moulane.

Brocart partit porter les cadeaux et revint en disant que Mme Tseng insistait pour que Moulane parût au dîner.

— De quoi cela aurait-il l'air ? dit Moulane. Je n'ai pas le cœur d'y aller.

Vers cinq heures, Fleur de Neige vint presser Moulane et lui dit que la grand'mère comptait sur elle. Moulane était de plus en plus troublée car, bien qu'elle n'eût pas vu Sunya depuis six mois, il pouvait être embarrassant pour elle de se trouver à table avec lui. D'autre part, depuis plusieurs mois elle n'avait pas rencontré Lifou. Elle prit conseil de sa mère, et elles décidèrent qu'elle irait présenter ses hommages respectueux à la grand'mère mais n'assisterait pas au dîner. Ayant revêtu une jaquette de satin bleu vif, doublée de renard argenté, elle partit avec Fleur de Neige. Dans la chambre de la grand'mère, elle rencontra Sunya. Ils échangèrent des sourires et quelques questions banales mais Sunya était aussi intimidé qu'elle. Mannia se précipita dans la pièce et dit en riant :

— Cette fois, il faut que tu me traites en belle-sœur. Quand tu prépareras du *lapacho* pour Sunya, nous pourrons tous en profiter.

Sunya était si embarrassé qu'il s'excusa et prit congé. Comme tous se rendaient compte que la situation était gênante pour Moulane, personne n'insista pour qu'elle restât dîner.

Moulane savait qu'elle voulait dîner chez elle autant parce qu'elle désirait voir Lifou que parce qu'elle ne pouvait guère dîner chez les Tseng et s'asseoir à la même table que Sunya. Lorsqu'en arrivant elle entendit la voix de Lifou, elle sut que celle de Sunya était plus pleine et plus agréable, et que pourtant la voix de Lifou lui causait un plaisir auquel elle était incapable de renoncer. Tous les deux l'appelaient « Lanmei », et Sunya avait un accent pékinois qui était parfait tandis que dans la prononciation de Lifou elle pouvait discerner un léger accent du Sseutch'ouan, qu'il avait pris de son père et des familles sseutch'ouanaises qui logeaient à la Guilde ; mais Moulane s'avouait qu'elle l'aimait aussi, cet accent provincial.

Tard dans l'après-midi, M. Yao fit dire qu'il était occupé et resterait dîner au magasin avec M. Feng. Quand Tijen apprit que son père ne dînerait pas à la maison, il envoya le garçon du pousse-pousse avertir qu'il rentrerait tard, et il profita de l'occasion pour aller voir Ecran d'Argent. Le dîner devint donc plutôt un dîner de jeunes gens, dont Lifou et Soutane étaient les invités.

Tijen rentra très tard, alors qu'ils avaient terminé leur repas et parlaient de jouer au mahjong. Mocho y était très forte et Moulane très médiocre parce qu'elle se passionnait trop. Il y en avait tant qui voulaient jouer qu'on décida d'organiser deux tables. On découvrit alors que Lifou ne savait pas jouer. Moulane dit qu'elle-même n'y tenait pas non plus et qu'elle tiendrait compagnie à Lifou. Finalement Mme Yao, Mme Feng, Mme Koung et Brocart s'installèrent à une table, tandis qu'à une autre se trouvaient Corail, Mocho, Tijen et Soutane. Des maîtresses demandaient souvent aux servantes de jouer avec elles, afin de pouvoir organiser une table complète. Brocart, qui avait d'abord demandé de jouer à la table des jeunes gens déclara, sans fournir la moindre explication, qu'elle préférait jouer à l'autre table et pria Corail de changer de place avec elle. Tijen lui lança un regard, mais ne dit rien.

Tandis que les autres jouaient au mahjong, Moulane se tenait dans la pièce avec Lifou et faisait semblant d'amuser son petit frère Afei. Pour s'occuper, elle dit à Afei de venir pour qu'elle lui refît sa natte. Encens apporta un peigne, et Corail, se tournant vers Moulane, demanda :

— Pourquoi tresser sa natte à une heure pareille ?

— Occupe-toi de tes affaires, répondit Moulane en riant.

Elle partagea les cheveux d'Afei en deux et lui tressa deux nattes sur les côtés, pareilles à celles de Jade rouge. Lifou remarqua ce qu'elle faisait mais Moulane, d'un regard, lui enjoignit de ne rien dire. Encens se rendit aussi compte du travail de Moulane et se tut ; Jade rouge, qui surveillait l'opération, voulait que sa mère vînt y assister mais Moulane lui ferma la bouche. Ce fut Mocho qui la première aperçut la chose et qui s'écria :

— Que tout le monde regarde ! Seconde Sœur est en train de déguiser Afei en petite fille !

Un peu ennuyée, Moulane se hâta de nouer les nattes. Puis, plaçant Afei au côté de Jade rouge, elle ordonna aux deux enfants de se tenir par la main, et elle les envoya à sa mère en disant :

— Voyez ! Ne dirait-on pas une paire de petites fées, les suivantes de la Reine Mère du Ciel des Occidentaux ?

Tous se tournèrent pour les regarder et se mirent à rire.

— Ma Moulane est toujours à penser à ces choses ! déclara Mme Yao à Mme Koung.

— Je ne pensais à rien du tout, répondit Moulane. Vous autres, vous jouiez, et moi, j'étais inoccupée. Je voulais refaire la natte d'Afei. Pouvais-je deviner qu'elle se dédoublerait ?

— L'idée est excellente, en tout cas, dit Mme Koung. Ils ont vraiment l'air de jumelles, ainsi la main dans la main.

Prenant Jade rouge par le bras, Afei lui dit :

— Jouons à être des étrangers, un mari avec sa femme. Ils se promènent toujours en se donnant le bras.

Mais Jade rouge, qui était très timide, retira aussitôt son bras et courut vers sa mère en geignant :

— Afei veut toujours vous faire faire des choses…

— Mais non, il joue, s'empressa de dire Mme Feng. Il ne veut pas te faire faire des choses. Et puis il ne faut plus que tu l'appelles Afei. Appelle-le Second Frère. Tu es grande, maintenant, et tu dois apprendre à te comporter. Maintenant va-t'en, et ne nous dérange plus.

— Lorsque ces enfants seront devenus des grandes personnes, dit Soutane, les époux chinois se promèneront en se donnant le bras, tout comme les étrangers. Et à ce moment, l'on aura sûrement le « mariage par libre choix ».

Après avoir été rembarré par Jade rouge, Afei alla vers la petite sœur de Lifou, qui était restée bien sagement près de sa mère et regardait le jeu. Il l'empoigna par le bras et dit :

— Viens jouer aux étrangers et donne-moi le bras.

Houane-erh était timide de nature mais ses devoirs d'invitée l'empêchaient de tourner le dos à Afei ; en outre, elle avait envie de jouer avec lui et c'était la première fois qu'elle en avait l'occasion. Aussi se laissa-t-elle conduire à travers la pièce, tandis qu'Afei balançait fièrement un plumeau, qui lui tenait lieu de « canne étrangère ». Les mères les regardaient en riant, quand tout à coup l'on entendit pleurnicher ; c'était Jade rouge qui, blottie près de sa mère, sanglotait.

— On t'a demandé en premier de jouer et tu n'as pas voulu, dit Mme Feng. Pourquoi pleures-tu, maintenant ?

Jade rouge, qui n'avait que sept ans, ne voulut pas se laisser consoler. Quand la mère d'Afei vit ce qu'il en était, elle l'appela et lui dit :

— Il faut que tu joues aussi avec ta petite cousine-sœur.

Avant qu'Afei eût compris de quoi il s'agissait, Houane-erh l'avait lâché et s'était enfuie vers sa mère. Il arriva vers Jade rouge pour lui demander de jouer aux étrangers avec lui mais elle lui répondit avec rage :

— Joue à ton jeu, et moi je pleure mes pleurs. Est-ce que cela te regarde ?

Brusquement, elle le quitta, tapa du pied et se mit de nouveau à sangloter sur les genoux de sa mère.

— Vous ne connaissez pas mon enfant, dit sa mère en s'excusant. Son corps est petit, mais ses colères sont grandes.

Afei, ne sachant que faire, restait là.

— Afei, lui dit Corail, tu ferais bien de t'excuser auprès de ta cousine-sœur.

Afei s'approcha de Jade rouge et la supplia de lui pardonner. Mais elle s'obstina à lui répondre :

— Laisse-moi tranquille.

Pour finir, il lui dit :

— *Meimei,* je jouerai avec toi ma vie durant et je ne jouerai avec personne d'autre. Est-ce suffisant ?

Jade rouge alors s'apaisa et lui sourit à travers ses larmes. Passant son index sur sa joue, elle dit à Afei :

— Tu devrais avoir honte ! Tu es un garçon et tu te coiffes comme une fille.

Il se mit alors à défaire ses nattes en faisant glisser les nœuds de ruban et Jade rouge éclata de rire.

Pendant que les autres continuaient leur partie, Moulane demanda à Lifou ce qu'il avait lu dernièrement, et il mentionna la traduction *d'Ivanhoé.*

— Votre père me l'a prêtée, dit-il. Est-ce que les notes au crayon sont de vous ?

Moulane réfléchit un moment ; le souvenir lui revint et elle se sentit fort embarrassée. Elle s'efforça alors de diriger la conversation sur les œuvres de Lin Chinman en général. Comme Lin était son auteur préféré et que Lifou en était aussi très enthousiaste, leur discussion devint très animée.

— Pourquoi votre sympathie semble-t-elle aller à Rébecca ? demanda Lifou. Pour moi, je préfère Rowena.

— C'est bien naturel de votre part. La sympathie du lecteur va d'habitude au personnage qui la mérite mais dont le mariage échoue. C'est pour une raison semblable que la plupart des lecteurs ont de la sympathie pour Taiyou, dans *Le Rêve de la Chambre rouge.*

Corail dressa l'oreille au mot « mariage » et dit :

— De quoi discutez-vous tous les deux avec tant d'ardeur ? Parlez plus haut, afin que nous puissions vous entendre.

— Je le sais, moi, dit Mocho. Seconde Sœur parle du *Rêve de la Chambre rouge* et elle est pour Taiyou.

— Oh ! dit Tijen, je sais. Seconde Sœur aime Taiyou et Troisième Sœur aime Paotsa.

— Qui préférez-vous ? demanda Soutane.

— Je préfère Paoyou, répondit Tijen.

— Tu devrais avoir honte ! s'écria Mocho. Ce garçon efféminé ?

Se tournant vers Soutane, elle lui dit :

— Et toi, quel est ton personnage préféré ?

— J'aime la cousine Hsiangyoun, dit Soutane, elle est si garçonnière et romanesque.

— Bravo ! s'écria Tijen.

— Et vous, qui préférez-vous ? demanda Moulane à Lifou, de sa voix douce et basse.

Lifou hésita un moment et dit :

— Je ne sais pas. Taiyou pleure trop et Paotsa est trop accomplie. Peut-être est-ce Tanchoune que je préfère parce qu'elle est un mélange des deux, avec le talent de Taiyou et le caractère de Paotsa. Mais je n'aime pas la façon dont elle traite sa mère.

Moulane l'écouta sans rien dire et puis dit lentement :

— Hélas ! personne n'est parfait en ce bas monde.

Hélant Corail, elle lui dit :

— Grande Sœur, je sais qui tu préfères, toi : c'est Li Houane. N'ai-je pas raison ?

— Dans ce roman, chacun préfère qui lui ressemble, répliqua Corail. Si nous continuons à bavarder ainsi, nous n'arriverons pas à jouer.

Lorsqu'ils eurent terminé une partie que Soutane gagna, Tijen déclara qu'il avait eu une journée très remplie et avait mal à la tête ; Mocho leur proposa de laisser le mahjong et de se mêler à la conversation. Les jeunes gens quittèrent le jeu et Corail, qui voulait jouer encore, s'installa à la table des dames, où bientôt Brocart lui céda sa place.

Tijen se mit à se plaindre qu'il fît trop chaud, demanda à la servante une serviette bouillante et retira sa robe doublée de fourrure. Il portait une jaquette de soie brune et un pantalon. Le voyant avec sa jaquette, sa mère lui dit :

— Rien d'étonnant que tu aies trop chaud. Tu ne t'es pas changé lorsque tu es rentré. Seulement tu vas prendre froid. Encens, apportez une robe doublée au jeune maître.

Tijen était vautré sur sa chaise, les jambes écartées. Lorsque Encens lui apporta sa robe, il se leva et l'enfila mais ne boutonna ni le bouton de l'encolure, ni le dernier bouton au bas de la robe. Il ne boutonnait jamais ses robes à l'encolure, ce qui fait que lorsqu'il portait trois ou quatre jaquettes ou robes superposées, on pouvait lui voir une série de boutonnières vides au cou. C'était peut-être un indice de son incapacité à supporter une contrainte. Mocho, à qui le désordre était toujours intolérable, lui dit :

— Frère, lorsque tu portes une robe, porte-la au moins en homme bien élevé. Tu ne la boutonnes ni en haut ni en bas. Regarde frère Lifou. Est-ce qu'on n'a pas l'air plus correct quand on boutonne son col ?

— Que veux-tu dire en parlant de ne pas être vêtu comme un homme bien élevé ? répliqua Tijen. Les cols de Père sont toujours déboutonnés. Sinon, on n'a pas la tête libre.

— Et le bouton d'en bas, alors ? Est-ce que tu as une théorie, à ce propos ?

— La marche est plus facile quand il n'est pas fixé. D'ailleurs, est-ce que ma robe n'était pas toujours correctement boutonnée quand Ecran d'Argent était là ?

En entendant prononcer le nom d'Ecran d'Argent, Mme Yao releva vivement la tête.

— J'admire ton impudence, dit Mocho. Ainsi, même ta robe, il faudrait qu'une servante te la boutonnât ! Je crois bien que si tu avais emmené Ecran d'Argent en Angleterre, tu ne serais pas revenu.

— C'est possible, dit Tijen.

Agacée par son insolence, Mocho poursuivit :

— Même lorsque tu es habillé à l'occidentale, tu ne boutonnes jamais le dernier bouton de ton gilet. Est-ce aussi pour faciliter ta démarche ?

Tijen se mit à rire ; et son rire d'homme au courant était exaspérant.

— Ne parle pas de ce que tu ignores, dit-il fièrement. On peut faire preuve d'érudition, même dans la façon dont on porte l'habillement des Occidentaux. Laisser déboutonné le dernier bouton du gilet est exactement ce qui se fait, et cela s'appelle « la mode de Cambridge ». Les gens se moqueraient de vous si vous boutonniez le dernier bouton du gilet.

Il triomphait et Mocho était momentanément battue. Mais elle revint bientôt à l'attaque et dit :

— Ah ! je vois. Tu n'as pas été à Cambridge, mais tu as déjà acquis toute la science de Cambridge ? Je ne savais pas qu'elle ne consistât qu'à laisser déboutonné le dernier bouton du gilet.

Tijen sentit l'ironie que contenait la réponse de sa sœur. Voulant en atténuer le mordant, Moulane dit :

— Je n'arrive pas à croire qu'en Angleterre tout homme correct ait soin de ne pas boutonner le dernier bouton de son gilet. Il est possible que cela se justifie aussi par l'état de l'estomac.

Elle avait dit cela en plaisantant mais Tijen répondit gravement :

— Tu as peut-être raison, après tout. Il est possible qu'on doive le laisser déboutonné après le repas, et non avant. Je ferai bien de me renseigner.

Mocho, qui était maintenant sans pitié, insista :

— Puisque tu n'as pas été en Angleterre, où as-tu acquis toute cette science ?

— Chez mon tailleur du quartier des Légations, dit Tijen.

Lifou était justement en train de soulever sa tasse pour boire son thé ; incapable de se maîtriser, il éclata de rire et s'étrangla si bien qu'il dut cracher le liquide sur le tapis. Moulane et Mocho rirent aussi. Tijen fut très offensé mais il savait comment se défendre et il dit en plaisantant :

— Vous ne vous rappelez donc pas ce que Père m'a dit le soir de mon départ :

Bien comprises, les affaires de ce monde
sont une vraie science.
Les rapports entre humains, pour un cerveau mûri,
sont déjà de la littérature.

Il faut voir les choses de haut et ne pas considérer ce qu'on apprend dans les livres comme la seule forme de la science.

— Bien, bien, dit Mocho. Tout cela dépasse encore ton interprétation de Mencius.

Lifou fut très impressionné par l'éloquence mordante de Mocho, qui lui rappelait celle de Chen Lin.

C'était un sage de l'époque des Trois Royaumes, dont les diatribes contre son adversaire politique étaient si éloquentes qu'elles guérirent, à ce que l'on raconte, les maux de tête de son chef lorsqu'il les lut.

— Le mal de tête de Tijen devrait être guéri, maintenant, dit Lifou.

— Que voulez-vous dire ? demanda Moulane.

— Votre sœur est un peu comme Chen Lin.

Très flattée, Mocho dit :

— Non, non, son mal de tête devrait être pire.

Tijen, lui, n'y entendait goutte. Ayant remarqué que le thé que Lifou avait renversé avait mouillé sa robe, Mocho lui apporta une serviette propre. Il la prit et la remercia. Elle aurait bien voulu essuyer la robe du jeune homme, mais n'osa point.

A cet instant, M. Yao et M. Feng arrivèrent. Voyant que tout le monde était de bonne humeur et que Lifou essuyait sa robe, M. Yao demanda ce qu'ils faisaient.

— Nous parlions science et frère Lifou a tellement ri qu'il s'est étranglé, dit Moulane.

— Est-ce que la science est si amusante que cela ? répondit son père qui était enchanté.

La réunion se termina bientôt, après que Soutane les eut divertis avec une imitation d'un sermon de pasteur protestant qui les fit tous mourir de rire.

CHAPITRE XX

Pendant les fêtes du Nouvel An, il y eut échange de visites entre jeunes et vieux. Pour Moulane, la situation était embarrassante ; elle et sa famille ne s'attardèrent pas chez les Tseng mais Mme Tseng, accompagnée de Mannia et de Cassie, vint chez les Yao et elles eurent de longues conversations avec eux. Les fils Tseng durent venir présenter leurs hommages à M. et Mme Yao ; Moulane se cacha et refusa de se montrer, ce qui lui valut d'être taquinée par ses sœurs.

Les vacances terminées, Moulane retourna à l'école, le cœur lourd. Sa mère s'était plainte que pendant l'absence de ses filles la maison fût vide et qu'il n'y eût plus personne avec qui Afei pût jouer, si ce n'est Jade rouge. Mais M. Yao refusait que ses filles changent d'école et tenait à les voir poursuivre leurs études à Tientsin, surtout parce que Mme Fou était très bonne pour elles et s'occupait tout particulièrement d'elles. Aussi Moulane et sa sœur continuèrent à travailler dans cette école jusqu'à l'été de 1908, durant lequel Mocho tomba malade ; elle fut obligée de rester à la maison et Moulane lui tint compagnie. A ce moment-là, les Tseng se mirent à parler du mariage de Sunya. Moulane interrompit ses études et commença ses préparatifs pour son mariage.

Pendant qu'elles étaient encore à l'école, les deux sœurs revenaient souvent à la maison au moment des vacances et des congés. Mais ce fut à l'école que Moulane sut ce que c'était qu'une séparation. Lifou n'avait jamais ouvertement fait la cour à l'une ou l'autre des deux sœurs et elles ne jouissaient pas de la liberté d'aller et venir qu'ont aujourd'hui les jeunes filles modernes. Elles ne correspondaient jamais avec Lifou ; il va sans dire que Moulane n'écrivit jamais à Sunya, ni ne reçut de lettres de lui. L'ancien régime était encore en faveur ; Moulane n'avait jamais douté qu'elle épouserait Sunya et elle en était venue à accepter son sort avec sérénité. Mais lorsque le printemps arriva, elle fut saisie d'un fort et poignant désir de revoir Lifou, de causer avec lui et d'entendre de nouveau sa voix. Qu'elle fût en compagnie des fleurs durant la matinée ou en compagnie de la lune durant la soirée, qu'elle fût près de la fenêtre ou qu'elle se promenât au crépuscule dans le jardin de l'école, elle ne pouvait écarter de son esprit le visage de Lifou. Soutane et Mocho la virent souvent assise seule sur un rocher parmi les fleurs, tenant un livre dans sa main et regardant dans le vide. Elle ne pouvait confier ses pensées à sa sœur ni, à cause de Mocho, à Soutane. Celle-ci échappait quelque peu à l'autorité de sa famille, chantait quelquefois de petites romances d'amour qui exprimaient un désir ardent et appartenaient au répertoire médiocre des chanteuses de cabaret. Les sentiments étaient souvent très sincères et très profonds mais les paroles, bien que passionnées, étaient vulgaires et frôlaient la sensualité. Mocho défendait à Soutane de chanter de pareilles romances dans leur chambre, et Moulane elle-même les désapprouvait à cause de ce qu'elles évoquaient. Mais Moulane se prit de passion pour les poèmes de la période Soung, que l'on appelle *tseu,* et dont les vers sont de longueur irrégulière ; leur origine est entièrement musicale, puisque ce sont des textes écrits sur des airs définis et qui sont limités par les exigences rigoureuses des tons musicaux comme ils sont déterminés par la mélodie. Elle était trop jeune pour aimer les poèmes de Sou Toungpo[50] autant que ceux de Hsin Chiahsien et de Chiang Paichih, et elle lisait et relisait le petit volume de la grande poétesse Soung, Li Chingchao[51]. Les syllabes de ce poème qui commence par les sept fameux doublets *(hsinhsin, momo, lengleng, tsingtsing, tsitsi, tsantsan, tsitsi),* avec la rime placée dans le « ton entrant » qui se termine en consonnes d'« arrêt », lui semblaient tomber goutte à goutte sur son cœur comme la pluie sur les feuilles de l'arbre à kola :

Si confus, si sombre, si épais, si étouffé, si humide, si moite, si mort ! Le temps, tantôt chaud, tantôt froid, rend plus difficile que jamais l'oubli. Comment de la piquette et du pain pourraient-ils défendre contre le vent du couchant qui transperce ? Là-haut passent des oies sauvages... Qu'elles soient familières est plus lamentable encore ! Le sol est jonché de pétales flétris. Pour qui maintenant devraient-ils garnir des vases ? Près de la fenêtre close, la gardant toute seule, voir que le ciel est devenu si noir ! Et sur l'arbre à kola, entendre au crépuscule le crépitement de la pluie : pit-pat, pit-pat ! Cette humeur, ce moment, suffit-il de le dire « triste » ?

Durant l'été, les deux sœurs constatèrent qu'à la maison un calme superficiel régnait. Il y avait bien des nuits où Tijen rentrait très tard et où leur mère attendait son retour. Il racontait toujours qu'il avait été invité à dîner ou à passer la soirée au théâtre, et il ne semblait pas avoir beaucoup d'amis qui fussent enclins à se faire ses complices. Quand il rentrait à deux heures du matin, il avait l'ennui de trouver sa mère qui l'attendait, assise solitaire dans sa chambre, à la lumière d'une lampe ; elle ne se fiait plus assez à lui pour l'abandonner aux soins d'une servante. Elle sortait de sa chambre et, sa lampe à la main, traversait les ténèbres du corridor et de la cour, à cette heure sinistre où tout le monde dort, pour constater que son fils était bien rentré. Elle espérait qu'une telle sincérité et un tel dévouement parviendraient à toucher son cœur et à le maintenir dans la bonne voie. Il était bien touché mais il était aussi agacé, et il la suppliait de ne pas rester debout à cause de lui.

— N'attendez pas, je vous en prie, disait-il. Supposez que vous tombiez en traversant cette cour obscure ?

Elle refusait de l'écouter. Lorsque Ecran d'Argent sut que Mme Yao veillait ainsi, elle éprouva une secrète volupté à retenir Tijen aussi tard que possible et il lui parut que c'était une sorte de pénitence qu'elle était à même d'imposer à son ancienne maîtresse.

Lorsqu'il ne rentrait pas très tard, Tijen trouvait aussi sa sœur qui l'attendait. Mocho devint une compagne fidèle de sa mère durant ces veillées nocturnes. Elle était capable de demeurer éveillée si c'était nécessaire, tandis que Moulane se sentait vite les yeux fatigués et allait se coucher. Le lendemain matin, alors que Mme Yao faisait la grasse matinée, Mocho était debout à l'heure habituelle.

Mme Yao était persuadée que Tijen jouait mais elle ne l'avait confié à personne. Quant à l'attitude de M. Yao, il eût été difficile de l'expliquer. En apparence, la conduite de son fils le laissait indifférent ; ou bien il se rappelait sa propre jeunesse ou encore il l'envisageait avec fatalisme. Il pensait que son fils se livrait aux escapades habituelles des jeunes gens, et que, maintenant que le garçon avait terminé ses études et était dans le négoce, de pareils amusements faisaient partie de la vie d'un homme d'affaires. Mais il ignorait ce que savait sa femme : que Tijen avait prélevé des milliers de dollars dans la caisse de la maison. Tôt après la fête de *Ching-ming,* Tijen avait demandé deux mille dollars à son oncle pour payer une dette de jeu. L'oncle remarqua que ces prélèvements devenaient de plus en plus fréquents et n'osait en assumer la responsabilité. Tijen le pria de n'en rien dire à son père et l'oncle répondit que tout serait en règle si sa sœur, la mère de Tijen, était mise au courant. Tijen obtint son argent et sa mère s'arrangea avec son oncle pour que son père n'en sût rien. Ayant mis sa propre responsabilité à couvert, l'oncle ne se fit plus de souci ; il tenait à plaire à Tijen, qui était l'héritier, et il ne s'inquiéta pas non plus des absences répétées de son neveu. Mais une fois qu'il se fut engagé sur cette voie, Tijen se mit à prélever de plus en plus souvent quelques centaines de dollars à la fois.

Les milliers de dollars qu'il avait ainsi obtenus furent employés par Ecran d'Argent à acheter des bijoux et des vêtements ; si bien qu'on la voyait aussi bien habillée que la maîtresse de n'importe quel homme riche. Elle occupait maintenant les pièces principales de la maison, la logeuse s'étant installée dans la chambre à l'est. Tijen se montrait aussi très généreux avec Mme Houa, qui était devenue la « sœur jurée » d'Ecran d'Argent. Le mari de la logeuse, voyant que maintenant leur situation était meilleure, ne voulait plus retourner à sa boutique de fruits et de bonbons mais sa femme le persuada de ne pas la quitter, en lui disant que c'était plus sûr, et qu'il était bon pour lui qu'il travaillât. Toutefois la logeuse cessa de recevoir des hommes et elle réserva ses coquetteries pour Tijen, qui la trouvait une femme pleine de talents et divertissante, sachant chanter et raconter des histoires amusantes.

Ecran d'Argent avait dit à Mme Houa que Tijen n'accepterait pas que des hommes vinssent à la maison et elle lui demanda de faire cesser ces visites. La logeuse répliqua en plaisantant :

— Qu'est-ce que j'aurais en échange ? Et comment me remercierez-vous si j'y réussis ?

— Je puis facilement lui demander de vous donner quelque chose par mois, ou je vous le donnerai moi-même, dit Ecran d'Argent.

— Je ne veux pas recevoir de l'argent pour rien, répondit Mme Houa. Je faisais ce genre de choses en partie par intérêt, en partie par plaisir. Ce n'est pas une vie que de rester toute la journée dans ma chambre et de ne voir mon brave homme d'époux que le soir. Je vais vous dire ce que nous allons faire...

Elle murmura quelque chose à l'oreille d'Ecran d'Argent.

— Je sais, poursuivit-elle, qu'il aimera encore mieux ça. Je connais les hommes, moi. Que diriez-vous, s'il se lassait de vous et allait trouver une autre femme ? Vous et moi, nous sommes des « sœurs jurées », et ça sera mieux que de le partager avec une femme que nous ne connaîtrions pas.

Ecran d'Argent n'avait qu'une ambition : accroître son pouvoir sur Tijen et le séparer de sa mère ; aussi un tel projet lui parut lui fournir une arme de plus. Elle jugea qu'en somme ce n'était pas payer trop cher le fait que la logeuse renonçait à ses visiteurs. Et puis, Ecran d'Argent se fiait à sa jeunesse éblouissante. Aussi, lorsqu'un jour Tijen murmura quelque chose, moitié en plaisantant, moitié sérieusement, à l'oreille d'Ecran d'Argent, il fut à la fois surpris et ravi de la trouver consentante. Il loua sa générosité et fut persuadé qu'elle ferait tout pour lui plaire.

Ainsi, les deux femmes, maintenant, le gardaient et l'accueillaient, et lorsque, pendant une semaine, il n'était pas venu les voir, elles l'accusaient de les avoir trompées avec d'autres femmes, et il leur jurait toujours qu'il leur avait été fidèle.

*

Un jour, à la stupéfaction de toute la famille, la chienne de Tijen réapparut chez les Yao. Tijen était au magasin lorsque l'animal se présenta au portail. Il fut reconnu par Lota qui, très agité, vint annoncer la chose à sa maîtresse.

Deux jours auparavant, en quittant une nuit la maison d'Ecran d'Argent, Tijen avait sauté dans un pousse-pousse sans s'apercevoir que la chienne le suivait. A moitié chemin, Tijen la vit et descendit pour la renvoyer. Mais lorsqu'il remonta dans le pousse-pousse, il remarqua que la chienne continuait à le suivre, sa laisse traînant sur le sol. Il était tard dans la soirée et Tijen ne pouvait ramener la chienne. Pour finir, exaspéré, il quitta le pousse-pousse, entra dans une maison de thé et en sortit par la porte de derrière. Le lendemain, dans l'après-midi il alla voir Ecran d'Argent pour savoir si la chienne avait trouvé son chemin et était rentrée, mais selon toute apparence elle était perdue. Maintenant, elle se présentait à la maison de son maître et semblait affamée.

L'arrivée de la chienne, après une absence de près d'une année, suscita force conjectures dans la famille. Le problème d'Ecran d'Argent se trouvait de nouveau posé. Où était-elle ? Etait-elle à Pékin ? Que lui était-il arrivé ? La chienne alla dans la chambre qui avait été celle de sa maîtresse et la flaira dans tous les coins. Ne reconnaissant probablement pas l'odeur et l'atmosphère qui lui étaient familières, elle se coucha et demeura complètement immobile, ne regardant les gens que du coin de l'œil, comme si elle se rappelait le temps passé et s'étonnait de tous ces changements. Lorsque la famille se réunit pour l'examiner, elle se leva, flaira Mme Yao, les filles, Afei, et retourna se coucher avec une mine déçue. On demanda à Laima de lui apporter de la cuisine quelques restes et elle les flaira pendant un moment avant d'y toucher, tout comme si elle s'était méfiée.

— Peut-être quelque chose est-il arrivé à Ecran d'Argent, et la chienne a erré partout, dit Corail.

Mme Yao contemplait silencieusement l'animal, comme s'il eût été porteur de quelque funeste présage.

— Cette petite garce doit être encore dans les environs, dit-elle enfin.

— Il est difficile de le dire, dit Moulane qui voulait apaiser les craintes de sa mère mais dont les soupçons croissaient. La chienne doit avoir perdu sa maîtresse. Peut-être Ecran d'Argent a-t-elle quitté la ville et, ne pouvant emmener la chienne avec elle, l'a-t-elle abandonnée ?

Lorsque Tijen revint, la famille attendit de voir comment il prendrait la nouvelle. Mais Lota l'avait déjà averti dès le portail et, lorsqu'il entra dans la pièce et vit la chienne, il feignit d'être surpris. La chienne bondit, agita la queue et se mit à gambader pour exprimer sa joie.

— Ça prouve qu'Ecran d'Argent est encore quelque part dans Pékin, dit Tijen. Pourquoi n'avez-vous pas essayé de la retrouver ? Elle a pu mourir de faim !

— S'il en est ainsi, dit durement Mme Yao, c'est bien sa faute. Il est dans la nature des chiens, au printemps, de courir après les autres chiens. Une chienne est une chienne. Tu as de la chance qu'elle ne parle pas et ne comprenne pas le langage des humains ; sinon j'aurais aimé lui poser quelques questions.

De ce jour-là commencèrent les malheurs de la chienne. L'imbécile Laima fut d'abord chargée de s'occuper de la bête mais bientôt elle ne dépendit de personne et rôdait dans les cuisines, dévorant ce qu'elle pouvait attraper. Durant la journée, Tijen n'était pas là, et il n'avait ni le temps ni le désir de se charger de l'animal. Parfois, la chienne errait pendant une demi-journée dans les rues et rentrait avant qu'on eût remarqué son absence. Etant un chien d'arrêt, elle saccageait le poulailler et dévastait le jardin potager en pourchassant les poules et les canards, ce qui lui valait de recevoir des coups de pied des servantes ou des coups de bâton. Lorsque l'été vint, elle fut vite pleine et mit bas une portée de quatre bâtards qui tenaient plus de leur mère que de leur père, un chien chinois inconnu. Tijen prit l'un des chiots, disant qu'il le donnerait à un ami, et l'apporta chez Ecran d'Argent.

— Pourquoi m'amener cette « graine de péché » ? demanda Ecran d'Argent.

— Tu ne sais donc pas, répondit Tijen, que les dames étrangères aiment à jouer avec de petits chiens et sont prêtes à payer gros pour pouvoir le faire ? Garde-le-moi.

Voyant que Tijen le désirait, elle garda le chien et fut enchantée d'être débarrassée de la mère.

Une nuit, Tijen rentra chez ses parents complètement saoul. C'était la première fois que cela lui arrivait. Il tapait contre la porte et hurlait avant même que Lotoung eût eu le temps de se lever pour l'ouvrir. Lotoung tâcha de le soutenir mais Tijen le repoussa et s'en alla tout le long du corridor de l'est en titubant et en grommelant, pendant que le portier l'éclairait. La chienne dormait avec sa portée dans le corridor.

— Prenez garde, la chienne est là, dit Lotoung.

— Ah ! ah ! dit Tijen, mon père m'a traité de « graine de péché », mais en voilà, de la graine de péché !

Il se pencha pour jouer avec un des chiots, mais perdit l'équilibre et s'étala tout de son long. Les petits jappèrent et la mère aboya vigoureusement. Confortablement allongé par terre, Tijen ne voulait plus se lever. Il prit un des chiots, le tint dans le creux de sa main et se mit à rire quand la mère se reprit à aboyer. Puis il frappa le petit animal, en hurlant : « Graine de péché ! Graine de péché ! » La chienne attrapa la manche de Tijen pour l'obliger à lâcher son petit. Tijen projeta le chiot contre le mur et se tourna pour se débarrasser de la mère furieuse, mais quand il la frappa pour se libérer, elle lui mordit la main et se précipita vers son petit qui était blessé. Tout cela se passa trop vite pour que Lotoung pût intervenir. Exaspéré par la douleur, Tijen se tourna vers le portier et le rabroua, en lui demandant quel « riz » il mangeait. Les autres chiots bondissaient partout et augmentaient le tumulte en jappant ; aussi le père et la mère de Tijen surgirent dans le corridor de deux directions différentes.

— Mon fils ! Mon fils ! Que s'est-il passé ? s'écria la mère.

Dans l'obscurité, elle trébucha contre quelque chose et tomba par terre, près de l'angle du corridor. Lota, qui s'était hâté de passer sa jaquette, sortit dans la cour obscure, qu'éclairait à peine la flamme vacillante de la lampe à huile que Lotoung avait vite posée par terre pour s'occuper de son jeune maître. Juste à ce moment, la lampe fut renversée. Un gémissement qui traversa les ténèbres apprit à M. Yao que sa femme avait été blessée. Le vieil homme la découvrit instantanément ; elle gisait sur le sol et gémissait :

— O sort cruel !

— De la lumière, Lota ! s'écria le maître, tandis qu'il protégeait sa femme de la chienne en furie.

Lota revint en courant avec une lanterne et derrière lui apparurent Moulane et Mocho, vêtues de minces pyjamas et les cheveux épars. Elles aperçurent Tijen qui, assis par terre, avait l'air fort sot, et leur père qui aidait leur mère à se remettre lentement sur ses pieds. Elles accoururent alors vers leur mère.

— Prenez garde à la chienne ! cria M. Yao.

Il confia sa femme à ses filles et s'avança sur l'animal, qui grondait toujours avec colère, prêt à attaquer quiconque toucherait à ses petits. Les unes après les autres, les servantes sortirent de leurs chambres, si bien que toute la maisonnée était sur pied. Lota apporta un bâton ; et la chienne, effrayée, s'enfuit suivie de ses chiots, celui qui était blessé jappant et boitillant derrière elle.

— Mon fils, mon fils ! dit la mère. Je savais bien que cela arriverait un jour. Où t'a-t-elle mordu ?

Tijen, qui maintenant se tenait sur ses jambes, comprit que son père était là, et quoiqu'il se sentît complètement dégrisé, il jugea plus sûr de simuler l'ivresse.

— Ça va, ça va, bégaya-t-il d'une voix épaisse.

S'appuyant sur Lotoung, il partit en trébuchant.

Quant à M. Yao, il aida sa femme à regagner sa chambre et dit à ses filles :

— Vous ferez bien de vous dépêcher de rentrer ; sinon vous vous enrhumerez, à être dehors à une heure pareille.

Le cortège regagna la maison à la faible lueur des lanternes, et les chuchotements étaient coupés par des instants de silence angoissé. M. Yao était grave et ne disait rien. On étendit sur son lit Tijen, qui continuait à faire semblant d'être ivre. Sa main saignait ; quant à sa mère, elle avait une blessure au bras et était d'une pâleur de mort. Elle fut accompagnée jusqu'à sa chambre et mise au lit. M. Yao tâta son poignet et constata que les os du poignet avaient été luxés. Ayant fait de la boxe autrefois, il savait comment y remédier, et de ses mains vigoureuses il remit les os en place. La douleur fut atroce : au moindre attouchement, Mme Yao hurlait ; lorsque l'opération fut terminée, elle demeura épuisée, gémissant faiblement.

Les filles et les servantes s'affairaient avec des bandages et des cuvettes pour la malade et elles lui préparèrent un vin médicinal chaud pour lui fortifier le cœur. M. et Mme Feng, ayant appris que *Taitai* était blessée, se hâtèrent de se lever et d'accourir. Toute la famille, sauf les enfants, s'installa autour du lit de Mme Yao jusqu'à ce qu'elle s'endormît. On baissa la lampe et, dans la chambre, la conversation se poursuivit à voix basse. Le ciel déjà pâlissait lorsque le sommeil s'empara de la malade et, dans l'aube d'été, tous gagnèrent leurs lits.

Ce jour-là, Tijen ne se leva qu'à midi et n'alla pas au magasin. Corail était dans sa chambre lorsqu'il se réveilla avec un fort mal de tête.

— Qu'est-ce qui s'est passé hier soir ? demanda-t-il.

— Regarde ta main. Quant à Mère, elle s'est luxé le poignet.

— Est-ce grave ?

— Je n'en sais rien. Elle dormait encore quand le médecin est venu et nous n'avons pas voulu la réveiller. Je crois qu'en ce moment il est dans sa chambre.

Tijen demeura sans répondre. Ses remords étaient sincères et il avait peur de se trouver en face de son père.

— Comment va Père ? demanda-t-il enfin. A-t-il dit quelque chose à mon sujet ?

— Non, mais tu sais ce que tu mérites. Si Mère reste infirme, que te dira ta conscience ?

— Qu'est-ce que je vais faire ? dit Tijen.

— Ce que tu as de mieux à faire est d'aller demander pardon.

Corail l'aida à s'habiller et, quand elle vit qu'il hésitait encore à aborder son père, elle lui déclara qu'il devait supporter les conséquences de ses actes et le traîna presque jusqu'à la chambre de sa mère.

M. Yao réfléchissait à ce qu'il ferait de son fils ; insoluble problème qui se pose quand un jeune homme tourne mal. Il savait qu'il ne servirait à rien de le fouetter. Il n'avait pas fouetté son fils depuis des années. Tijen était maintenant trop âgé pour être contraint par la force et trop indépendant pour écouter des conseils ; et en même temps, il était trop jeune pour admettre qu'il se conduisait comme un imbécile. Aussi M. Yao était-il en proie à une colère qu'il parvenait tout de même à maîtriser lorsqu'il vit son fils arriver tout penaud, tandis que Corail le poussait par derrière.

Planté devant son père, Tijen dit :

— Père, j'étais ivre, la nuit dernière. J'ai eu tort.

— Est-ce que tu me considères toujours comme ton père ? répondit le vieil homme qui écumait de fureur.

Tijen demeurait complètement immobile et muet.

— Agenouille-toi devant ta mère et demande-lui pardon. Tu as presque tué ta vieille mère, fils dénaturé !

Tijen s'agenouilla près du lit de sa mère et lui demanda pardon. Elle éclata en sanglots et dit :

— Si tu me considères encore comme ta mère, tu dois te corriger. Lève-toi, mon fils.

Tijen allait se lever lorsque son père l'en empêcha :

— Tu n'es qu'une pierre d'achoppement envoyée par le diable, la graine qui détruit les familles, le déshonneur de nos ancêtres ! Ce qui différencie les hommes des bêtes, c'est le sentiment du remords et le sentiment de l'honneur. Puisqu'il t'est égal d'être déshonoré aux yeux des autres, je ne sais que faire de toi. La famille Yao est finie, maintenant. Quand tes sœurs seront mariées, je remettrai mon affaire, en distribuerai le produit aux écoles et aux temples et me retirerai dans les montagnes pour mener la vie d'un moine. Quand tu devras gagner ta vie en tirant un pousse-pousse, tu apprécieras ce que tu as aujourd'hui.

— Vous ne parlez pas sérieusement, dit le docteur, qui tentait de le calmer. On ne parle pas de devenir un moine quand on a une fortune comme la vôtre. Un jeune homme commet quelquefois des erreurs...

La voix du médecin, qu'étouffait sa longue barbe, était douce et apaisante.

— Je parle sérieusement, dit M. Yao. J'aimerais mieux faire don de la fortune familiale à n'importe quelle cause que ce soit, que de la voir gaspiller par cette graine de péché. Qu'il reste agenouillé pendant deux heures et que personne ne se mêle d'intervenir.

Tijen demeura agenouillé dans la chambre de sa mère pendant deux heures, jusqu'à ce que ses genoux fussent raides et engourdis, que la tête lui tournât et lui fît très mal. Ses sœurs et les servantes vinrent le contempler mais personne n'osa intercéder pour lui.

Dans la famille, en tout cas, Tijen était en complète disgrâce. Moulane fit à Afei un long discours sur l'ivrognerie et le jeu, en prenant son frère aîné comme exemple. Ce soir-là, pendant le dîner, au moment où Encens allait remplir de riz le bol de Tijen, M. Yao lui dit :

— Qu'il le remplisse lui-même. Il n'est pas un homme.

Dévoré de honte et outré par cette avanie publique, Tijen se leva et remplit lui-même son bol. Il détesta son père de lui faire perdre la face devant les servantes.

Mme Yao dut rester au lit pendant trois ou quatre jours avant de pouvoir se lever, et il s'écoula des semaines avant qu'elle fût capable de tenir son bol de riz. Il lui demeura même après cela une grosseur au poignet, ce qui fit que la famille eut une raison de plus de se souvenir de Tijen. Mais, après cet incident, Tijen s'abstint pendant quelque temps de rentrer tard ; et quand cela lui arriva, sa mère ne restait pas debout à l'attendre.

*

L'été suivant, Mocho tomba malade. Les deux sœurs cessèrent d'aller à l'école pour deux raisons : d'abord, à cause de la maladie de Mocho puis parce que, le vice-roi ayant demandé à M. Fou d'ouvrir un collège de jeunes filles à Pékin, celui-ci était parti dans le Sud pour recueillir des fonds et recruter des élèves ; et enfin, parce que la famille Tseng commença les préparatifs des noces de Sunya et de Moulane. Chinya s'était marié au printemps, pendant que les deux sœurs étaient encore à l'école ; et, au début de l'été, Mannia était venue voir Moulane pour lui dire que Mme Tseng n'était pas satisfaite de sa nouvelle belle-fille. Etant la fille de Niou, le Dieu des Richesses, Souyoun avait adopté une telle attitude de fille de riche que rien ne semblait assez bon pour elle.

— Pour Souyoun, je n'existe même pas, dit Mannia. On me qualifie toujours de belle-fille aînée mais, à ses yeux, je ne suis que de la poussière. La lune de miel était à peine terminée que déjà elle commençait à se plaindre de Chinya, qui pourtant la traitait comme une princesse. Quel que fût le sujet en question, il fallait qu'elle expliquât comment cela se faisait dans la famille Niou. Mère l'a supporté tant qu'elle l'a pu mais, l'autre jour, lorsqu'une fois de plus Souyoun compara le poisson que nous avions eu à dîner avec le poisson tel qu'on le servait chez ses parents, Mère lui a dit : « Souvenez-vous que maintenant vous êtes une Tseng. » Là-dessus, elle s'est levée de table et est sortie de la pièce. Elle est retournée chez elle et y est restée trois jours ; et Mère a dû la prier de revenir. Je n'ose pas ouvrir la bouche quand elle est là. Quand elle rencontre ma mère, elle ne daigne même pas la regarder. Un mariage comme celui-là ne fera que causer de la mésentente entre les deux familles. Elle a amené de chez elle deux servantes, et personne d'autre qu'elles n'a la permission d'entrer dans sa chambre ou de toucher à ses affaires. J'ai beau être née dans une famille pauvre, j'ai connu des filles de familles riches, comme Mocho et toi. Comment se fait-il que Souyoun ignore totalement les usages, rien que parce que son père est ministre et que ses parents sont riches ? Quand toute la famille est réunie et fait la conversation, elle seule ne desserre pas les dents comme si on l'assommait. Elle a une épaisse couche de poudre sur la figure et, quand elle ouvre la bouche pour parler, on dirait que les coins sont collés et qu'il n'y en a que le milieu qui bouge.

Mannia essaya de singer la façon de parler de Souyoun, en faisant une petite bouche coquette et en avançant la lèvre inférieure avec une expression de dédain. Mais Mannia était belle, et Moulane lui dit en riant :

— Si elle le faisait avec autant de grâce que toi, ce serait tout à fait ravissant. Je ne vois pas pourquoi, si l'on tient à parler, on ne parle pas naturellement.

— Je suis bête, je le sais, dit Mannia. Mais toi, *Meimei,* tu la vaux en tout et tu es infiniment plus intelligente qu'elle. Pour ce qui est de l'argent, ta famille a des millions, elle aussi. J'attends de voir ce qui se passera lorsque tu arriveras. Tu sais mieux t'exprimer qu'elle et, si nous faisons cause commune, nous n'aurons pas à la craindre.

— Nous avons de l'argent, c'est vrai, dit Moulane. Mais tu ne sais pas tout au sujet de ma famille. Il y a un point au sujet duquel nous perdons la face à l'égard des autres. C'est mon frère aîné.

— Tu m'as parlé de lui, en effet. Il est écervelé et s'emporte aisément mais, après tout, il n'est pas si méchant, dit Mannia.

— Je ne peux pas tout te raconter maintenant, dit Moulane. Mais je peux te dire que je le soupçonne d'entretenir une maîtresse au-dehors, et que cette maîtresse soit Ecran d'Argent. Je crois qu'il fume l'opium. Mais c'est un grand secret et tu ne dois en parler à personne. Je n'en discute même pas avec ma mère.

— Un cas pareil n'est pas unique, déclara Mannia, et Souyoun n'est pas mieux placée que toi. Ses deux frères sont les pires garnements de toute la ville, des débauchés qui courent après les filles. Si une famille comme celle des Niou demeure longtemps prospère, c'est que le Père céleste est aveugle. Pour moi, j'attends avec les yeux grands ouverts pour voir comment tout cela finira.

— Mon père m'a toujours raconté, dit Moulane, qu'il a vu des familles pauvres s'élever et des familles riches décliner. Il répète que s'il n'en était pas ainsi, les riches seraient toujours riches et les pauvres toujours pauvres. Il me dit que la chose la plus importante, c'est de ne pas dépendre de l'argent ; on doit jouir de sa richesse et pourtant être prêt, à n'importe quel moment, à s'en passer.

— Je ne m'étonne pas, dit Mannia, qu'avec un tel père ta sœur et toi ayez été si bien élevées, sans que l'on sente chez vous, le moins du monde, l'odeur des richesses. Mais le cupide Dieu des Richesses, toute la ville le déteste.

*

En ce temps-là, M. Yao parlait souvent d'aller faire un voyage à l'étranger. Lorsqu'il était de bonne humeur, il disait à ses filles qu'il aimerait voir les Mers du Sud, par quoi il entendait le détroit de Malaisie et les Indes orientales hollandaises. Lorsqu'il était de mauvaise humeur, il déclarait qu'il était décidé à dépenser sa fortune avant que son fils la lui ait gaspillée. M. Yao revenait si souvent sur cette idée que par moments elle semblait le dernier rêve de bonheur que conçoit un vieil homme durant cette vie ici-bas, et qu'à d'autres moments, on pouvait craindre qu'il ne voulût dissiper la fortune familiale et s'évader du sein de sa famille, ainsi que le font parfois de dévots taoïstes.

Cependant il y avait deux choses qu'il voulait faire avant de partir. En premier lieu, fixer la date du mariage de Moulane, et en second, fiancer Mocho à Lifou. Les Tseng l'avaient pressenti au sujet du mariage et avaient proposé qu'il se fît au printemps mais M. Yao n'avait pu leur donner sa décision définitive à cause de son projet de voyage. Il voulait, bien entendu, assister au mariage, parce que sa présence était nécessaire et parce qu'il aimait sa fille ; pourtant il ne voulait pas que cela l'obligeât à rentrer hâtivement à Pékin. Pour finir, il promit à la famille du fiancé qu'ils pourraient célébrer les noces durant l'automne de l'année suivante.

Quant aux fiançailles de Mocho, M. Yao dut attendre que M. et Mme Fou fussent rentrés du Sud, car ils étaient tout indiqués pour servir d'intermédiaires auprès de Mme Koung. Lifou n'avait pas encore obtenu son diplôme mais, en ce temps-là, les parents prévoyants étaient toujours pressés de s'assurer des gendres parfaits pour leurs filles. En principe, M. Yao était pour « le mariage par libre choix » mais du moment qu'il s'agissait de ses propres filles, il ne pouvait se montrer entièrement taoïste, tout laisser à la « nature » et au hasard aveugle de la nature. En outre, selon la doctrine taoïste, le « Hasard », bien qu'il soit déterminé par des causes invisibles, est déterminé par la suite des événements. La « chance maritale » de Mocho était assez clairement indiquée ; Lifou était un mari idéal, et ne pas saisir la chance quand elle passe à votre portée eût été s'opposer au Tao.

M. Yao comprenait qu'il était en avance sur son époque et qu'il ne serait pas équitable de sa part de laisser ses filles, seules parmi toutes, s'évertuer à attraper des maris, tandis que les autres jeunes filles de leur génération auraient des parents qui établiraient leurs plans par avance et les aideraient à découvrir les meilleurs jeunes gens de leur génération. La question de temps jouait un grand rôle car, d'habitude, les meilleurs jeunes gens étaient de bonne heure mis en question. En d'autres termes, le « mariage par libre choix » était pour M. Yao une idée utopique qu'il prenait volontiers comme thème de ses rêveries. En fait, pensait-il, une jeune fille modeste préférerait mourir vierge plutôt que d'user de ses charmes pour courir après un mari et le capturer ! Tout cela lui apparaissait alors bien vulgaire et bien vil et cela lui apparut réellement vulgaire et vil lorsque cela se pratiqua sous ses yeux.

Dans la génération actuelle, qui suivit celle de Moulane, quelques-unes des meilleures jeunes filles ne se sont pas mariées, parce que les mœurs avaient changé. Les meilleures jeunes filles ont trop de fierté pour aller à la chasse aux maris et leurs parents, eux, ne sont plus à même d'arranger des mariages avec des jeunes gens souhaitables.

Les fiançailles de Mocho se trouvèrent hâtées par le brusque retour de M. Fou et par les événements d'octobre 1908. Pendant qu'il se trouvait au Lac de l'Ouest, M. Fou apprit subitement qu'il était nommé commissaire à l'Instruction publique de la province du Chihli et il se hâta de rentrer à Pékin, où il arriva le 16. Lui et sa femme étaient tout à fait disposés à s'entremettre pour cette union, et le soir même, Mme Fou se rendit chez Mme Koung.

Les fiançailles furent rapidement conclues. Des « cartes de famille » furent d'abord échangées. Elles portaient les noms des ancêtres de la fiancée et du fiancé jusqu'à la troisième génération. Ensuite ce fut le tour de l'échange des horoscopes, ce qui comprend l'heure et la date de naissance du jeune homme et de la jeune fille.

M. Fou mena les fiançailles à bonne fin ; puis, ayant été reçu en audience par l'empereur et l'impératrice douairière, il partit pour Tientsin afin d'occuper sa nouvelle charge. Il se targua toujours d'avoir eu la dernière audience de Leurs Majestés. Car le 21, on apprit la mort, à trois jours de distance, de l'empereur et de l'impératrice douairière.

Au milieu de tous ces événements, les fiançailles officielles de Mocho et de Lifou furent célébrées par un échange de cadeaux, le fiancé offrant à la fiancée une paire de bracelets d'or, et elle lui offrant des chapeaux, des vêtements de soie, un pinceau à écrire dont la hampe était de jade et une plaque ancienne pour broyer l'encre de Chine. Par une innovation tout à fait moderne, on échangea aussi des photographies. Les bracelets étaient ceux de Mme Koung, car depuis longtemps elle les avait mis de côté pour sa future belle-fille. La cérémonie se fit simplement et la mère de Lifou se garda de prétendre égaler en richesse la famille de la fiancée. A cause du deuil national, il n'y eut pas de dîners. Lorsque les voisins qui vivaient à la Guilde du Sseutch'ouan vinrent féliciter Mme Koung, elle répondit :

— Pour ce qui est de la situation de famille, nous ne pouvons pas nous comparer aux Yao. Nous n'aurions pas osé choisir pour belle-fille une pareille fille de gens riches, si nous ne savions pas que Mlle Yao est une jeune personne à ce point sérieuse, économe et bien élevée ; bref, qu'elle est totalement différente des autres filles de riches. Je n'arrive vraiment pas à comprendre comment mon fils a pu avoir autant de chance. Tout cela, nous le devons à l'oncle Fou.

Quant à Mocho, son père lui avait dit :

— Nous avons décidé ce mariage pour toi et nous pensons que tu n'y as aucune objection.

— Si j'en avais, je vous l'aurais dit, répondit Mocho. Il était un peu embarrassant pour une jeune fille d'avoir à répondre cela mais Mocho n'était ni craintive, ni timide. Elle était pratique, et quand certaines choses devaient être dites, elle les disait.

M. Yao lui dit affectueusement :

— Vous deux, Moulane et toi, vous faites des mariages très différents mais, à notre idée, nous vous traitons, votre mère et moi, avec une équité parfaite. La famille Tseng a de l'argent et la famille Koung est pauvre. Est-ce que tu y vois un inconvénient ?

— Non, Père, expliqua Mocho. L'argent n'a pas d'importance.

— En es-tu sûre ? lui demanda son père.

— Oui, j'en suis sûre, répondit Mocho en souriant.

— Je savais que tu pensais ainsi. C'est très bien, très bien ; c'est moi qui te le dis. Tu pourras toujours avoir confiance en Lifou. Il est fils unique, et un bon fils pour sa mère. Vous ferez une heureuse petite famille.

*

Le pays fut plongé dans un deuil national et toutes célébrations et festivités furent interdites pour trois mois. La vieille femme ignorante qui avait tenu le pouvoir pendant toute la seconde moitié du XIXe siècle avait, plus que personne au monde, entravé le développement de la Chine. Sans elle, l'empereur Kouanghsou, qui était pour le progrès, aurait certainement continué dans la voie des réformes. Jusqu'à la fin, pareil à un aigle dont on a coupé les ailes, l'empereur demeura soumis à sa tante. L'ignorance, lorsqu'elle s'ajoute à un caractère énergique, était une double malédiction ; la stupidité jointe à l'entêtement était doublement stupide. L'impératrice avait en fait détrôné l'empereur et l'avait emprisonné à la Terrasse de Yingtai, au milieu du Lac de la « Mer du Sud », dans l'enceinte du Palais. Par un hiver rigoureux, un eunuque, ayant eu pitié du prisonnier, fit remplacer le papier des fenêtres pour le préserver du froid ; il fut brutalement congédié par l'impératrice.

Elle savait que si l'empereur lui survivait, une terrible vengeance s'exercerait sur sa mémoire et sur son âme. Aussi lorsqu'une longue dysenterie eut épuisé ses forces et qu'elle comprit que ses jours étaient comptés, elle fit empoisonner son neveu deux jours avant qu'elle-même mourût. Mais l'empereur n'avait pas oublié la traîtrise de Yuan-Chihkai, qui, avec de telles tragiques conséquences pour lui-même, l'avait trahi à la veille du coup d'Etat projeté. Sur son lit de mort, il se mordit le doigt jusqu'au sang et, de ce sang, rédigea son dernier testament, qui exigeait que Yuan fût à tout jamais exclu de sa charge.

La révolution était dans l'air. Le peuple chinois était mécontent du régime étranger mandchou, de sa faiblesse, de son ignorance, de son incompétence, des retards apportés à l'octroi de la constitution qui avait été promise. Un empereur-enfant, âgé de trois ans, et qui est aujourd'hui l'empereur-fantoche du « Mandchoukouo », fut placé sur le trône ; son père devint prince régent et gouverna en son nom. Si le commun des hommes d'affaires pouvaient ignorer ce que serait l'avenir politique du pays, tous les gens vraiment intelligents savaient que l'élan de la révolution ne pourrait être retenu longtemps. M. Yao était de ceux qui voyaient loin. La mort de la vieille impératrice et de l'empereur coïncida avec sa décision d'aller à Hongkong, à Singapour et à Java. Il s'était maintenant entièrement convaincu qu'un excès de richesses serait mauvais pour ses fils, et il voulait venir en aide à la cause de la révolution. Cela, il ne pouvait le confier à personne, pas même à sa femme ou à ses filles, à son beau-frère ou à M. Fou, car c'eût été une trahison envers l'Empire.

M. Yao partit en novembre pour le Sud. Contre le désir de sa femme, il emmena Afei avec lui car il était visible qu'à mesure qu'il vieillissait il aimait davantage son fils cadet. Il ne voulait pas courir de risques avec lui et prenait personnellement soin de lui. Ses filles surent après le départ de leur père que celui-ci avait emporté cinquante mille dollars et avait dit à leur oncle qu'il se pourrait qu'il en réclamât davantage. Sa femme lui avait demandé ce qu'il allait faire de tant d'argent mais il avait carrément refusé de le lui dire. Ses filles devinèrent que cette décision avait un lien avec son mécontentement à l'égard de Tijen et avec sa menace de dissiper la fortune familiale. Mais son affaire et ses biens se montaient à près d'un million de dollars et, à moins qu'il ne vendît tout et flanquât l'argent dans la mer, la fortune ne pouvait pas être si aisément anéantie. M. Yao promit d'être de retour pour le printemps ou pour l'été, à temps pour le mariage de Moulane.

Tijen se dit que son père avait pris de l'argent qui appartenait à lui et à Afei et le dilapidait délibérément ; et il le dit à Ecran d'Argent. La veille du Jour de l'An, il vint trouver son oncle et lui demanda quinze mille dollars pour payer ses dettes de jeu. Sa mère sut la chose mais Tijen affirma qu'il avait perdu au jeu et devait payer avant le Nouvel An. Il promit de ne plus jamais jouer et cette fois, assurait-il, il tiendrait parole.

— C'est une bien grosse somme, et à son retour, ton père devra être mis au courant, lui dit sa mère.

— Sauvez-moi encore cette fois, Mère, et je vous promets de ne pas recommencer, dit-il avec insistance. Quand Père reviendra et l'apprendra, tout sera passé depuis longtemps. Pourrait-il me faire cracher l'argent hors de mon ventre ? Je me présenterai à lui et le laisserai me rouer de coups s'il en a envie. Lui aussi, il contribue à gaspiller notre argent.

De nouveau, Tijen rentrait tard dans la nuit car l'absence de son père était pour lui une bonne fortune ; chez lui, il n'y avait plus personne qui lui fît peur. Son oncle ne se mêlait pas de sa conduite, du moment que sa mère ne s'en mêlait point.

Puis il se mit à découcher. La première fois que cela arriva, sa mère réclama des explications ; il répondit avec colère qu'il était maintenant grand et ne se laisserait cloîtrer par personne. Peu à peu, ses absences augmentèrent de durée et parfois, pendant trois ou quatre jours de suite, il ne rentrait pas.

Ces jours-là, pour sa mère, étaient tristes et mélancoliques. Elle regrettait le temps où, sachant qu'il rentrerait, elle était heureuse de rester debout, jusque tard dans la nuit, à l'attendre. Maintenant, son fils lui semblait complètement hors de sa portée.

Un jour, durant le printemps qui suivit, après qu'il fut resté cinq nuits sans rentrer, elle lui demanda de nouveau des explications.

— Je ne peux vous en donner, Mère, lui dit-il. Il vaut mieux que vous ne sachiez rien ; vous mettre au courant ne servirait de rien. Je fais ce que j'ai le devoir et le droit de faire, et vous devez vous fier à moi.

— S'agit-il d'Ecran d'Argent, ou non ? lui lança à brûle-pourpoint Mocho indignée.

Tijen hésita, et puis, jetant par-dessus bord tout faux-fuyant, il dit fermement :

— Eh bien, oui. Je savais que Mère ne serait pas contente, et j'ai voulu lui épargner cette peine.

En l'entendant, Mme Yao perdit tout contrôle sur elle-même. Les insultes jaillirent de ses lèvres, comme si elle eût été n'importe quelle femme offensée.

— Où est-elle, cette petite putain ? Où est-elle, cette effrontée ? Je ne suis qu'une vieille femme mais je n'aurai pas peur de m'attaquer à elle ! Elle est un vampire que le Roi des Enfers a envoyé, armé d'une fourche, pour arracher mon âme de mon corps !

Le secret était maintenant connu. Encens, qui se trouvait dans la pièce, se hâta d'aller le raconter à Brocart. Elle revint aussitôt, suivie de Brocart, et au désespoir d'avoir manqué quelque chose. Debout sur le seuil, elles entendirent Tijen annoncer une autre nouvelle, encore plus stupéfiante.

— Mère, il faut que vous écoutiez la voix de la raison, dit-il. Sans le savoir, vous êtes grand'mère. Quelqu'un vous a donné un petit-fils et vous persistez à la traiter de putain. Eh bien, putain ou non, elle est la mère de mon enfant, et je ne l'abandonnerai pas.

— Quand ? Où ? s'écrièrent Moulane et Mocho.

— Le mois dernier. C'est un garçon. Voilà pourquoi j'étais si souvent absent. Je ne voulais pas provoquer des scènes, et c'est la raison pour laquelle je ne pouvais rien expliquer. Depuis que Mère a trahi sa promesse et a chassé Ecran d'Argent, j'ai pris soin d'elle, si c'est cela que vous voulez savoir. Maintenant, « le riz est cuit » et je ne peux pas abandonner Ecran d'Argent. Ce qu'il y a de plus important pour un homme, c'est sa conscience.

Sa mère était maintenant atterrée et sans voix. La naissance de ce petit-fils la plongeait dans un égarement plus grand encore et lui faisait entrevoir de plus grandes complications que son esprit positif n'était capable d'en saisir. Elle n'avait plus qu'une idée nette ; elle, la mère, était vaincue et Ecran d'Argent, la servante, l'avait emporté.

C'était bien là ce qu'Ecran d'Argent avait souhaité. La naissance d'un petit enfant achevait son triomphe et la plaçait dans une situation que rien ne pouvait ébranler. Et cet enfant se trouvait être un garçon ! Oh ! joie de la mère et triomphe de la femme ! Après la naissance de son fils, Ecran d'Argent aurait désiré rendre publique la nouvelle, pour voir comment Mme Yao la prendrait mais elle avait conseillé à Tijen d'attendre le retour de son père, car elle pressentait qu'il serait plus pondéré et accepterait l'état de choses mieux que ne le ferait sa femme et, peut-être, la replacerait de nouveau dans une situation de demi-servante et de demi-maîtresse. Ah ! comme elle exulterait s'il lui était permis de rentrer dans la maison des Yao, son sang mêlé à celui de la famille Yao ! Mais Tijen avait tout laissé échapper.

Sa mère jura que de sa vie elle ne reverrait le visage de cette servante. Mais elle voulait le petit-fils, la chair de sa chair. Moulane et Mocho tentèrent de la calmer mais sa haine pour Ecran d'Argent semblait aussi profonde que la mer et aussi ancienne que la femme. Il y avait fort peu de chances pour qu'elle reprît encore la servante chez elle à cause de cet enfant. Elle consulta son frère ; il lui conseilla de laisser les choses en l'état et d'attendre le retour de son mari.

Moulane extorqua de Tijen l'adresse d'Ecran d'Argent en lui promettant de ramener leur mère à de meilleurs sentiments. Aussi, un jour, les trois sœurs partirent pour ce qui devait être un des événements les plus sensationnels de leur existence : voir Ecran d'Argent et son bébé.

Ecran d'Argent avait été avertie de leur venue par Tijen. Lorsqu'elles arrivèrent, elle montra beaucoup de courtoisie et de révérence et continua à les traiter de *Hsiaochieh* Aînée, Seconde et Troisième. La logeuse, qui était au courant de la situation sociale de la famille, fut très impressionnée par la présence de trois jeunes filles jolies et riches dans sa maison. Tijen n'était pas là et Ecran d'Argent leur servit le thé elle-même à la manière ancienne. Moulane jeta les yeux autour d'elle et vit que les chambres, bien que petites, étaient meublées avec beaucoup de goût et de correction, hormis l'affreuse peinture d'une femme d'Occident toute nue ; et elle savait d'où était venu l'argent qui avait servi à payer tout cela. Il y avait une chose qu'elle n'aimait pas : c'était qu'Ecran d'Argent, la servante, fût maintenant vêtue de soie de la tête aux pieds et eût aux bras une paire de merveilleux bracelets de jade, tout comme si elle était une vraie dame.

— Excusez-moi, *Hsiaochieh,* dit Ecran d'Argent. Il y a eu un malentendu. Votre mère pensait que j'étais une « renarde-fantôme[52] », mais vous, vous m'avez bien traitée, et votre frère a bon cœur. C'est pourquoi je suis aujourd'hui encore vivante.

On discernait dans son discours sa satisfaction d'avoir triomphé.

— Ne revenons pas sur le passé, dit Mocho. Nous ne sommes pas venues pour régler de vieux comptes mais pour voir le bébé. Où est-il ?

— Entrez ici, dit Ecran d'Argent.

Elle les conduisit dans sa chambre à coucher, où un poupon potelé était couché dans un berceau à l'occidentale laqué en blanc. Ecran d'Argent le souleva et le tint fièrement dans ses bras pour l'exhiber aux visiteuses très émues. L'enfant avait un nez pointu tout pareil à celui de son père.

— Confiez-nous le bébé, dit Moulane. Nous le montrerons à *Taitai* et nous vous le rapporterons. Elle sera contente de le voir.

Ecran d'Argent refusa obstinément, mais quand les trois sœurs furent parties, elle le regretta, et craignit que la famille de l'enfant ne s'emparât de lui par la force. Elle exposa ses craintes à Tijen et lui proposa de déménager et de se cacher ailleurs.

— S'ils enlèvent le bébé, ne saurai-je pas le leur enlever à mon tour ? répondit Tijen.

— Dans ce cas, j'irai moi-même le reprendre chez eux, dit Ecran d'Argent. Ils pourraient, bien entendu, m'empêcher d'entrer mais, moi, je pourrais mourir devant la porte de votre famille.

Néanmoins, elle parvint à persuader à Tijen de l'installer dans une autre maison, en dehors de Chienmen. Ecran d'Argent montait nuit et jour la garde auprès de l'enfant et ne le quittait jamais.

Ce qu'appréhendait son instinct maternel se réalisa. Un jour, Lotoung arriva avec plusieurs servantes au nouveau logis, et lui demanda, au nom de la *Taitai,* de se dessaisir de l'enfant.

Tijen n'était pas là, et Mme Houa, qui avait suivi la jeune femme dans sa nouvelle demeure, se trouvait absente. Ecran d'Argent était assise auprès du berceau blanc du bébé. Le chien – un chien d'arrêt – était couché près d'elle. Il était devenu grand et on l'appelait « Golo », ce qui pour Ecran d'Argent représentait le mot « girl ».

Ecran d'Argent pâlit et le chien gronda avec hostilité à la vue de ce groupe d'étrangers. Faisant taire le chien, elle se dressa auprès du berceau, ses mains protégeant l'enfant, et demanda :

— Que voulez-vous ?

— J'obéis aux ordres de *Taitai,* répondit Lotoung. Cet enfant est un enfant de la famille Yao et *Taitai* réclame son petit-fils.

— Comment ? dit-elle. L'enfant est à moi. Le Jeune Maître n'a rien dit à ce propos. Si le petit-fils est remis à la famille Yao, il doit y avoir un accord.

— Ça, je n'en sais rien, répliqua Lotoung. Les ordres sont les ordres.

— N'essayez pas de toucher à mon fils, sinon vous aurez affaire à moi. Est-ce que le père de cet enfant n'est pas vivant ?

— Je ne suis ici que pour exécuter les ordres de *Tai-tai,* dit Lotoung avec fermeté.

— Vous ne me le prendrez pas, cria la mère désespérément. Est-ce elle qui lui a donné le jour, ou moi ?

S'avançant avec une mine menaçante, Lotoung saisit Ecran d'Argent, et dit aux servantes :

— Emportez-le.

Ecran d'Argent se mit à se débattre et à hurler de toutes ses forces de mère-nourrice. Aussitôt le chien se jeta sur Lotoung, tandis qu'une femme enlevait l'enfant de son berceau. Lâchant Ecran d'Argent, Lotoung se tourna pour se débarrasser du chien, pendant que la femme s'enfuyait avec l'enfant.

— Golo ! cria Ecran d'Argent, va, mords cette femme !

Golo fit un bond et planta ses crocs dans l'épaule de la femme. Epouvantée, elle trébucha et laissa glisser l'enfant qui faillit tomber par terre. La mère, dans sa terreur, poussa un cri. Une autre femme attrapa l'enfant au moment où il tombait et, poursuivie par le chien, se sauva hors de la chambre. Craignant alors que le petit ne fût blessé, Ecran d'Argent cria :

— Golo ! Reviens !

Le chien se retourna et la regarda comme s'il était indécis. Ecran d'Argent voulut se précipiter dehors pour arrêter la femme, mais Lotoung la retint. Ecran d'Argent, pour se libérer, lui mordit le bras et lui tira les cheveux.

Lorsque le bébé ne fut plus là, Lotoung relâcha Ecran d'Argent et rejoignit les autres en courant. La mère dut assister, impuissante, à l'enlèvement de son enfant. Elle poussa un gémissement de mère primitive, en y mêlant un chapelet de malédictions à la façon de Ningpo.

— Soyez découpés par un millier de couteaux ! Que vos sœurs aînées, vos sœurs cadettes, vos tantes paternelles et vos tantes maternelles et vos trois générations de putains soient prostituées ! Ossements de voleur ! Je reprendrai mon enfant malgré tout, et toi, fils de pute, que tu crèves d'apoplexie, que tu dégringoles en bas du dix-huitième enfer et y croupisses pendant dix mille générations !

Lorsqu'ils eurent tous disparu, elle éclata en sanglots. En rentrant dix minutes après, Mme Houa la trouva sur le lit, qui sanglotait et proférait des malédictions sans fin.

*

Lorsque Tijen arriva et apprit l'enlèvement, il entra en fureur. A l'entendre, on aurait pu croire qu'il allait tuer sa mère ; mais il y avait une grande différence entre ce que disait Tijen et ce qu'il faisait.

— Que vas-tu faire ? demanda Ecran d'Argent.

— Ce que je vais faire ? J'enlèverai l'enfant à mon tour, même si je dois pour cela tuer quelqu'un.

— Doucement, doucement. « Une chose pressante doit être faite lentement », dit le proverbe, déclara Mme Houa. Tout ça, c'est une grosse affaire, et une affaire compliquée. Vous allez d'abord parler à votre mère. Persuadez-la d'accueillir Ecran d'Argent dans la famille. Tel est le conseil que je vous donne ; mais vous ne m'oublierez pas, vous deux.

— J'ai besoin de votre aide, maintenant, et je ne vous oublierai jamais, dit Ecran d'Argent. Si je mourais, vous occuperiez-vous de l'enfant à ma place ?

— Ne dis pas de bêtises, dit Tijen. J'ai une idée. Mme Houa, venez avec moi ; vous causerez avec ma mère, entre femmes. De toute façon j'ai besoin de vous ; je ne saurais pas ramener le bébé.

Mme Houa accompagna donc Tijen chez les Yao et il la conduisit dans la chambre de sa mère.

— Qui êtes-vous ? demanda Mme Yao à Mme Houa d'un ton irrité et sans adresser la parole à Tijen.

— Je suis l'amie d'Ecran d'Argent, dit Mme Houa.

Elle avait perdu tous ses moyens dès qu'elle était entrée chez les Yao et s'était rendu compte de leur train de vie ; et elle se mit à parler du bébé mais non sans timidité.

— Madame Yao, dit Mme Houa, je ne suis qu'une personne du dehors et je n'ai aucun titre à me mêler de tout cela. Mais, comme le dit le proverbe : « Celui qui est en dehors voit plus clair que celui qui est en dedans. » Il va sans dire que l'enfant appartient à la famille Yao et doit être chez vous. Mais le lien de l'enfant avec sa mère est l'œuvre de Dieu. Du moment que l'enfant doit venir s'installer ici, il faut qu'on conclue un arrangement, afin que sa mère puisse le voir. L'empereur lui-même n'oserait pas séparer une mère de son enfant. Vous êtes une mère et vous devriez songer à votre belle-fille.

— Cette garce éhontée, ma belle-fille ? répliqua Mme Yao. Quand ai-je envoyé un palanquin rouge pour l'accueillir chez moi ?

Mme Yao fit la sourde oreille à tout ce que l'on put lui dire. Elle ne voulait pas rendre l'enfant et elle ne voulait pas recevoir chez elle Ecran d'Argent.

— Eh bien, dit Tijen, puisque vous vous refusez à tout compromis, je n'ai plus qu'à remporter l'enfant.

Il pénétra dans la chambre voisine où Corail prenait soin du bébé et le réclama. Corail essaya de retenir l'enfant mais Tijen la repoussa d'un bras vigoureux et enleva de son berceau le bébé qui pleurait.

— Prends garde ! Tu vas le tuer ! s'écria Corail.

— Si je le tue, c'est mon enfant et pas le tien, répondit-il.

Il emporta l'enfant, le remit entre les bras de Mme Houa, qui n'en pouvait mais, et lui ordonna de le suivre ; mais, sur les injonctions de Mme Yao, les servantes la retinrent. Alors Tijen, faisant demi-tour, s'attaqua aux servantes et s'empara de nouveau de l'enfant pendant que, dans la confusion qui s'ensuivit, Mme Houa s'enfuyait seule.

Sur ces entrefaites, Lotoung se heurta dans la cour à Tijen et Mme Yao lui cria en patois d'arrêter son fils. Avec son frêle fardeau dans les bras, Tijen était paralysé.

— Arrêtez-le ! Emparez-vous du bébé ! cria Mme Yao.

Les servantes se précipitèrent. Enchanté de pouvoir user de sa force, Lotoung recula et barra l'entrée de la seconde salle, par laquelle Tijen était obligé de passer. Les servantes grouillaient autour de Tijen et le tiraient par son veston. Ayant les mains pleines, il finit, furieux, par abandonner la partie. Tendant le bébé à Corail, et giflant Lotoung au passage, il partit.

Lorsque Ecran d'Argent vit Tijen et Mme Houa revenir sans son enfant, elle fut désespérée, et, prêtant à peine l'oreille aux explications de Tijen, elle se mit à pleurer. Le lendemain, après que Tijen fut parti pour le magasin, Ecran d'Argent se rendit en personne chez les Yao. Comme on ne lui permit pas d'entrer, elle fit une scène devant le portail. Elle s'arracha les cheveux, hurla, pleura, lança des malédictions.

— Au nom de la justice céleste et de la conscience humaine ! cria-t-elle à la foule qui s'était rassemblée pour l'entendre discourir. Ils m'enlèvent mon enfant, ils me refusent l'entrée, ils essaient de séparer une mère de son enfant ! C'est à vous tous, voisins, passants, que je fais appel !

Tout cela était très embarrassant pour la famille. Séparer une mère de son enfant était une grave accusation, qui aurait eu gain de cause même si elle avait été introduite devant l'empereur, et c'était un péché qui ébranlait les bases mêmes du confucianisme. Bien que légalement le fils de Tijen appartînt à la famille de son père, pourtant, d'après la loi, cette famille était responsable aussi de la mère. Les passants s'interrogeaient et manifestaient leur sympathie pour la femme en pleurs. Lota apparut, tenta de la calmer et enfin lui demanda d'entrer pour discuter de la chose. Mais cette fois, Ecran d'Argent refusa.

— Rendez-moi mon enfant ! Rendez-moi mon enfant ! hurla-t-elle comme une folle. Sinon, je meurs devant vos yeux.

Ayant aperçu la dalle de pierre plantée dans le sol, elle s'en approcha et s'y heurta la tête à plusieurs reprises. Lota la fit cesser ; un petit filet de sang coulait sur son front. Lota et Lotoung la forcèrent à entrer dans la maison, bien qu'elle leur lançât des coups de pied et criât qu'ils voulaient l'emprisonner.

Le portail fut fermé et la foule, privée du spectacle et ne pouvant plus que l'entendre délirer, commença à se disperser.

Assise dans la chambre du portier, Ecran d'Argent ne faisait qu'alterner les hurlements avec les sanglots jusqu'à ce que Moulane et Mocho insistassent pour que leur mère lui parlât, disant : « Si vraiment elle en vient au suicide, qu'est-ce qu'on en dira ! Elle a un fort mauvais caractère, comme vous le savez. »

Mais leur mère ne voulut pas en démordre.

— Le petit est à nous et pas à elle, dit-elle.

— Alors, laissez-la rester ici, dit Corail qui, à cause de l'enfant, commençait à s'apitoyer sur Ecran d'Argent.

— Est-ce que vous pensez que je vais tolérer cette coquine chez moi, après qu'elle m'a enlevé mon fils ? demanda Mme Yao.

Finalement, Brocart et Encens allèrent trouver leur ancienne compagne et la réconfortèrent.

— Tu peux m'écouter, dit Brocart, puisque je suis du même rang que toi. Est-ce que tu crois que tu triompheras à force de te montrer entêtée ? Inutile de prendre les grands moyens. Une fois que tu seras morte, qu'est-ce que tu y auras gagné ? Est-ce que ta famille viendra de Hangtchéou pour traîner des gens comme les Yao devant les tribunaux ? Je te conseille de rentrer chez toi et de réfléchir tranquillement, à tout cela. Tu ne peux prendre une décision sur-le-champ.

Ecran d'Argent comprit qu'elle était vaincue. L'enfant, qui aurait dû être sa force, était devenu la cause de sa faiblesse.

Quand elle fut complètement épuisée, accablée et à demi hors de ses sens, Brocart la raccompagna chez elle. Tijen, en rentrant, la trouva étendue dans son lit et gémissant : « Mon fils ! Mon fils ! »

Elle refusa de se lever, même lorsqu'il la supplia de faire cela pour lui. Elle ne voulut pas non plus manger rien de ce que lui apporta Mme Houa pour la tenter. Elle demeura couchée tout le jour, sans se laver ni se peigner, et si désespérée que Tijen fut forcé de la quitter.

Il était désolé de ce qui était arrivé à Ecran d'Argent et en même temps il lui en voulait de lui avoir amené tant de tracas et de soucis. Il lui apparaissait maintenant que peut-être nulle femme ne valait tant d'ennuis.

Trois jours après il revint la voir. Mme Houa lui dit qu'Ecran d'Argent était toujours de même. Assez impatienté, il poussa la porte de la chambre qui était fermée. Elle s'ouvrit avec peine : il dut la forcer. Quand il fut entré, il regarda derrière la porte et vit Ecran d'Argent qui s'était pendue.

Ecran d'Argent était-elle ce qu'on appelle une « bonne » femme ? Oui, mais a-t-il jamais existé une « mauvaise » femme ? Si les circonstances et son rang avaient été un tant soit peu différents, elle aurait occupé, sa vie durant, une situation exactement semblable à celle de Mme Yao : propriétaire d'une grosse fortune, maîtresse de maison accomplie, mère dévouée, la perfection aux yeux de ses enfants.

*

Mme Yao apprit de Tijen lui-même qu'Ecran d'Argent s'était suicidée.

— Vous l'avez tuée ! Vous l'avez tuée ! hurla Tijen en furie. Et vous le paierez. Sa malédiction est sur vous et sur cette maison. Son ombre vous frappera un jour, vous poursuivra et vous harcèlera jusqu'à la fin de votre vie !

Mme Yao pâlit, et lui dit :

— Mon fils ! Mon fils ! Pour l'amour d'une servante, tu as maudit ta mère !

— C'est elle qui vous a maudites, vous et cette maison. Et, Mère, vous l'avez mérité !

Terrifiée, Mme Yao leva les mains pour l'arrêter.

Un mois durant, Tijen n'adressa pas la parole à sa mère. Elle avait beau le supplier, il ne l'écoutait pas.

Maintenant qu'Ecran d'Argent était morte, il était incapable de lui pardonner. Sa mère avait beau avoir brusquement vieilli, il se refusait désormais à s'en apercevoir et il ne revenait que de temps à autre pour emporter quelques-unes de ses affaires.

M. et Mme Houa l'aidèrent pour les funérailles d'Ecran d'Argent, auxquelles il fut permis à Brocart et à Encens d'assister ; et elle fut enterrée dans la ville extérieure. M. Feng offrit aussi à Tijen de l'aider mais le jeune homme se refusa à ce qu'aucun membre de sa famille assistât aux obsèques. Il était maintenant en révolte contre tous les siens et était plus que jamais détaché de sa mère.

Environ un mois après ces événements, M. Houa mourut d'une pneumonie. Tijen trouva en Mme Houa quelqu'un qui avait conservé un souvenir affectueux de sa maîtresse et il décida de continuer à habiter chez elle. Elle était compréhensive, franche, l'amusait et le consolait tour à tour ; aussi l'écoutait-il plus que toute autre. Il se mit à fumer l'opium en sa compagnie et les heures qu'il passait ainsi, par leur contraste avec le monde discordant qu'il trouvait au-dehors, lui apparaissaient empreintes de beauté et de calme. A cause de la différence de leurs âges, Mme Houa fut pour lui, tout à la fois, une mère, une maîtresse et une logeuse. Lorsqu'il allait, comme cela lui arrivait souvent, chercher son plaisir et son agrément parmi les femmes du quartier réservé, en dehors de Chienmen, Mme Houa ne le retenait pas ; au contraire, elle lui donnait des conseils d'expérience, si bien qu'elle lui évitait d'être entraîné dans de fâcheuses aventures. Elle conservait ainsi sur lui un fort empire et, de son côté, il éprouva toujours à son égard un sentiment de fidélité.

Il retourna un jour à la maison familiale mais sans que sa colère fût apaisée. Allant à sa mère, il lui lança en pleine figure :

— Vous avez tué la mère de mon enfant. Maintenant tout m'est égal. Si mon père veut me maudire, qu'il me maudisse ! Peu m'importe que la famille Yao tout entière coure à sa perte. Vous avez compris ?

Sa mère ne lui répondit pas et se contenta de lui jeter silencieusement un regard de pitié. Pendant ces quelques mois, ses cheveux étaient devenus tout blancs. La nuit, en rêvant, elle poussait des hurlements ; elle fut prise de la terreur de l'obscurité, disant que le fantôme d'Ecran d'Argent la poursuivait.

L'enfant d'Ecran d'Argent fut appelé Poya, et confié aux soins de Corail. Peu à peu, Mme Yao ressentit à l'égard de ce Poya – qui était pourtant son « premier » et pour le moment son seul petit-fils – une crainte étrange et superstitieuse ; si bien que Corail devait éloigner l'enfant de la vue de sa grand'mère.

Lorsque M. Yao revint avec Afei, il trouva son foyer détruit, sa femme vieillie, tout le monde triste et sans entrain. Quand on lui parla des quinze mille dollars que Tijen avait pris la veille du Jour de l'An, il se contenta de dire : « Fort bien ! » Ce qui ne laissa pas d'épouvanter ses filles. Mais lorsqu'il apprit la mort d'Ecran d'Argent, il blâma sa femme de ne l'avoir point accueillie. « Après tout, dit-il, elle est la mère de notre petit-fils. » Il alla en personne rendre visite à la tombe d'Ecran d'Argent et y fit faire quelques modifications, ordonnant qu'une plaque fût placée dans la niche familiale, qui porterait cette inscription : « Ici réside l'esprit d'Ecran d'Argent Chang de Ningpo. » Ainsi, après sa mort, Ecran d'Argent se trouva installée parmi les esprits familiaux des Yao. Mme Yao se sentit mortifiée mais accepta cela comme un geste propitiatoire à l'égard de l'esprit d'Ecran d'Argent.

Ce fut parmi de telles circonstances que Moulane se prépara pour son mariage. Elle s'était mise à rassembler des perles et des jades pour sa corbeille de noces. Lorsqu'ils l'apprirent, des bijoutiers vinrent la voir avec des écrins contenant les joyaux les plus stupéfiants, colliers, bracelets, anneaux, pendants d'oreilles de jade ; et elle choisissait avec le plus grand soin ce qu'elle désirait. Mais l'atmosphère de la maison était si transformée par l'hostilité de Tijen envers sa mère et les terreurs nocturnes de Mme Yao, qu'il arrivait à Moulane de souhaiter égoïstement d'être mariée le plus tôt possible et d'aller trouver chez les Tseng un foyer plus paisible.

Un soir, après le dîner, M. Yao dit à sa famille, d'un ton très attristé et très grave :

— La bonne et la mauvaise chance sont déterminées par avance. J'attends seulement qu'Afei soit devenu une grande personne. Après qu'il le sera et après que Moulane et Mocho auront été mariées, je suivrai ma propre voie et vous suivrez la vôtre.

Ses filles furent prises alors d'une profonde terreur. Elles ne pouvaient croire qu'un jour leur père se séparerait d'eux tous, et elles conçurent une haine intense contre Tijen, qui avait fait s'étendre sur leur famille l'ombre sinistre de cette tragédie.

— Père, même si nous ne comptons pour rien, vous devez vous montrer juste pour Afei, dit Moulane dont les yeux s'étaient remplis de larmes. Et puis, il faut maintenant vivre pour le petit-fils. Quelquefois, un mauvais plant de bambou donne naissance à de bonnes pousses.

Son père se contenta de lui redire un poème écrit par You Chouyouane dans sa vieillesse heureuse. Il a pour titre *Adieu à ma famille.*

Qu'est-ce que la famille, sinon une phrase ?
D'aventure, des voyageurs se rencontrent sur leurs chemins.
Le spectacle de Guignol est terminé,
Démontez la baraque, sa charpente, ses décors.

CHAPITRE XXI

Il est possible que les diseurs de bonne aventure se trompent. Il est possible – et ceci serait plus près de la vérité – que dire la bonne aventure soit un art et non une science, tout comme l'exercice de la médecine est un art et non une science. Si le diagnostic d'un médecin était le verdict de la science absolue, il n'y aurait aucun avantage à s'adresser à de vieux médecins pleins d'expérience, il n'y aurait aucune nécessité de recourir à des consultations dans des cas difficiles, et qu'un docteur demande à un autre docteur : « Qu'est-ce que vous en pensez ? » Mais à nos yeux de simples profanes qui ont besoin d'avoir foi en quelque chose d'absolu, les gens de métier doivent offrir l'apparence de la certitude, donner l'idée qu'ils possèdent la vérité. Aussi l'analyse des visages est-elle semblable au diagnostic des symptômes. Il n'y a pas de distinctions bien tranchées entre les visages de type Or, Bois, Eau, Feu et Terre, et les sous-types se confondent les uns dans les autres. Il s'agit d'une prédominance d'un type particulier et, par leurs différences et leurs nuances, les combinaisons de types sont infinies. C'est le physiognomoniste expert qui discerne les nuances. En ce qui concerne Moulane et sa sœur, tout ce qui était clair et certain, c'était que Moulane avait les yeux plus allongés que ceux de sa sœur, des yeux brillant de vive intelligence, que ses traits étaient plus fins et plus aigus, qu'elle-même était plus passionnée. Mocho au contraire, qui dépendait de l'esprit de la Terre, avait des yeux ronds, des traits ronds et charnus, était plus pondérée et plus pratique que Moulane. La douceur et la blancheur relatives du teint de Mocho étaient en sa faveur car elles dénotaient une peau au tissu fin, une existence confortable et facile. En Orient comme en Occident, aux temps anciens comme aux temps modernes, on a toujours conçu que la femme idéale devait avoir la peau blanche, les chairs souples, offrir des formes suaves aux contours sinueux.

On aurait été prêt à penser que Mocho avec Sunya auraient formé un couple tout à fait bien assorti, et de même Moulane avec Lifou. Quels que fussent les « éléments » de ces quatre individus, ils étaient tous des sous-types assez complets. Mocho, avec sa sagesse pratique, aurait été heureuse dans une grande et opulente maisonnée ainsi que l'était celle des Tseng ; elle se serait intéressée à tous les détails et se serait fort bien accordée avec les supérieurs et les inférieurs. D'un autre côté, Moulane aurait transformé la vie familiale de Lifou : elle l'aurait obligé à prendre plus de voyages de divertissement et lui aurait imposé une existence moins ordonnée peut-être, mais peut-être aussi plus poétique. Elle aurait trouvé que boire du vin avec Lifou au clair de lune dans un bateau, sur le canal de Soutchéou, était un plaisir auquel on ne pouvait résister. Elle n'était pas de ces gens prudents qui savent économiser et Lifou aurait eu une vie moins large mais elle lui aurait préparé des plaisirs nouveaux et peu coûteux. Malgré cela, étant donné le génie impétueux de Lifou, elle aurait peut-être moins réussi à le tenir à l'abri de tout péril. Ou, d'autre part, elle aurait pu être comme la femme de Yang Chicheng, une ancêtre de la mère de Lifou, qui supplia, alors qu'il était en prison, qu'on lui permît de mourir à la place de son époux.

S'il avait existé une conception du mariage d'après le choix du jeune homme et de la jeune fille, Moulane aurait pu épouser Lifou et Mocho Sunya. Moulane aurait annoncé qu'elle était amoureuse, c'est-à-dire dans un état mystérieux, inexplicable, indépendant de sa propre volonté, qui devait précéder et dominer tout autre état ; et, comme il en arrive aujourd'hui, elle aurait rompu ses engagements avec la famille Tseng. Mais les anciens usages tenaient toujours bon et Moulane n'en vint pas à confesser, même à elle-même, ses sentiments amoureux et coupables à l'égard de Lifou et elle ne douta jamais qu'elle éprouverait de l'affection pour Sunya. Son amour pour Lifou demeura dans le plus profond secret de son cœur.

Telles que les choses se présentèrent, Mocho eut pour tâche de contenir et de maîtriser Lifou, tandis que Moulane dut pousser Sunya en avant et l'éperonner. Mais parce qu'il est plus naturel pour une femme de contenir son époux que de le pousser en avant, peut-être Mocho fut-elle plus heureuse que sa sœur. Car si Moulane avait poussé en avant l'impétueux Lifou, cela aurait pu, après tout, être désastreux.

Moulane se maria à dix-neuf ans ; c'est-à-dire à vingt d'après la façon dont calculent les Chinois. Au printemps de 1909, la cérémonie de la « requête de la date » du mariage fut officiellement célébrée par les Tseng en envoyant la « carte du dragon et du phénix » ; le dragon représentant l'homme et le phénix la femme. Cette carte fut accompagnée de « gâteaux du dragon et du phénix », de soieries, de thé en feuilles, de fruits, d'oies vivantes et de quatre jarres de vin. La famille Yao signifia son approbation en envoyant à son tour une carte accompagnée de douze espèces de pâtisserie. D'après l'antique tradition classique, qui comprenait le rite du fiancé allant lui-même accueillir la fiancée chez elle, l'avantage semblait être entièrement du côté de la fiancée puisque la famille de celle-ci semblait conférer une faveur à la famille du fiancé en lui accordant la personne de leur fille.

Du consentement des deux familles, les noces de Moulane devaient être parmi les plus somptueuses que l'on eût vues à Pékin. D'abord, parce que des deux côtés il y avait beaucoup d'argent, ensuite, parce que M. Yao avait un faible pour sa fille, et que les Tseng étaient très fiers de leur future bru ; puis, parce que les noces de Chinya avaient été célébrées avec beaucoup de pompe et que, pour être justes avec Sunya et pour garder les apparences, les Tseng ne voulaient pas déchoir ; enfin, parce que M. Yao s'était mis à ne plus attacher d'importance à sa richesse. Il n'y avait pas de meilleure façon de dissiper sa fortune, selon lui, que de la dépenser pour le mariage de sa fille et de contempler le bonheur pendant qu'il durait. La richesse était pour lui comme un feu d'artifice qui trace des lignes de feu sur le ciel obscur, avec beaucoup de pétarades et d'étincelles, pour finir en fumée et en cendres, en tisons noircis sur le sol.

Plusieurs mois avant les noces, M. Yao prit soin de commander au Foukien des feux d'artifice spéciaux ; ce qui, avec les frais de leur transport et la venue d'un artificier, lui coûta près d'un millier de dollars. Afei avait vu de pareils feux d'artifice pendant qu'il était dans le Sud avec son père et il en avait décrit les merveilles à ses sœurs et à Jade rouge.

Des centaines de gens furent conviés, y compris les plus hauts fonctionnaires, les princes et princesses mandchous. Yuan-Chihkai, qui avait été renvoyé de sa charge, vivait retiré dans sa maison du Honan, mais sa banderole de soie rouge fut exhibée en bonne place avec celles du ministre Niou, du Grand Conseiller Wang et des princes mandchous. En voyant les noms de ceux qui avaient envoyé de telles banderoles de noces rouges, déployées salle après salle dans la demeure des Tseng, on croyait feuilleter l'almanach de la Cour car c'étaient les noms du premier ministre du Suprême conseil de la guerre, du chef de la Garde impériale, du chef de la Gendarmerie métropolitaine, du vice-roi du Chihli, du vice-roi du Chantoung, et des barons mandchous.

Toute la maison des Tseng avait été transformée à cette occasion. La grand'mère Tseng se sentait très en forme cet été-là, et elle avait voulu être de la fête. Comme les noces devaient se célébrer au début d'octobre, alors que l'air est vif et frais, les panneaux de bois de la première salle furent déposés, et l'on établit une terrasse qui fut reliée aux cours pavées de devant et de derrière. Des nattes, supportées par des échafaudages de plus de dix mètres de haut, furent tendues au-dessus des cours et sur les côtés, de sorte que lorsque l'on entrait, après avoir passé derrière le paravent de bois à quatre panneaux saupoudré de vert et d'or, on croyait pénétrer dans une immense salle de trente mètres de profondeur, garnie de cierges rouges de trois pieds de haut, tandis que des banderoles de soie rouge d'un mètre et demi de largeur et de huit mètres de haut tapissaient les murs, si serrées les unes contre les autres que sur quelques-unes d'entre elles on ne pouvait lire que les noms de ceux qui avaient envoyé des cadeaux. De grands caractères d'un pied de haut, en papier doré ou en velours noir doublé d'or où se reflétaient les flammes des cierges, donnaient à cette immense salle l'aspect d'une masse rouge et or. Des escaliers de pierre conduisaient à la salle principale intérieure, où la cérémonie nuptiale devait être célébrée. Le centre, qui était ouvert à la vue, montrait au milieu la banderole rouge du baron Tao, que flanquaient à droite celle du Conseiller privé Na et à gauche celle du Grand Conseiller Wang. A droite et à gauche de ces trois banderoles, et tout près d'elles, étaient la banderole du ministre Niou, à titre de parent de la bru Souyoun, et celle d'un frère de Mme Tseng, personnage très obscur mais qui, étant un oncle maternel, acquérait une importance extrême à ce mariage puisqu'il représentait la famille de la mère du marié.

Des jardiniers, des charpentiers et des peintres avaient travaillé pour que la maison tout entière parût comme neuve. Les corridors tortueux de l'aile ouest qui conduisaient dans le labyrinthe des bâtiments d'habitation furent repeints, les murs blanchis à la chaux, les fenêtres et les plafonds recouverts de papier. La grand'mère s'était installée dans le corps de logis principal du fond, ce qui facilitait les visites quotidiennes que lui faisait la famille. Son logement, au sud-est de la chambre qu'avait au début habitée Mannia, était maintenant occupé par Souyoun et était isolé par un étroit passage couvert et un petit jardin. A l'ouest, une rocaille garnie de plantes grimpantes séparait le logis de Souyoun du petit pavillon où avait vécu le vieux professeur Fang ; et au-delà était une vieille salle que l'on utilisait l'été parce qu'elle était proche du terrain vague, rempli d'arbres et de débris, devant le temple de famille. L'année d'avant, cette salle avait été transformée en une charmante habitation, où logeaient durant l'été M. Tseng et Cassie. C'était le corps de bâtiment le plus sud-ouest de toute la maison et il donnait par une porte en demi-lune sur le terrain vague. Lorsque le mariage de Sunya fut projeté, M. Tseng y renonça en faveur de son fils parce que Mme Tseng savait combien Moulane aimait les vues bien découvertes. Une partie de ce terrain vague avait été déblayée et on y avait élevé une scène temporaire en bois pour des représentations théâtrales qui devaient durer trois jours et trois nuits. Un passage découvert vers le nord conduisait à une porte qui ouvrait directement sur le logement de Mannia, sur le derrière, tandis qu'un autre passage, partant de l'entrée sud de la cour, conduisait à travers un petit pavillon hexagonal tout droit au portail principal. Derrière était le Studio du Cœur tranquille, où Mannia et sa mère avaient au début logé, lors de leur arrivée du Chantoung.

A mesure que la date du mariage se rapprochait, le travail de préparation devenait énorme. Un grand nombre d'employés subalternes du bureau de M. Tseng avaient été enrôlés à cette occasion et, en même temps que quelques parents du Chantoung et des administrateurs de la Guilde du Chantoung, ils vinrent s'installer à la maison huit jours avant les noces et se partagèrent le travail : envoyer des cartes d'invitation, recevoir et noter les cadeaux de noces, remettre des pourboires aux domestiques qui les apportaient, engager des troupes théâtrales et des musiciens, combiner l'ordre et la marche du cortège, louer aux maisons spécialisées le matériel nécessaire, déterminer les places dans les palanquins et aux dîners, emprunter du mobilier à la Guilde. Quatre domestiques eurent pour tâche de surveiller les cierges, lanternes et tentures de toute la maison ; quatre autres, de s'occuper à nettoyer et arranger les meubles, à balayer les parquets ; deux avaient la responsabilité de l'argenterie de table et des baguettes d'ivoire ; et huit, avec l'aide du groupe qui devait s'occuper du mobilier, n'auraient qu'à préparer le thé et à le servir aux invités.

Le travail était nettement réparti en deux moitiés : d'une part, les invités masculins sur le devant, de l'autre les invitées féminines sur le derrière : la salle principale formait la ligne de démarcation. Les invitées femmes qui ne trouveraient pas place dans la troisième salle devaient être installées dans la Salle de l'Unique Contemplation, à l'ouest de la troisième salle et à l'est du Studio du Cœur tranquille.

Lorsque les préparatifs avaient été commencés, la grand'mère avait déclaré que tout devait être organisé comme pour le mariage de Chinya, l'année précédente. Mais, comme elle était en bonne santé et de fort bonne humeur, et aimait beaucoup Sunya et Moulane, elle approuva tout ce que l'on proposa ; ainsi les représentations théâtrales qui, au mariage de Chinya, n'avaient pas eu lieu. La famille était ravie de voir la grand'mère si pleine d'entrain et était très désireuse de la satisfaire ; aussi les préparatifs dépassèrent-ils de beaucoup ce que l'on avait projeté au début.

Le matin du six, la veille du mariage, Mme Tseng, Cassie, Mannia et sa mère, Souyoun et Chinya étaient tous rassemblés dans la chambre de la grand'mère. Mme Tseng demanda à Chinya si les préparatifs étaient au point. Chinya, qui en tant que fils aîné avait à s'occuper de tout ce qui concernait les invités masculins, dit :

— Les tambours et la musique ont été commandés. Ce que nous avons à faire aujourd'hui est d'emprunter du mobilier à la Guilde. Des banderoles rouges arriveront encore de temps à autre et devront être suspendues. Pour ce qui est des repas, de l'éclairage et des cierges, des gens sont désignés pour s'en occuper et nous n'avons pas à nous en inquiéter. Il n'y a que la cuisine à l'est qui n'est pas encore tout à fait installée et nous avons à vérifier qu'avant la fin de la journée les fourneaux et les cheminées soient en ordre et prêts pour demain. Il n'y a qu'un ennui. Un autre mariage important a lieu demain, et le beau palanquin de noces aux vitres peintes, dans lequel Souyoun arriva l'an dernier, a été retenu. Impossible d'en retrouver un autre dans tout Pékin. Mais j'ai trouvé un moyen. En mars dernier, au mariage du troisième fils du prince Tao, la mariée est arrivée dans une voiture à chevaux. Les usages changent, et nous pourrions bien faire la même chose.

— C'est une bonne idée, dit la grand'mère. Va emprunter la voiture à la baronne Tao. Une voiture attelée de quatre beaux chevaux, avec des fleurs de soie, d'or et de velours rouge sur leurs têtes, fera une grande impression.

— Je ne peux pas croire que vous n'ayez vraiment pas pu trouver un palanquin de noces dans toute la ville, dit Souyoun à son mari. Pourquoi faudrait-il que ce fût le même palanquin que celui dont je me suis servi ?

— Je trouve que l'idée de la voiture à chevaux est excellente, dit Ailien. C'est nouveau et somptueux.

— Avec votre permission, je pourrai dire quelque chose en présence de la grand'mère et de *Taitai,* dit la servante Fleur de Neige. Il me semble que puisque ce mariage doit être si grandiose, il ne faudrait pas employer n'importe quel vieux palanquin de noces. Le but de ces cérémonies nuptiales est d'accueillir la mariée et, puisque nous marions la beauté féerique qu'est Moulane, la mettre dans un banal palanquin de noces ne conviendrait pas à un événement pareil et serait indigne de la mariée.

Souyoun lança un regard à la servante et ne dit plus rien.

— Eh bien soit, dit Mme Tseng. Envoyez quelqu'un qui empruntera la voiture de la baronne et avertira que sans faute elle devra être ici demain à temps pour la cérémonie.

— Allez-y, alors, puisque tout le monde est du même avis, dit Souyoun en regardant Chinya.

Lorsqu'il fut sorti de la pièce, elle dit aux autres :

— Il semble que tout repose sur lui. Il a perdu plusieurs livres, la semaine dernière.

— Courir pour le mariage d'un frère cadet est un devoir naturel, dit la grand'mère. Assurément, nous ferions mieux de ne pas nous lancer dans de pareilles dépenses ; mais, grâces en soient rendues à Bouddha, tout est en paix, le Petit Numéro Trois est mon dernier petit-fils et Moulane est une fille si exquise. Après avoir assisté à leur mariage, je mourrai satisfaite. Je ne sais pas comment elle est, maintenant ; voilà plus d'un an qu'elle n'est pas venue vous voir. Mais il est bien naturel qu'une jeune fille soit timide.

— Vous serez étonnée, grand'mère, dit Mannia. Plus Moulane avance en âge, plus elle embellit. Elle est vraiment grande, maintenant.

— Cet après-midi, il y aura le défilé du trousseau de la mariée, dit Mme Tseng. J'ai entendu dire qu'on y verra soixante-douze coffres.

— C'est ce que Brocart a dit à Petite Joie, dit Mannia.

— Je ne tiens pas en place à l'idée de voir cela, dit Ailien. Ce sera éblouissant.

— On pouvait s'y attendre, dit Cassie. Du moment que les deux familles étaient tombées d'accord pour un mariage superbe, la famille de la mariée, naturellement, tenait à faire de son mieux. Moulane est la préférée, et ils ont tant d'argent !

L'allusion à la fortune des Yao blessa Souyoun. Son trousseau avait défilé dans trente-huit coffres, ce qui avait été jugé magnifique, et elle était très mortifiée d'apprendre que Moulane en aurait soixante-douze. Elle se considérait la plus riche des belles-filles, ce qui était exact, et elle savait que la famille de Moulane avait de l'argent mais elle n'avait jamais imaginé que Moulane aurait un plus beau trousseau, comme si elle entendait délibérément faire tourner la comparaison au désavantage de Souyoun.

— Nous avons de la chance, dit-elle. Peut-être épousons-nous non seulement Mlle Yao, mais aussi la moitié de la fortune des Yao.

Assez agacée, Mme Tseng déclara :

— Vraiment, le nombre des coffres importe peu. C'est Moulane que l'on marie, et non ses biens ; et de plus, nous n'avons pas le droit de parler de tout cela avant d'avoir vu ce trousseau.

Vexée, Souyoun retourna dans sa chambre. Dans l'après-midi, vers trois heures, le trousseau de Moulane arriva. Il était accompagné de huit assistants, en plus des huit autres assistants envoyés par le marié pour le recevoir. Le trousseau était contenu dans soixante-douze coffres ouverts pour le défilé, et dans l'ordre suivant : l'or, l'argenterie, les jades, les bijoux, l'installation de la chambre à coucher, celle de la bibliothèque, les antiquités, les soieries, les fourrures, les malles, les couvertures de lit piquées.

Le défilé avait attiré toute une foule et bloqué pendant cinq minutes la circulation autour de Pailou Est-Quatre ; et des femmes qui ne le virent pas regrettèrent amèrement d'avoir manqué un des plus beaux défilés de trousseau qu'il y ait eus à Pékin. Au premier rang des badauds, près du Pailou, était une femme qui contemplait cela avec un intérêt tout particulier : c'était Mme Houa. Elle avait été avisée de l'heure du défilé par Tijen, qui lui avait dit que son père mariait Moulane en lui accordant un trousseau de cinquante mille dollars, sans compter les antiquités, dont certaines n'avaient pas de prix. Mme Houa examina coffre après coffre, à mesure qu'ils passaient devant elle, chacun porté par deux coolies, les bijoux les plus précieux, l'or et les jades renfermés dans des coffres vitrés. Voici quelques-unes des choses que Mme Houa vit défiler sous ses yeux : un *juyi* d'or (c'est un objet de cérémonie qui n'est là que pour la parade), un *juyi* d'argent, quatre *juyi* de jade, une paire de bracelets massifs en or ancien représentant des dragons, une paire de bracelets en fibre d'or représentant des tentacules de homard, un pendentif en or, un anneau de cou en or, une paire d'anneaux de rideaux en or, dix lingots d'or ; deux services de table en argent, une paire de grands vases d'argent, une paire de petits vases d'argent, un ensemble de plateaux de laque incrustés d'argent, une paire de chandeliers d'argent, un petit Bouddha siamois en argent, un jeu d'animaux de jade, un jeu pareil d'améthyste, un autre d'ambre et de cornaline (la collection particulière de Moulane), un jeu de broches en jade, de boucles d'oreilles et de bagues, un grand ornement de coiffure en jade, deux grands phénix de jade pour les cheveux, une grande boîte de jade, une petite, un pot de jade brun ancien pour les pinceaux à écrire, deux paires de bracelets d'émeraudes, une paire de bracelets incrustés de jade, deux pendentifs de jade, une Déesse de la Miséricorde d'un pied de haut en jade d'un blanc pur, une paire de cachets en jade rouge, une canne à monture de jade, un fouet à moustiques en crin de cheval à monture de jade, deux pipes à embouchure de jade, un grand bol de jade ancien, six pots de fleurs de jade aux pétales de cristal, deux longs colliers de perles, un jeu de broches de perles, d'épingles à cheveux, de boucles d'oreilles et de bagues, un bracelet incrusté de perles et un collier incrusté de perles. Ensuite venaient la papeterie et les antiquités, cabinets à curiosités, socles et tabourets en bois de santal, plaques à broyer l'encre anciennes, bâtons d'encre de Chine anciens, rouleaux de peintures anciennes, porcelaines blanches de Chenghoua et du Foukien, un trépied de l'époque des Han[53], une tuile de bronze du toit d'un pavillon du IIIe siècle, et une vitrine d'ossements gravés. Puis c'était un coffre d'ivoire sculpté, ensuite dix coffres de soieries, de gazes, de crêpes et de satins, six coffres de fourrures, vingt malles de laque rouge qui contenaient les vêtements et seize coffres de literie de soie, qui étaient en partie pour l'usage de la mariée et en partie pour constituer les cadeaux que distribuerait la mariée aux parents du marié.

Lorsque tous les coffres furent arrivés, la famille du marié fut impressionnée au-delà de tout ce qu'on avait supposé.

— Moulane est la plus heureuse des filles, dit Mannia. Elle a la beauté et les richesses, ou les richesses et la beauté. De pareilles richesses, pour une mariée qui n'aurait pas sa beauté, serait une énorme injustice.

Mais Mme Houa, debout au premier rang à un coin de rue, considérant tout ce déploiement et en particulier les lingots et les jades, crut que les yeux lui jailliraient de la tête à suivre ce spectacle qui défilait continûment devant ses yeux. En rentrant chez elle, elle décida d'avoir une conversation sérieuse avec Tijen, de lui conseiller de demeurer en bons termes avec son père et de ne pas risquer d'être déshérité à cause de son libertinage. Aussi, deux jours plus tard, quand Tijen vint la voir, elle lui dit :

— Si j'avais su à quel point exactement ta famille était riche, je n'aurais pas osé aujourd'hui entrer dans votre maison. Et tu es l'aîné des héritiers ! Mon garçon, tu ne vas pas risquer de perdre ta famille et ton foyer ? Si tu le fais, tu ne seras qu'un imbécile. Tâche de faire plaisir à tes parents et laisse-moi aller de mon côté. Tant que tu ne m'oublieras pas complètement, cela me sera égal.

— Heu ! dit Tijen. Sais-tu pourquoi mon père donne tous ces bijoux, toutes ces choses, à ma sœur ? Il veut rivaliser avec moi à celui qui gaspillera le plus d'argent. Il est parti pour les Mers du Sud avec cent mille dollars – Dieu sait pourquoi – et ce mariage lui en coûte cinquante mille. S'il continue de ce train-là, dans quelques années nous n'aurons plus rien. Tu n'as pas vu la broche en diamants que Moulane portait sur sa robe de noces. A elle seule, elle a coûté cinq mille dollars.

— Comment se fait-il que ta sœur cadette se marie avant toi ? demanda Mme Houa.

— Je n'en sais rien. C'est arrivé comme ça. Le mariage de Moulane fut arrangé il y a trois ans, au moment où j'allais partir pour l'Angleterre. Et puis, des choses ont eu lieu !...

A partir de ce moment-là, Mme Houa se mit à méditer certains projets qui concernaient Tijen.

*

Revenons au mariage de Moulane. Le trousseau, le défilé, les dîners, les représentations théâtrales, la musique, tout cela n'était que la monture du bijou dont la mariée était le joyau. Si de la pompe et du faste dépendaient le bonheur humain, la réalisation d'un rêve en ce bas monde, on peut dire que Moulane les avait. Pourtant, au matin de son mariage, elle versa des larmes qui jaillissaient des profondeurs les plus ignorées de son cœur. Elle emmena Afei dans sa chambre et, en pleurant, lui remit, comme cadeau d'adieu, un presse-papier rond de jade qu'elle avait toujours eu sur son bureau. Plus tard, Afei l'eut toujours sur le sien et ne s'en sépara jamais.

— Ta sœur va maintenant habiter dans une autre maison, dit-elle à Afei. Troisième Sœur, elle, restera ici. Il faut que tu l'écoutes et que tu obéisses à nos parents. Tu as onze ans, maintenant. Prends la résolution de devenir un honnête garçon et un homme estimé ; pas quelqu'un comme ton frère aîné. Tu dois être fier de la famille Yao et agir de façon que nous, les sœurs, soyons fières de toi. Lorsque Lifou viendra, sois avec lui autant que tu le pourras, et lie-toi avec lui. Quant à Frère Aîné, son cas est sans remède et tous les espoirs de la famille Yao reposent entièrement sur toi. Nous, tes sœurs, nous sommes des filles et nous ne comptons pas. Tu ne sais pas tout ce que nous avons vécu pendant que Père et toi vous étiez dans le Sud.

Lorsqu'elle eut fini, les larmes s'échappèrent de nouveau de ses paupières.

Il y avait une telle tendresse dans les yeux de sa sœur qu'Afei n'oublia jamais tout ce qu'elle lui avait dit et y réfléchit souvent ; et ces simples paroles le maintinrent dans la bonne voie à mesure qu'il grandissait. Plus tard, il ne pouvait parler de cet entretien sans une profonde émotion ; ce fut l'affection de sa sœur, plus encore que celle de sa mère, qui toute sa vie compta le plus pour lui.

Dans la Chine ancienne, un des motifs que l'on avait pour bien se conduire était de se montrer digne de sa famille et de préserver sa réputation et son patrimoine. Ce n'est qu'ainsi que l'on peut expliquer ces fortes traditions morales, l'insistance sur la conduite, les lieux communs et la perpétuelle tendance au moralisme qui imprégnèrent la littérature et l'histoire à partir des classiques et poursuivaient un individu jusqu'à son cercueil.

Mais ce fut aussi parce que Moulane avait ardemment désiré être un garçon qu'elle inspira à son jeune frère la fierté de la famille, tous ces espoirs et désirs passionnés qui faisaient partie d'elle-même et n'avaient pu se réaliser. Combien de jeunes filles, en ces temps-là, eurent des rêves qui ne furent jamais accomplis et des ambitions qui ne furent jamais satisfaites, des espoirs qui au seuil du mariage furent déçus, qui ensuite sommeillèrent dans leurs cœurs et se traduisirent par ceux qu'elles formèrent pour leurs fils ! Combien voulurent poursuivre leurs études et ne le purent ! Combien voulurent aller à l'Université et ne le purent ! Combien voulurent épouser le type de jeune homme qui leur plaisait et ne le purent ! Les vagues idéaux que l'adolescence avait fait germer dans leurs esprits furent comme des fleurs en bouton que l'on cueille trop tôt ou qu'emporte le vent. Elles furent les beautés que nul poète ne chante, les héroïnes muettes, qui épousèrent des maris ou dignes d'elles ou indignes d'elles, et dont la seule mémoire qui fut transmise à la postérité fut une simple dalle de pierre, recouverte d'un peu de terre, parmi les ronces sauvages et les chardons de quelque colline.

Moulane eut plus de chance pour son mariage que la plupart de celles-ci. Elle n'avait jamais réellement manifesté son amour à Lifou et elle put se marier avec la conscience nette. Sunya était épris d'elle ; elle le savait et il était hors de doute qu'elle aimerait son mari après l'avoir épousé. Un tel amour ne lui causerait pas d'insomnies car c'était la condition naturelle de deux jeunes gens normaux et de sexe différent, qui se jugent dignes de consacrer l'un à l'autre leurs existences, d'être pour la vie des compagnons. Dans les circonstances normales, la nature se charge du reste. S'il est vrai qu'il est difficile pour une femme de se maintenir sur un piédestal d'ange ou de déesse, et de détenir le philtre d'ivresse romantique qui éternellement tiendra son époux-amant captif de ses charmes (et de même pour un homme), il est également vrai que le Ciel a accordé à chaque jeune ménage un moyen naturel de réconciliation, grâce à quoi la robe qu'est le mariage, ses petites déchirures raccommodées et ses petits plis effacés, se retrouve chaque matin neuve, en suscitant chez l'un et l'autre des époux le désir des qualités qu'il ne possède pas et le désir réciproque à cause de ce qu'il a. L'attrait sexuel opère dans le mariage tout comme il opère hors du mariage, et la sorte d'humanité qui renoncerait à cet attrait sexuel naturel qui existe dans le mariage ne serait qu'une bien piètre humanité.

Les noces de Moulane furent une cérémonie solennelle. La mariée, qui était le centre des regards, était belle comme la lune en son plein, et tous ceux, hommes et femmes, qui ne l'avaient encore jamais vue, en avaient le souffle coupé. Outre la fascination qui émanait de ses yeux et le murmure musical de sa voix, elle avait un corps proprement idéal. Ainsi que l'on a l'habitude de dire d'un pareil type de femme : « Ajoutez un millimètre à sa hauteur et elle est trop grande ; retirez-lui-en un et elle est trop petite. Ajoutez un millimètre à son tour de taille et elle est trop forte ; retirez-lui-en un et elle est trop mince. » Les gens qui aiment les grandes femmes la trouvaient grande ; les gens qui aiment les petites femmes la trouvaient petite ; ceux qui aiment les femmes grasses la trouvaient bien en chair, et ceux qui aiment les femmes minces la trouvaient svelte. Tel est le pouvoir magique qu'exercent les proportions parfaites. Et pourtant Moulane ne se soumettait pas à un régime ni ne pratiquait la culture physique ; seule la nature l'avait faite ainsi.

Les temps avaient changé et, imbue des idées nouvelles, Moulane ne se tint pas continuellement les yeux baissés ni n'arbora un air sérieux ni ne s'imposa de ne pas sourire, ainsi que jadis étaient censées faire les mariées. Ses lèvres ne demeuraient pas immobiles et même il lui arriva de murmurer quelques mots à Cassie, qui se tint constamment auprès d'elle ; et, pendant qu'elle courbait la tête avec l'humilité qui convenait à sa situation, elle dardait de rapides coups d'œil sur l'assistance chaque fois que quelque chose l'intéressait particulièrement. Ainsi, ce rôle de mariée était moins une épreuve pour elle qu'il ne l'était pour les mariées du temps passé. Ceux qui la voyaient sourire trouvaient qu'il était merveilleux de rompre ainsi avec les anciennes traditions et ne la jugeaient pas pour cela évaporée.

Pendant tout le dîner, Moulane s'approcha de chaque table avec son époux, afin de boire à la santé des invités. Sunya était si heureux que, selon l'expression, « on ne voyait que ses dents et pas ses yeux ». Lorsqu'elle quitta le repas, elle dut se préparer hâtivement pour la visite de la chambre nuptiale par les invités. Au moment où elle changeait de robe, Cassie lui chuchota qu'une bande de camarades d'école de Sunya viendraient « troubler la chambre nuptiale » et que la grand'mère l'avait envoyée pour que sa présence à la « séance de taquineries » empêchât les jeunes gens de se mal conduire. L'usage de « taquiner la mariée » a pour but de faire sourire la mariée devant tout le monde, en lui disant et en lui faisant toutes sortes de farces, et en soumettant les mariés à toutes sortes de requêtes embarrassantes, bruyamment réclamées par les jeunes farceurs. Jadis, le charme d'un sourire de mariée tenait à ce qu'il était réservé pour son mari, tandis que le charme d'une mariée moderne tient à ce qu'elle a un sourire pour tout le monde. Voilà pourquoi la compagnie voulait voir sourire Moulane. Mais Moulane avait fréquenté une école moderne et était considérée moderne, ou « avancée » ; et par nature aussi, elle était naturellement encline à rire.

— Les frères de Souyoun vont venir, dit Cassie, et ils ont la réputation d'être les pires « taquineurs de mariées » qu'il y ait à Pékin. Mais grand'mère a aussi envoyé Souyoun, pour leur dire de se conduire convenablement et, comme ils sont des parents du marié, ils n'oseront pas désobéir. Avez-vous peur ?

— Non, répondit Moulane, mais mes souliers me font mal et avant que cette journée soit finie, je serai morte. Où est Mannia ?

— Elle est là dehors, mais elle n'a pas voulu entrer à cause des usages.

Etant veuve, Mannia n'avait pas le droit d'entrer dans la chambre nuptiale.

— Mme Koung, son fils et sa fille sont aussi là, dit Cassie.

— Lifou ? Oh ! dit Moulane.

Au bout d'un moment, elle ajouta :

— Pouvez-vous lui dire un mot ?

— Non, je ne le connais pas assez, répondit Cassie.

— Alors voulez-vous dire à Sunya de lui demander d'entrer et d'aider, à cause des invités ? Sa présence parmi eux serait fort utile. Je n'ai pas peur des taquineries mais j'ai peur des grossièretés, dit Moulane.

Quand les gens entrèrent dans sa chambre, il y avait parmi eux un camarade de collège de Sunya qui s'appelait Chiang. Il avait une grosse figure, savait faire des grimaces et proférer des sons comiques. Au début, il triompha car chacune de ses tentatives faisait rire la mariée. Il mit son ventre en avant, essaya d'imiter la démarche et la façon de parler de Sunya, raconta des histoires fort drôles sur les faits et gestes de Sunya à l'école. Même la compagne de la mariée et Brocart, qui se tenaient derrière Moulane, ne pouvaient retenir leurs rires. Encouragé, le jeune homme entreprit de divertir la société avec une histoire.

— Il y avait une fois un coquin qui n'avait pas d'argent pour fêter le Nouvel An, dit-il. Sa femme le questionna sur l'état de sa bourse, et il lui dit : « Ne te fais pas de souci. » A ce moment-là, un barbier passait devant la porte ; le coquin l'appela et lui demanda de le raser. Pendant que l'autre le rasait, le coquin le pria de lui raser les sourcils. Au moment où un sourcil eut été rasé, il sauta en l'air, furieux, et s'écria : « Qu'as-tu fait ? Tu m'as rasé un sourcil ! Comment pourrai-je, au Jour de l'An, me présenter à mes amis ? Viens, nous allons aller devant le juge ! » Epouvanté, le barbier lui donna trois cents pièces de monnaie pour arranger l'affaire. Quand la femme vit que son mari n'avait plus qu'un sourcil, elle lui dit : « Tu as obtenu de l'argent pour le Jour de l'An mais tu aurais dû demander au barbier de te raser les deux sourcils. Tu ne te doutes pas à quel point tu es ridicule ainsi. – Ah ! mais non ! répondit le coquin. Il y a encore une autre fête en vue. Je garde l'autre sourcil pour le 15 janvier. »

Le narrateur, ayant pris un morceau de papier, l'humecta avec sa langue et le colla sur un de ses sourcils. A la surprise de tous, Moulane, non seulement rit avec tout le monde mais réclama une autre histoire.

— Non, non, dit le jeune homme, je refuse. La mariée a déjà souri et, maintenant, elle me demande d'être de nouveau drôle. C'est comme si on jouait une partie de football où le gardien de but lui-même aiderait à faire entrer la balle. Ce n'est plus de jeu. Je ne marche plus.

La société ayant insisté pour qu'il cédât aux désirs de la mariée, il recommença :

— Il y avait un homme qui était distrait à l'extrême. Un jour, il eut mal au ventre et il s'installa sous un arbre dans un terrain vague pour se soulager. Il avait posé son éventail sur une branche et, lorsqu'il se leva et vit l'éventail, il s'écria, enchanté : « Qui donc a laissé là cet éventail ? » Très content d'avoir trouvé un éventail, il se prépara à s'en aller et mit le pied dans ses excréments. « Malheur ! s'écria-t-il. Qui donc a eu la colique et a sali cet endroit public ? »

Moulane éclata de rire involontairement, et Sunya dit :

— Mon vieux Chiang, je crois que ce que tu fais de mieux, ce sont tes imitations de cris d'animaux. Fais le cochon qui grogne. Imite-nous l'Esprit du Cochon.

Le jeune homme fit semblant d'être ivre comme l'Esprit du Cochon dans un épisode de *Hsiyouchi* et se mit à danser dans la pièce en poussant des grognements, ce que Moulane ne trouvait pas drôle du tout. Lifou, qui comprit ce qu'il devait faire maintenant, dit :

— Vous voyez que cette fois vous n'avez pas réussi à faire rire la mariée. Faites quelque chose de plus drôle. Imitez le braiement d'un âne.

Chiang, qui maintenant tenait le devant de la scène, plaça ses deux mains de chaque côté de sa tête comme des oreilles d'âne, et s'avança vers les mariés en se mettant à braire. Moulane ne riait toujours pas. Lifou la regarda et dit :

— Madame la mariée, il vous faut rire. Est-ce que cet âne ne brait pas à la perfection ?

Comprenant aussitôt que Lifou lui venait en aide, elle entra dans son jeu, et dit en souriant :

— Monsieur Chiang, vous êtes étonnant, et je vous remercie de toute la peine que vous avez prise ce soir pour divertir la société.

A ce tour imprévu, les assistants furent saisis de surprise. Les paroles de la mariée parurent avoir renversé les rôles aux dépens du farceur. Il s'en alla en hochant la tête et avec le sentiment que, s'étant rendu ridicule pour divertir la mariée, elle l'en avait remercié ! Après un pareil fiasco, personne ne tenta plus d'être drôle. Toungyou, en s'en allant assister à la représentation théâtrale, dit à son frère :

— Depuis que nous sommes au monde, nous n'avons jamais vu un « taquineur de mariées » taquiné par la mariée. Pour une jeune fille moderne, c'en est une !

Les invités se dispersèrent mais pourtant les mariés devaient attendre, au cas où certains voudraient voir la mariée. Quand les camarades de Sunya furent partis, il remercia Lifou de l'aide qu'il avait apportée.

— Merci, frère Lifou, lui dit Moulane, et tous trois rirent de la déconfiture du farceur.

Lifou prit congé, en disant que sa mère et sa sœur l'attendaient pour rentrer. Peu à peu, maintenant, les invités se retiraient mais on entendait encore résonner des musiques et, par la fenêtre, Moulane pouvait voir le jardin encore illuminé. Il était minuit passé quand les bruits se turent. Brocart et la compagne de la mariée l'aidèrent à se déshabiller ; elles prièrent ensuite les mariés de se retirer pour la nuit et fermèrent la porte à clef sur eux.

Durant l'après-midi, au moment de la cérémonie où l'on « joint les coupes », Moulane avait eu une brève conversation avec Sunya. Il ne se produisit pas, entre elle et lui, la gêne qui existe habituellement entre des mariés qui sont subitement laissés seuls, tout en étant l'un pour l'autre des inconnus.

Aussi, la première chose que fit Moulane fut de retirer ses souliers trop étroits et de se pencher pour se masser les pieds. Sunya l'observait en souriant.

— Que regardez-vous ? lui demanda-t-elle.

— Je vous regarde, *Meimei,* dit-il.

Il s'approcha d'elle et lui proposa de l'aider. Elle posa aussitôt ses pieds sur le sol et dit :

— Cela ne vous regarde pas. J'avais des souliers neufs qui me torturaient.

— *Meimei,* laissez-moi vous masser les pieds, implora-t-il.

Elle passa son index en travers de son visage et dit, moitié en rougissant, moitié avec coquetterie :

— Vous devriez avoir honte !

Lorsqu'il s'accroupit et lui frotta les pieds, elle commença par les agiter puis se soumit. Quand il eut emprisonné les pieds de Moulane dans ses mains, il dit :

— Eh bien ? Je vous tiens, maintenant.

Le cœur de Moulane battait très fort.

— Vous rappelez-vous ce premier jour où nous nous sommes rencontrés dans le bateau, sur le Grand Canal ? demanda-t-elle.

— Oui. Et vous rappelez-vous lorsque nous avons été voir le Taichan, chez vous, dans le Chantoung, et comment nous nous sommes disputés à propos de

« votre montagne distinguée » et de « ma misérable montagne » ?

Il se leva et la conduisit vers le lit ; et ils continuèrent à causer. Lorsqu'ils s'endormirent, l'aube n'était pas loin.

*

Moulane se réveilla une épouse heureuse. La compagne de la mariée accourut pour lui offrir ses félicitations. La journée devait être aussi remplie que la précédente. La nouvelle mariée avait à « servir le thé » à toute sa nouvelle parenté dans la famille Tseng, à commencer par la grand'mère ; cette cérémonie devait constituer sa présentation officielle et chacun de ses nouveaux parents devait mettre, en souvenir de cette première rencontre, un cadeau sur le plateau du thé. Puis, à midi, il y aurait un repas pour les invités dont on n'avait pas pu s'occuper le jour de la noce et, le soir, un dîner offert à toute la famille de la mariée, dîner que l'on désignait sous le nom de « réunion des parents ».

Durant l'après-midi, Moulane profita d'un moment de tranquillité pour faire un petit somme dans la chambre nuptiale. Elle avait besoin de dormir, mais à peine se fut-elle assoupie qu'elle entendit au-dehors Brocart qui chuchotait avec une servante. Brocart entra dans la chambre sur la pointe des pieds et Moulane l'entendit ressortir et murmurer qu'elle, Moulane, dormait.

— Qu'est-ce qu'il y a, Brocart ? s'écria Moulane.

Brocart rentra dans la pièce et dit :

— Damas est dehors et dit que la grand'mère, qui a toute la famille autour d'elle, est de très bonne humeur. Le marié est aussi là. Grand'mère m'a envoyée voir si vous étiez occupée. Elle aimerait que vous veniez. J'ai vu que vous dormiez et n'ai pas osé vous réveiller. Vous avez à peine dormi ?

— Je ne faisais que sommeiller, répondit Moulane. Comment aurais-je pu dormir ? Quelle heure est-il ?

— Environ quatre heures. Votre famille viendra dîner à cinq heures. Il y a aussi une tante maternelle qui est venue avec son petit-fils pour voir la mariée.

— Quelle tante maternelle ? demanda Moulane.

— Je ne l'ai pas vue. J'ai entendu dire qu'elle est une cousine de la *Taitai* des Tseng et qu'elle vit près de Pékin, répondit Brocart.

Moulane se leva et se hâta de se préparer. Damas apparut à la porte, avec Petite Joie qui souriait timidement et n'osait s'avancer.

— Entrez, Damas et Petite Joie, dit Moulane. Pourquoi n'êtes-vous pas en train d'assister votre maîtresse ?

— Petite Joie m'a priée de venir avec elle pour voir la montre de la mariée qui chante les heures, expliqua Damas.

— Elle aussi veut la voir, dit Petite Joie. Est-ce réellement vrai ? C'est Mme Chien [54] qui nous en a parlé.

Moulane demanda à Brocart de montrer aux servantes la montre d'or qui sonnait les heures, les demies et les quarts sur une petite sonnette quand on appuyait dessus, et les servantes demeurèrent ébahies.

— Mme Chien a raconté à la grand'mère comment la mariée, hier soir, a taquiné les « taquineurs de mariées », et tout le monde s'en est beaucoup diverti, dit Petite Joie.

— Est-ce que Deuxième Maîtresse est là ? demanda Moulane.

— Non, répondit Petite Joie.

Elles étaient toutes maintenant prêtes à partir mais Petite Joie, qui ne voulait pas abandonner la montre, insista pour que Moulane l'emportât et la montrât à la grand'mère.

Lorsque Moulane arriva dans la chambre de la grand'mère, presque toute la famille était là, si bien que la pièce était bondée. La grand'mère était étendue sur son divan, sa servante Damas debout auprès d'elle. Assise à l'autre bout du divan était une vieille femme entre soixante et soixante-dix ans, vêtue comme le sont les pauvresses lorsqu'elles mettent ce qu'elles ont de mieux, et qui, ainsi que beaucoup de femmes de la campagne, avait l'air encore très robuste. Son petit-fils, un gamin de dix ans, était vêtu d'une robe bleue écrue toute neuve, et trop longue pour lui de deux bons centimètres. M. et Mme Tseng étaient assis en dessous du divan, Cassie et Phénix debout derrière eux. La mère de Mannia était installée de l'autre côté ; Mannia se tenait derrière elle, et Fleur de Neige derrière elles deux. Moulane avait été présentée officiellement à la famille pendant la matinée mais ceci n'était qu'une réunion de famille sans cérémonie. Les servantes qui étaient dehors avaient annoncé sa venue ; il se faisait déjà un grand remue-ménage dans la pièce et la grand'mère avait demandé à Damas de l'aider à se redresser.

— Vous n'y êtes pas tenue, Mère, dit Mme Tseng.

— Elle est la mariée, dit la grand'mère. Je lui rends hommage aujourd'hui parce qu'elle est la mariée ; et après, elle me rendra hommage en me servant, en menant bien sa maison, en donnant naissance à des garçons et à des filles. Si les affaires de cette famille ne se trouvent pas entre les mains des épouses de mes petits-fils, entre quelles mains seront-elles ?

Lorsque Moulane entra, elle fut accueillie par le rire de la vieille grand'mère.

— Mon enfant, venez rencontrer votre tante maternelle qui arrive de la campagne.

— Je suis désolée d'être en retard, dit Moulane.

Jetant les yeux autour d'elle, elle adressa un sourire à toute la famille. Elle était vêtue maintenant d'une jaquette rose brodée et d'une jupe dont les plis serrés avaient un dessin de nuages et de vagues, et elle avait l'air plus svelte que dans sa robe de noces. Sur sa poitrine, à la place de la broche de diamants qu'elle avait portée la veille, était un pendentif de béryl sculpté, un singe avec deux pêches de longévité. S'avançant vers le divan, elle s'inclina d'abord devant la grand'mère, puis devant la vieille tante.

— Voici votre tante maternelle, ma cousine et sœur, dit Mme Tseng. Vous ne l'avez pas encore rencontrée.

Derrière Moulane était Brocart portant un plateau où se trouvait une tasse de thé et du sucre cristallisé. Moulane la prit et l'offrit à sa nouvelle tante.

— Ma chère tante... dit Moulane, employant l'appellation officielle.

Fouillant dans la poche de sa jaquette, la vieille dame en tira un petit paquet de papier rouge, qui contenait deux dollars d'argent tout neufs, et le posa sur le plateau en disant :

— Vraiment, ma nièce, vous avez l'air d'un de ces personnages en pain d'épice que les gens achètent au Nouvel An.

Moulane tendit le plateau à Brocart et s'arrêta, ne sachant pas exactement ce qu'il lui fallait faire ensuite. La vieille tante sortit une paire de lunettes, les plaça sur son nez et dit :

— Ne vous en allez pas, ma nièce, et laissez-moi vous regarder. Elle prit Moulane par la main et l'examina des pieds à la tête.

— J'ai entendu dire à la vieille *Taitai,* déclara-t-elle, que vous avez été à l'école et savez lire et écrire. Ma cousine a bien de la chance d'avoir une belle-fille si instruite. Allons, laissez-moi regarder ce que vous avez sur la poitrine. *Omitabha*[55] *!* Est-ce du jade authentique ? La fille du Roi Dragon elle-même n'a pas de si beaux bijoux !

— Inutile de vous tourmenter à l'idée que ma belle-fille n'aurait pas de bijoux ! dit la grand'mère.

La tante de la campagne, qui tenait la main de la mariée, se mit à inspecter ses bagues et ses bracelets. Elle toucha du doigt un bracelet d'émeraudes d'un vert profond et s'écria :

— Je crains bien qu'on ne puisse trouver une paire pareille dans toute la rue des bijoutiers de Pékin et j'estime que mes yeux ont bien de la chance d'avoir pu voir aujourd'hui de telles merveilles. Hsiaofo, dit-elle à son petit-fils, il faut que tu travailles ferme. Tu pourras plus tard devenir un fonctionnaire et épouser une jeune fille vêtue avec autant d'élégance que ta cousine-sœur.

Damas murmura quelque chose à l'oreille de la grand'mère, qui dit :

— Ma chère petite-fille, montrez-moi votre montre d'or.

Moulane la prit dans sa poche et la donna à la grand'mère ; et Damas montra à celle-ci comment il fallait appuyer dessus pour la faire sonner. En entendant tinter la sonnerie, la grand'mère fut ravie, et elle se mit à tourner la montre sur toutes ses faces en disant :

— Ces étrangers ignorent les usages mais ils font tout de même des choses bien étonnantes.

La tante de la campagne fut atterrée quand son petit-fils s'avança pour voir la montre ; et elle lui cria :

— N'y touche pas ! Si tu la casses, cent *piculs*[56] de millet et de haricots ne suffiraient pas pour la payer.

— Ça ne fait rien, laissez-le la regarder, dit Moulane.

Elle lui tendit la montre mais il n'osa pas la prendre et, craintivement, retira ses mains.

— Laissez-moi la voir, dit Mme Tseng.

Moulane donna la montre à sa belle-mère, et les enfants se précipitèrent pour l'admirer.

— Asseyez-vous là, dit Mme Tseng à la mariée en lui désignant un siège auprès d'elle.

— Comment oserais-je m'asseoir, alors que Sœur Aînée est debout ? dit Moulane.

Mannia alors s'assit et la grand'mère dit :

— C'est une réunion sans cérémonie et nous sommes chez nous. Que chacun soit à son aise ; nous n'allons pas nous conformer strictement à l'étiquette.

Moulane s'assit donc. La montre passa avec respect de main en main et les servantes elles-mêmes vinrent contempler cette curiosité.

— Dans la vingt-sixième année du règne de Kouangchou, dit la tante de la campagne, quand les soldats étrangers pillèrent le Palais, il y eut bien des gens qui virent de bizarres pendules étrangères, qui sonnaient toutes seules ! Mais je n'avais jamais jusqu'ici entendu parler d'un objet aussi rare que cette montre. Elle doit venir du Palais. Je me demande à combien de centaines d'années elle remonte.

Moulane expliqua que son père l'avait achetée à Singapour. La grand'mère en vint à penser à Souyoun et demanda pourquoi elle n'était pas là.

— Je crois qu'elle a mal à la tête, expliqua Chinya.

— Demande-lui de venir. La famille tout entière est là. Dis-lui que je l'ai réclamée, dit la grand'mère.

Souyoun s'était tenue dans sa chambre ; elle avait mal à la tête, ce qui, assurait-elle, avait été provoqué par les agitations du jour du mariage. En réalité, elle avait mal à la tête parce qu'elle sentait que sa situation de belle-fille la plus riche était menacée. Les Niou étaient plus riches que les Yao, mais toutes les familles riches n'étaient pas enclines à dépenser autant à l'occasion du mariage d'une fille.

On la vit donc apparaître, à la surprise de tout le monde, simplement vêtue et sans le moindre bijou.

— Voici ma seconde petite-belle-fille, dit la grand'mère à la tante de la campagne. Elle est la fille de Niou, le ministre.

Etonnée de trouver dans la pièce une vieille paysanne ridée, Souyoun lui prêta à peine attention et s'assit.

— Son père est-il Niou, le Dieu des Richesses ? demanda la tante de la campagne.

— Tout juste, dit la grand'mère. Avez-vous aussi entendu parler de lui, à la campagne ?

— Je crois bien ! s'écria la vieille tante. Il n'y a personne à Pékin ou en dehors de Pékin qui n'entende pas parler de Niou, le Dieu des Richesses, et de la grand'mère Ma ! On dit qu'ils ont des caves pleines de lingots d'or et d'argent. Même leur portier vaut des dizaines de milliers de dollars ; il possède plusieurs maisons de prêts sur gages et des terrains à la campagne. L'année dernière, lorsque ce fut l'anniversaire de la mère du portier, de hauts fonctionnaires durent lui offrir des cadeaux. Comment faites-vous pour que ce soient les plus riches héritières qui se marient dans votre famille ?

Souyoun prit tout cela pour des compliments, encore qu'elle ne sût pas très bien comment interpréter l'allusion au portier. Tous les regards étaient fixés sur elle mais elle ne répondit rien. Mannia, qui était assise près d'elle, lui passa la montre et dit, en poussant le bouton pour déclencher la sonnerie :

— Voici la montre de la mariée. Nous étions en train de la regarder.

— Oui, un gentil jouet, dit Souyoun d'un ton blasé, sans même tendre la main pour prendre la montre.

Devant cette rebuffade, Mannia traversa la chambre et rendit la montre à Moulane, qui regretta de l'avoir apportée. Mais M. Tseng, qui ne l'avait pas encore examinée, la mania et se mit à la faire sonner tant et plus.

— C'est vraiment très bien, dit-il. Les vieilles gens qui ne peuvent dormir la nuit peuvent appuyer sur le bouton et savoir l'heure, sans avoir besoin d'allumer leur lampe.

— Si vous le désirez, Père, je vous la donne, et je demanderai à mon père d'en faire venir une autre de Singapour.

— Je n'ai fait qu'émettre une remarque, dit le père.

Il lui rendit la montre mais Moulane se leva et des deux mains la tendit à Mme Tseng en disant :

— Que ceci soit mon modeste cadeau à vous, vénérables parents.

— J'ai déjà reçu vos cadeaux, dit la mère.

— Prenez ceci comme un gage de reconnaissance, pour m'avoir sauvé la vie quand j'étais une enfant.

— Acceptons-le, dit M. Tseng à sa femme. Elle peut en acheter une autre.

— Voilà un beau-père qui reçoit publiquement un pot-de-vin, dit la grand'mère en plaisantant. Petit Numéro Trois, je ne te permettrai pas de maltraiter ta femme. Votre mariage est un de ceux que le Ciel a décrétés.

Toute la compagnie regarda Sunya, qui se contenta de sourire.

— Vieille Ancêtre, dit Cassie, permettez-moi de dire quelque chose en toute simplicité. Si l'épouse de Sunya est un jour maltraitée par son mari ou par quelqu'un d'autre, je me couperai la tête et vous en ferai un tabouret pour vous asseoir. Vieille Ancêtre, vous feriez mieux de demander à Moulane de ne pas maltraiter Petit Numéro Trois. Vous n'avez pas vu comment, hier soir, elle a fait perdre la face au « taquineur de mariées ».

— Dites-nous comment vous vous y êtes prise, ma chère petite-belle-fille, dit la grand'mère.

— Ne la croyez pas, grand'mère, dit Moulane. Je me suis bornée à remercier ce jeune homme de la peine qu'il s'était donnée. N'écoutez pas Mme Chien. Ma situation ici est celle de la cadette des petites-belles-filles. Au-dessus, il y a les parents, et au-dessus encore, vous, vénérable grand'mère ; et en dessous il y a le mari, et l'aîné des beaux-frères, les belles-sœurs et les sœurs cadettes du mari. Comment pourrait-il exister un ordre quelconque dans la famille, si je me permettais de maltraiter qui que ce soit ?

— Vous entendez comme elle parle ? dit Cassie.

— Ce qu'elle dit est fort sensé, répondit la grand' mère extrêmement satisfaite. La véritable éloquence, c'est dire ce qui est juste.

Se tournant vers M. Tseng, elle dit :

— Mon fils, maintenant tous mes petits-fils sont mariés et la famille est heureusement unie. Vous devriez adresser quelques mots aux jeunes au sujet des principes sur lesquels on fonde un foyer.

Le père commença donc avec un sourire heureux :

— Mannia, vous avez maintenant vécu depuis cinq ans dans notre maison et, grâce à l'éducation que vous a donnée votre mère, je n'ai rien à vous reprocher. Vous, Chinya et Sunya, vous voilà mariés. Nos deux belles-filles sortent de familles honorables et ont été bien élevées ; peut-être même ont-elles été mieux élevées que vous. Nous, les parents, nous sommes extrêmement satisfaits. La famille est maintenant entre vos mains, à vous, les jeunes ; et nous, les vieux, nous prendrons bientôt notre retraite. Les principes sur lesquels on fonde un foyer sont contenus dans les deux mots *jen* et *jang*[57]. Par exemple, je fus heureux de voir Moulane renoncer à sa montre ; ce n'était pas pour la montre mais à cause du principe *jang*, c'est-à-dire céder, songer aux autres. Vous autres, mes belles-filles, vous avez été bien éduquées par vos parents et je n'ai pas à vous rappeler que votre premier devoir est d'aider vos maris. Mieux une fille est élevée, meilleures doivent être ses manières. Sinon tout ce que l'on a lu dans les livres ne fait que gâter le caractère. Servez votre mère et servez vos maris. En aidant vos maris, c'est moi que vous servez.

Le discours était bien tourné et modéré, mais le contraste était inévitable : Souyoun était maussade et peu facile à satisfaire, tandis que Moulane avait déjà conquis les cœurs de la famille et des domestiques par sa gaieté et sa générosité en même temps que par son charme naturel.

La famille de Moulane arriva pour la « réunion des parents » et toute la compagnie se rendit dans le vestibule pour les recevoir. Ailien alla vers Moulane et lui demanda :

— Combien coûte-t-elle, cette montre ?

— Je ne sais pas. Mon père me l'a achetée, répondit Moulane.

— Puisque vous allez en acheter une autre, pourriez-vous demander à votre père de m'en acheter une ?

— Bien sûr, si vous en avez vraiment envie.

Souyoun, qui était tout près, dit à Ailien :

— Si vous voulez en acheter une, il vous faudra en acheter deux : une pour vous, et une pour votre futur beau-père. Sinon, au moment de votre mariage, il vous faudra en faire venir de nouveau une de Singapour. Ce qui serait bien ennuyeux, n'est-ce pas ?

Moulane avait entendu la remarque sarcastique de Souyoun ; mais elle se garda de riposter et fit semblant de ne pas l'avoir saisie.

La famille de Moulane ne resta pas longtemps car il avait été compris que cette « invitation à dîner » était une pure formalité et qu'on ne s'attendait pas à les voir se mettre à table. Les parents Yao furent grandement félicités sur les bonnes manières de leur fille et tous les parents des Tseng admirèrent aussi beaucoup Mocho.

*

Le quatrième jour, les jeunes mariés avaient à rendre visite à la famille de la mariée, qui à son tour devait recevoir le marié. Les époux durent se lever de bonne heure afin d'arriver, selon la coutume, avant le lever du soleil, en vertu d'une vieille superstition d'après laquelle la mariée ne doit pas voir le « toit familial » ; superstition sans doute fondée sur quelque jeu de mots maintenant oublié. Ce devait être une petite réception intime. Moulane était heureuse de revoir la maison natale, bien qu'elle ne l'eût quittée que trois jours auparavant, et elle était très heureuse de revoir Afei, que son mari Sunya avait pris en affection.

Ce soir-là, après le dîner, devait avoir lieu le feu d'artifice qu'on leur avait promis. Afei semblait s'être alloué le rôle de promoteur et de commentateur de cette démonstration. Il en parla toute la journée et surveilla l'artificier qui vint dresser un haut mât à l'ouest de la maison, près du terrain du temple. On avait pensé que le verger de derrière était trop petit et trop rempli d'arbres qui boucheraient la vue : M. Yao voulait que ce feu d'artifice fût vu de tout le quartier. Le mariage n'avait pas passé inaperçu et des rumeurs avaient couru sur ce feu d'artifice extraordinaire, si bien qu'à sept heures du soir les ruelles des alentours étaient bondées de gens, et certains même s'étaient perchés sur le mur du temple.

Les différentes séries de feux d'artifice étaient disposées sur des barres horizontales, pareilles à des vergues de navire, qui partaient d'un mât de bois d'environ six mètres de haut. Les amorces avaient été calculées et reliées entre elles, de sorte que, dès que la première serait allumée, les pièces se succéderaient automatiquement. Avant que le feu d'artifice commençât, il avait l'air d'être composé de paquets de papier et de carcasses de bambou repliées, suspendus aux vergues : mais tout cela avait dû être arrangé et protégé des étincelles avec soin pour ne pas s'enflammer et brûler avant le moment voulu. Au sommet du mât était une cigogne-fée, qui inaugura la démonstration en émettant de son bec une flamme qui jaillit haut dans le ciel et qui, avec une détonation, se changea en une cascade d'étoiles d'or et de pourpre. Ensuite il y eut neuf fusées qui partirent l'une après l'autre et avaient pour titre : « Neuf Dragons pénétrant dans les nuages. »

— Ce n'est pas le plus beau, dit Afei. Il va venir maintenant le singe tournant.

C'était exact car tout d'un coup bondit d'une des carcasses de bambou la figure d'un singe rouge éclairé de l'intérieur, pirouettant sur lui-même par le moyen du recul et répandant hors de ses fesses un cercle d'étincelles qui sifflaient ; si bien que les visages des femmes et des enfants qui se trouvaient près du mât furent brusquement illuminés.

— Regardez le singe qui pisse ! s'écria Afei triomphant.

Ensuite une énorme pastèque verte éclata en éparpillant des étincelles et en émettant une série de petites détonations. Epouvantée, Jade rouge mit ses mains sur ses oreilles, et Afei dit :

— Il n'y a pas à avoir peur. Après cela, c'est la grappe de raisin.

Il semblait avoir appris par cœur la suite des pièces. Au moment où les dernières braises de la pastèque s'éteignirent, il tomba en effet une grappe de raisins pourpres et blancs, qui subitement répandirent sur la scène une lueur silencieuse. Tous eurent la respiration coupée et admirèrent cette merveille, en même temps qu'ils voyaient les matières résineuses peu à peu se consumer et tomber sur le sol.

Après vinrent « les pêches dégringolantes » et un soleil qui tournait par ses propres moyens d'après le principe de la fusée. Ensuite ce fut le plus beau. Tout d'un coup, une pagode de papier à sept étages et longue de près de deux mètres s'élança de sa carcasse et se tint suspendue en l'air, chaque étage éclairé de l'intérieur. Deux ou trois sujets silencieux suivirent, qui répandirent d'épais nuages de fumée colorée. Ensuite ce fut « le lotus qui s'épanouit vite » et « le lotus qui s'épanouit lentement ». Puis des « souris bondissantes » furent lâchées dans l'air, sous l'aspect de petites flammes colorées qui tombèrent sur le sol en bondissant et en se tortillant dans toutes les directions et en provoquant avant de s'éteindre beaucoup d'agitation dans le cercle des spectateurs. Après apparurent divers tableaux illuminés, « Huit fées tenant la pêche de longévité », « Sept saints domptant le Démon », avec le Démon rouge qui se réduisait en fumée. Il y eut des scènes pastorales, des scènes de bateaux de fleurs et de tours écarlates où des dames étaient assises. Le feu d'artifice s'acheva par « Trois promotions successives » : une énorme fusée qui, très haut dans le ciel, détona trois fois. Quand ce fut terminé, la foule se dispersa en regrettant que la fin vînt si tôt.

Les dernières pièces du feu d'artifice enchantèrent tellement Jade rouge que chaque fois que l'une s'éteignait elle était prête à pleurer.

— Ne la laissez pas brûler ! Pourquoi la brûler ? Je veux la regarder à tout jamais.

Lorsque la représentation fut achevée, elle demanda, déçue :

— C'est tout ?

— Oui, c'est tout, dit Afei. Naturellement, un feu d'artifice doit, tôt ou tard, avoir une fin.

— Alors je ne veux plus jamais voir un feu d'artifice, dit Jade rouge.

Afei emmena Jade rouge et Sunya dit à Moulane :

— Regardez donc votre petite cousine-sœur. Elle a un air tellement tragique ! Elle est vraiment trop sensible.

En effet, Jade rouge avait l'air extrêmement tragique, debout près du mât et contemplant l'échafaudage. Maintenant dépouillé, avec un ou deux bouts de ficelle qui n'avaient pas été consumés et se balançaient dans l'air, il n'offrait plus rien des tours, des bateaux de fleurs et des personnages aux vêtements de fête que les sorcelleries de l'artificier avaient évoqués et rendus réels aux yeux de l'enfant, et qui maintenant s'étaient complètement évanouis.

Pendant toute la représentation, l'artificier, un vieil homme dont la natte était tortillée autour de la tête, était demeuré assis en fumant sa pipe. Il était très satisfait de son ouvrage et il y prenait autant de plaisir qu'un enfant. Afei vint causer avec lui et l'emmener voir la mariée. Moulane félicita le vieil homme sur son travail mais s'aperçut que, comme il était du Foukien, il avait peine à la comprendre. Afei, qui avait appris quelques mots du dialecte du Foukien pendant son voyage dans les Mers du Sud, servit d'interprète. Sunya tira deux dollars de sa poche et les donna à l'artificier. Il salua très bas pour remercier le marié et la mariée et fut enchanté. Sunya lui demanda comment il avait appris son art, et le vieil homme lui dit que les trois dernières générations de sa famille y avaient trouvé leur gagne-pain.

Ainsi se termina la célébration du mariage de Moulane. Mais Jade rouge réclamait avec insistance des lanternes de papier qui brûleraient sans jamais s'éteindre.

NOTES DU TRADUCTEUR

1. A cette époque, quatre cités composaient la ville de Pékin. La Ville rouge interdite, ainsi nommée à cause de l'ocre rouge dont étaient badigeonnées ses murailles et où s'élevait le Palais de l'Empereur. La Ville impériale, qui l'entourait. La Ville tartare, qui englobait la Ville impériale et la Ville rouge. Appelée aussi Ville mandchoue, elle était la partie la plus ancienne de Pékin, ses murs ayant été construits en 1423. Enfin la Cité du Sud, appelée par les Européens Ville chinoise, était au sud de la Ville tartare. Dans la partie sud-est de la Ville tartare se trouvait le quartier des Légations. *Matajen Houtoung* était une rue de la partie orientale de la Ville tartare.

2. *Taël* : unité monétaire dont la valeur variait beaucoup suivant les lieux.

3. Les Montagnes ou Collines de l'Ouest, qui se trouvent non loin de Pékin, sont un centre d'excursions et de pèlerinages.

4. Hangtchéou, dans la province du Chékiang, est un port important au sud de Changhaï.

5. C'est une allusion à un roman dû à Wou Tchengen qui vivait au XVIe siècle, et qui est un extraordinaire mélange de fantastique, de religion, de satire et de poésie.

6. Tientsin, située au confluent du Grand Canal et du Peiho, est la capitale de la province du Chihli et le grand port commercial de la Chine du Nord.

7. Le Grand Canal, appelé aussi Canal impérial, va de Tientsin à Hangtchéou. Creusé au XIIIe siècle, il a 975 kilomètres de long.

8. Le Pont de Marco Polo est un pont de marbre à trente-cinq arches de pierre qui a 300 mètres de long. Il fut construit de 1189 à 1194 et fut restauré au XVIIe siècle. Ce nom lui a été donné parce que Marco Polo en parle avec éloge dans la fameuse relation de ses voyages en Extrême-Orient.

9. Les vases de bronze ancien sont fort estimés par les collectionneurs chinois et occidentaux. Quant au jade, il a toujours été fort apprécié

des Chinois, qui lui prêtent des vertus surnaturelles. Il ne faut pas confondre la néphrite, dont étaient faits les jades anciens, avec la jadéite, qui la remplaça à partir du XVIIIe siècle. La néphrite provenait de la Sibérie et du Turkestan chinois ; la jadéite de la Haute Birmanie. Les jades anciens étaient bruns, ocres, gris verdâtre et blanc crème. Les cachets (ou sceaux) étaient très employés par les Chinois, et le plus souvent taillés dans des pierres semi-précieuses : jade, agate, cristal de roche, cornaline, etc.

10. C'est par ces mots de « pensée nouvelle » que l'on désignait l'ensemble des idées occidentales qui battaient en brèche les antiques traditions et usages de la Chine.

11. Les Chinois couchaient sur des lits de briques, appelés *kangs,* que l'on pouvait chauffer à l'intérieur, comme un poêle.

12. Soit une porte circulaire.

13. Le mot chinois *yamen* désigne la résidence officielle d'un haut fonctionnaire.

14. Le *li* représente environ un demi-kilomètre.

15. *Kaoliang* : le millet dont les graines sont la nourriture courante dans la Chine du Nord.

16. Les *huit caractères* ou les huit Trigrammes sont des combinaisons diverses de traits ou longs ou courts. Ils étaient employés pour la divination.

17. Les Chinois interrogeaient l'avenir en jetant des morceaux de bois devant la statue d'une divinité.

18. Le soldat fait allusion au fait mentionné quelques pages plus haut que Moulane porte le même prénom qu'une héroïne chinoise légendaire qui, pendant une campagne de douze ans, remplaça son père à la tête de ses armées.

19. *Congee* : sorte de bouillie.

20. Le temple bouddhique de Loungfouszé, ou *Monastère du Bonheur évident,* fut construit en 1451 à Pékin par l'empereur Kingtai, de la dynastie Ming. On s'y rendait trois fois par mois à des foires qui étaient très fréquentées.

21. Ce n'est en effet qu'à une date relativement récente que l'on a découvert et étudié des os d'animaux et des fragments d'écailles de tortue où étaient gravés les plus anciens caractères chinois connus, et qui servaient à la divination.

22. Le Mont Taichan est une des cinq montagnes sacrées.

23. Le *Livre des Odes* ou *Chiching* est un des Cinq Classiques attribués à Confucius. Il se compose de 305 poèmes, chansons populaires et

hymnes religieux, qu'accompagnent six airs de musique. Les Chinois ont toujours estimé le *Livre des Odes,* à cause de sa valeur morale autant qu'à cause de ses beautés poétiques.

24. Mencius, latinisation de Mongtseu, vivait dans la seconde moitié du IVe siècle avant Jésus-Christ. Il a développé les principes posés par son prédécesseur Confucius et s'est efforcé d'établir les lois qui permettront d'améliorer la société en confiant le gouvernement aux meilleurs.

25. Le dieu du Sol était un dieu qui présidait à l'agriculture, auquel à Pékin l'empereur, dans les provinces les fonctionnaires, offraient des sacrifices ordinaires et extraordinaires.

26. L'Empereur de Jade, ou l'Auguste de Jade, Yuhouang Changsi, est le second des Trois Purs, la Triade du taoïsme qui réside dans le plus haut des trente-six ciels. C'est le dieu suprême de l'univers.

27. *Amah* (terme d'origine hindoue) : domestique s'occupant des enfants.

28. Chu Yuan, qui vivait au IVe siècle avant Jésus-Christ, se donna la mort en se jetant dans la rivière Milo, parce que ses conseils n'avaient pas été suivis par les princes Huai et Hsiang de l'Etat Tsin. Une fête, celle du Bateau du Dragon, se célébrait en son honneur le cinquième jour du cinquième mois chinois. Sous le prétexte de rechercher le corps de Chu Yuan, elle consistait en régates qu'accompagnait le fracas de gongs et de tambours.

29. Les Chinois admettaient qu'il existait dix enfers, chacun étant régi par un roi. Yenlo, ou Yama, était primitivement le souverain des Enfers et le roi du premier. Jugé trop clément, il fut dégradé par l'Auguste de Jade, et ne fut plus que le roi du cinquième enfer, où sont châtiés les incrédules et les luxurieux.

30. Morceau de bois sur lequel les prêtres bouddhistes frappent au cours de leurs cérémonies.

31. Les « tons » sont à la base de la prosodie chinoise.

32. La dynastie Soung dura de 960 à 1136.

33. *Tangkouei* : plat de la Chine du Nord, sorte de hachis sucré.

34. Le mot *juyi,* qui signifie aussi « comme il vous plaira », désigne d'après le *Chinese-English Dictionary* de Mathews, une sorte de sceptre employé comme un symbole de Bouddha et de ses doctrines.

35. *Popo* : sorte de biscuit.

36. *Chiaotse* : beignets à la viande.

37. Hsichih, la « beauté d'autrefois », était dépeinte comme ayant souvent le front plissé ; aussi était-ce devenu un des caractères de la beauté féminine.

38. *Choujen* : fonctionnaire.

39. La ville de Taian est dans le Chantoung.

40. Younglo, qui régna de 1402 à 1424, fut un souverain énergique et guerrier, le grand empereur de la dynastie Ming.

41. L'empereur Chienloung, ou K'ienloung, naquit en 1711, monta sur le trône en 1735, abdiqua en 1796 et mourut en 1799. Son long règne fut le dernier grand règne de la dynastie mandchoue, ou Tsing, et une brillante période artistique et littéraire.

42. Il y a vingt-quatre histoires bien connues en Chine dont chacune rapporte un exemple de piété filiale. Ainsi ce fils qui se couchait de bonne heure dans le lit de ses parents, afin que les moustiques, repus, laissent ceux-ci dormir en paix.

43. Le jeu d'échecs remonte en Chine à une haute antiquité, mais diffère de celui qui est connu en Occident. Une « rivière » sépare en deux les soixante-quatre cases ; les pièces, qui sont placées autrement, se déplacent aussi autrement. Il y a dans chaque camp 1 général, 2 aides, 2 éléphants, 2 chevaux, 2 chariots, 2 canons et 5 soldats.

44. *Chaohsing* : peuple de la frontière, c'est-à-dire la Chine du Nord.

45. Vers 200 avant Jésus-Christ, un annaliste impérial nommé Chou dressa une liste de caractères qui fut appelée Chou-Ouen ou Kou-Ouen et était habituellement gravée sur bronze.

46. Chao est un autre nom de la dynastie Soung, qui régna de 960 à 1126, tandis que la dynastie Wei régna de 220 à 265.

47. Les Six Dynasties se placent entre l'an 221 avant Jésus-Christ et l'an 588 après.

48. Fang Pao (1668-1749) consacra son existence à l'étude des classiques et rédigea sur eux des commentaires très érudits. Sa langue est, d'après Margouliès *(Histoire de la littérature chinoise, Prose)*, « claire, simple et bien construite ».

49. Lin Chinman, ou Lin Chou (1852-1924), a publié, en même temps que des ouvrages d'histoire littéraire, de très nombreuses traductions de romans anglais, français, américains et russes.

50. Sou Toungpo, de son vrai nom Sou Che (1036-1101), excella dans divers genres, mais fut surtout un essayiste aux descriptions pittoresques et un des meilleurs poètes de la Chine.

51. Li Chingchao (1081-1141 ?) fut, à ce que dit Lin Yutang dans *My Country and my People,* « la plus grande poétesse de la Chine » et elle « laissa une poignée de poèmes immortels et impérissables ».

52. De nombreux contes populaires chinois montrent les esprits prenant la forme de renards ou de renardes. Les « renardes-fantômes »

sont le plus souvent des esprits malfaisants, et lorsqu'une femme se méfie d'une autre femme, elle l'accuse toujours d'être une de ces « renardes ».

53. Les ateliers de céramique de Chenghoua furent en activité de 1465 à 1487. Ceux de la province du Foukien, qui produisirent surtout durant les dynasties Ming (1368-1644) et Tsing (1644-1912), se spécialisèrent dans une porcelaine blanche et très vitrifiée. Les trépieds de bronze de l'époque des Han (202 avant Jésus-Christ à 220 après) sont parmi les plus belles œuvres d'art qu'ait produites la Chine.

54. Mme Chien est le nom de Cassie, la concubine de M. Tseng.

55. *Omitabha,* ou *Amitâbha* : terme sanscrit traduit en chinois par *Omit'o Fo,* le Bouddha qui règne sur un paradis, le Monde de Délices de la région occidentale. Son nom, ainsi proféré dans la conversation, correspond à peu près à notre exclamation : « Pour l'amour de Dieu ! »

56. *Picul* : mesure de poids équivalant à 125 kilos.

57. *Jen* et *Jang* : « patience » et « renoncement ».

Achevé d'imprimer
en mars 2005
sur les presse de
l'imprimerie France Quercy
à Cahors
N° d'impression : 50311/

Dépôt légal : mars 2005